Mannheim, 3. Mai 2008

Herrn Prof. Schenke,

mit herzlichem Gruß
und den besten Wünschen
für den neuen Lebensabschnitt

Jürgen Cronauer´s

Pfalzlexikon

Verlag Franz Arbogast, 67731 Otterbach

2004

Inhalt

Die Pfalz von A bis Z 5

Die Geschichte der Pfalz 450

Glossar (Erläuterung von Fachbegriffen) 483

Sehenswertes in den Landkreisen 495

Quellenverzeichnis 501

Pfalzkarte 504

Die Pfalz in Schlagworten 506

Impressum 507

Eine <u>Unterstreichung</u> in einem Text bedeutet, dass unter diesem Begriff weitere Infos in dem Buch zu finden sind. Bei Orten ist in Klammern der <u>Landkreis</u> angegeben, zum dem der Ort gehört:

DÜW	(Bad Dürkheim)
GER	(Germersheim)
KIB	(Donnersbergkreis)
KL	(Kaiserslautern)
KUS	(Kusel)
LU	(Rhein-Pfalz-Kreis; Ludwigshafen)
PS	(Südwestpfalz; Pirmasens)
SÜW	(Südliche Weinstraße).

Die <u>Einwohnerzahlen</u> basieren auf den Daten des Statistischen Landesamtes Rheinland-Pfalz vom 30. Juni 2004.

Die <u>Öffnungszeiten</u> und <u>Eintrittspreise</u> haben den Stand des Jahres 2004 und sollen dem Leser als Orientierung dienen. Da sich diese Angaben kurzfristig ändern können, empfiehlt es sich, aktuelle Zeiten und Preise unter den angegebenen Adressen oder Internetseiten zu ermitteln.

<u>VG</u> ist die Abkürzung für Verbandsgemeinde, OT für Ortsteil.

Noch ein Tipp: Wenn Sie den Namen einer Sehenswürdigkeit oder einer Einrichtung nicht genau kennen, schauen sie unter dem jeweiligen Ort nach. Dort sind alle Einrichtungen dieses Ortes mit der Bezeichnung erwähnt, unter der sie im Pfalzlexikon zu finden sind.

Liebe Pfalzfreunde,

mit dem Ziel, mir mehr Hintergrundwissen über die Pfalz anzueignen, begann ich vor vielen Jahren damit, mir ein persönliches Handbuch über die Pfalz anzulegen. Innerhalb kurzer Zeit hat sich daraus ein umfangreiches Nachschlagewerk entwickelt. Dieses wurde erstmals 1995 unter dem Titel „Der Pfälzer" veröffentlicht. Seit dem habe ich meine Datenbank erheblich erweitert und mehrfach aktualisiert. Den derzeitigen Stand halten sie nun in Form des „Pfalzlexikons" in der Hand.

Dieses Buch erhebt, genau wie sein Vorgänger, nicht den Anspruch, absolut vollständig zu sein. Um dies zu erreichen, müsste ein großes Autorenteam jahrelang daran arbeiten. Die gesamte Pfalz in einem Buch – das würde unzählige Bände füllen. Deshalb möchte ich mit der Bezeichnung „Cronauer´s Pfalzlexikon" bereits im Titel ausdrücken, dass dieses Buch lediglich meine persönliche – wenn mittlerweile auch ansehnliche – Sammlung von Informationen darstellt, die ich im Laufe der Jahre zusammengetragen habe. Sicherlich gibt es noch viele Begriffe, die in ein „Pfalzlexikon" gehören. Daran arbeite ich weiter.

Über Anregungen und Kommentare freue ich mich. Schreiben Sie mir!

In diesem Buch sind alle Orte sowie die wichtigsten Sehenswürdigkeiten und Freizeiteinrichtungen in der Pfalz erwähnt. Ausgesprochen attraktiv wird das vorliegende „Pfalzlexikon" dadurch, dass die Inhalte meiner Bücher über die Aussichtstürme, die Museen und den Donnersbergkreis komplett in das Buch integriert wurden. Das erklärt auch, warum diese Schlagworte vergleichsweise ausführlich erläutert sind.

Mit dem „Pfalzlexikon" können alle, die in der Pfalz leben oder Urlaub machen, in kurzer Zeit und in knapper Form eine Menge über die Pfalz erfahren. Das Buch stellt sozusagen das „Grundwissen" über diese geschichtlich und landschaftlich sehr reizvolle Region dar.

Ich wünsche Ihnen viel Spaß dabei, mit dem „Pfalzlexikon" die Pfalz zu entdecken.

Ihr
Jürgen Cronauer

Von der Verlagsseite wünschen wir dem wissensgefüllten Pfalzlexikon die gleiche Verbreitung wie dem beliebten Kochbuch „Halleluja un Hoorische" des Oekumenischen Arbeitskreises Otterbach.
(51 000 Exemplare ins deutschsprachige Europa verkauft)

Otterbach, 26. Juli 2004

Lotte Bang (Arbogast)

ABC-Buch-Krieg

Albisheim/Kirchheimbolanden. 1777 entwickelte sich im Amt Kirchheim ein massiver Aufstand. Die Ursache: Es wurde eine neue Schulfibel eingeführt, in der keine religiösen Texte wie das Vaterunser und das Glaubensbekenntnis mehr enthalten waren. Auf Betreiben der Lutheraner und angeführt von Nickel Morgenstern aus Albisheim zogen mehrere hundert Bürger zum Schloß nach Kirchheim. Fürst Carl Christian musste fliehen. Auf seinen Wunsch hin stellten kurpfälzische Truppen den Frieden wieder her.

ADAC-Heimatwettbewerb

Seit über 40 Jahren lädt der ADAC alljährlich Autofahrer, Motorradfahrer, aber auch Radfahrer und Wanderer ein, die Pfalz auf diese abwechslungsreiche Art kennenzulernen. Es geht darum, anhand von Bildern und Beschreibungen interessante Ziele ausfindig zu machen und diese dann aufzusuchen. Natürlich laden alle Ziele zum Verweilen ein. In die Wertung kommt, wer mindestens fünf Kontrollstellen besucht. Nach Abschluss des Wettbewerbs wird die Teilnahme je nach Anzahl der besuchten Ziele mit einer Gold-, Silber- oder Bronze-Plakette belohnt. Die Teilnahmegebühr beträgt 8 Euro für ADAC-Mitglieder und 10 Euro für Nicht-Mitglieder. Das bebilderte Teilnehmerheft kann angefordert werden beim ADAC Pfalz e.V., Europastraße 1, 67433 Neustadt/ Weinstraße, Telefon 06321 89 05-0. **Internet:** www.adac.de

Adenbach (KUS)

nordöstlich von Lauterecken, am Odenbach, 185 Einwohner, 1379 erstmals urkundlich erwähnt. **Info:** VG Lauterecken.

Adlerbogen

Zum Gedenken an den gewonnenen Krieg gegen Frankreich (1870/71) errichtete der Pfälzische Verschönerungsverein 1880 an einem markanten Aussichtspunkt am Donnersberg dieses außergewöhnliche Denkmal in Form eines stählernen Halbkreises. Auf dem

Adlerbogen

höchsten Punkt des Bogens sitzt ein Adler. Auf den beidseitigen Konsolen standen Plastiken des damaligen Reichskanzlers Bismarck und des Heerführers Moltke, die jedoch im 2. Weltkrieg zerschossen wurden. Den Adler und den Bogen hat man 1981 restauriert.

Albersweiler (SÜW)

zw. Landau und Annweiler, 1.965 Einwohner, 991 erstmals urkundlich erwähnt, Weinort in dem Gebiet, wo die Queich das Haardtgebirge verlässt.
Sehenswertes: Steinbruch (Abbau seit ca. 1300, vermutlich ältester Hartsteinbruch der Pfalz), Rokokoschlößchen (1764) im OT St. Johann. **Info:**

VG Annweiler. **Internet:** www. albersweiler.de

Albert-Haueisen-Kunstpreis

Der Kunstpreis wurde 1979 geschaffen und wird vom Landkreis Germersheim vergeben. Der dem Maler Haueisen (1872-1954) gewidmete Preis soll die künstlerische Tradition des Kreises beleben und die Brücke zu den Künstlern in Baden und Elsass schlagen.

Albessen (KUS)

südwestlich von Kusel, nahe der A 62, 134 Einwohner, 1436 erstmals urkundlich erwähnt.
Info: VG Kusel

Albisheim an der Pfrimm (KIB)

1743 Einwohner, 190 m NN, 835 erstmals urkundlich erwähnt. Wein- und Zuckerrübenanbau. Das Wahrzeichen des Ortes ist die Ev. Kirche St. Peter (1792). Zahlreiche zum Teil über

Rathaus Albisheim

200 Jahre alte Fachwerkhäuser (z. B. Hauptstr. 34, 42, 51) tragen zu einem interessanten Ortsbild bei. Etwas außerhalb liegt der jüdische Friedhof der seit 1722 hier nachweisbaren jüdischen Gemeinde. Ein augenfälliges Gebäude in Albisheim ist das spätklassizistische Rathaus, das 1832 als Schul- und Rathaus errichtet wurde. Aus dem niedrigen Walmdach ragt ein Dachreiter mit rundbogigen Schallöffnungen empor. Bis 1952 fand in der Schule Unterricht statt, ehe die Klassen in einer weiteren Schule in Albisheim untergebracht werden konnten. Über dem Ort ragt auf einer Anhöhe neben der B 47 der Wart(e)turm empor. **Info:** VG Göllheim

Allwetterbad Grünstadt

Hallen-Freibad mit fahrbarem Hallendach, 50 m Schwimmbecken mit Hubboden, 700 qm Saunalandschaft, Solarium, Spielbereich mit Beachvolleyball, Street-Ball, Tischtennis, große Liegewiese. **Öffnungszeiten:** Mo. 12 - 21 Uhr, Di. 8 - 19 Uhr, Mi., Do., Fr. 9 - 21 Uhr, Sa., So. 9 - 19 Uhr (von Mitte Okt. bis Mitte Mai ist Sa./So. nur bis 18 Uhr geöffnet). Eintritt: 2,50 Euro, Jugendliche 1,50 Euro (Tageskarte). Telefon: 06359 954-238

Alsenborn

Ortsteil von Enkenbach-Alsenborn

Alsenbrück-Langmeil

seit 1979 Ortsteil von Winnweiler, 987 (Alsenbrück) erstmals urkundlich erwähnt, seit 1852 Alsenbrück-Langmeil, ca. 240 bis 250 m NN. Alsenbrück liegt links, Langmeil rechts der Alsenz. Der Sattelhof ist vermutlich der ursprüngliche Kern des Ortes Alsenbrück. Der Bau der Prot. Kirche (Alsenztalstraße 24, Ortsteil Alsenbrück) erfolgte in den Jahren 1762/63. Es handelt sich um einen einfachen, spätbarocken Putzbau mit einem Satteldach und sogenannten genischten Rundbogenfenstern. Über der Westwand ragt ein zweistöckiger Dachreiter mit Laternen- und Schweifhaube empor. Der Innenraum wurde 1986/88 teilweise erneuert. Von der ursprünglichen Einrichtung sind z. B. noch die auf Holzsäulen gestützte Westempore, die Kanzel mit einem reich bekrönten Schalldeckel, der Pfarrstuhl sowie die Gestühle der Familien Gienanth und Franck (Gutsbesitzer) erhalten. Der Eisenwerkbesitzer Johann Jakob Gienanth unterstützte

Evangelische Kirche Alsenbrück

den Kirchenbau in erheblichem Maße. Deshalb hat man ihn nach seinem Tod 1777 in der Kirche beigesetzt (Gedenktafel). Die Orgel erbaute Bernhard Dreymann aus Mainz im Jahre 1839.

Alsenz

Der Bach entspringt bei Alsenborn (Alsenzbrunnen) und fließt bei Bad Münster am Stein-Ebernburg in die Nahe.

Alsenz (KIB)

12 km nördlich von Rockenhausen an der B 48 und an der Alsenz gelegen, 1.796 Einwohner, 151 m NN, 775 erstmals urkundlich erwähnt. Einst spätabsolutistischer Amtssitz, heute Sitz der VG-Verwaltung, anerkannter Fremdenverkehrsort. **Sehenswertes:** Ein Anziehungspunkt ist das wertvolle Renaissance-Rathaus (1578, gemauertes Erdgeschoß mit Rundbogen, ehem. Markthalle, Fachwerk im Obergeschoß) mit Museum für Heimatgeschichte und "Nordpfalzgalerie". Das 1995 eröffnete Pfälzische Steinhauermuseum

Heimatmuseum in Alsenz

erinnert an die Blütezeit der Alsenzer Steinhauerei um die Jahrhundertwende. Weitere betrachtenswerte Gebäude sind der nassau-weilburgische Amtshof (um 1780), die rheingräfliche Münze und die ehem. Synagoge (1765). Die Ev. Kirche stammt in ihrer heutigen Form aus dem beginnenden 18. Jhdt., wobei ältere Teile (Chor um 1400, Steinkanzel mit pfalzgräflichem Wappen von 1533, Grabmäler, ca. 16./17. Jhdt.) integriert wurden. **Info:** VG-Verwaltung Alsenz-Obermoschel, Schulstr. 16, 67821 Alsenz, Telefon 06362 303-62. **Internet:** www.alsenz.de

Alsterweiler Kapelle

Maikammer-Alsterweiler. Die Kapelle aus dem Jahre 1845 beherbergt im Innern einen spätgotischen Flügelaltar mit der Darstellung der Leidensgeschichte aus der Grünewaldschule (dreiteiliges Tafelbild). Das um 1445 entstandene spätgotische Werk wird Straßburger Meistern zugeschrieben. Unter den kirchlichen Bildtafeln der Pfalz nimmt es die erste Stelle ein. **Info:** Büro für Tourismus, Maikammer, Telefon 06321 5899 16.

Altdorf (SÜW)

Winzerdorf 7 km östlich von Edenkoben, 741 Einwohner, 991 erstmals urkundlich erwähnt. **Info:** VG Edenkoben

Altenglan (KUS)

5 km nordöstlich von Kusel an der Kreuzung B 420/B 423, 3.091 Einwohner, 200 m NN, 865 erstmals urkundlich erwähnt, anerkannter Fremdenverkehrsort. OT: Mühlbach, Patersbach. **Sehenswertes:** Ev. Pfarrkirche (1520, im 18. Jh. umgebaut). **Info:** VG-Verwaltung Altenglan, Tel. 06381 4209-0.

Altenkirchen (KUS)

nördlich von Waldmohr im Kohlbachtal, 1.384 Einwohner, 300 m NN, 1372 erstmals urkundlich erwähnt, Kirschenanbaugebiet. **Sehenswertes:** Heimatmuseum, Römereiche am Römerbrunnen. **Info:** VG Schönenberg-Kübelberg

Alte Schmelz

Bad Dürkheim. Die Anlage, in der heute ein Gasthaus untergebracht ist, wurde im 18. Jhdt. als Eisenschmelze erbaut. Sie liegt an der B 37 (Rg. Kaiserslautern)

Alte Schmiede

Bedesbach, Ringstr. 14 a. In der Absicht, ein Stück Dorfgeschichte wieder lebendig zu machen, hat die Gemeinde die ehemalige Dorfschmiede wieder hergerichtet. Das vollständige Schmiede-Inventar zeugt von der Arbeit dreier Schmiedegenerationen, die von ca. 1850 bis 1950 Geräte für Handwerker und Bauern herstellten und die Pferde beschlugen. Hin und wieder wird in dem Gebäude mit der rußgeschwärzten Decke, das mit seinem steilen Satteldach unter Denkmalschutz steht, das Schmiedefeuer entfacht. **Öffnungszeiten:** Nach Vereinbarung und am jährlichen Schmiedetag (letzter Sonntag im August). **Info:** Tourist-Info in Kusel oder Telefon 06381 5663

Alte Schmiede

Alte Welt

Volkstümliche Bezeichnung für die stille Gegend um das Odenbachtal und Hahnenbachtal südöstlich von Lauterecken.

Althornbach (PS)

südlich von Zweibrücken, 785 Einwohner, 1272 erstmals urkundlich erwähnt. **Info:** VG Zweibrücken-Land

Altleiningen (DÜW)

südlich der Autobahnabfahrt Wattenheim der A 6 zw. Kaiserslautern und Frankenthal, am Eckbach. 1.933 Einwohner, 250 · 300 m NN, 780 erstmals urkundlich erwähnt, anerkannte Fremdenverkehrsgemeinde. **Sehenswertes:** Burg Altleiningen, Burgspiele, Ev. Kirche (1718, Barock), Kath. Kirche, Mennonitische Kirche (1811), 20-Röhren-Brunnen (1855), Kloster Höningen, St. Jakobskirche (12. Jh.) mit Wandmalereien (14. Jh.) und Epithaphien der Leininger Grafen (16./17. Jh.) im OT Höningen. OT: Höningen. **Info:** VG Hettenleidelheim. **Internet:** www.altleiningen.de

Altpörtel

Speyer. Eines der am besten erhaltenen und höchsten (55 m) Stadttore Deutschlands. Ein eindrucksvolles Bauwerk der früher Freien Reichsstadt Speyer. 1176 erstmals erwähnt. Der untere Teil entstand zwischen 1230 und 1250. Das oberste Turmgeschoß wurde von 1512 bis 1514 hinzugefügt. Das steile Dach mit der Laterne ist 1708 aufgesetzt worden. Die der Stadt zugewandte Ostseite wurde architektonisch aufwändiger gestaltet, in der Westseite befinden sich kleine Schießscharten. Auf der nördlichen Seite der Tordurchfahrt entdeckt man in Form einer eisernen Klammer das Speyerer Normalmaß, den 28 cm hohen Speyerer Schuh, nach dem sich jeder Handeltreibende in der Stadt richten musste. Eine Besichtigung ist auf jeden Fall zu empfehlen. Der Aufstieg über 155 Stufen wird mit einem tollen Blick über die

Altpörtel in Speyer

Stadt und weit darüber hinaus belohnt. **Öffnungszeiten:** 1. April bis 31. Oktober, montags bis freitags 10 – 12 und 14 – 16 Uhr, samstags/sonntags 10 – 17 Uhr. **Info:** Verkehrsamt, Tel. 06232 14-392. **Internet:** www.speyer.de

Altrhein

Altrheinidylle

Ursprünglich verlief das Flußbett des Rheins sehr wild und kurvenreich. Um den Strom zu bändigen und um die ständigen Überschwemmungen zu vermeiden, wurde im 19. Jhdt. an den Stellen, an denen ein Arm des Rheins einen Bogen ins Land hinein machte, mit Mauern und Steinwällen eine "Begradigung" des Rheins vorgenommen. Viele der abgeschnittenen Wasserarme des Rheins bestehen heute noch. Sie werden Altrheine genannt.

Altrip (LU)

südöstlich von Ludwigshafen, am Rhein, 7.793 Einwohner, 92 m NN, 369 erstmals urkundlich erwähnt. Wie Funde belegen, siedelten hier bereits in der Stein- und Bronzezeit Menschen. 369 ließ Kaiser Flavius in einem Rheinbogen, in dessen Nähe der Neckar in den Rhein fließt, ein Römerkastell („alta ripa" = hohes Ufer) errichten. Altrip ist die östlichste Gemeinde der Pfalz. Der Abt Regino war hier geboren. **Sehenswertes:** Fachwerkhäuser, eines z. B. in der Römerstraße (1660), Ev. Pfarrkirche (1751) mit spätromanischem Turm, Kath. Kirche St. Peter und St. Paul (1955), Naherholungsgebiet „Blaue Adria". **Info:** Gemeindeverwaltung. **Internet:** www.altrip.de

Altschloßfelsen

Eppenbrunn. Das riesige Buntsandsteinmassiv in unmittelbarer Nähe zur französischen Grenze gleicht in seiner Erscheinung einer mächtigen Ritterburg. Den Abschluss der 1,5 km langen Felsenwand bilden vier Felsblöcke, die wie Türme geformt und etwa 20 Meter hoch sind. Die Steilwand zeigt alle typischen Verwitterungsformen des Buntsandsteins, wie Säulen, Gänge, Tore und Höhlen. Zahlreiche Spuren weisen darauf hin, dass die natürlichen Felsmauern früher einmal den Menschen als Unterkunft gedient haben müssen.

André, Walter

Der Mundartdichter wurde 1950 in Kirchheimbolanden geboren und wohnt auch heute noch dort. Seit 1986 erschienen von ihm: "Uff Pfälzisch", "Pälzer Krimmele", "Pälzer Herzschlag", "Kerchemer Wörterbuch" und "Pälzer Luft un Sunneschei".

Annweiler am Trifels
(SÜW)

An der B 10 zw. Landau und Pirmasens im Biosphärenreservat Pfälzerwald, an der Queich. Alte Reichsstadt und Luftkurort. Bekannt durch die ehemalige Reichsfeste Trifels, 7.243 Einw.; 180 - 250 m NN, 1176 erstmals urkundlich erwähnt. Stadtrecht seit 1219. OT: Sarnstall, Gräfenhausen, Bindersbach und Queichhambach. **Sehenswertes:** Burg Trifels, Burg Anebos und Burg

Altstadt in Annweiler

Scharfenberg (auch Münz genannt), Freskogemälde von
Adolf Kessler im Hohenstaufen-
saal, in der St. Josephskirche
und im Rathaussaal, Wassergasse, Gerbergasse und Museum unterm Trifels mit Gerberwerkstatt, Altes Mühlrad,
Kurpark, Rehbergturm, Asselstein. **Info:** Büro für Tourismus
für das Trifelsland, 06346 22
00. **Internet:** www.trifels-
land.de

Appelbach

Aus zwei kleineren Bächen bildet sich bei Marienthal am
Donnersberg der Appelbach. Er
fließt in nördliche Richtung
durch das Münstertal und
mündet bei Ippelsheim in die
Nahe.

Arzheim

Stadtteil von Landau. **Sehenswertes:** Naturdenkmal "Kleine
Kalmit".

Aschbach (KUS)

nordöstlich von Kusel, nahe der
B 270, 350 Einwohner, 290 m
NN, im 12. Jhdt. erstmals
urkundlich erwähnt. **Info:** VG
Wolfstein

Asselheim

Ortsteil von Grünstadt, ca.
1.400 Einwohner, Weinbau.
756 erstmals urkundlich erwähnt, bis 1793 Besitz des
Hauses Leiningen. **Sehenswertes:** Roter Turm, Teile der
ehem. Ortsbefestigung, Altes
Kelterhaus, Kappelmühle, Gebäude der ehem. Gerberei,
Naturschutzgebiet "Hohefels",
Ev. Kirche (1470, nach 2.
Weltkrieg wieder aufgebaut)
mit Turm aus dem 14. Jhdt.

Asselstein

Annweiler. Freistehender, 44 m
hoher Fels, Naturdenkmal.

August-Becker-Museum

Klingenmünster, Steinstraße 2.
Das Heimatmuseum der Ge-
meinde befindet sich im ehem.
Schulhaus und Geburtshaus
des bedeutenden pfälzischen
Schriftstellers August Becker
(1828 – 1891). U. a. kann man
den Nachlass und eine Dokumentation zu August Becker
sehen. **Öffnungszeiten:** Sa.
13.30 – 14.30 Uhr, So. 11 – 12
Uhr (Januar bis Fasching geschlossen). Eintritt: frei. **Aus-**

kunft: 06349 5866 (Bernd Meyer)

August-Becker-Museum

Ausstellung „Frankenthaler Porzellan"

Frankenthal, Rathausplatz. Im 1. Obergeschoß des Rathauses (Foyer) kann man Werke aus der Blütezeit der Frankenthaler Porzellanmanufakturen bewundern. In den Vitrinen (ca. 24 lfd. Meter) sind u.a. Teller, Platten, Tassen, Krüge, Kannen, Becher, Uhren, Figuren und Figurengruppen, Vasen, Hohlformen und Schüsseln höchster Qualität ausgestellt. **Öffnungszeiten:** während der Dienststunden der Verwaltung Montag bis Freitag 8 – 12 Uhr, Donnerstag 14 – 18 Uhr.

Eintritt: frei. **Auskunft:** 06233 89-0

Aussichtstürme

siehe Bismarckturm, Eckkopfturm, Eschkopf, Eulenkopfwarte, Eybergturm, Flaggenturm, Hohenbergturm, Humbergturm, Kalmit, Ludwigsturm, Luitpoldsturm, Martinsturm, Potzbergturm, Rehbergturm, Sattelbergturm, Schänzelturm, Schindhübelturm, Schlachtenturm, Selbergturm, Stabenbergwarte, Stäffelsbergturm, Turm am Dicken Stein, Wart(e)turm, Weinbietturm, Zeppelinturm.

Auswanderer

Nahezu 100.000 Pfälzer wanderten im 18./19. Jhdt. hauptsächlich nach Amerika, aber auch in andere Länder wie zum Beispiel Galizien aus, um konfessionellen, wirtschaftlichen und sozialen Problemen zu entgehen. Die ersten machten sich 1709, nach dem extrem harten Winter des Jahres 1708, auf den Weg. Im 18. Jhdt. stellten die Pfälzer unter allen deutschen Auswanderern das größte Kontingent, wobei die Westricher Wandermusikanten eine besondere Rolle spielten.

Auswanderer-Museum

Oberalben, Hauptstraße 5. Auf zahlreichen Infotafeln mit Texten, Bildern, Plakaten und Dokumenten sowie mit dazugehörigen Reiseutensilien wird die Geschichte der westpfälzischen Auswanderer sowie die wirtschaftlichen und sozialen Hintergründe für die Übersiedlung nach Übersee (z. B. Amerika, Kanada, Südamerika) dargestellt. Die Mühen, die die Leute damals auf sich nahmen, werden dem Besucher besonders bewusst, wenn er die rekonstruierte Zwischendeckkabine betritt, in der mehrere Personen während der Über-

fahrt unter schlimmen Verhältnissen bis zu mehrere Wochen untergebracht waren. Weitere Nachbauten sind ein Planwagen, mit dem die Pfälzer damals im fremden Land unterwegs waren und eine Leinenweberstube. **Öffnungszeiten:** Sonntag 14 – 20 Uhr. Eintritt: frei. **Auskunft:** 06381 47853 (Museum) oder 3237 (privat). **Internet:** www.auswander-museum.de

Bachlehrpfad

Göcklingen. Entlang der Talauen des Kaiserbachs, beginnend an der Kaiserbacher Mühle, durch die Ortschaften Göcklingen, Heuchelheim-Klingen und Billigheim-Ingenheim zieht sich der 9,5 km lange Bachlehrpfad. Durch vielseitige Kennzeichnung und Beschilderung von Fauna und Flora wird dem Besucher die Vegetation in ihrer ursprünglichen Form nähergebracht. Alte Mühlen und alte Waschbänke entlang des Kaiserbachs erinnern an frühere Lebensgewohnheiten und altes Brauchtum. Führungen für Gruppen sind

Auswanderer-Museum

nach Voranmeldung möglich. **Info:** Büro für Tourismus Leinsweiler, Telefon 06345 3531.

Bad Bergzabern (SÜW)

acht Kilometer nördlich der franz. Grenze, 15 km südwestlich von Landau, Staatsbad, heilklimatischer Kurort, Kneippheilbad, 8.034 Einwohner, 170 - 220 m NN, Stadtrechte seit 1286. **Sehenswertes:** Schloss, Gasthaus Engel (16. Jhdt.), Bergkirche, Altstadt, Marktplatz mit Barockhäusern und Ev. Pfarrkirche (1320), ehem. Stadtbefestigung, Dicker Turm, Storchenturm, Kurpark, Thermalbad, Zinnfigurenmuseum,

Gasthaus Engel

Schwanenweiher, Städt. Museum im Gasthaus Engel, Bismarckturm, Galerie d. Südpfälz. Kunstgilde e. V. **Info:** Kurverwaltung oder VG-Verwaltung, Telefon 06343 701-0, **Internet:** www.bad-bergzabern.de

Bad Dürkheim

20 km westlich von Ludwigshafen, an der Kreuzung B 271/B 37, 18.652 Einwohner, 132 m NN, 778 erstmals urkundlich erwähnt, 1035 ging der Ort als Schenkung an das Kloster Limburg über. Kreis-, Wein-, Kur- und Kongressstadt an der Deutschen Weinstraße, drittgrößte weinbautreibende Gemeinde Deutschlands. 1595 wurde die Saline errichtet, 1905 zum "Bad" ernannt, seit 1973 Staatsbad des Landes Rheinland-Pfalz. Die Stadt liegt in der mildesten Klimazone nördlich der Alpen. **Sehenswertes:** Dürkheimer Fass, Klosterruine Limburg, Salinarium, Kurhaus (1826), Gradierbau, Solebad (1847 er-öffnet), Schloßkirche (1335, Turm 1866 erneuert) mit Grabkapelle der Leininger, Pfalzmuseum für Naturkunde,

Dürkheimer Fass

Kurpark, Klosterkirche Seebach, Burg Hardenburg, Burg Schlosseck, Hamam, Freilichtbühne Klosterruine Limburg, Heidenmauer, Spielbank, Dürkheimer Wurstmarkt, Bismarckturm, Flaggenturm, Zeppelinturm, Kulturzentrum "Haus Catoir" mit Heimatmuseum, römisches Weingut „Weilberg", Krimhildenstuhl, Rathaus (1750) mit Turm und Freitreppe im OT Leistadt OT: Grethen, Hardenburg, Hausen, Leistadt, Seebach, Trift, Ungstein. **Info:** Tourist-Info, Telefon 06322 9566250. **Internet:** www.badduerkheim.de; www.staatsbad.bad-duerkheim.de

Badeparadies Zweibrücken

Zweibrücken, Hofenfelsstraße 120. **Öffnungszeiten:** Montag 10 - 21 Uhr, Dienstag bis Samstag 8 - 21 Uhr, Sonn- und Feiertag 8 - 18 Uhr. **Info:** Sportamt, Telefon 06332 874-260.

Badepark Haßloch

Haßloch, Lachener Weg 175. Ausgestattet ist das Freizeitbad mit Innen- und Außenbereich unter anderem mit einem Warm-Wasser-Becken, Abenteuer-Becken, Riesenrutsche, Saunalandschaft, Solarium, Dampfbad und Cafeteria. **Öffnungszeiten:** Montag 12 – 21 Uhr, Dienstag bis Donnerstag 9 – 21 Uhr, Freitag 9 – 21 Uhr (Mi. Sept. bis Mi. Mai bis 22 Uhr), Samstag 9 – 21 Uhr, Sonntag 9 – 20 Uhr (Mi. Sept. bis Mi. Mai bis 19 Uhr). **Info:** Telefon 06324 5994-760. **Internet:** www.badepark.de

Badepark Wörth

Wörth. Freibad mit 10 Becken (3000 qm Wasserfläche), Superdoppelrutsche (67 und 63 m). **Info:** Stadtverwaltung, Telefon 07271 1310 oder 6373

Bade- und Freizeitpark Kusel

Kusel, Trierer Straße 194. Hallenbad: mehrere Becken, 64-m-Rutsche, Hot-Whirl-Pool, Sprungturm. Freibad: beheizt, mehrere Becken, Wildwasserkanal, 58-m-Rutsche. **Info:** VG-Verwaltung, Telefon 06381 420556.

Bajasseum

Enkenbach-Alsenborn, Ortsteil Alsenborn, Rosenhofstraße. Das Zirkusmuseum erinnert an die Artistengeschichte des Ortes. Von ca. 1825 bis 1914 zogen Alsenborner Familien als Musikanten, Marionettenspieler und Akrobaten durch die Lande, um sich in der damaligen Krisenzeit ihren Lebensunterhalt zu verdienen. Deshalb tragen die Alsenborner heute noch den Scherznamen "Bajasse" (Seiltänzer). Nach dem Ersten Weltkrieg waren die Alsenborner vor allem in der Varietéwelt bekannt. Das Zirkusmuseum stellt hauptsächlich mit Bildern die Epochen "Anfänge der Alsenborner Artisten", "Glanzzeit 1870 - Erster Weltkrieg" und "Nach dem Ersten Weltkrieg" dar. Freude haben die Museumbesucher auch an dem "kleinsten Zirkus der Welt". **Öffnungszeiten:** täglich. Eintritt frei. **Info:** VG-Verwaltung, Tel. 06303 802-54.

Bajasseum in Alsenborn

Ball, Hugo

Im Jahr 1886 in Pirmasens geboren, gestorben 1927 in Lugano. Einer der bekanntesten aus der Pfalz stammenden Schriftsteller. Mitbegründer des Dadaismus (Int. Kunst- und Literaturrichtung, die alle bisherigen Kunstauffassungen ablehnt; Vorstufe zum Surrealismus). Ball schrieb u.a. eine bemerkenswerte Biographie über Hermann Hesse. Die

Stadtbücherei Pirmasens besitzt über 1200 Exponate zu Leben und Werk des Schriftstellers.

Bann (KL)

südöstlich von Landstuhl, eingebettet in die Höhenzüge des Hausberges (471 m), 2.374 Einwohner, 1182 erstmals urkundlich erwähnt. **Sehenswert:** Sickinger Forsthaus (1761) mit einem gut erhaltenen Rokokoportal. **Info:** VG Landstuhl

Barbarossaburg

(siehe "Pfalz")

Barbelroth (SÜW)

ca. 5 km östlich von Bad Bergzabern, 609 Einwohner, 1219 erstmals urkundlich erwähnt, Wein- und Tabakanbau. **Sehenswertes:** zahlreiche unter Denkmalschutz stehende Fachwerkhäuser. **Info:** VG Bad Bergzabern.

Bärenfelsen (Bärenhöhle)

Rodalben. Größte natürliche Felsenhöhle im Pfälzerwald, 40 m tief.

BASF

Badische Anilin- und Sodafabrik. 1865 gegründet. Der Chemiekonzern in Ludwigshafen ist eine der ersten und die größte Aktiengesellschaft der Pfalz. Die Firma mit rund 38.500 Mitarbeitern produziert u.a. Produkte für Pflanzen-

Blick über das BASF-Gelände

schutz und Ernährung, Veredlungsprodukte, Kunststoffe und Chemikalien. Die BASF ist auch im Erdöl- und Erdgasgeschäft tätig. Ihren Aufschwung im 19. Jhdt. verdankt die BASF der Herstellung synthetischer Farbstoffe (z. B. Indigo - das Jeansblau). Das Ludwigshafener Stammwerk der BASF, zu der weltweit rund 350 Gesellschaften gehören, ist mit 7 qkm Werksfläche das größte zusammenhängende Chemieareal der Welt. Zu dem Komplex gehören 1.750 Gebäude, 115 km Straßen, 200 km Eisenbahnschienen und über 2.500 km Rohrleitungen. Mehr als 8.000 Verkaufsprodukte werden hier hergestellt. **Internet:** www.basf.de

Bassermann-Jordan, Prof. Ernst von

Geboren 1876 in Deidesheim, gestorben 1932 in München. Kunsthistoriker, Schriftsteller, Bühnenautor, Theaterkritiker, Kapazität auf dem Gebiet der Zeitmesskunde und Uhren (mehrere Buchveröffentlichungen).

Bassermann-Jordan, Friedrich Armand von

geboren (1872) und gestorben (1959) in Deidesheim. Weingutsbesitzer, Historiker. Lebenswerk: "Die Geschichte des Weinbaus".

Baßler, Hansgeorg

Der langjährige SWR-Hörfunkmoderator, Rundfunkautor und Schriftsteller starb im Oktober 2001 an den Folgen eines Schlaganfalls. Hansgeorg Baßler war eine der programmprägendsten Persönlichkeiten des Südwestrundfunks (SWR) in Rheinland-Pfalz. Mehr als zwei Jahrzehnte lang bot er in seinen heimatnahen Sendungen anspruchsvolle, literarische Radio-Unterhaltung. Sendungen wie »Auf der Walz« oder »Singendes-Klingendes Rheinland-Pfalz« machten ihn zu einem der populärsten Moderatoren des Landes. Für sein »Morgenläuten« hat er von 1983 an mehr als 500 Städte und Dörfer, Klöster, Kirchen und Siedlungen besucht, dabei die Menschen vor seinem Mikrofon stets so reden lassen, wie es ihnen zumute war. Seine letzte Sendung »Morgenläuten« war auf SWR4 Rheinland-Pfalz am 14. Oktober 2001 zu hören. Hansgeorg Baßler wurde 1928 geboren. Er studierte in Paris, arbeitete zunächst als Dolmetscher für Französisch und als Lehrer in Kaiserslautern, später dann als Journalist und Autor für den SWR. Sein schriftstellerisches

Werk umfasst 13 Bücher. Zu den bekanntesten zählen »Hobelspäne« und »Das gebutterte Pferd«. Ferner hat er mehrere Theaterstücke ins Pfälzische übersetzt, darunter Molières »Der eingebildete Kranke«. Für seine Arbeit als Schriftsteller und Journalist wurde er häufig geehrt und ausgezeichnet. Er erhielt unter anderem den pfälzischen Medienpreis und von Ministerpräsident Kurt Beck den Verdienstorden des Landes Rheinland-Pfalz.

Battenberg (DÜW)

südwestlich von Grünstadt, 393 Einwohner, 300 m NN, 788 erstmals urkundlich erwähnt, Wein- und Obstbau, **Sehenswertes:** Burg Battenberg, "Blitzröhren", Aussicht in die Rheinebene, Ev. Kirche (13. Jhdt., romanische und frühgotische Elemente). **Info:** VG Grünstadt-Land

Battweiler (PS)

nordöstlich von Zweibrücken, 795 Einwohner, 1278 erstmals urkundlich erwähnt. **Info:** VG Zweibrücken-Land

Bayerfeld-Steckweiler (KIB)

nördlich von Rockenhausen an der B 48, 454 Einw., 180 m NN, 1194 erstmals urkundlich erwähnt, seit 1798 eine Gemeinde. Die Ausstattung der Kath. Kirche im OT Bayerfeld stammt aus dem Jahre 1767, das gegenüber liegende Pfarrhaus (Hauptstr. 31) ist 1845 erbaut worden. Zu dem Ort gehört u.a. das Gehöft Stolzenbergerhof. **Info:** VG Rockenhausen

Bayersdörfer, Dr. Michael

Der 1867 in Bellheim geborene Arzt bestimmte u.a. als Vorsitzender der Bayer. Volkspartei für die Pfalz und als Reichstagsabgeordneter die Geschicke der Pfalz mit. Er starb 1940.

Bechhofen (PS)

nördlich von Zweibrücken, 2.290 Einwohner, 1291 erstmals urkundlich erwähnt. **Info:** VG Zweibrücken-Land

Beck, Kurt

geboren am 5. Februar 1949 in Bad Bergzabern, wohnhaft in

Ministerpräsident Kurt Beck

Steinfeld. Der SPD-Politiker gehört seit 1979 dem rheinland-pfälzischen Landtag an, von 1991 bis 1994 Fraktionsvorsitzender. Seit 4. Dezember 1993 Vorsitzender der SPD Rheinland-Pfalz. Am 26. Oktober 1994 übernahm er von Rudolf Scharping das Amt des Ministerpräsidenten von Rheinland-Pfalz.

Becker, Dr. Albert

geboren 1879 in Speyer, gestorben 1957 in Heidelberg. Lehrer, Historiker, Volkskundler, machte sich besonders um die pfälzische Geschichtsforschung verdient. Er schrieb das Buch "Pfälzer Volkskunde" sowie zahlreiche weitere Veröffentlichungen.

Becker, August

geboren 1828 in Klingenmünster, gestorben 1891 in Eisenach. Becker wird als der Begründer der pfälzischen Volkskunde bezeichnet. 1858 erschien sein bekanntestes Werk "Die Pfalz und die Pfälzer". Er schrieb außerdem die Romane "Hedwig" und "Die Nonnensusel". In Klingenmünster ist ihm 1907 ein Denkmal gesetzt worden. Seit 1930 liegt er in seinem Geburtsort begraben. (siehe auch „August-Becker-Museum").

August-Becker-Denkmal

Bedesbach (KUS)

nordöstlich von Kusel, 740 Einwohner, 1364 erstmals urkundlich erwähnt, anerkannter Erholungsort. **Sehenswertes:** Alte Schmiede. **Info:** VG Altenglan

Beerewei(n)museum

Eulenbis, Hauptstraße, im Bürgerhaus. Die Beere(n)weinherstellung (Birnenwein) war früher für die Eulenbiser Bevölkerung von großer Bedeutung. Noch heute prägen zahlreiche Weinbirnenbäume das Landschaftsbild. Das Museum widmet sich deshalb diesem Spezialthema. Kernstück ist die noch gut erhaltene Obstmühle. Bei besonderen Gelegenheiten kann man auch Beerewein(n) probieren. **Schwerpunkte:** Die Bedeutung der Streuobstwiesen für das Landschaftsbild und den Naturhaushalt – Fotos von Weinbirnenbäumen – Übersichtskarte Nordpfälzer Obstmühlen – Konstruktion und Funktionsweise einer Obstmühle – Geräte, die zur Beerewei(n)herstellung benötigt wurden. **Öffnungszeiten:** nach Vereinbarung. **Auskunft:** 06374 6034 (Hr. Degen) oder 1310 (Hr. Jung)

Beindersheim (LU)

nordwestl. von Frankenthal am Kreuz A 6/A 61, 2.928 Einwohner, 95 m NN, 855 erstmals urkundlich erwähnt. **Sehenswertes:** Barocke prot. Kirche (1748). **Info:** VG Hessheim

Bellheim (GER)

östlich von Landau, 8.483 Einwohner, 776 erstmals urkundlich erwähnt. **Info:** VG-Verwaltung, Tel. 07272 7008-0. **Internet:** www.bellheim.de

Bennhausen (KIB)

südlich von Kirchheimbolanden, östlich des Donnersbergs, 142 Einwohner, 1252 erstmals urkundlich erwähnt. Die Gemeinde, die viele Menschen von ihren Ausflügen zum Donnersberg kennen, hat in der Hauptstraße 21 hinter einem Schaufenster eine alte Schmiede wieder zum Leben erweckt. Sie kann vom Buswartehäuschen aus auf Knopfdruck beleuchtet und daher jederzeit

Alte Schmiede in Bennhausen

besichtigt werden. In der Haltestelle gibt es Infos zum Schmiedehandwerk. **Info:** VG Kirchheimbolanden. **Internet:** www.kirchheimbolanden.de

Benzino, Joseph Johann

Geboren 1819 in Landstuhl, gestorben 1893 in München.

Berg (GER)

südlich von Wörth, nahe der franz. Grenze, 2.139 Einwohner, 120 m NN, 819 erstmals urkundlich erwähnt. **Info:** VG Hagenbach

Bergmannsbauernmuseum

Breitenbach (KUS). Bis zur Einweihung des Museums im August 1980 hatten die Christlichen Pfadfinder eine einzigartige Sammlung an Exponaten zum Bergbau, aber auch zur übrigen Historie der Region zusammen getragen. Die Sammlung wurde und wird im Laufe der Jahre ständig erweitert. Einen Schwerpunkt bilden die zahlreichen Gegenstände und Geräte aus dem Bergbau, Steine und Fossilien, eine Bergmannsbauern-Küche mit Original Küchenmöbel und Geschirr, ein typisches Wohn- und Musikzimmer „aus gutem Hause". Die bäuerliche Welt ist ebenso umfassend bewahrt wie das Handwerkszeug der einstigen örtlichen Handwerksbetriebe. Sehenswert sind die Sammlung gusseiserner Öfen und Ofenplatten und das Kirchenzimmer u. a. mit einem Original-Altar, einer Kanzel und Evangelistenfiguren. Zu sehen sind weiterhin römische Funde, Quadersteine und Silbermünzen aus dem 3. Jahrhundert, Kohlenfunde aus der Karbonzeit und Exponate zur heimischen Tierwelt. Schließlich ist auch den Pfadfindern ein eigener Raum gewidmet. Woher kommt der Name? In früherer Zeit arbeiteten die meisten Männer aus Breitenbach als

Bergmänner oder als Bauern. Es gab aber auch zahlreiche Familien, in denen der Mann als Bergmann tätig war und die Frau die Landwirtschaft führte. Diese nannte man die Bergmannsbauern. **Standort:** "Alte Schule", Waldmohrstraße, von Dunzweiler oder Waldmohr kommend gleich am Ortseingang. **Öffnungszeiten:** Mittwoch 18 - 22 Uhr, 1. Sonntag im Monat 14 - 18 Uhr. Eintritt: frei **Auskunft:** 06386 1237. **Internet:** www.waldmohr.de/bbm

Besucherbergwerk Eisenerzgrube St. Anna-Stollen

Nothweiler. Die Geschichte des Bergwerks geht bis ins Jahr 1579 zurück, als Herzog Johann von Zweibrücken im benachbarten Schönau eine Eisenhütte errichten ließ. Die Hochphase der Eisengewinnung erlebte das Bergwerk im 19. Jhdt., nachdem die Familie Gienanth die Schönauer Eisenhütte übernommen hatte (1835). 1883 wurde die Hütte stillgelegt. Seit 1977 ist das ehemalige Bergwerk zur Besichtigung freigegeben. Durch den St. Anna-Stollen gelangen die Besucher in die Abbauhohlräume. In den über 420 m langen Strecken und Schächten erhält man einen Eindruck, wie die Vorfahren Grubenbau im Buntsandstein betrieben. Durch die Freilegung des "Tiefen Stollens" (1991) kann den Besuchern gezeigt werden, wie das Eisenerz in den Stollen abgebaut und von dort über Tage befördert und weiterverarbeitet wurde. Besonders interessant sind die Wasserkanäle und das alte Wasserrückhaltebecken. **Öffnungszeiten:** 1. April bis 31. Oktober Dienstag bis Sonn- und Feiertag 10 - 18 Uhr. Eintritt: 3 Euro, Kinder (je nach Alter) 0,50 bis 2,00 Euro. **Info:** Tourist-Information in Dahn, Telefon 06391 58 11 oder Zechenhaus, Telefon 06394 5354. **Internet:** www.nothweiler.de

Betzenberg

Kaiserslautern. Der wohl bekannteste Berg in der Pfalz. Hier befindet sich das Stadion des

1. FC Kaiserslautern. Wenn die Pfälzer ins Fritz-Walter-Stadion pilgern, dann gehen sie „uff de Betze".

Bezirkstag

Das höchste Entscheidungsgremium des Bezirksverbands Pfalz ist der Bezirkstag Pfalz, der die wichtigsten Angelegenheiten des höheren Kommunalverbands beschließt. Er setzt sich aus 29 von der pfälzischen Bevölkerung alle fünf Jahre gewählten Mitgliedern zusammen. Aus ihrer Mitte wählen sie den Vorsitzenden des Bezirkstags Pfalz.

Bezirksverband Pfalz

Anders als in anderen Landesteilen von Rheinland-Pfalz können die Pfälzer auf vier Ebenen direkt an der politischen Gestaltung ihres Lebensbereiches mitwirken: in den Gemeinden, den Verbandsgemeinden, den Landkreisen bzw. kreisfreien Städten und im Bezirksverband. Ein solcher höherer Kommunalverband ist in Rheinland-Pfalz einmalig. Der Bezirksverband nimmt Aufga-

ben wahr und unterhält Einrichtungen, die für die Bürger in der Pfalz von großer Bedeutung sind, die aber einzelne Landkreise und Städte überfordern würden, z. B. Pfalztheater, Historisches Museum der Pfalz, Pfalzgalerie, Pfalzklinikum für Psychiatrie und Neurologie, Pfalzinstitut für Hörsprachbehinderte, Meisterschule für Handwerker, Pfalzwerke Aktiengesellschaft (Beteiligung). Die Organe des Bezirksverbands sind der Bezirkstag und der Bezirkstagsvorsitzende. Zum Gebiet des Bezirksverbands gehören die acht Landkreise und acht kreisfreien Städte der Pfalz.

Als um 1800 das Gebiet der heutigen Pfalz an Frankreich fiel, wurde für das neugebildete "Departement Donnersberg" ein Departementalrat einberufen. Mit ihm wollte die franz. Regierung ihre Nähe zu den Bürgern demonstrieren. Allerdings hatte der Rat keinen tatsächlichen Einfluß auf die Verwaltung. Seine Aufgabe bestand darin, die pauschal erhobenen Steuern umzulegen.

Dennoch kann dieses Gremium als Vorgänger des Bezirksverbandes gesehen werden.

Einen starken Einfluß erhielt das Selbstverwaltungsparlament ab 1816, als die Pfalz zum Königreich Bayern kam. König Maximilian I. Joseph ließ den ehemaligen Departementalrat wieder zusammenkommen und benannte ihn in "Landrath" um. Die Bayer. Regierung berief 20 Pfälzer Persönlichkeiten in den Landrath. Die erste Sitzung fand am 6. Dezember 1816 statt. Der Landrath setzte sich vehement für mehr Freiheit und ein höheres Maß an Selbständigkeit für die Pfälzer ein. U.a. waren fast alle Mitglieder des Landraths beim Hambacher Fest (1832) präsent.

Am 12. Juni 1919 wurde das Recht auf Selbstverwaltung der Pfälzer Gemeinden gesetzlich verankert. Dabei erhielt der Landrath die neue Bezeichnung "Kreistag". Das mühsam erkämpfte Selbstverwaltungsrecht der Pfälzer ging im Nationalsozialismus völlig unter. Nach dem 2. Weltkrieg trat das zwischenzeitlich in Bezirkstag umbenannte Parlament am 16. Januar 1950 erstmals wieder zusammen. **Info:** Referat für Öffentlichkeitsarbeit, Bismarckstr. 17, 67653 Kaiserslautern, Telefon: 0631 3647-121, **Internet:** www.bv-pfalz.de

Bibliotheka Bipontina

Zweibrücken, Bleicherstraße 3. Öffentlich-wissenschaftliche Bibliothek mit bedeutendem Altbestand. **Öffnungszeiten:** Montag bis Freitag. 8 - 13 Uhr, Montag, Mittwoch, Freitag 14 - 17 Uhr. Telefon: 06332 16403.

Biedershausen (PS)

zwischen Zweibrücken und Landstuhl, 284 Einwohner, 1316 erstmals urkundlich erwähnt. **Info:** VG Wallhalben

Biedesheim (KIB)

nordwestlich von Grünstadt, rund 661 Einwohner, 260 m NN, 782 erstmals urkundlich erwähnt. **Sehenswertes:** In der Gemeinde kann man einige alte Fachwerkhäuser und vor allem Bauernhäuser aus der Zeit von ca. 1800 bis 1860 bewundern. In dieser Epoche

St. Andreas-Kirche in Biedesheim

entstanden auch der Pfarrhof (Hauptstr. 18), das ehem. Lehrerwohnhaus (Nr. 20) und der daran angebaute Glockenturm. Um 1100 wird erstmals eine Kirche St. Andreas urkundlich erwähnt. Diese bildet die Basis für das heutige Gebäude der Prot. Kirche (Ottersheimer Straße 3), das im Laufe der Jahrhunderte mehrfach baulich verändert wurde. So ist z. B. das Südportal auf das Jahr 1458 datiert. Der Saalbau wird ergänzt durch einen fast quadratischen Chor, einen schlichten Dachreiter (1965), der die Orginalglocke seines Vorgängers aus dem Jahre 1708 trägt, und eine kleine Vorhalle mit Holzaufbau. Im Chor findet man den Sandstein-Grabstein des Pfarrers Valentius, der 1532

starb. Die Orgel wurde 1874 von E. F. Walcker erbaut. Mitte der 1960er Jahre entdeckte man umfangreiche Wandmalereien aus dem späten Mittelalter, die allerdings erheblich erneuert bzw. renoviert werden mussten. Sehenswert ist außerdem der zehnteilige Passionszyklus, der vermutlich aus dem 15. Jahrhundert erhalten blieb. Der alte Friedhof (ca. 150 Jahre alt) schmiegt sich romantisch an das Kirchengelände an. Es sind noch einige wenige Grabsteine aus der Mitte des 19. Jhdts. zu sehen. **Info:** VG Göllheim

Bienwald

Ursprünglich "Bienenwald". Größeres Wald- und Landschaftsschutzgebiet (ca. 11 x 25 km), das im Norden von Kandel, im Osten von Wörth und im Süden von der Lauter begrenzt wird. Ein breiter Grundwasserstrom, reichlich Niederschläge, viele Senken mit undurchlässigem Untergrund sowie zahlreiche Bäche und Quellen sorgen für eine beständige Feuchtigkeit des Bienwaldbodens. Dies ermöglicht eine reichhaltige Flora. Flache Verkehrswege bieten sich für Radwanderungen an.

Bierkrugmuseum

Kaiserslautern-Morlautern, Zum Ellerbach 9. Das erste und einzige Bierkrugmuseum der Pfalz spiegelt in einer lebendigen Dokumentation zwei Jahrhunderte Trinkkultur wider. Die von Dieter Jung sorgfältig zusammengestellte Sammlung zeigt auf 40 qm rund 700 Exponate rund um den Bierkrug. **Öffnungszeiten:** Montag bis Freitag 16 - 19 Uhr. Eintritt: frei. **Auskunft:** 0631 73888.

Bierkrugmuseum

Billigheimer Purzelmarkt

Billigheim-Ingenheim. Die Wurzeln dieses Volksfestes gehen auf die Verleihung der Jahr- und

Schild am Ortseingang von Billigheim

Wochenmarktsrechte durch König Friedrich III. im Jahre 1450 zurück. Aus dem ehem. Reiterfest entwickelte sich im Laufe der Jahrhunderte ein stimmungsvolles Volks- und Trachtenfest (3. Wochenende im September). Vermutlich ist der Purzelmarkt das älteste Volksfest der Pfalz.

Billigheim-Ingenheim
(SÜW)
südlich von Landau, 3.992 Einwohner, 145 m NN. 1969 durch den Zusammenschluß der jetzigen OT Appenhofen, Mühlhofen, Billigheim und Ingenheim entstanden. Der OT

Billigheim ist eine der ältesten Ansiedlungen im Südpfälzer Raum (693 erstmals urkundlich erwähnt), bekannt durch den Billigheimer Purzelmarkt. An die mittelalterliche Stadtbefestigung erinnern noch das Obertor (1468) sowie Reste der Stadtmauer und des Stadtgrabens. Der OT Ingenheim im Klingbachtal wird geprägt durch stattliche Bürgerhäuser, die von jüdischen Bürgern erbaut wurden. Im OT Appenhofen (744 erstmals urkundlich erwähnt) ist die kleine gotische Kirche (15. Jhdt.) sehenswert.

Info: VG Landau-Land

Biosphärenhaus

Fischbach bei Dahn, Am Königsbruch 1. Die Einrichtung (seit 3.1.2000 offiziell geöffnet) informiert durch Ausstellungen, Aktionen und Programme über Mensch, Natur, Kultur und Landschaft des Biosphärenreservats Pfälzerwald-Nordvogesen. Träger ist das „Fischbach-Forum", ein Zusammenschluss des Landkreises Südwestpfalz, der Verbandsgemeinde Dahn und der Gemeinde Fischbach. Das Haus kann täglich gegen Eintritt besichtigt werden. Vom dazugehörigen Restaurant hat man eine gute Aussicht auf das Naturschutzgebiet Königsbruch. Eine besondere Attraktion ist der Baumwipfelpfad, der den Besuchern einen Spaziergang in der Wipfelregion der Bäume ermöglicht. Ein Holzsteg, der auch Rollstuhlfahrern zugänglich ist, schlängelt sich in 18 Metern Höhe durch das Kronendach eines Waldstücks. Der Steg ruht auf insgesamt 19 Stahlstämmen, die in abstrakter Weise an die Form von Bäumen erinnern. In dem fast 200 Meter langen Holzsteg sind Elemente integriert, die ein Gefühl der Höhe vermitteln. So besteht die Möglichkeit vom Steg aus auf schwankende Hänge-, Tau- und Seilbrücken zu wechseln, oder einen Turm zu ersteigen, auf dem in ca. 35 m Höhe ein Blick über die Baumwipfel möglich ist. Wer am Ende des Parcours nicht den normalen Ausgang benutzen möchte, der kann den Pfad auch per Baumrutsche

Biosphärenhaus Fischbach

verlassen und sich von 24 Metern Höhe damit einen spektakulären Abgang verschaffen. **Öffnungszeiten:** April bis Oktober Montag 12 – 18 Uhr, Dienstag 9 – 20 Uhr, Mittwoch bis Freitag 9 – 18 Uhr, Samstag, Sonntag, Feiertag 9.30 – 18 Uhr. November bis März Montag bis Freitag 9 – 17 Uhr, Samstag, Sonntag, Feiertag 9.30 – 17 Uhr. Telefon: 06393 9210-0. **Internet:** www.biosphaerenhaus.de

Biosphärenreservat Pfälzerwald/Vosges du Nord

Die Zusammenarbeit der beiden Naturparks Pfälzerwald und Vosges du Nord (Nord-vogesen) wurde 1998 offiziell als erstes grenzüberschreitendes Biosphärenreservat der Europäischen Union von der UNESCO anerkannt und 2002 besiegelt. Biosphäre nennt man eine „belebte Umwelt", also den Zusammenschluss von Mensch, Tier und Pflanze. In einem Biosphärenreservat wird das harmonische, nachhaltige Zusammenleben von Natur und Mensch zum gegenseitigen Vorteil angestrebt. Es handelt sich hier also nicht um ein für Menschen gesperrtes Schutzgebiet. Vielmehr wollen die Verantwortlichen erreichen, dass die Menschen den Pfälzerwald und die Nordvogesen besuchen und dabei erfahren, wie nützlich und wichtig die Natur für die Menschen ist und lernen, vorsichtig mit Tieren und Menschen umzugehen. **Internet:** www.biospherepfaelzer-wald-vosges.org

Birkenheide (LU)

zwischen Ludwigshafen und Bad Dürkheim, 3.254 Einwohner. **Info:** VG Maxdorf

Birkenhördt (SÜW)

3 km westlich von Bad Bergzabern an der B 427, 676 Einwohner, 320 m NN, 1317 erstmals urkundlich erwähnt. **Info:** VG Bad Bergzabern

Birkweiler (SÜW)

zwischen Landau und Annweiler, 717 Einwohner, 200 m NN, 1285 erstmals urkundlich erwähnt. Am Fuße des Hohenbergs (562 m mit Hohenbergturm), Weinbau, ältestes Weinfest der Region. **Sehenswertes:** Fachwerkhäuser (16. - 19. Jhdt.). **Info:** VG Landau-Land

Birnbaum, Johannes von

geboren 1763 in Queichheim, gestorben 1832 in Zweibrücken. Der Jurist stand zunächst bis zum Ende des Jhdts. in Diensten Frankreichs. Danach prägte er als Richter in Trier und Zweibrücken die rheinland-pfälzische Rechtsentwicklung.

Bischheim (KIB)

östlich von Kirchheimbolanden, 730 Einwohner, ca. 230 m NN, 1173 erstmals urkundlich erwähnt. Hier beginnt das Zellertaler Weinbaugebiet. Den Grundstock für die Ev. Kirche bildete ein gotischer Bau (1719, Hauptstr. 2). Der Unterbau des Turms stammt aus dem Hochmittelalter. Das ehemalige Pfarrhaus ist noch heute ein stolzes Fachwerkhaus. Annexen: Heubergerhof, Heuberger Mühle, Kupfermühle, Pulvermühle. **Info:** VG Kirchheimbolanden. **Internet:** www.kirchheimbolanden.de

Bismarck, Otto von

der Jurist und Politiker wurde am 1.4.1815 in Schönhausen geboren und starb am 30.7.1898 in Friedrichsruh. Er wurde 1862 von König Wilhelm I. zum preußischen Ministerpräsidenten ernannt. Nach dem Ende des Deutsch-Französischen Krieges (1870/71) bestimmte er maßgeblich die neue Reichsverfassung mit. Als Reichskanzler (1871- 1890) ist er der engste Vertraute des 1871 zum Deutschen Kaiser ausgerufenen Wilhelm I. und nimmt damit eine zentrale

Rolle im deutschen Reich ein. Er verfolgte eine eher friedliebende Außenpolitik und leitete soziale Reformen ein (unter anderen die gesetzliche Kranken-, Renten- und Unfallversicherung), weshalb er vom „einfachen" Volk hohe Anerkennung erfuhr. Die Politik Bismarcks war offensichtlich ganz im Sinne der liberalen pfälzischen Bevölkerung, denn in der Pfalz wurde der Reichskanzler geradezu verehrt. Damit ist zu erklären, dass Ende des 19. und Anfang des 20. Jahrhunderts zahlreiche Bismarck-Denkmäler errichtet und mehrere Straßen und Aussichtstürme nach ihm benannt wurden. Bismarck wurde 1890 von Kaiser Wilhelm II. wegen persönlicher und politischer Differenzen abgesetzt. Doch der Kult ging weiter. Zu seinem 80. Geburtstag (1895) ernannten ihn 23 Orte in der Pfalz zum Ehrenbürger.

Bismarckturm

a) **Bad Bergzabern:** Der Aussichtsturm auf dem Liebfrauenberg ist von der Stadt aus in etwa 15 Minuten zu erreichen. Es handelt sich um eine 30 Meter hohe Holzkonstruktion, insgesamt 154 Stufen führen hinauf zur überdachten Aussichtsplattform. Dem Besucher des Turms liegt die gesamte Stadt zu Füßen, wobei leider der hohe Anteil an Dächern überwiegt. Vom ehemaligen Schloss sind die obere Etage und das Dach zu sehen, auf der entgegengesetzten Seite sieht man den Kurpark. Der Blick reicht über die Stadt hinaus weit in die Rheinebene bis jenseits des Rheins, wo man zahlreiche Industrieanlagen zwischen Karlsruhe und Philippsburg erkennen kann. Wie erreicht man den Turm? Vom Thermalbad her kommend biegt man etwa 150 m vor der am Gasthaus „Wilder Mann" befindlichen Ampelanlage links ab in die Bismarckstraße (kleines Schild „Jugendherberge"), fährt ca. 200 m geradeaus bergan. Wo in einer scharfen Rechtskurve die Zeppelinstraße beginnt, kann man links in der Gasse den Wagen abstellen. Zunächst nimmt man den Wanderweg 21 (auf das kleine Schild „Zum Turm" mit rotem Dreieck achten), der zuerst befestigt ist und dann in einen Waldweg übergeht. Nach ca. 250 m geht man dann auf dem Weg Nr. 2 bergan.

b) **Bad Dürkheim:** Seit 1903 steht auf dem Peterskopf (495 m) nordwestlich von Bad Dürkheim ein Aussichtsturm. Die gesamte Anlage, nach einem Entwurf des Architekten Friedrich Kunst (Karlsruhe) erbaut, ist ca. 40 m hoch. Der Turm besitzt einen breiten Unterbau mit einer offenen Halle und

Bismarckturm in Bad Dürkheim

zwei großen, über Freitreppen zugängliche Hochterrassen in 15 m und 20 m Höhe. Von der zweiten Terrasse aus steigt der eigentliche Turm in die Höhe. Der Turm ist · wie einige andere um die Jahrhundertwende errichtete Türme · „dem großen Deutschen" (= Inschrift auf Hallenbogen), Reichskanzler Bismarck, gewidmet. Eine Kupferplastik am Turm zeigt das Konterfei des Politikers. Im Osten breitet sich die Rheinebene mit unzähligen vorderpfälzischen Orten wie ein Teppich aus. Von links nach rechts kann man u.a. Worms (Dom), Frankenthal, Ludwigshafen mit BASF und Speyer (Dom) erkennen. Direkt unterhalb des Peterkopfs liegt Bad Dürkheim mit seinen Vororten. Durch das „Südfenster" kann man die Klosterruine Limburg bewundern. Im Norden reicht die Aussicht bis zur Nordpfalz mit dem Donnersberg als markanten Punkt, im Westen weit über den Pfälzerwald mit Kalmit und Drachenfels. In der Ferne kann man bei klarem Wetter die Höhen von Schwarzwald, Hunsrück, Odenwald und Taunus ausmachen. Zur Orientierung: Die Seiten des Turms sind an den Himmelsrichtungen ausgerichtet: Der Treppeneingang liegt im Westen, die Öffnung der Halle im Osten, der Fernsehturm im Norden. Wie erreicht man den Turm? Ein Weg führt von der A 6 Mannheim · Kaiserslautern, Abfahrt Wattenheim, über Carlsberg, Altleiningen, Höningen (dort Rg. Bad Dürkheim) zum Forsthaus Lindemannsruh. Von der anderen Richtung her ist der Weg zum Forsthaus Lindemannsruh am Ortsausgang von DÜW-Leistadt (Richtung Bad Dürkheim) ausgeschildert (ca. 4 km). Vom großen Parkplatz des Forsthauses führen die markierten Wege Nr. 9 und 11 (kleines Hinweisschild an der Eiche) in etwa 10 Minuten hoch zum Bismarckturm. Der Turm ist am Wochenende, in den Sommerferien auch werktags offen. Auskünfte beim Drachenfels-Club (Werner Grün, Tel. 06322 8847). Falls Haupteingang geschlossen, ggf. Zutritt durch die Halle.

c) **Landau:** Der Turm am Rande des Luitpoldparks im Westen der Stadt Landau wurde 1910 von Hofrat Mahla gestiftet.

d) **Landstuhl:** Es gibt zwei markante Punkte, von denen man die Sickingenstadt herrlich überblicken kann: die Burgruine Nanstein und den Bismarckturm auf dem Kirchberg (371 m) westlich über der Altstadt. Der damalige Waldbesitzer Freiherr von Stumm-Halberg ließ den 18 m hohen Turm im Jahre 1900 errichten. Der saarländische Großindustrielle war mit Reichskanzler Bismarck befreundet. Deshalb ist an der zur Stadt gewandten Seite des Turmes der Reichsadler mit dem Bismarckwappen in gelbem Bliestaler Sandstein angebracht. 10 Stufen führen zum Eingang, weitere 74 Stufen zur Aussichtsplattform. Der Blick wandert natürlich zuerst in Richtung Südost zur Burgruine Nanstein. In gleicher Richtung in der Stadt die St. Andreas-Kirche (gelbes Schiff, Ziegeldach). Weitere markante Punkte sind das US-Gelände mit Sportplatz

(Südwesten), das Kohlekraftwerk Bexbach (Bexbach), in Norden der Potzberg mit Aussichtsturm, Radarturm und Hotel (Nordwesten), Ramstein-Miesenbach (zwei weiß-braune Kirchtürme), Fernsehturm auf dem Schneeweiderhof (schlanke Betonsäule, rot-weißer Antennenmast), das Broadwaykino, US-Flugplatz, Donnersberg und die Hl. Geist-Kirche sowie die Stadt Kaiserslautern im Osten. Gut zu sehen sind auch die Autobahn (A 6)

und die Eisenbahnlinie. Vor dem Turm findet man einen geräumigen Vorplatz mit mehreren Sitzbänken sowie einen Gedenkstein für Philipp Fauth (* 1867, + 1941, Lehrer und Astronom). Wie erreicht man den Turm? Von der A 6 kommend der Beschilderung Innenstadt folgen. Dort ist der Weg beschildert. Am „Pizza-Hut" in die Luitpoldstraße Richtung US Hospital/Altenzentrum einbiegen. Nach wenigen hundert Metern steil bergan fahrend verlässt man die Stadt. Unmittelbar vor der Einfahrt zum US Hospital weist ein Schild nach rechts den Weg in den Wald. Auf einem Schotterweg erreicht man nach ca. 500 m einen kleinen Parkplatz. Von dort nimmt man den Wanderweg L 2 (am grünen Müllbehälter vorbei), der in rund 5 Minuten zum Turm führt (gut begehbar, keine besonderen Steigungen und weitgehend schattig).

Bissersheim (DÜW)

südöstlich von Grünstadt, am Eckbach, 469 Einwohner, 145

Bismarckturm in Landstuhl

m NN, 774 erstmals urkundlich erwähnt. **Sehenswertes:** Ev. Kirche (1755) mit Turm von 1350, Winzerhäuser (17./18. Jhdt.), Haltmühle (1739). **Info:** VG Grünstadt-Land

Bisterschied (KIB)

westlich von Rockenhausen, 284 Einwohner, 340 m NN, 1128 erstmals urkundlich erwähnt. **Sehenswertes:** Die Ev. Kirche (1760) ist ebenso wie der Orgelprospekt weit über 200 Jahre alt. In der Hauptstraße bilden mehrere Anwesen aus dem 19. Jhdt. eine Denkmalzone. **Info:** VG Rockenhausen

Blaubach (KUS)

nördlich von Kusel, 462 Einwohner, 290 m NN, 1456 erstmals urkundlich erwähnt. **Info:** VG Kusel

Blaues Haus

siehe „Theater Blaues Haus e.V."

Blechhammer

Kaiserslautern. Weiher im Vogelbachtal, gern besuchtes Naherholungsgebiet, bekannt auch durch das ansässige Restaurant.

Blitzröhren

Battenberg. Naturdenkmal, braun-gelb-gefärbte, meist senkrecht stehende röhrenförmige Steingebilde.

Bloch, Ernst

geboren 1885 in Ludwigshafen, gestorben 1977 in Tübingen. Gehört zu den großen Philosophen des 20. Jhdts., geprägt von der marxistischen Theorie. Lehrte nach dem 2. Weltkrieg als Professor für Philosophie in Leipzig. Aufgrund seiner kritischen Haltung gegenüber der SED wurde er zwangsemigriert und kam 1961 in die BRD, wo er später an der Uni Tübingen lehrte. Hauptwerk: "Das Prinzip Hoffnung". Bloch erhielt 1967 den Friedenspreis des Deutschen Buchhandels. **Internet:** www.bloch.de

Bobenheim a. Berg (DÜW)

südlich von Grünstadt, 837 Einwohner, 210 m NN, Winzer-dorf. **Sehenswertes:** Ev. Kirche (14./15. Jhdt.), Kath.

Kirche St. Nikolaus (1844). **Info: VG Freinsheim. Internet:** www. freinsheim.de

Bobenheim-Roxheim (LU)

nördlich von Frankenthal, 10.087 Einwohner, 92 m NN, Roxheim 755 erstmals urkundlich erwähnt, Bobenheim 991 erstmals urkundlich erwähnt. **Sehenswertes:** Heimatmuseum. **Info:** Gemeindeverwaltung, Tel. 06239 82-0

Bobenthal (PS)

südöstlich von Dahn nahe der franz. Grenze, 342 Einwohner, 1348 erstmals urkundlich erwähnt. **Sehenswertes:** Fachwerkhäuser, Mühlrad. OT: St. Germanshof. **Info:** VG Dahn. **Internet:** www.niederschlettenbach.de

Böbingen (SÜW)

Das vom Weinbau und von Landwirtschaft geprägte Dorf liegt 9 km östlich von Edenkoben, 672 Einwohner, 772 erstmals urkundlich erwähnt. **Sehenswert:** Pfarrkirche (1758), Ev. Kirche (1819), Fachwerkhäuser. **Info:** VG Edenkoben, **Internet:** www. boebingen-pfalz.de

Böchingen (SÜW)

5 km nordwestlich von Landau, 773 Einwohner, 206 m NN, 767 erstmals urkundlich erwähnt. Winzerdorf. **Sehenswertes:** In dem ehemaligen Schloss der Ritter von Zeiskam befindet sich eine Sektkellerei. Das "Haus der Südostdeutschen" (Heimatmuseum) ist Begegnungsstätte und Museum mit Erinnerungsstücken der aus der Batschka und dem Banat umgesiedelten Deutschen, deren Vorfahren z.T. unter Maria Theresia und Joseph II. aus der Pfalz ausgewandert waren. In der evang. Kirche steht eine Rokokoorgel. **Info:** VG Landau-Land

Bockenheim/Weinstr. (DÜW)

nördlich von Grünstadt an der B 271, 2.245 Einwohner, 150 m NN, 770 erstmals urkundlich erwähnt, nördlicher Anfangs- bzw. Endpunkt der Deutschen Weinstraße, Weinbau. Bockenheim entstand durch die

Zusammenlegung der Gemeinden Groß- und Kleinbockenheim im Jahre 1956. Bekannt durch die Bockenheimer Mundarttage. **Sehenswertes:** Ev. Martinskirche (Turm ca. 1200, Wandmalereien aus dem 13. Jhdt. im Chor), Reste der Burg Emichsburg, St. Lamberts-Kirche (um 1710, Turm 12. Jh.), Heiligenkirche, Naturdenkmal "Katzenstein", Haus der Deutschen Weinstraße. **Info:** VG Grünstadt-Land

Bockenheimer Mundarttage

Seit 1953 in Bockenheim durchgeführter pfälzischer Mundartdichter-Wettstreit (3. Samstag im Oktober), der in besonderer Weise zur Pflege des Dialekts beiträgt.

Böhämmer

Frühere volkstümliche Bezeichnung für die Bergfinken, die auf ihrem Weg in den Süden in den Wäldern der Südpfalz Station machten. In der Nacht gingen die Einheimischen mit Blasrohren auf die Jagd nach den in den Bäumen schlafenden Vögeln. Seit 1906 ist die Böhämmerjagd verboten.

Böhl-Iggelheim (LU)

zw. Speyer und Bad Dürkheim, 10.701 Einwohner, 780 (Böhl) bzw. 991 (Iggelheim) erstmals urkundlich erwähnt. **Sehenswertes:** Fachwerkbauten (18. Jhdt.), Rathaus (1569) mit Heimatmuseum in Iggelheim, Vogelpark. **Info:** Gemeindeverwaltung, Telefon 06324 708-0. **Internet:** www.boehl-iggelheim.de

Bolanden (KIB)

südlich von Kirchheimbolanden, 2.425 Einwohner, 230 m NN, das Jahr 1129 wird als Gründungsdatum des Ortes angenommen. Der Weierhof (835) mit der bekannten Schule sowie der Bolanderhof (Anfang 12. Jhdt.) an der B 40 sind eigentlich die ältesten Teile dieser Gemeinde. **Sehenswertes:** Bedeutung gewann die Ansiedlung durch das mittlerweile teilweise wieder restaurierte Kloster Hane. Von der Burgruine Neubolanden auf dem Schlossberg sind nur noch

Rathaus Bolanden

geringe Reste erhalten. Sie war Anfang des 13. Jhdts. errichtet, 1525 im Bauernkrieg zerstört, danach wieder aufgebaut und 1689 im Pfälzischen Erbfolgekrieg endgültig zerstört worden. **Info:** VG Kirchheimbolanden. **Internet:** www.kirchheimbolanden.de

Böllenborn (SÜW)

4 km westlich von Bad Bergzabern, 283 Einwohner, 330 m NN, 1345 erstmals urkundlich erwähnt, anerkannte Fremdenverkehrsgemeinde. **Sehenswertes:** Historische Marienwallfahrtskirche (14. Jhdt.) mit barockem Dachreiter. OT: Reisdorf. **Info:** VG Bad Bergzabern.

Bölts, Udo

geboren am 10. August 1966 in Rodalben, wohnt in Heltersberg, erfolgreicher Radsportprofi (seit 1989). Seine Radsportlaufbahn begann, wie die seines Bruders Hartmut, beim Radsportverein Schopp. 1984 kam er zum RC Olympia Dortmund, 1989 wechselte er ins Profilager zum Team Stuttgart, seit 1992 gehörte er zum Team Telekom, mit dem er 1997 die Tour de France gewann. 2002 wechselte er zum Team Gerolsteiner. Er war mehrmals Gewinner oder Etappensieger bei bedeutenden Radrennen. 1990, 1995, 1999 wurde er Deutscher Profimeister. Sein Ausspruch „Quäl dich, du Sau", mit dem er seinen Teamkollegen Jan Ullrich 1997 quasi zum Sieg bei der Tour de France motivierte, ging weltweit durch die Presse.

Börrstadt (KIB)

nahe der B 40 zw. Kaiserslautern und Kirchheimbolanden, 948 Einwohner, 891 erstmals urkundlich erwähnt. **Sehenswertes:** Durch die Börrstadter Gartenbahn ist der Ort weit über die Region hinaus bekannt geworden. Weitere Besonderheiten in Börrstadt sind mehrere Fachwerkhäuser, die Kath. Kirche St. Nikolaus (um 1800, Turm 1904), eine Wallfahrtskapelle und das ehem. Forsthaus im Hahnweilerhof mit Habsburger Wappen (17. Jhdt.). Der 2003 eingeweihte Rechenmacher-Brunnen, von Eugen Windecker aus Edelstahl gestaltet, erinnert an dieses in Börrstadt traditionelle Handwerk. **Info:** VG Winnweiler

Börrstadter Gartenbahn

Börrstadt. Die von Karl-Heinz Jung erbaute, Deutschlands größte Modelleisenbahn mit

Börrstadter Gartenbahn

Personenbeförderung, ist ein beliebtes Ausflugsziel für Familien mit jungen Kindern. Der Fahrbetrieb erfolgt mit originalgetreu nachgebauten Dampflokmodellen im Börrstadter Freizeitgelände hinter der Gemeindehalle.

Börsborn (KUS)

südlich von Kusel, östlich von Brücken, 398 Einwohner, 310 m NN, 1480 erstmals urkundlich erwähnt. **Info:** VG Glan-Münchweiler

Bornheim (SÜW)

nordöstlich von Landau, 1.294 Einwohner, 884 erstmals urkundlich erwähnt, Weinbauort. **Info:** VG Offenbach a. d. Queich

Bosenbach (KUS)

östlich von Kusel, 832 Einwohner, 260 m NN, 945 erstmals urkundlich erwähnt. **Sehenswertes:** Wolfskirche. **Info:** VG Altenglan

Bottenbach (PS)

westlich von Pirmasens nahe der franz. Grenze, 739 Einwohner, 1150 erstmals urkundlich erwähnt, mehrmals zum schönsten Dorf des Landkreises gewählt. **Sehenswertes:** Die alte Schule sowie einige Bauernhäuser im fränkischen Stil stehen unter Denkmalschutz. Der alte Glockenturm stammt aus dem 12. Jhdt. **Info:** VG Pirmasens-Land

Braut und Bräutigam

Dahn. Dieses Felsengebilde ist durch seine auffällige Form weithin bekannt. Die beiden Felsentürme, die sich wie Zwillinge bzw. wie Braut und Bräutigam gegenüberstehen, sind auch ein beliebtes Ziel für Kletterer.

Braut und Bräutigam

Breitenbach (KUS)

Grenzdorf zwischen der Pfalz und dem Saarland nordwestlich von Waldmohr, 2.125 Einwohner. Obwohl erst 1329 erstmals urkundlich erwähnt, belegen Funde, dass die Gegend bereits in römischer Zeit besiedelt war. Forscher schätzen die Anfänge der Gemeinde in der Mitte des 9. Jahrhunderts. Zwischen 1738 und 1953 arbeiteten viele Männer in den örtlichen Gruben. In der Nähe liegt der 469 m hohe Eulenkopf. **Sehenswertes:** Bergmannsbauernmuseum. **Info:** VG Waldmohr. **Internet:** www.waldmohr.de

Bremerhof

Gehöft, heute Ausflugslokal (299 m NN) in Kaiserslautern, das bereits 1222 als Besitz eines Klosters urkundlich erwähnt wird.

Breunigweiler (KIB)

südlich von Kirchheimbolanden, an der Pfrimm gelegen, 459 Einwohner, 270 m NN, 1130 erstmals urkundlich erwähnt. **Sehenswertes:** Die Ev.

Kirche stammt aus dem Jahre 1766 (Turm 1822). **Info:** VG Winnweiler

Brezelfest

Speyer. Die Brezel (lat. Bracellum = das Ärmchen) wurde von Mönchen „erfunden", die mit einem neuen Gebäck mehr Abwechslung in die Fastenzeit bringen wollten. Deshalb erinnert die Form an ineinander verschlungene, betende Arme. Mit der Erfindung der Brezel genoss die Speyerer Bäckerzunft in früheren Zeiten besondere Privilegien. Über viele Jahrhunderte hüteten die Speyerer Bäcker ihr Geheimnis der Brezelherstellung. Seit 1910 wird nun jedes Jahr am zweiten Wochenende im Juli u. a. mit einem großen Festzug und einem Jahrmarkt das Fest "rund um die Brezel" gefeiert.

Briegel, Hans-Peter

Der 72fache Fußball-Nationalspieler stammt aus Rodenbach. Die "Walz aus der Pfalz" spielte als Profi beim 1.FC Kaiserslautern, Hellas Verona und Sampdoria Genua.

Bruchmühlbach-Miesau
(KL)

zwischen Landstuhl und Homburg an der B 40, 7.752 Einwohner, vermutlich 1364 erstmals urkundlich erwähnt. **Sehenswertes:** Freiheitslinde (17. Jh.), Kath. Kirche St. Maria Magdalena (1864), Prot. Kirche (1738) im OT Miesau, Naturdenkmal „Elendsklamm", Grabhügel (800 - 300 v. Chr.). **Info:** VG-Verwaltung, Telefon 06372 922-000. **Internet:** www.bruchmuehlbach-miesau.de

Bruchweiler-Bärenbach
(PS)

ca. 6 km südlich von Dahn, 1.766 Einwohner, 967 (Bären-

Mühlrad in Bruchweiler

bach) bzw. 1450 (Bruchweiler) erstmals urkundlich erwähnt. **Info:** VG Dahn

Brücken (KUS)

südlich von Kusel, Richtung Waldmohr an der B 423, 2.370 Einwohner, 260 m NN, 1330 erstmals urkundlich erwähnt. **Sehenswertes:** Diamant-schleifermuseum. **Info:** VG Schönenberg-Kübelberg. **Internet:** www.bruecken-pfalz.de

Brunck, Dr. Heinrich von

1847 in Winterborn geboren, am 4. Dezember 1911 in Ludwigshafen gestorben, Chemiker und vielfach geehrter Wissenschaftler bei der BASF, seit 1884 technischer Direktor. Ihm gelang die Durchführung der Indigo-Synthese. Wegen seines gemeinnützigen und wohltätigen Handelns geachtet, gilt er in der BASF als der „Vater der betrieblichen Sozialfürsorge". 1871 heiratete er in Großkarlbach Emilie Barbara Wilhelmine Fitting. 1905 wurde er in den Adelsstand erhoben (Heinrich Ritter von Brunck)

und zwei Jahre später zum Geheimen Kommerzienrat ernannt. Der Ehrenbürger von Kirchheimbolanden machte sich unter anderem um die Neugestaltung des Schlossgartens in Kirchheimbolanden verdient. Dort fand er auch seine letzte Ruhestätte.

Brunnenstollen

Lemberg. Auf dem Gelände der ehemaligen Burg Lemberg wurde der Stollen freigelegt, durch den die Burg im 13. Jhdt. mit Wasser versorgt wurde. Der Brunnenstollen ist für Besucher zugänglich. In einer Tiefe von etwa 58 Metern kann man besichtigen, wie im Mittelalter Brunnen gebaut wurden. **Öffnungszeiten:** Ab April samstags von 14 bis 17 Uhr.

Brunnenstollen

Trippstadt. 365 m lange Wasserversorgungsanlage, die 1767 mit Bergmannstechnik durch einen Sandsteinfelsen getrieben wurde, um aus einem oberhalb des Dorfes gelegenen Quellgebiet Wasser für den Ort herbeizuleiten. Von Mai bis

September sind Führungen möglich. **Info:** Verkehrsamt, Tel. 06306 341.

Bubenheim (KIB)

südöstlich von Kirchheimbolanden, 467 Einwohner, 200 m NN, 1140 erstmals urkundlich erwähnt. In dem Ort am Ammelbach im Violental, zu dem auch ein Vogelschutzgebiet gehört, wird u.a. Weinbau betrieben. **Sehenswertes:** Der Große Hof, ein ehemaliger Hof des St. Martin-Stifts in Worms, wurde vermutlich im Mittelalter erbaut. Sehenswert ist das gotische Torhaus (15. Jhdt.) mit dem davorstehenden Kruzifix. Der prot. Glockenturm schräg gegenüber wurde 1904 als protestantischer Läutturm im Stile der Neuromanik fertiggestellt. Die Kath Kirche St. Peter (Kirchgasse 3) ist 1163 auf der Basis einer viel älteren Kirche von Gottfried von Beselich von Grund auf neu erbaut worden. Das an der Vorderseite reich gegliederte Bauwerk ist der älteste Sakralbau der Nordpfalz und gehört zu den wenigen in ihrer Ursprungsform erhaltenen Kirchen der Pfalz. An das Kirchenschiff mit zwei Fensterachsen und Satteldach schließt sich ein quadratischer Chor an, der um eine halbkreisförmige Apsis erweitert ist. Der Turm ist mit einem achtseitigen barocken Dachreiter gedeckt. Ein Schmuckstück ist der pokalförmige Maßwerk-Taufstein mit Löwensockel (um 1500). Im linken Chorpfeiler findet man eine in dieser Form seltene Inschrift, die in lateinischer Sprache auf den Erbauer der Kirche hinweist. In Ritztechnik ist der Baumeister „Godefried" im Priestergewand dargestellt. Im daneben liegenden alten Friedhof kann man noch einige handwerklich beachtenswerte Grabsteine aus dem 18. J. entdecken. **Info:** VG Göllheim

Buborn (KUS)

südwestlich von Lauterecken, 157 Einwohner, 1120 erstmals urkundlich erwähnt. **Info:** VG Lauterecken

Büchelberg (GER)

südwestlich von Wörth, mitten

im Bienwald, 1692 begründet, heute Stadtteil von Wörth

Bundenthal (PS)

ca. 8 km südlich von Dahn, 1.154 Einwohner, 1290 erstmals urkundlich erwähnt, besteht aus den zwei alten Ortsteilen Bundenthal und Finsternheim. **Sehenswertes:** Wehrkirche St. Peter und Paul (Fachwerkaufsatz auf dem Turm), Fladenstein mit geologischem Lehrpfad. **Info:** VG Dahn. **Internet:** www.bundenthal.de

Buntsandstein

Zahlreiche Felsen und auch Burgen im Pfälzerwald bestehen aus dem markanten rötlich-bunten Sandstein. Der Buntsandstein entstand vor etwa 200 Mio. Jahren. Damals war das Gebiet des Pfälzerwaldes von gewaltigen Strömen überflutet, die mächtige Sand- und Geröllmassen hier ablagerten. Die aus Quarzsand bestehenden Schichten wurden unter gewaltigem Druck eines später darüberliegenden Meeres und mit Hilfe von Kieselsäure und tonigen Bindemitteln zum Buntsandstein. Der Sandstein ist zum Teil hellrot und zum Teil dunkelrot und oft auch von blaßgelben und bräunlichen Schichten durchzogen. Besonders häufig findet man Buntsandsteinfelsen im Dahner Felsenland.

BURG/BURGRUINE

Um eine einheitliche Aufzählung zu ermöglichen, werden alle Burgen und Burgruinen unter dem Begriff "Burg" aufgeführt.

Burg Altdahn

Dahn. Die typischen Felsenburgen Altdahn, Grafendahn und Tanstein bilden eine der größten Burganlagen der Pfalz. Altdahn, die größte der drei Burgen, wurde um 1100 durch die Herren von Dahn gegründet und 1189 erstmals urkundlich erwähnt. Die Burgen waren Schauplatz zahlreicher Schlachten um die Herrschaft im Wasgau. In Folge dessen wurde Altdahn des öfteren zerstört, zuletzt im Dreißigjährigen Krieg und im Pfälzischen Erbfolge-krieg. Seit 1603 ist die Burg nicht mehr bewohnt. Beachtenswert sind die Reste der Schildmauer (ca. 1100 - 1150), zwei wuchtige Tor- und Geschütztürme (15. Jhdt.) mit in den Fels gehauenen Wachtstuben sowie Reste des Hauptgebäudes (Palas) und eines Turmes an der Oberburg. Das zu der Anlage gehörende Burgenmuseum zeigt wertvolle Funde, die während der Ausgrabungen an den Burgruinen sichergestellt wurden. So z.B. eine Ritterrüstung, eine Taschensonnenuhr aus Elfenbein mit eingebautem Kompass, Kinderspielzeug aus der Ritterzeit, Münzen und Waffen. **Öff-nungszeiten:** Ab Karfreitag täglich geöffnet von 11 bis 17 Uhr. Burgführungen für Besuchergruppen bei Voranmeldung unter Telefon 06391 2104.

Burg Altleiningen

Altleinigen. Um 1100 als Stammburg der Grafen von Leiningen errichtet. In der ersten Hälfte des 17. Jhdts. umgestaltet (365 Fenster - für jeden Tag eins). 1689/90 zerstört. Ab 1964 als Jugendburg und Schullandheim wieder aufgebaut. Innenbesichtigung nur nach telefonischer Voranmeldung. Im Sommer Theateraufführungen, Freibad im Burggraben. **Info:** Telefon 06356 1580.

Burgengruppe Altdahn

Burg Altwolfstein

Wolfstein. Wohl durch Friedrich Barbarossa als Reichsfeste nach der Errichtung der Pfalz Kaiserslautern (1152) in sein Burgensystem zum Schutz des Bezirkes eingefügt. 1319 an die Grafen von Sponheim verpfändet. 1504 im Bayerischen Erbfolgekrieg erobert und zerstört. Der fünfseitige wohnturmartige Bergfried (ca. 19 m) und die Ringmauer stammen wahrscheinlich aus der 2. Hälfte des 12. Jhdts. Reste der Vorburg und an der Bergseite Spuren einer Toranlage sind erhalten. Die Ruine ist ganzjährig zugänglich.

Burg Anebos

Bei Annweiler. Sie liegt südlich von Burg Trifels, auf dem mittleren der drei Annweilerer Berggipfel. Im 12. Jhdt. erbaut, bereits im 13. Jhdt. verfallen. Bearbeitungsspuren im Fels sind sichtbar.

Burg Battenberg

Battenberg. Um 1240 auf dem Grund einer alten fränkischen Siedlung (787 genannt) durch Graf Friedrich III. von Leinigen errichtet. Grafen von Leiningen residierten hier bis Mitte des 18. Jhdts. Die Ringmauer und Teile eines Torbaus sind noch erhalten. Die Ruine ist ganzjährig zugänglich. **Info:** Telefon 06359 2196 oder 961003.

Burg Berwartstein

Erlenbach. Diese charakteristische Felsenburg ist die einzige bewohnte Burg der Pfalz. 1152 wird die Reichsfeste urkundlich erwähnt, als sie nämlich Kaiser Barbarossa dem Bischof von Speyer schenkt. Im Jahre 1314 wurde der Berwartstein durch die Städte Straßburg und Hagenau als Raubnest zerstört. Nach dem Aussterben der Ritter vom Berwartstein wechselte die Feste mehrmals die Besitzer. Bekanntester Eigentümer war Hans von Trott, im Volksmund Hans Trapp genannt, der von 1480 bis 1503 hier lebte. Er liegt in der St. Anna-Kapelle bei Niederschlettenbach begraben. 1591 brannte die Burg ab. Hauptmann Theodor Beginski baute sie von 1893 bis 1895 wieder

Burg Berwartstein

auf. Heute ist der Berwartstein in Privatbesitz (Alfons Wadle, Telefon 06398 210). Von März bis November finden Burgführungen statt. Außerdem gibt es eine Burgschänke und ein Burgmuseum, in dem Reliquien aus der Vergangenheit des Berwartsteins zu sehen sind. Anfahrt: Erlenbach liegt in der Mitte zwischen Dahn und Bad Bergzabern nahe der B 427. Der Weg ist ausgeschildert, Parkplatz unterhalb der Burg, Fußweg wenige hundert Meter.

Burg Blumenstein

ca. 3 km südwestlich von Schönau an der franz. Grenze. Die Familie von Blumenstein errichtete um 1260 diese kleine Felsenburg. Bereits 1346 war sie Ganerbenbesitz, d.h. auf mehrere Mitbesitzer verteilt. Besitzer waren u.a. die Grafen von Zweibrücken-Bitsch und die Herren zu Dahn. Im 16. Jhdt., während des Bauernkrieges, wurde der Blumenstein zerstört, später jedoch zur Fliehburg ausgebaut. 1707 ist sie nur noch von einem Pförtner ständig bewohnt. Von der oberen Burg ist ein Brunnenschacht, von der mittleren eine mit Buckelquadern verkleidete Schildmauer und eine Felsenkammer erhalten. Eine Felsentreppe verbindet die verschiedenen Burgebenen.

Burg Breitenstein

Östlich von Elmstein. In der ersten Hälfte des 13. Jhdts. als Lehensburg der Grafen von Leiningen gegründet. Etwa 1470 zerstört. In einem quadratischem Bering erhebt sich auf einem Felsklotz die Ruine des Palas, den eine starke, mit Buckelquadern verkleidete Schildmauer abschließt. Zugang über eine Felsrampe (Torreste). Von einer ca. 60 m höher gelegenen Vorburg sind geringe Spuren vorhanden.

Burg Diemerstein

Ca. 2 km oberhalb von Frankenstein. Um 1200 von den Herren von Diemerstein erbaut, im Dreißigjährigen Krieg zerstört, 1847 ausgebessert. Teile des Bergfrieds, der Schildmauer und des Palas sind erhalten. Unterhalb ein Landhaus von 1847 (jetzt Erholungsheim). Anfahrt: Über B 37 (bei Frankenstein) nach Diemerstein, Parkplatz am Ortsende, den Schlüssel erhält man im Erholungsheim, durch den Garten des Erholungsheims führt eine Felsentreppe zur Burgruine

Burg Drachenfels

Bei Busenberg. Der Drachenfels ist ein Musterbeispiel einer mittelalterlichen Felsenburg im Wasgau. 368 m NN. Erbaut um 1200 war er später die Haupt-Ganerbenburg des Wasgaus, an der um das Jahr 1510 sogar 24 Familien ihren Mitbesitz hatten. Einer der Miteigentümer war Franz von Sickingen. Am 10. Mai 1523 wurde die Burg im Rahmen der Sickinger Fehde zerstört. Neben den baulichen Überresten sind heute insbesondere die aus dem Buntsandstein herausgehauenen Gewölbe, Treppen und Kammern noch gut zu sehen. Der Überlieferung nach sollen sich die Raubritter des Wasgaus regelmäßig auf dem Drachenfels versammelt haben, um gemeinsame Überfälle auszuhecken. Die Ruine ist z.B. vom Wanderparkplatz "Drachenfels" östlich von Busenberg zu erreichen.

Burg Elmstein

Bei Elmstein. Mitte des 12. Jhdt. durch die Pfalzgrafen errichtet, 1688 zerstört. Da im Mittelalter bei Elmstein eine "Hauptverkehrsstraße" vorbeiführte, erbauten die Pfalzgrafen die Burg als Stützpunkt zur Ausübung des Geleitrechts für Händler. Außer der Schildmauer mit glatten Sandsteinquadern und einem Gußerker mit Ausgucklöchern ist von der Burg nicht mehr viel zu sehen.

Burg Emichsburg

Bockenheim. Die Emichsburg entstand an der Stelle einer Burg der Grafen von Leiningen, die Kurfürst Friedrich I. von der Pfalz 1460 zerstörte. Graf Emich VIII. errichtete die neue Burg 1502 als "Emichsburg". Sie wurde Ende des 16. Jhdts. durch Graf Emich XI. von Leiningen-Dagsburg-Hardenburg erweitert. 1688 zerstört, um 1735 als Schloß wiederhergestellt und kurz vor 1800 endgültig verwüstet. Aus dem Baumaterial entstand der jetzige Gutshof. Sehenswert sind das Portal, ein Meisterwerk der späten Renaissance, und die ehemalige Schloßkirche (13. Jhdt).

Burg Erfenstein

Zw. Lambrecht und Elmstein. Um 1240 erbaut, 1470 zerstört, direkt gegenüber Burg Spangenberg.

Burg Falkenburg

Bei Wilgartswiesen. Die Entstehung der auf einem langen Felsenriff erbauten Festung liegt heute noch im Dunkeln. 1246 bei der Ernennung zur Reichsburg ist sie erstmals urkundlich erwähnt. Der Sage nach soll Kaiser Friedrich I. Barbarossa der Gründer gewesen sein. Demnach müsste die Falkenburg zwischen 1175 und 1180 errichtet worden sein. Vermutlich gehörte sie zu den Vorburgen des Trifels, zumal von dem hohen Bergfried eine Signalverbindung zum Trifels bestanden haben könnte. Während des Pfälzischen Erbfolgekriegs (1689) durch franz. Truppen gesprengt. Über einen steilen Treppenaufgang entlang des Felsenmassivs erreicht man die Ruine, von der nur noch Reste des Bergfrieds und eines Wohnbaus erhalten sind. Anfahrt: Am Ortsende von Wilgartswiesen (Rg. Pirmasens) an der B 10 parken, Fußweg ca. 15 Minuten bergan.

Burg Falkenstein

Falkenstein. Markant erhebt sich die Ruine der ehemaligen Reichsburg auf einem Felsen über dem Ort. Die Burg wurde vor 1135 errichtet. Sie wechselte mehrmals die Besitzer. 1647 wurde die Burg von den Franzosen belagert, beschossen und gestürmt. Die Außenmauern hat man gesprengt und geschleift. Von 1740 bis 1801 gehörte die Burgruine sogar zu Österreich. Die Anlage dehnt sich im Längsschnitt etwa 100 Meter aus. Erhalten sind Teile des Bergfrieds, der Außenmauern des Ritterhauses, eine Zisterne, der Schildmauer und der Ringmauer, die einst Burg und Ort gemeinsam umschloss. Vor der südlichen Mauer fällt ein kleiner Rundturm ins Auge. Von dort hat man eine herrliche Aussicht. Im Burgvorhof besteht eine Freilichtbühne, auf der im Sommer ein niveauvolles Kulturprogramm geboten wird. Allein schon die Fahrt nach Falkenstein durch die Schluchten des Falkensteiner Tales ist ein Besuch wert. Anfahrt: Von der Straße zw. Dannenfels und Rockenhausen nach Falkenstein, dort steil bergan bis zum höchstgelegenen Teil des Ortes. Parken: etwas oberhalb der Ruine sind am Waldrand Parkplätze ausgewiesen. **Öffnungszeit:** ganzjährig. Eintritt: frei

Burg Frankenstein

Oberhalb von Frankenstein. Um 1100 von rheinfränkischen Herzögen zum Schutz der vorbeiführenden Straßen errichtet, z.T. im Bauernkrieg (1525), endgültig im Dreißigjährigen Krieg (1618 - 48) zerstört. Gut erhaltene romantische Ruine, beachtenswerte Altarnische in der Kapelle und mächtige Kaminanlage im Palas, romanischer Bergfried (ca. 13 m hoch). An-

Burg Falkenstein

Burg Frankenstein

fahrt: Auf der B 37 bis zur Ortsmitte, dort gibt es einen Parkplatz (mit Kiosk). Der Weg führt über die Bahngleise am Tunnel vorbei bergan.

Burg Grafendahn

Dahn. Die mittlere der Dahner Burgen (siehe Altdahn) wurde 1287 als selbständige Anlage neu erbaut. Sie gehörte zunächst den Grafen von Sponheim, wechselte aber mehrmals die Besitzer. 1339 erwarb Graf Johann II. von Sponheim als Erbe alle Anteile der Burg. Seitdem heißt sie Grafendahn.

Um 1425 nochmals verstärkt, zerfiel Grafendahn bereits 1543. Noch zu sehen sind Mauerreste, Felskammern, zwei Viehtränken und ein Brunnenschacht.

Burg Gräfenstein

Merzalben. Das "Merzalber Schloss" ist eine stattliche, gut erhaltene mittelalterliche Stauferburg aus dem 12. Jhdt. 1237 ist die Anlage erstmals urkundlich erwähnt, etwa 1250 kam die Südhälfte der Unterburg hinzu, im 15. Jhdt. die Nordhälfte. 1635 brannte die Burg aus. Anlässlich der 750-Jahr-Feier des Gräfensteiner Landes wurde die Burgruine 1987 mit hohem Aufwand renoviert. Bemerkenswert sind die hohe Ringmauer und der siebeneckige, begehbare Bergfried mit schönen Buckelquadern aus dem 13. Jhdt. Weitere noch sichtbare Details: Zwingeranlage (quasi der Eingang), Teile des Torturms, Schießscharten, Teile des Palas mit Abortanlage, Zisterne. Anfahrt: Am Ortsende von Merzalben (Richtung Leimen) der Beschilde-

Burg Gräfenstein

rung folgen. Auf einer befestigten Straße (ca. 2,3 km) gelangt man zu einem Parkplatz. Von dort führt ein steiler Weg (ca. 15 Minuten) zur Burg.
Internet: www.merzalben.de

Burg Guttenberg

Bei Dörrenbach. 1150 als Reichsburg genannt, 1525 zerstört, danach verfallen. In der Oberburg sind Reste des Bergfrieds erhalten, in der Unterburg Teile der Ringmauer (Tor) und Balkenlöcher von einem Wohnbau in der Felswand.

Burg Hardenburg

Bad Dürkheim-Hardenburg.
Graf Friedrich II. von Saarbrücken gründete die Feste nach dem Erwerb der Schutzvogtei über das Kloster Limburg im Jahre 1205 auf dessen Gelände. 1214 wird die Burg erneut genannt. Seit 1317 war sie Stammsitz der Linie Leiningen-Hartenburg. Die Grafen Emich VII. († 1495) und Emich VIII. († 1535) ließen sie gegen Feuerwaffen verstärken. Die bis zu sieben Meter dicke Mauern hielten selbst Kanonen stand. Im 16. Jahrhundert, als die Leininger die Burg zum Residenzschloss ausbauen ließen, entwickelte sich die Anlage so, wie sie heute zu erkennen ist. 1725 zog Graf Friedrich Magnus mit seinem Hof nach Dürkheim. 1794 brannten französische Revolutionssoldaten die Burg nieder. Die Hardenburg ist eine der letzten Burgen im mittelalterlichen Sinn, die Wehr- und Wohnbau zugleich war. Sie ist eine der größten Burgruinen in Rheinland-Pfalz. Eindrucksvoll sind die Geschütztürme, die gewaltige Westbastion (mit

Verbindungsbau zur Hauptburg), ein Treppenturm mit "Lilienportal" und die riesigen Keller mit weit gespannten Rippengewölben (ca. 1509 erbaut). Der Renaissancegarten und der Obstgarten wurden rekonstruiert. Anfahrt: Die Burg ist von Bad Dürkheim aus über die B 37 Richtung Kaiserslautern zu erreichen. Die Beschilderung führt bis zu einem Parkplatz unterhalb der Burg. Von dort einige Minuten Aufstieg. **Öffnungszeiten:** 9 - 12 Uhr und 13 - 18 Uhr, im Winterhalbjahr bis 17 Uhr. Letzter Einlaß ist 30 Minuten vor Schließung. Im Dezember und am ersten Werktag der Woche geschlossen. **Info:** Burgverwaltung, Telefon: 06322 7530.

Burg Heidelsburg

Waldfischbach-Burgalben. Einerseits handelt es sich – wie der Name sagt – um eine Burg, andererseits wird die Heidelsburg als das älteste Forstamt Deutschlands bezeichnet. Um 1600 wird die Anlage in einer Beschreibung des Amtes Waldfischbach erwähnt. Zu sehen sind noch ein aus riesigen Quadern erbauter Torbau (ca. 3 m hoch), ein von Felsen begrenzter Eingang, ein großer (Brunnen?-)Schacht (ca. 3 x 4 m und ca. 4 m tief). Der Fund von römischen Bronzemünzen lässt darauf schließen, dass die Anlage vor 350 n. Chr. von den Römern errichtet wurde, vermutlich zum Schutz einer dort vorbeiführenden Römerstraße. Bei einer Inschrift in einer Schildmauer wurde bei einem Namen der lateinische Zusatz „Saltuarius" (Waldverwalter) verwendet, weshalb man da-

Burg Hardenburg

von ausgeht, dass es auf der Heidelsburg einen römischen Forstbeamten gab und demzufolge die Heidelsburg der Verwaltungssitz eines römischen Forstamts war. Zudem wurden Grabdenkmäler entdeckt, die Männer mit einer Axt zeigen (Nachbildung am östlichen Zugang zur Ruine). Bei Ausgrabungen hat man eine solche eiserne Axt sowie weitere Holzbearbeitungswerkzeuge gefunden. Von daher muss bereits zu römischen Zeiten eine intensive Holzverarbeitung erfolgt sein. Der Fund von Nabenringen lässt den Schluss zu, dass es Wägen gab, mit denen das Holz transportiert worden sein könnte. Anfahrt: Von Waldfischbach-Burgalben auf der Kreisstraße 32 Richtung Leimen fahren, nach ca. 2 km links bergan.

Burg Hohenecken

Kaiserslautern-Hohenecken. Die Burgruine oberhalb des Ortes ist eine bedeutende und charakteristische Anlage der staufischen Zeit. Die Kernburg entstand um 1160 und diente als

Burg Hohenecken

südliche Vorburg zur Kaiserpfalz in Kaiserslautern, die die Einfallswege von Pirmasens her (B 270) sicherte. Die tiefergelegene Vorburg mit dem Haupttor wurde wohl 1560 fertiggestellt (Jahreszahl im Abschlussstein am Haupttor). Sehenswert sind die starke Schildmauer mit eingebautem, 11 m hohem Bergfried. Von dem Wohnbau sind noch drei Geschosse erkennbar. Ein Schild bezeichnet die Räume, von denen die Fundamente noch erkennbar sind. Anfahrt: Auf der B 270 von Kaiserslautern Richtung Pirmasens im Stadtteil Hohenecken in die Ortsmitte (Deutschherrnstraße, „Burgherrenhalle") einbiegen, später rechts in die Burgherrenstraße, hinter der Kirche links in die Schloßstraße. Nach ca. 70 m führt links ein steiler, anfangs gepflasterter Weg zur Kirche und weiter zur Burg (ca. 800 m, Weg. Nr. 1). Gut parken kann man auf dem großen Parkplatz vor der Burgherrenhalle.

Burgruine Hohenfels

Imsbach/Donnersberg. Das Geschlecht derer von Hohenfels existierte von Anfang des 13. Jh. bis Ende des 14. Jh. In dieser Zeit dürfte die Burg bewohnt gewesen sein. Heute sind nur noch wenige bauliche Reste vorhanden. Die Ruine liegt auf dem Donnersberg im Forstrevier Imsbach. Sie kann z. B. von Falkenstein aus an der Kronbuche vorbei erwandert werden.

Burg Kropsburg

Bei Sankt Martin. Anfang des 13. Jhdts. von den Speyerer Bischöfen erbaut. Zunächst war ein Teil, später die ganze Burg an die Freiherren von Dalberg verliehen. Durch die Kriege im 17. Jhdt. wurde die Burg unbewohnbar. 1920 erwarb der Hotelier Karl Jungk die Ruine und baute sie nach alten Plänen wieder auf. Erhalten sind

Untere Kropsburg

ein Flankierungs- und ein Treppenturm, Teile der Ringmauer, des Bergfrieds und des Ritterhauses. Zufahrt: Von Edenkoben Richtung Edenkobener Tal, Parkplatz vor der Burg. Von St. Martin führt ein Fußweg zur Burg. Die Feste befindet sich in Privatbesitz. Der Innenbereich ist deshalb nicht zugänglich.

Burg Landeck

Oberhalb von Klingenmünster, 305 m NN. Die Burg entstand um 1200 aus den Resten einer vermutlich älteren Anlage. 1237 werden in einer Urkunde die Grafen von Leiningen als Lehensherren genannt. 1290 verleiht Rudolf von Habsburg die Burg zur Hälfte an die Herren von Ochsenstein und die Grafen von Bitsch-Zweibrükken, wobei die Besitzer in den folgenden Jahrhunderten mehrfach wechseln. Im 16. Jhdt. wohnen drei Amtmänner (ein kurpfälzischer, ein bischöflicher und einer der Grafen von Zweibrücken-Bitsch) in der Burg. In den Jahren 1688/89 wird die Anlage von franz. Truppen zerstört. Die einst staufische Reichsburg (ca. 90 x 60 m groß) betritt man über eine Holzbrücke auf gemauerten Pfeilern (1964 stilgerecht erneuert). Der ca. 23 m hohe Bergfried zählt zu den besterhaltenen in der Pfalz. Im Innern ist ein kleines Museum eingerichtet mit Funden, Urkunden, Bildtafeln, einem Modell der Burg und Erntegeräten. Von dort gelangt man über eine Treppe zur Turmplattform. Vom Palas (Hauptwohnhaus) sind nur noch einige Fensternischen mit Bänken zu sehen. Zu sehen sind u.a. noch eine Zisterne und eine Kanone. Die nahegelegene Nikolauskapelle, ebenfalls um

Burg Landeck

1230 als Teil des damaligen Klosters errichtet, diente vermutlich als Burgkapelle. Von der Burg genießt man eine tolle Aussicht über die pfälzische Rheinebene. Anfahrt: In Klingenmünster der Beschilderung „Pfalzklinik/Pfalzinstitut" folgen (Richtung Münchweiler, Silz). In die Abfahrt „Pfalzinstitut/Burg Landeck" einbiegen und auf der schmalen Straße direkt bis zur Burg fahren. Dort steht auch eine Tafel mit mehreren Rundwanderwegen. Eintritt: frei. Öffnungszeiten: ganzjährig, montags grds. geschlossen, ab Mai jedoch täglich offen. Die Burgschänke ist ab 10 Uhr geöffnet (Mo. geschlossen; im Sommer täglich geöffnet). **Info:** Telefon 06349 8744.

Burg Landsberg

Bei Obermoschel. Die strategisch günstige Lage auf dem Landsberg, von wo aus das Land zwischen Donnersberg und Hunsrück - und damit auch die dort verlaufenden Handelswege - kontrolliert werden konnten, ließen vermutlich bereits im 9. Jhdt. die

Burg Landsberg

erste Burg entstehen. Die ausgedehnte Anlage, im Volksmund "Moschellandsburg" genannt, wird 1130 erstmals urkundlich erwähnt, als Graf Emich I. die Burg an Gerlach I. von Veldenz vererbt. Nach dem Erlöschen des Geschlechts von Veldenz kam sie 1444 an Stephan von Pfalz-Zweibrücken, der sie um diese Zeit ausbaute. 1689 haben die Truppen König Ludwigs XIV. die Burg zerstört. Die Grundzüge der Anlage sind erhalten (Schildmauer, Bergfried mit Buckelquadern des 13. Jhdts). Über dem dritten und kleinsten Tor kann man einen in Stein gemeißelten Löwen entdecken. Jedes Jahr im Mai findet auf der Burg ein Familienfest statt. Anfahrt: Der Weg zur „Moschellandsburg" ist gut beschildert. Ab dem Ortsausgangsschild sind es noch ca. 1,5 km, ab dem Burghotel ca. 800 m auf einem gut befestigten Weg. Parken kann man am Sportplatz oder am Schützenhaus. Von dort noch ca. 200 m zu Fuß. Am ehem. Bet- und Zechenhaus (gegenüber dem Burghotel) findet man eine Info-Tafel über markierte Rundwanderwege.

Burg Lemberg

Lemberg. Graf Heinrich von Zweibrücken errichtete diese Feste, nachdem er 1198 von der Abtei Hornbach den 458 m hohen Berg gekauft hatte. Er siedelte hier Ritter an, die die umliegenden Ansiedlungen

Burg Lemberg

und Straßen sichern sollten. 1534 bis 1570 war die "Lemburg" Residenz des Grafen Jakob von Zweibrücken-Bitsch und kam dann an die Grafen von Hanau-Lichtenberg. Über lange Zeit war die Burg Amtssitz und zentraler Mittelpunkt des ehemaligen Reichsamtes Lemberg. Im Dreißigjährigen Krieg wurde die einstmals stolze Burg arg verwüstet und

im pfälzischen Erbfolgekrieg 1689 durch die Truppen des Franzosenkönigs Ludwig XIV. dann völlig zerstört. Die obere Burg stand auf dem Gipfelfels. Von der unteren Burg sind Teile der Ringmauer (Buckelquader) und eines Torturms erhalten. In einem alten Kellergewölbe hat der Pfälzerwaldverein eine gemütliche Burgschänke eingerichtet. Siehe auch "Brunnenstollen". Das Info-Zentrum in der Burg liefert ausführliche Beschreibungen zur Burg Lemberg, zur Zitadelle von Bitche sowie weiterer Burgen im Wasgau. Telefon: 06331 40567. **Internet:** www.burg-lemberg.de.

Burg Lewenstein

Niedermoschel. 500 m nördlich des Dorfes auf freiem Feld entdeckt man die Ruine der Burg, die 1173 erstmals erwähnt wird. Der Sitz des gleichnamigen Rittergeschlechts wurde 1689 zerstört. Ein Teil des Ritterhauses ist erhalten

Burgruine Lewenstein

Burg Lichtenberg

2 km oberhalb von Thallichtenberg. Mit einem Längsschnitt von 425 m eine der größten Burgenanlagen Deutschlands. Die Feste, ab ca. 1200 von Graf Gerlach III. von Veldenz erbaut, wird 1214 erstmals genannt. Die obere Burg (Bergfried und Südpalas) entstanden um 1270, der Ostpalas um 1235 (Saal mit Altarnische), der Westpalas um 1400. Nach dem Aussterben der Grafen von Veldenz (1444) kam die Burg in den Besitz des Herzogs von Zweibrücken. Dieser ließ die bis dahin eigenständigen Ober- und Unterburg durch eine Mauer vereinen. 1529 übernachtete der Reformator Zwingli auf der Burg. Die Feste wurde nie von einem Feind zerstört, jedoch 1799 von einem Brand heimgesucht. Seit 1971 gehört die Burg dem Landkreis Kusel. Markante Gebäude in der Anlage: evangelische Kirche (1755/56), Landschreiberei (1400), Bergfried (1270, 33 m hoch, Mauern bis zu 4 m dick, 140 Stufen), Hufeisenturm (1620, dient als Begegnungsstätte der Uni Kaiserslautern), Jugendherberge, Gaststätte. Ausstellung in der Zehntscheune (siehe Musikantenland-Museum). **Öffnungszeiten:** ganzjährig, von

Burg Lichtenberg

April bis Oktober sonntags um 14 Uhr Burgführung. **Info:** Burgwart, Telefon 06381 1437, Kreisverwaltung Kusel, Telefon 06381 441.

Burg Madenburg

Bei Eschbach. Die mit einer Ausdehnung von 50 x 180 m größte Burg in der Südpfalz wurde im 11. Jhdt. zum Schutze des Trifels gebaut. 1176 ist sie erstmals urkundlich erwähnt. Im Bauernkrieg (1525) wurde die Veste zerstört, jedoch von Bischof Philipp von Flörsheim um 1550 zu einer noch größeren Wehranlage wieder aufgebaut. Der Ausbau zum wohnlichen Renaissanceschloss erfolgte 1593/94 durch Bischof Eberhard von Dienheim. Nach wechselvoller Geschichte ist die Burg 1693 von dem französischen General Montclar endgültig zerstört worden. Zu sehen sind die markanten Überreste der Treppentürme (einer 1550, der andere 1593 errichtet, siehe jeweils Wappenstein über dem Eingang), Teile des Palas und eines Torbaus, Reste von Wirtschaftsgebäuden und der Schutzmauern. Von der oberen Plattform des Mittelbaus hat man einen guten

Burg Madenburg

Überblick über die gesamte Ruine. Die Burganlage kann täglich (außer Montag) bis 18 Uhr besichtigt werden. Einkehren kann man in der Madenburgschänke. **Anfahrt:** In der Ortsmitte von Eschbach (bei Kirche, Brunnen, Kopfsteinpflaster) entsprechend der Beschilderung abbiegen. Es gibt einen Wandererparkplatz am Ortsausgang, man kann aber auf dem asphaltierten Weg durch den Wald hoch fahren bis auf den Parkplatz am Burgberg. Von dort ca. 1 km Fußweg mit Markierung weißer Kreis mit grünem Dreieck.

Info: Stadtverwaltung Landau, Telefon 06341 13180.

Burg Meistersel (Modeneck)

Bei Ramberg. Im 11. Jhdt. erbaut. Gehörte zunächst dem Bischof von Speyer. Kam im späten 12. Jhdt. in Reichsbesitz und wurde von Ministerialien verwaltet. Sie war seit dem 14. Jhdt. Ganerbenburg. Im Dreißigjährigen Krieg zerstört. Es sind noch beachtenswerte Reste erhalten. Die Hauptburg auf einem Felsblock bewahrt Teile des nördlichen Palas (Buckelquader) und des südlichen Palas. Der Brunnenschacht am Westrand des Felsens ist in seinem unteren Teil von der Vorburg her zugänglich (Bogenöffnung im Fels). Diese zeigt Reste des Tores (14./15. Jhdt.) und der Zwingermauern. Der Burg fügt sich nördlich ein jüngeres Vorwerk an. Anfahrt: Von Weiher etwa 5 km Richtung Ramberg/Dernbach fahren, an einem blauen Höhen-Hinweisschild findet man einen kleinen Parkplatz, von dort führt ein ebener Waldweg (ca. 1 km) zur Burgruine.

Burg Michelsburg

Bei Haschbach. Durch einen Bergeinschnitt getrennt, erhebt sich auf dem Remigiusberg östlich gegenüber der Kirche die Ruine, deren Entstehung in engem Zusammenhang mit dem Bau des Klosters steht. Die Mönche kauften die widerrechtlich errichtete Burg zurück, rissen sie ab und benutzten die Steine für ihr Kloster. Als die Grafen von Veldenz die

Vogtei über das Remigiusland erlangten, bauten sie die Burg wieder auf und bewohnten sie. 1444 kam sie in den Besitz der Pfalz-Zweibrückischen Linie des Hauses Wittelsbach. Erhalten sind die 20 m hohe Schildmauer, Reste des ehemaligen Palas, der Ringmauer und des Halsgrabens. **Öffnungszeiten:** ganzjährig zugänglich. **Info:** Tourist-Info Kusel, Telefon 06381 424-270.

Burg Nanstein

Bei Landstuhl. Die Anlage wurde um 1160 gegründet, um die wichtige Handelsstraße von Metz über Kaiserslautern zum Rhein zu schützen. Der bekannte Ritter Franz von Sickingen ließ die Burg um 1500 verstärken. Die Mauern des mächtigen Geschütztturms (1518) waren bis zu sechs Meter dick. Deshalb galt die Hauptburg des Franz von Sickingen als uneinnehmbar. Doch im Mai 1523 wurde die Anlage bei einem Eroberungsangriff durch 6464 Kanonenschüsse zerstört. Sie musste der neuen Waffentechnik (Erfindung des Schwarzpulvers, Bau von Kanonen) Tribut zollen. Bei diesem Angriff fand Franz von Sickingen den Tod. Ab 1550 erbauten die Söhne Franz von Sickingens die Anla-

Burg Nanstein

ge als stark befestigtes Renaissance-Schloß wieder. Ein Brunnenbecken im Burghof, das die Figur des Franz von Sickingen trägt, stammt noch aus dieser Zeit. Die Burg wurde im Dreißigjährigen Krieg mehrfach erobert, aber erst im Pfälz. Erbfolgekrieg 1689 endgültig zerstört. Von der mittelalterlichen Anlage stammen die Schildmauer und Felsenkammern, von 1518 der große Batterieturm und eine Tür mit Vorhangbogen. Im Sommer an Wochenenden Freilichtspiele (Burgspiele Landstuhl). Burgschänke. **Anfahrt:** Der Weg ist in der Stadt ausgeschildert. Parkplatz unterhalb der Burg. **Öffnungszeiten:** Karwoche - 30. September: 9 - 18 Uhr. 1. Oktober - 30. November und Januar - Sonntag vor Ostern: 10 –16 Uhr. Im Dezember geschlossen. Es wird Eintritt erhoben. **Info:** Telefon 06371 13460. **Internet:** www. landstuhl.de/tourismus

Burg Neudahn

Dahn (etwa drei Kilometer in nordwestlicher Richtung gelegen). Heinrich von Than, genannt Heinrich Mursel von Kropsberg, hat um 1230 den ersten Bauabschnitt beendet und wird daher als Erbauer genannt. Die Neudahner Linie der "von Than" starb nach 100 Jahren aus und die Burg ging an die Altdahner Linie über. 1552 hatte Neudahn hohen Besuch, als König Heinrich II. von Frankreich hier verweilte. Bis zu ihrer Zerstörung im Jahre 1689 war die Burg Sitz des bischöflich-speyerischen Amtskellers für die Herrschaft Dahn. Die Geschütztürme, die für ihre Zeit bereits eine beachtliche Höhe (drei Stockwerke) hatten, sind zum Teil noch erhalten. **Anfahrt:** Ca. 1,5 km hinter Dahn (Rg. Pirmasens) die Gleise überqueren und gleich links abbiegen, nach der scharfen Rechtskurve (ca. 1 km) rechts an dem Gasthaus vorbei auf einem Wanderweg bergan. **Info:** Telefon 06391 3650.

Burg Neukastell

siehe Slevogthof

Burg Neuleiningen

Neuleiningen. Die Anlage inmitten des Ortes wurde zwischen 1238 und 1242 von Graf Friedrich III. von Leiningen erbaut, im 15. Jhdt von Graf Hesso von Leiningen modernisiert und erweitert. In dieser Zeit hat man auch die Burgmauer mit der Stadtmauer verbunden, weswegen Neuleiningen heute noch ein mittelalterliches Ortsbild aufweist. 1690 zerstört. Die Anlage diente als nordöstliche Begrenzung des Herrschaftsgebiets der Grafen von Leiningen. Äußerlich gleicht die Burg mit den vier vorgezogenen runden Ecktürmen eher einem Kastell. Vom ehemaligen Wohngebäude sieht man den gotischen Treppengiebel. Im Bereich der ehemaligen Burgkapelle steht heute noch die Pfarrkirche St. Nikolaus. Von der Straße nach Battenberg hat man einen guten Blick auf die Anlage.

Burgruine Neuleiningen

Burg Neuscharfeneck

Bei Ramberg. Die Burg mit einer gewaltigen Schildmauer entstand Anfang des 13. Jhdts. als Vorwerk der Burg Altscharfeneck (von der nur noch Spuren vorhanden sind). 1416 kam sie zur Kurpfalz. Kurfürst Friedrich I. baute sie bis 1469 aus. Nach der Zerstörung im Bauernkrieg 1525 stellten sie die Grafen von Löwenstein-Scharfeneck um 1530 wieder her. Zerstört wurde die Burg 1633. An der Ober-, Unter- und Vorburg kann man drei verschiedene Bauperioden erkennen. In der Unterburg steht im Norden die Ruine des Palas (1530) mit Erker und Kapellenausbau. Die Vorburg besitzt ein Tor mit Rundturm. Anfahrt: Von Weiher etwa 5 km Richtung Ramberg/Dernbach fahren, an einem blauen Höhen-Hinweisschild findet man einen kleinen Parkplatz, von dort führt ein Waldweg in Richtung Süden (ca. 3 km) zur Burg.

Burg Neuwolfstein

Wolfstein. Wohl gleichzeitig mit der Gründung der Stadt Wolfstein unter Rudolf von Habsburg 1275 errichtet. In die Stadtbefestigung einbezogen. Nach der Zerstörung (1609) 1688 erneuert. 1713 im Spanischen Erbfolgekrieg endgültig zerstört. Bergfried und Ringmauer sind erhalten. Dient jetzt als Gedächtnisstätte für Kriegsgefallene. Gute Aussicht über Wolfstein und das Lautertal. Die Ruine ist ganzjährig zugänglich.

Burg Ramberg

Bei Ramberg. Im 12. Jhdt. von Barbarossa als Reichsburg gegründet. 1525 im Bauernkrieg zerstört. Danach von den Grafen von Löwenstein wieder aufgebaut, im Dreißigjährigen Krieg endgültig verwüstet. Die kleine Anlage auf einem Felsblock besitzt eine 20 m hohe Schildmauer mit Buckelquaderverkleidung. Reste der Ringmauer, des Palas, eines Felsenkellers und eines Brunnens sind erhalten. Anfahrt: Am westlichen Ortsende von Dernbach beginnt ein Fußweg (grüner über blauem Streifen), ca. 20 Minuten zur Burg.

Burg Randeck

Mannweiler-Cölln. Von der Burgruine Randeck auf dem Schloßberg (263 m) westlich von Mannweiler sind noch geringe Teile der Ringmauer, eines Eckvorwerks, der Flankierungstürme und die Grundmauern eines Bergfrieds zu sehen. Die Ursprünge der Anlage liegen wohl im 12. Jahrhundert, da bereits im Jahre 1200 ein königlicher Bürger namens Heinrich von Randeck urkundlich erwähnt wird. Nach wechselvoller Geschichte wurde die Burg 1690 von den Franzosen größtenteils zerstört. Heute ist die Ruine im Besitz des Kulturhistorischen Vereins Mannweiler-Cölln. Grabungsfunde sind im örtlichen Randeck-Museum zu sehen. Wenn auch die Ruine selbst nur wenig Sehenswertes bietet, genießt man aber von der Ruhebank aus eine herrliche Aussicht. **Anfahrt:** Von der B 48 der Beschilderung folgend in die Burgstraße einbiegen und den Ort Rg. Schiersfeld verlassen. Kurz vor dem Bergplateau führt rechterhand ein unbefestigter Feldweg (kleines Schild „Fahrweg zur Burg" vor der Baumgruppe) über ca. 500 m zu einer Parkwiese direkt am Burggelände.

Burgruine Randeck

Burg Reipoltskirchen

Reipoltskirchen. Eine malerische frühere Wasserburg. 1276 Besitz der Herren von Hohenfels-Reipoltskirchen (1602 erloschen), war sie Mittelpunkt einer kleinen reichsunmittelbaren Herrschaft und wurde um 1793 zerstört. Die ovale Anlage auf einem künstlichen Hügel ist von einem breiten Graben umgeben, in dem einst das Wasser des Odenbachs gestaut wurde. Die Ringmauer entstand im wesentlichen im 14./15. Jhdt. Die Wohnhäuser, die sich im Hof an die Ringmauer lehnen, stehen teilweise auf mittelalterlichen Fundamenten. Der Bergfried ist ca. 17 m hoch. **Info:** Tourist-Info in Kusel, Telefon 06381 424-270.

Burg Rietburg

Bei Rhodt unter Rietburg. Um 1200 durch die Herren von Riet gegründet. 1204 genannt, war seit 1255 Reichsburg. In diesem Jahr hatte Hermann von Riet Königin Elisabeth, die Gemahlin Wilhelms von Holland, überfallen, beraubt und auf der Rietburg gefangengehalten. Seit Anfang des 14. Jhdts. war sie

Besitz der Bischöfe von Speyer. Im Dreißigjährigen Krieg zerstört. Eine mächtige Schildmauer, mit Buckelquadern verkleidet (13. Jhdt.), schützt die Oberburg. Eine Unterburg ist südlich vorgelagert. Die Anlage ist mit der Rietburgbahn zu erreichen. In der Oberburg befindet sich eine Gaststätte, von der man eine gute Aussicht auf das „Rebenmeer" hat. **Info:** Telefon 06323 2936.

Burg Scharfenberg

Bei Annweiler. Die südlichste Burg des Annweiler Burgen-Trios. Im 11. Jhdt. errichtet, 1525 zerstört. Teile des Bergfrieds und der Mauer sind erhalten.

Burg Scharfenberg

Burg Schlosseck

Ca. 2 km von Bad Dürkheim-Hardenburg. Eine einheitliche ovale Anlage aus dem 11. und frühen 13. Jhdt mit Buckelquadermauerwerk und guter Bauzier (Pflanzen, Figuren). Das Portal wurde 1883/84 aus Fundstücken neu errichtet. Reste von Bergfried und Schildmauer erhalten.

Burg Schlössl

Bei Klingenmünster. Das „Schlössel" auf dem Treitelsberg ist die einzige salische Turmhügelburg im südwestdeutschen Raum. Sie wurde im 11. Jahrhundert errichtet und im 12. Jahrhundert zerstört. Da die Burg nie überbaut wurde, gewährt sie einen guten Einblick in den Alltag der damaligen Zeit. Neuere Grabungen haben ergeben, dass auf der Burg neben einem Wohnturm auch ein Wirtschaftshof vorhanden war. Die Funde werden im Historischen Museum der Pfalz in Speyer ausgestellt, darunter ein in Stein geritztes Mühlespiel, ein Spielwürfel, eine Flöte aus Bein, ein reich verzierter Abzugshebel einer Armbrust, Keramiken, Säulen und Kapitelle. Die Burgruine ist ganzjährig zugänglich. Das „Schlössel" befindet sich – wie die spätromanische Nikolaus-kapelle (gegenüber dem Pfalz-klinikum für Psychiatrie und Neurologie gelegen) – im Besitz des Bezirksverbands Pfalz und steht unter dem Schutz der Haager Konvention. **Zugang:** Nahe der Klinik beginnt ein Fußweg zur Burgruine (ca. 20 Min.).

Burg Spangenberg

Im Elmsteiner Tal (Erfenstein, Stadtgebiet Neustadt). Wohl im letzten Drittel des 11. Jhdts. er-baut, seit 1100 Lehensburg des Hochstifts Speyer, 1470 zer-stört, in Verbindung mit einer Pferdezucht wieder errichtet, im 17. Jhdt. endgültig zertrüm-mert. Eine terrassenförmige Anlage mit Palas, von dem we-sentliche Teile auf steilem Fels erhalten sind (z. B. spätgoti-scher Treppenturm). Östlich er-hebt sich ein hoher Torbau.

Info: Verkehrsamt Elmstein, Telefon 06328 234 oder 06321

926892. **Öffnungszeiten** der Burgschänke: Samstag 13 – 19 Uhr, Sonn- und Feiertag 10 – 19 Uhr, Telefon 06325 2027.

Burg Stauf

Eisenberg, OT Stauf. Die Burg ist bereits im Jahre 1000 beur-kundet, daher eine der ältesten Burgen der Pfalz, wechselnde Besitzer (Grafen von Eberstein, von Zweibrücken, von Spon-heim, von Nassau-Saarbrük-ken-Weilburg), im Bauernkrieg 1525 zerstört. Zu sehen sind ein kleiner Teil der Mittelburg und ein Tor des südlichen Burg-teils. Vom gegenüberliegenden Burgberg hat man einen guten Blick auf Ramsen und das Eis-tal. Von 1871 bis 2000 war der Historische Verein Rosenthal Besitzer des Burgareals. Im Juni 2000 ging das Eigentum an der Ruine an die Stadt Eisenberg über. **Anfahrt:** B 47 Eisenberg - Göllheim dem Schild „OT Stauf" folgen. Den Ort auf der Eber-steinstraße durchfahren, am Brunnen/Kneippbecken links und nach wenigen Metern rechts in den Burgweg. Von dort noch ca. 150 m (ca. 40 m davon

Burgruine Stauf

Einflüsse schließen lässt, ist oval, die Angriffseite hat eine gerade, in der Mitte geknickte Mauer. Der Zugang erfolgt über eine Holzbrücke. Das Tor im Südosten wird durch die nach innen gewandten Enden der Ringmauer gebildet. Zwei Aufgänge mit Wasserrinnen führen zum nordwestlichen höheren Teil der Burg. Dort stehen die Reste des für die damalige Zeit sehr großen Palas (über 30 m lang, mehrere Räume, u.a. eine Küche, Abortschacht mit Abflussöffnung) und der Stumpf des wohnturmartigen Berg-

unbefestigter Weg). **Parken:** Da es im Burgweg kaum Parkmöglichkeiten gibt, empfiehlt es sich, den Wagen auf dem Parkplatz am Ortseingang abzustellen und zur Ruine zu laufen (ca. 600 m). **Öffnungszeiten:** ganzjährig zugänglich. Eintritt: frei

Burg Steinenschloss

bei Thaleischweiler-Fröschen (Rg. Biebermühle) auf einem Ausläufer des Schlossberges. Um 1100 durch Graf Emich I. von Leiningen errichtet, vermutlich im 12. Jahrhundert zerstört, seitdem Ruine. Die kleinquaderigen Mauern weisen auf die salische Zeit, Buckelquader auf Verstärkungen in staufischer Zeit hin. Der Grundriss, der auf sächsisch-thüringische

Burg Steinenschloss

72

friels. Eine Info-Tafel nennt einige Maße zur Burg und bezeichnet die Gebäude, von denen die Fundamente erkennbar sind. **Anfahrt:** An der B 270 zwischen Rodalben und Waldfischbach-Burgalben bei der Siedlung „Biebermühle" („Pfalzwerke AG") an der Ampel abbiegen Rg. Thaleischweiler-Fröschen bzw. A 8. Direkt hinter dem Bahnübergang rechts auf dem Parkplatz parken. Fast parallel zur Straße beginnt der kurze, steile Weg zur Ruine (ist beschildert).

Burg Tannenfels

Dannenfels. Westlich des BASF-Hauses auf einem künstlich angelegten Wall- und Hügelsystem gelegen, wird 1331 erstmals urkundlich erwähnt, war aber sicherlich viel früher erbaut worden. Es ist nicht mehr nachvollziehbar, ob die Burg im Bauernkrieg (1525) oder im 30-jährigen Krieg (1618-1648) fiel. Es sind nur noch geringe Reste eines Turmes, einer Stützmauer und eines Brunnens vorhanden. Eine Tafel weist auf den Standort der Burg hin.

Burg Tanstein

Dahn. Die um 1328 erbaute Burg war im Besitz von Heinrich von Dahn, der seiner Burg im Verlauf der Sickinger Fehde enthoben wurde. 1585 war Tanstein bereits zerfallen. Ausgrabungen aus jüngster Zeit haben ergeben, dass die Burg auf einer damals bereits vorhandenen, wesentlich älteren Burganlage errichtet worden war. Diese ist vermutlich der älteste Teil der gesamten Burgengruppe (siehe Altdahn), historisch begründet durch die Tatsache, dass am Fuße dieser Urburg eine frühmittelalterliche Heer- und Kaufmannsstraße vorbeiführte.

Burg Trifels

Bei Annweiler. "Wer den Trifels hat, hat das Reich". Salier- und Stauferkaiser machten die 1081 erstmals erwähnte Burg zum Mittelpunkt ihrer Macht. Die Burg liegt 494 m ü. NN auf einem dreifach gespaltenen Felsen (Trifels = dreifacher Fels). 1193/94 war Richard Löwenherz hier gefangen. Zwischen 1125 und 1274 wurden auf dem Trifels lange Zeit die Reichskleinodien, die höchsten Symbole der Macht des Hl. Römischen Reiches, aufbewahrt (Nachbildungen werden gezeigt). Aus der Glanzzeit der Burg um 1200 ist der Hauptturm mit kräftigen staufischen Buckelquadern und Kapellenerkern erhalten.1635 ist die Burg verlassen. Von 1938 bis 1966 wieder aufgebaut. Aus der Zeit um 1200 ist der mächtige Bergfried mit Kapelle erhalten. Der Palas ist ein „Neubau", den Rudolf Esterer 1938 bis 1950 in monumentalen Formen in Anlehnung an Pläne staufischer Bauten errichtete. **Öffnungszeiten:** geöffnet ab der Karwoche bis 30. September von 9 bis 18 Uhr, von 1.Oktober bis Karwoche von 9 bis 17 Uhr. Im Dezember geschlossen. Letzter Einlass 30 Minuten vor Schließung. Unterhalb der Burg ist ein Parkplatz (ca. 20 Minuten Aufstieg), die Anfahrt ist gut beschildert. **Info:** Büro für Tourismus, Telefon 06346 2200.

Burg Wachtenburg (Geiersburg)

Bei Wachenheim. Im 12. Jhdt. errichtet. Bewahrt als Ruine romanische Bauteile. Sie kam im 13. Jhdt. als kaiserliches Lehen an die Pfalzgrafen. Im

Burg Trifels

Burg Wachtenburg

Bauernkrieg 1525 verwüstet, 1689 völlig zerstört. Nach einem ehemaligen Besitzer Blarer von Geiersberg wird sie auch Geiersburg genannt. Aus der ersten Hälfte des 13. Jhdts. stammen der Bergfried mit Buckelquadern und die Schildmauer. Nach 1471 entstand die Ringmauer mit fünf Rundtürmen. Eine Mauer verbindet die Burg mit der Stadt. **Burgschänke:** Mai bis Oktober Mittwoch bis Freitag ab 16 Uhr, Samstag ab 12 Uhr, Sonntag ab 10 Uhr. November bis April nur Freitag bis Sonntag geöffnet. **Info:** 06322 958032.

Burg Wegelnburg

Bei Nothweiler. Mit 572 m ist sie die höchstgelegene Burg der Pfalz. Im Jahre 1272 wird die Wegelnburg als Reichsfeste erwähnt. Nach dem Aussterben der Familie von Wegelnburg ging die Feste zunächst in den Besitz der Kurpfalz, später in den des Herzogtums Zweibrükken über. Während des Dreißigjährigen Kriegs war Christoffel von Grimmelshausen auf der Burg gefangen, was er im Simplicius Simplicissimus erwähnt. 1679 wurde die Burg von den Franzosen unter General Montclair zerstört. Geringe Reste wie in den Felsen gehauene Kammern und Verliese sind noch erhalten. Schöne Aussicht auf die umliegende Landschaft. **Anfahrt:** In Nothweiler ist der Parkplatz ausgeschildert. Von dort führt ein Fußweg, zum Teil

Burg Wegelnburg

steil bergan, in ca. 45 Minuten zur Burgruine.

Burg Wilenstein

Bei Trippstadt. Wahrscheinlich von Barbarossa um 1150 errichtet. Edle von Wilenstein waren 1247 Lehensleute der Grafen von Leiningen. Seit dem Dreißigjährigen Krieg Ruine, wurde die Feste seit 1961 als Schullandheim (Jugendburg) ausgebaut. Die kleine rechteckige Anlage stammt größtenteils aus der zweiten Hälfte des 13. Jhdts. Die starke Schildmauer an der Bergseite, mit Buckelquadern verkleidet, zeigt eine spitzbogige Tordurchfahrt und ein frühgotisches Maßwerkfenster. Dieses gehört zu dem dahinter angefügten Palas. Dessen übrige Fenster sind spätgotisch verändert. In der unteren Burg ist von deren Palas die Nordmauer mit Buckelquaderverkleidung und der vorspringende Bergfried zu sehen. Dahinter die Reste eines älteren Bergfrieds aus der Mitte des 12. Jhdts. Das Innere der Burg (Schullandheim) ist nicht zugänglich. **Anfahrt:** Von der B

Burg Wilenstein

270 zwischen Kaiserslautern und Pirmasens Richtung Trippstadt/Karlstal abbiegen, nach ca. 4,5 km (kurz vor der Klug'schen Mühle) weist ein braunes Schild auf die Burg hin. Gleich dahinter kann man auf dem Waldparkplatz parken. Der Weg Nr. 2 führt in wenigen Minuten zur Burg.

Burg Wildenstein

Imsbach/Donnersberg. 1275 wird die Burg erstmals urkundlich erwähnt. Sie dürfte im 30-jährigen Krieg (1618-1648)

zerstört worden sein. Es sind nur noch ganz wenige Mauerreste zu sehen. Erwandert werden kann die Ruine z. B. vom Haus Wildenstein aus (zw. Dannenfels und Steinbach) durch das Wildensteinertal.

Burg Winzingen ("Haardter Schlößchen")

Neustadt-Haardt. Um 1100 errichtet. Einst Reichslehen im Besitz des Bistums Speyer. Von 1155 bis Ende 18. Jhdt. pfalzgräflich. 1482 wurde hier Kurfürst Friedrich II. geboren, nachdem sich seine Mutter wegen der in Heidelberg ausgebrochenen Pest hier aufhielt. 1696 hatten sie französische Truppen besetzt, durch den deutschen Beschuss wurde die Burg zerstört. An Stelle des äußeren Torbaus erhebt sich seit 1876 ein stattlicher Villenbau (jetzt Gaststätte). Gut erhalten ist die innere Ringmauer. Der östliche Teil der Gesamtanlage mit der Kapelle (Anfang 12. Jhdt.) ist der ältere Teil. Der westliche Teil kam im 12. Jhdt. dazu. Der Pallas trat an die Stelle eines Vorgängerbaus (Kel-

ler, darüber neuromanisches Kelterhaus). Der Zwinger, spätmittelalterlich (Turm im Osten mit Pavillon von 1893, Tor mit Wappen von 1578) wurde wahrscheinlich im 17. Jhdt. ausgebaut.

Burg Wolfsburg

Westlich von Neustadt/Weinstraße Richtung Lambrecht. Die Burg liegt beherrschend auf einem Felsausläufer über dem Speyerbach und der dort entlang führenden alten Straße nach Kaiserslautern. 1255 erstmals urkundlich genannt, war sie ein Lehen des Bistums Speyer an die Pfalzgrafen. Bis 1432 befand sich hier der Amtssitz der kurpfälzischen Vögte. Während der Bauernkriege (1525) wurde die Burg zweimal gestürmt. 1635 zerstörten die Spanier die Anlage endgültig, seitdem ist sie nur noch eine Ruine. Eine starke gewinkelte Schildmauer (13. Jhdt.) mit kräftigen Buckelquadern schützt die langgezogene Anlage. Innen war auf einem Felsblock der Bergfried angefügt. Durch ein Torhaus gelangt man in den Hof der Vorburg. Rechterhand bergauf sieht man die Reste des dreigeschoßigen Palas (13./14. Jhdt., im 16. Jhdt. verändert), der quer über die gesamte Felsenbreite errichtet war. Ein seitlicher Torweg führt durch den Palas in die Oberburg. In der Vorburg, also am Eingangstor nach links, standen zu den Mauern hin Wirtschaftsgebäude und vermutlich ein zweiter Bergfried. Eine doppelte Ringmauer umschließt das Ganze. Der Zugang liegt im Südosten. **Burgschänke:** März bis Oktober samstags ab 14 Uhr und sonntags ab 9.30 Uhr geöffnet, Telefon 06321 2895.

Burgenmuseum Dahn

Dahn (Burg Altdahn). 1987 eröffnete der rheinland-pfälzische Kultusminister das vom Dahner Burgenverein in mühsamer Kleinarbeit erbaute Burgenmuseum. Wertvolle Funde, die während der Ausgrabungen an den Burgruinen sichergestellt wurden, sind hier zusammengetragen. So z. B. eine Ritterrüstung, eine Taschensonnen-

uhr aus Elfenbein mit eingebautem Kompass, Münzen, Waffen, Spielzeug und Keramikgegenstände. Anhand eines Modells kann man sich ein Bild von der einstigen Größe der Burgenanlage machen. **Öffnungszeiten:** Karfreitag bis November täglich 11 - 17 Uhr. **Auskunft:** Telefon 06391 3650 oder Tourist-Info, Telefon 06391 5811.

Burgmuseum

Wattenheim, Carlsberger Str. 21. Aus Pappmaché, Haushaltsrollen und sonstigem Verpackungsmaterial hat Arnulf Schott in über 25 Jahren Bauzeit ein ca. 40 qm großes Burgenmodell errichtet. Die „Trutzegge-Loewenstein" hat eine selbstentwickelte Architektur mit zahlreichen Toren, Türmen und Burgteilen. **Öffnungszeiten:** nach Vereinbarung. Eintritt frei. **Auskunft:** 06356 6334.

Burgspiele Landstuhl

Landstuhl. Seit 1963 führt die Pfälzer Heimatbühne im Hof der Burg Nanstein von Juni bis

August am Wochenende Theaterstücke auf. Träger der Burgspiele sind die Heimatfreunde Landstuhl e.V. **Info:** VG-Verwaltung Landstuhl, Telefon 06371 830.

Bürkel, Heinrich

geboren 1802 in Pirmasens. Der Maler siedelte 1822 nach München über und wurde dort durch Ausstellungen weithin bekannt. Seine Bilder verkauften sich gut, er wurde Ehrenmitglied der Akademien in Bayern, Dresden und Wien. Er erstellte hauptsächlich Landschafts- und Tierbilder, bei denen ihm reale Landschaften und einfache Bürger als Motive dienten, die er in verklärter Form zu idyllischen Kompositionen zusammenfügte. Einige Werke von ihm werden in der Bürkel-Galerie im Pirmasenser Heimatmuseum gezeigt. Er starb 1869.

Burrweiler (SÜW)

Wein- und Wallfahrtsort 7 km südwestlich von Edenkoben, 885 Einwohner, 250 m NN, 1210 erstmals urkundlich erwähnt, anerkannte Fremdenverkehrsgemeinde an der Weinstraße. **Sehenswertes:** Grabmäler (17. Jh.) in der Dorfkirche (1525), altes Hoftor am früheren Amtshaus der Grafen von Leyen (Winzergaststätte), Deutsches Ofenmuseum, Wallfahrtskapelle St. Anna auf dem Annaberg (Wallfahrten im Juli/August dienstags). **Info:** VG Edenkoben, **Internet:** www.burrweiler.de

Bürstenbindermuseum

Ramberg, Hauptstraße 20. Im Haushalt benutzt man ständig Bürsten, Besen oder Pinsel und man kann sich vorstellen, dass es Maschinen gibt, die täglich viele tausend Stück mit Kunststoffborsten produzieren. Aber wer hat früher diese Teile hergestellt? Eine erste Adresse war Ramberg in der Südpfalz. Bis ins Rheinland, Belgien, Holland, Frankreich und Polen zogen die „Ramberger Bürstenhändler", um dort die Besen und Bürsten zu verkaufen, die zu Hause in mühseliger Handarbeit gemacht worden waren. In dem modernen, 1997 eröff-

Bürstenbindermuseum

neten Museum wird dieser Erwerbszweig anschaulich und umfassend vorgestellt. Ausstellungsschwerpunkte: Bürsten-, Besen- und Pinselproduktion von der Handarbeit im 18. Jhdt. bis zur Mechanisierung im 20. Jhdt. · Funktionsfähige Maschinen und techn. Hilfsmittel wie Mischmaschine, Bohrer, Stanzen, Spindelmaschine · Von der Buchecke bis zur Bürste · Originalausstattung eines Ramberger Bürstenhändlers · Ramberger Familienleben von 1780 bis 1960 · Alte Schuhmacherwerkstatt · Bekannte Ramberger Persönlichkeiten · Der Wald und die Jagd rund um Ramberg · Infos zur Ortsgeschichte sowie über die Burgen Ramburg, Neuscharfeneck und Meistersel. **Öffnungs-** **zeiten:** Mittwoch, Samstag, Sonn- und Feiertag 14 · 17 Uhr, **Info:** Heimat- und Museumsverein, Telefon 06345 407930 oder 1555.

Busenberg (PS)
ca. 5 km südöstlich von Dahn, 1.409 Einwohner, 1135 erstmals urkundlich erwähnt. **Sehenswertes:** Burg Drachenfels. **Info:** VG-Verwaltung Dahn

Camping
Bei der Pfalz-Tourist-Information in Neustadt ist ein "Pfalz-Campingführer" mit Informationen über Campingplätze und deren Ausstattung sowie Wohnmobilstellplätze erhältlich. **Info:** Telefon 06321 2466

Campingplatz Pfrimmtal
Walter Hetsch eröffnete 1969 offiziell diesen Campingplatz auf dem Pfrimmerhof. Die 7,8 Hektar große Anlage verfügt über 240 Standplätze, drei Wasch- und Toilettenanlagen, Zeltplatz, Bolzplatz, Informationsbüro und den „Mühlweiher". Caravans und Mobilheime können angemietet werden.

Beliebt und mehrfach ausgezeichnet ist der Campingplatz wegen seiner ruhigen Lage und der vielfältigen einheimischen Tier-, Sträucher- und Baumarten, die hier zu finden sind. In unmittelbarer Nähe befindet sich der Landgasthof „Hetschmühle".

Carlsberg (DÜW)

zw. Kaiserslautern und Grünstadt, 3.503 Einwohner, 330 m NN, um 1750 gegründet, Luftkurort. Die Sandsteinstatue "Handelsmann" am Eingang des alten Friedhofs erinnert daran, dass Carlsberg eine der größten Händlersiedlungen Deutschlands war. **Sehenswertes:** Ev. Kirche (1864), Kath. Kirche (1874). OT: Hertlingshausen. **Info:** VG-Verwaltung Hettenleidelheim

Caroline von Nassau-Oranien

1743 in Holland als Tochter des Prinzen von Oranien und Fürsten von Nassau-Dietz und seiner Frau Anna geboren. 1760 heiratete die Prinzessin Carl Christian von Nassau-Weilburg und kam so in den Jahren danach nach Kirchheimbolanden, wo sie zusammen mit ihrem Gatten nach 1770 ihren ständigen Wohnsitz hatte. Sie förderte mit Konzerten und Theateraufführungen das kulturelle und gesellschaftliche Leben in der Stadt. Zusammen mit ihrem Mann kümmerte sie sich aber auch um sozial Schwache, in dem sie z. B. eine Pensionskasse für Schulbedienstete und eine Witwen- und Waisenkasse mitfinanzierte. Prinzessin Caroline brachte 12 Kinder zur Welt. Am 6. Mai 1787 starb sie im Alter von 44 Jahren in Kirchheimbolanden. (siehe auch Mozart)

Casimir, Johann

geboren am 7. März 1543 in Simmern, gestorben am 6. Januar 1592 in Heidelberg. Er war der dritte Sohn von Friedrich von Pfalz-Simmern. Nach dessen Tod im Jahr 1576 erhält er Ländereien im linksrheinischen Teil der Pfalz, zu denen unter anderem Frankenthal, Kaiserslautern und Neustadt gehörten. Der überzeugte Calvinist residierte in Kaiserslautern und in Friedelsheim, wo er sich ein prächtiges Renaissanceschloss errichten ließ. Johann Casimir verlieh 1577 Frankenthal die Stadtrechte. Verheiratet war er von 1570 bis zu deren Tod in 1590 mit Elisabeth von Sachsen. In dem Pfalzgrafen wird wegen seiner außergewöhnlichen Jagdleidenschaft der vielbesungene "Jäger aus Kurpfalz" gesehen.

Casimirianum

Neustadt. Ehemalige calvinistisch-theologische Hochschule, dreigeschossiger Renaissancebau. 1576 von Pfalzgraf Johann Casimir gegründet. Er nahm von seinem evangelisch-lutherischen Bruder, Kurfürst Ludwig VI., die in Heidelberg wegen ihres Glaubens entlassenen Professoren, Pfarrer und Studenten auf. Die Hochschule bestand jedoch nur bis 1584. Als Johann Casimir 1583 nach dem Tod seines Bruders die Herrschaft über die gesamte Pfalz übernahm, stellte er nämlich die reformierte Uni in Heidelberg wieder her. In Neustadt

entstand die erste reformierte Bibelausgabe Deutschlands.

Chawwerusch-Theater

Herxheim, Obere Hauptstraße 14. Das professionelle freie Theater wurde 1984 gegründet. Leben, arbeiten und spielen in der Provinz ist Teil der Programmatik. Im Mittelpunkt der Arbeit steht die Auseinandersetzung mit dem "Volkstheater". Diesen Begriff zu entstauben und lustvoll mit neuem Leben zu füllen, ist ein zentrales Anliegen der Gruppe. Musik ist ein wichtiger Bestandteil der Chawwerusch-Inszenierungen. Das Chawwerusch Theater geht regelmäßig auf Tournee durch Rheinland-Pfalz, Hessen, Baden-Württemberg und macht auch Abstecher ins benachbarte Frankreich und in die Schweiz. Seit 1993 hat Chawwerusch in Herxheim eine eigene Spielstätte, den Theatersaal. Ein alter Dorftanzsaal wurde zu einem Theater mit besonderem Flair umgebaut. Hier werden vorwiegend eigene Produktionen gezeigt, ergänzt wird das

Programm durch Gastspiele. Im Spielplan des Chawwerusch Theaters liegt der Schwerpunkt in der Entwicklung eines Freilicht-Theater-Stücks, das in einer Sommertournee gespielt wird. Daneben werden Studio-Produktionen erarbeitet, die zum Teil experimentellen Charakter haben, zum Teil stärkeres Gewicht auf Unterhaltung legen. Chawwerusch Theater ist ein Zusammenschluss von freien Theaterleuten. Gäste ergänzen als SchauspielerInnen und im Regiefach das Ensemble. Das Chawwerusch Theater spielt im Jahr circa 140 Vorstellungen, wobei etwa die Hälfte im Theatersaal in Herxheim, die andere Hälfte im Rahmen von Tourneegastspielen gezeigt wird. Geschichtstheaterprojekte auf der Grundlage des Spurensicherungsansatzes und dessen theatrale Verwirklichung mit AmateurschauspielerInnen sind ein weiterer Schwerpunkt der Arbeit. Was bedeutet eigentlich Chawwerusch? Das ist ein Begriff aus dem Rotwelsch, einer Geheimsprache, die früher vom fahrenden Volk gesprochen wurde, und heißt Bande, die sich für einen Coup zusammenschließt und sich dann wieder in alle Winde zerstreut. **Info:** Obere Hauptstraße 14, 76863 Herxheim bei Landau, Telefon: 07276 5991, Telefax: 7321, **Bürozeiten:** vormittags: Dienstag bis Freitag von 9.00 - 12.00 Uhr, nachmittags: Dienstag und Donnerstag von 14-16 Uhr. **Internet:**www.chawwerusch. de

Cherdron, Eberhard

Kirchenpräsident der Pfalz

Chio-Chips

siehe „Opel, Carlo von"

Christmann, Dr. Ernst

geboren 1885 in Kaulbach, gestorben 1974 in Kaiserslautern. Lehrer, Volkskundler, Namensforscher, Mundartdichter. Schrieb u.a. "Die Siedlungsnamen der Pfalz". Von 1925 bis 1955 leitete er die Sammelarbeiten zum Pfälzischen Wörterbuch.

Claus, Fritz

Geboren 1853 in Martinshöhe,

1923 in Edenkoben gestorben. Pfarrer, Schriftsteller und Sänger. Eigentlich hieß er Johann Martin Jäger. Seine Kindheit verbrachte er in Münchweiler (Kreis Pirmasens). Schon damals hatte der Pfälzerwald eine besondere Anziehungskraft auf den Jungen. Als Stadtpfarrer von Zweibrücken (1893 bis 1910) entfaltete er eine wirkungsvolle Tätigkeit im kirchlichen Leben und im Vereinswesen. Seine Lieblingsbeschäftigungen waren das Wandern und die Schriftstellerei. Sein umfangreiches dichterisches Schaffen, das er unter dem Pseudonym Fritz Claus

Fritz-Claus-Stein bei Leimen

betrieb, hat ihm in der pfälzischen Heimat-Literatur ein ewiges Denkmal gesetzt. Er wurde "Sänger des Pfälzerwaldes" genannt. Mit zahlreichen Erzählungen, Sagen und Volksbühnenstücken, in Prosa und in Gedichtform, teils hochdeutsch, teils Pfälzer Mundart, hat er die Pfalz und den Pfälzerwald gelobt und besungen. 1885/89 erschien seine zweibändige Sammlung "Gedichte und Sagen". 1901 wurde die Sammlung erweitert und in dem Buch "Fröhliche Pfalz, Gott erhalt's!" zusammengefasst. Weitere Werke waren u.a. "Der Wucherer" und "De Peter vun Bermesenz". Er gehörte zu den Mitbegründern des Pfälzerwald-Vereins. Auch für den Bau des Luitpoldturms gab er die Anregung. Im Schamborntal bei Leimen setzte man ihm 1906 ein Denkmal.

Clausen (PS)

nordöstlich von Pirmasens, 1.630 Einwohner, 350 - 430 m NN, 1362 erstmals urkundlich erwähnt. Um 200 v. Chr. siedelten Kelten und später Römer hier an. Im 13. Jhdt. kam Clausen zur Herrschaft Gräfenstein. **Info:** VG-Verwaltung Rodalben

Clausensee

Badesee zwischen Waldfischbach-Burgalben und Leimen mit Campingplatz und Wassersportmöglichkeiten. Telefon: 06333 5744

Coninxloo, Gillis van

Niederländischer Maler, der von 1587 bis 1595 in der Pfalz wirkte. Er war der wichtigste Vertreter der Frankenthaler Malerschule. Sein Hauptwerk, die "Waldlandschaft mit Rebenjägern", ist zusammen mit anderen Bildern im Historischen Museum der Pfalz in Speyer zu sehen. Er legte das Fundament für eine von der Mythologie befreite, mit weltlichen Augen gesehene Landschaftsmalerei, wie sie die Frankenthaler Malerschule kennzeichnete.

Contwig (PS)

ca. 3 km östlich von Zweibrücken, 5.035 Einwohner, 1237 erstmals urkundlich erwähnt. **Sehenswertes:** Warmfreibad. **Info:** VG-Verwaltung Zweibrücken-Land

Cosacchi, Prof. Dr. Stephan

geboren 1903 in Budapest, gestorben 1986 in Frankenthal. Komponist, Musiker, Wissenschaftler. Kam 1951 in die Pfalz, lebte von 1960 bis zu seinem Tod in Frankenthal. Seine 252 Kompositionen umfassen alle musikalischen Gattungen vom Solowerk bis zum Oratorium.

Croissant, August

Der Vater der bekannten Südpfälzer Malerfamilie Croissant wurde 1870 geboren. U.a. illustrierte er Bücher, gestaltete Weinetiketten und Weinkarten und er entwarf auch die Notgeldscheine für die Stadt Landau. Werke von ihm sind in der Pfalzgalerie zu sehen. Er starb 1941.

Croissant, Hermann

Der Sohn des bekannten Malers August Croissant kam 1897 auf die Welt. U.a. entwarf er Wandmalereien für den Kreisratsaal in Speyer, den Saal des Bezirkstags in Kusel und für die Fasanerie in Zweibrücken. Weitere Arbeiten von ihm sind in der Pfalzgalerie zu sehen. Er starb 1963.

Croissant-Rust, Anna

Geboren 1860 in Bad Dürkheim, gestorben 1943 in Pasing, Schriftstellerin, lebte von 1895 bis 1904 in Ludwigshafen.

Cronenberg (KUS

östlich von Lauterecken, 171 Einwohner, 285 m NN, 1358 erstmals urkundlich erwähnt. **Info:** VG-Verwaltung Lauterecken

Cry'n Strings

Hauenstein. 1957 von Gerhard Jäger, Wolfgang Schlindwein, Hans Barthelmes und Erich Meier gegründete Band. Die "Weinenden Saiten" traten vorwiegend im südwestdeutschen Raum, aber auch mehrmals im Rundfunk und Fernsehen auf. 1967/68 standen sie mit ihrem selbstkomponierten Lied "Monja" drei Monate lang auf Platz 1 der deutschen Hitparade. Die Platte wurde über 250.000 mal verkauft. Wegen ihrer originalgetreuen Interpretation von Beatles-Songs wurden die vier Hauensteiner auch "Häschdner Beatles" genannt.

Dackenheim (DÜW)

südlich von Grünstadt, 405 Einwohner, 768 erstmals urkundlich erwähnt, aus 5 Klosterhöfen zusammengewachsen, Weinort. **Sehenswertes:** Kath. Kirche (Turm 12. Jhdt., Langhaus 18. Jhdt.), Prot. Kirche (um 1500), Liebesbrunnen. **Info:** VG-Verwaltung Freinsheim. **Internet:** www.freinsheim.de

Dahn (PS)

Stadt südöstlich von Pirmasens an der B 427, 4.932 Einwohner, im 12. Jhdt. erstmals urkundlich erwähnt, Luftkurort an der Wieslauter. Bis 1603 gehörte der Ort den Herren von Dahn, die ihn als Erblehen von den Speyerer Fürstbischöfen erhalten hatten. 1801 wurde Dahn französisch, 1816 kam der Ort zu Bayern. **Sehenswertes:** Burgen Altdahn,

Grafendahn, Neudahn, Tanstein, Burgenmuseum, Jungfernsprung, Galgenfelsen, Museum für Naturkunde, Handwerk und Waffentechnik, Eybergturm, Braut und Bräutigam, Felsland Badeparadies. **Info:** Tourist-Info für das Dahner Felsenland, Telefon 06391 5811. **Internet:** www.dahner-felsenland.de

Eugen Damm

Dahner Felsenland

Diese Region kann auch mit der älteren Bezeichnung „Wasgau" umschrieben werden. Sie umfasst den südlichen Teil des Pfälzerwaldes etwa in dem Viereck Rodalben, Eppenbrunn, Annweiler und Schweigen-Rechtenbach. Namensgeber für diese Region sind die Buntsandsteinfelsen, die dort in großer Zahl zu finden sind.

Damm, Eugen

geboren (1936) und wohnhaft in Kaiserslautern, Buch- und Bühnenautor, mehrfacher Preisträger beim Bockenheimer Mundart-Dichterwettstreit, Liederkomponist, Schlagertexter, Volksschauspieler.

Bücher: "Germanias Nawwel", "De Schoggelgaul", „Als Pälzer gebor", "Moi Nachtdischlamp", "Zammeg'schtobbelt", "De Pälzer ehr Dreifaltichkeit", "Hannewackel un Jakobine", "De Dibbelschisser" (1994), „Do bin ich dehääm" (2001).
Theaterstücke: "De Hussjeh", "Die Wunnerquell", "De Määschderschuß", "Ääs".

Dammheim

Stadtteil von Landau. Hier wurde 1955 das erste Öl in der Pfalz gefördert.

Dannenfels (KIB)

südwestlich von Kirchheimbolanden am Donnersberg,

970Einwohner, 420 m NN, anerkannter Luftkurort mit einem milden Klima (z. B. Edelkastanien, Obstanbau), hatte 1331 einmal Stadtrechte erhalten. **Sehenswertes:** Das Donnersberghaus des Donnersbergvereins dient als Informationszentrum. Ein Saal zeigt geowissenschaftliche Aspekte des Donnersbergmassivs auf. Ein weiterer Raum, in dem Vorträge und Sonderausstellungen stattfinden, behandelt geschichtliche Themen. Weiterhin werden auch die einheimische Tierwelt, die Waldwirtschaft und das Jagdbrauchtum dargestellt. Eine kleine Bibliothek rundet das Angebot ab. Die BASF unterhält in Dannenfels ein Studienheim. Westlich des BASF-Hauses auf einem künstlich angelegten Wall- und Hügelsystem kann man noch einige Reste der Burgruine Tannenfels entdecken. Die Prot. Pfarrkirche (Oberstraße 12) gehört zu den ältesten Barockkirchen im Donnersbergkreis. Das Querhaus ist 1673, der massige Westturm mit der verschieferten Zwiebelhaube 1781 erbaut worden. Die Stumm-Orgel von 1758 ist mit Schnitzereien üppig verziert. Wer über Dannenfels redet, denkt natürlich gleich an die "Dicke Kastanie". Die uralte Edelkastanie, das Wahrzeichen des Ortes, ist mindestens 600 Jahre alt. Der Stamm misst einen Umfang von ca. 9 Metern. Eine sehenswerte kleine Einrichtung ist das Dorfmuseum der Familie Gümbel. Die Ev. Kirche (1673, Turm 1781) besitzt eine Stumm-Orgel (1758). Eng verbunden mit Dannenfels ist der Donnersberg mit dem Keltenwall und dem Ludwigsturm. 2003 konnte das „Haus Linn" eingeweiht werden, das nostalgisch restaurierte Haus des Gastes mit Café und „Anno dazumal-Laden". **Info:** Werbegemeinschaft, Telefon 06357 1614 oder VG-Verwaltung Kirchheimbolanden. **Internet:** www.dannenfels.de

Dannstadt-Schauernheim (LU)

südwestlich von Ludwigshafen, nahe der A 61, 7.174 Einwohner, 766 erstmals urkundlich erwähnt. OT: Hochdorf, Rödersheim, Assenheim. **Sehenswertes:** Queckbrunnen. **Info:** VG-Verwaltung, Telefon 06231 401·0. **Internet:** www.dannstadt-schauernheim.de

Darstein (PS)

östl. von Dahn. 227 Einwohner, 300 m NN, 1390 erstmals urkundlich erwähnt, liegt unmittelbar am Fuße der Burgruine Lindelbrunn. **Info:** VG-Verwaltung Hauenstein

Daub, Ronald

geboren 1958 in Sippersfeld, Autor von Büchern und Theaterstücken, u.a. „In der Nähe der Heimat" (Erzählungen, 1992), „Kristin und die Rettung des Zauberwaldes" (Fantasiegeschichte, 1993), „Der Bürgermeisterkandidat" (Theaterstück, 1994), „Tine und die No Names rocken los" (Jugendbuch, 1996). 1996 Preisträger im Literaturwettbewerb zur Heilig-Rock-Wallfahrt in Trier mit dem Schauspiel „Jesus – Stein des Anstoßes".

Deidesheim (DÜW)

zwischen Neustadt und Bad Dürkheim an der Deutschen Weinstraße, 3.805 Einwohner, 117 m NN, im 8. Jhdt. erstmals urkundlich erwähnt, seit 1395 Stadt, Luftkurort, Sitz der Verbandsgemeindeverwaltung. **Sehenswertes:** Rathaus (16. Jhdt.) mit baldachingeschmückter Freitreppe (1724), Schauplatz der alljährlichen Geißbockversteigerung, Gasthaus zur Kanne (12. Jhdt.), ältester Gasthof der Pfalz, Museum für Weinkultur (im alten Rathaus), Bürgerhospital (1494), Museum für Film- und Fototechnik, Schloß Deidesheim, Heidenlöcher, Eckkopfturm, Stadtturm (zeitweise Domizil für einen Stadtschreiber), Weingut Bassermann-Jordan (1770), Pfarrkirche St. Ulrich (1480), Deidesheimer Hof (Gutshaus von 1702), Friedhofskapelle (1619), Ev. Kirche (1875), Geißbockbrunnen (an der Stadthalle). 1990 kehrte Bundeskanzler Kohl mit Michael Gorbatschow und 1994 mit Boris Jelzin in Deidesheim zum

Mittagessen ein. **Info:** Verkehrsamt, Bahnhofstraße 11, Telefon 06326 5021. **Internet:**www.deidesheim.de

Deidesheimer Rathaus

Deimberg (KUS)

südwestlich von Lauterecken, 100 Einwohner, 1336 erstmals urkundlich erwähnt. **Info:** VG-Verwaltung Lauterecken

Dekanatsmuseum (Kirchenmuseum)

Grünstadt, Kirchheimer Str. 2 (Martinskirche, am Südende der Fußgängerzone). Dieses Museum im nördlichen Anbau der prot. Martinskirche enthält eine kleine Sammlung von meist kirchenbezogenen Teilen aus Grünstadt und Umgebung. Dazu gehören u.a. Abendmahlsgeräte um 1500 und 18. Jhdt., Tiefenthaler Grundstein-Beigaben mit ungeöffnetem

Wein von 1761, eine barocke Sanduhr, Schlesinger-Gemälde aus dem 18. Jhdt. (Apostelzyklus), Altarfiguren, Dokumente, Bibeln und Leininger Gesangbücher vom 13. bis zum 18 Jhdt. **Öffnungszeiten:** nach Vereinbarung. Eintritt: frei. **Auskunft:** 06359 2253

Dellfeld (PS)

zwischen Pirmasens und Zweibrücken, 1.441 Einwohner, 1295 erstmals urkundlich erwähnt. **Info:** VG-Verwaltung Zweibrücken-Land

Dennweiler-Frohnbach (KUS)

nördlich von Kusel, 294 Einwohner, 327 m NN, 1389 erstmals urkundlich erwähnt. **Info:** VG-Verwaltung Kusel

Dernbach (SÜW)

8 km nordöstlich von Annweiler im Dernbachtal. 486 Einwohner, 220 m NN, 1189 erstmals urkundlich erwähnt, 1979/1984 Landessieger im Wettbewerb "Unser Dorf soll schöner werden". **Sehenswertes:** Kirche aus früh-

gotischer Zeit mit interessanten Wandgemälden (14. Jhdt.), Kirschblüte. **Info:** VG-Verwaltung Annweiler.

Deutsch, Prof. Karl-Heinz

1940 geboren, wohnhaft in Jockgrim. Freischaffender Künstler, Organisator mehrerer Bildhauer-Symposien in Rheinland-Pfalz. Sein "Markenzeichen" sind Kopfformen. Für seine Plastiken erhielt er u.a. den Pfalzpreis und den Förderpreis des Landes Rheinland-Pfalz.

Deutsches Kartoffelmuseum

Fußgönheim, Hauptstraße 62. Die ehemalige Synagoge, erbaut 1842, ist seit 1996 die Heimstätte des Kartoffelmuseums. Das Thema Kartoffel wird hier museal bearbeitet und sowohl in Bild- und Textmaterial wie auch mit alten bäuerlichen Gerätschaften zum Kartoffelanbau sowie der Kartoffelbe- und -verarbeitung vorgestellt. So erfährt man einiges über Botanik, Zucht, Krankheiten, Schädlinge, Kunst,

Deutsches Kartoffelmuseum

Literatur und „Kurioses". Weitere Texte und Schaubilder berichten über die Herkunft der Kartoffel aus Südamerika, über die Einführung in Europa, den ersten Anbau in der Pfalz und die Verbreitung in Preußen durch König Friedrich II. **Öffnungszeiten:** 2. Sonntag im Monat 13 – 18 Uhr. **Auskunft:** 06237 929266. **Internet:** www.kendzia.de/kartoffelmuseum

Deutsches Museum für Schuhproduktion und Industriegeschichte

Hauenstein, Turnstraße 5. Das Schuhmuseum ist in einem ehemaligen, unter Denkmalschutz stehenden Fabrikgebäude von 1928 untergebracht. Neben der industriellen Geschichte der Schuhproduktion stellt es am Beispiel der Region Hauenstein sehr plastisch und einfallsreich die kulturgeschichtliche Entwicklung und den Aufbruch der Gesellschaft ins Industriezeitalter dar. Die zahlreichen Ausstellungsobjekte, Fotos und Dokumente sind chronologisch angeordnet, so dass die Besucher quasi eine „Zeitreise" vom Beginn der Hochindustrialisierung (ca. 1860) bis in die Gegenwart unternehmen können. Mit voll funktionsfähigen Maschinen werden den Besuchern die Arbeitsschritte der Schuhproduktion vermittelt. Der Reiz des Museums liegt aber auch darin, dass nicht nur die Arbeitswelt präsentiert wird, sondern auch das private und öffentliche Leben in Hauenstein und Umgebung, um zu verdeutlichen, welchen Einfluss die Schuhindustrie auf das Leben und den Alltag der

Produktionsraum im Schuhmuseum

Menschen in der Region hatte. Eine funktionstüchtige Dampfmaschine, ein stilvoller Schusterladen, ein nahezu kompletter „Tante Emma Laden", Motorräder, Möbel, zeitgemäße Kleidung und das Bemühen, den Besuchern das Lebensgefühl der einzelnen Jahrzehnte vor Augen zu führen, sind Belege für den Erlebnischarakter des Museums. **Öffnungszeiten:** täglich von 10.00 bis 17.00 Uhr. **Auskunft:** Telefon 06392 915165. **Internet:**www. deutsches-schuhmuseum.de

Deutsches Ofenmuseum

Burrweiler, Hauptstr. 1. Obwohl er seit Jahrhunderten für die Menschen überlebenswichtig ist und für viele Familien den Mittelpunkt des häuslichen Lebens darstellt, ist der Ofen als

Schuhmuseum in Hauenstein

Sammelobjekt kaum in Erscheinung getreten. Doch nachdem vor einigen Jahren Markus Stritzinger die Leidenschaft gepackt hat, ist in der Pfalz die weltweit größte Sammlung von originalen, funktionsfähigen Gussöfen und Herden entstanden. Mehr noch: Er hat sich auf die Wiederaufarbeitung von Öfen spezialisiert und ist nun einer von zwei Ofenrestauratoren in Deutschland. Man kann original alte Gussöfen und Herde erwerben und sie bundesweit anliefern lassen. Von den über 500 Öfen werden zahlreiche Prachtstücke in den guten Stuben und im Gewölbekeller des Anwesens präsentiert. In dem Museum wird die Geschichte der häuslichen Feuerstelle vom offenen Feuer bis ins 20. Jahrhundert gezeigt. So kann man in Burrweiler die gesamte europäische Ofenproduktion der letzten 300 Jahre mit Schwerpunkt Deutschland bewundern und sich auch ein historisches Stück kaufen. Das Besondere an diesem Museum ist, dass bei den Exponaten Kunst, Kultur,

Ofenmuseum

Gestaltung und Funktion in einem Objekt vereint werden. Und mit den spannenden Erläuterungen von Markus Stritzinger wird bald jeder Gast für die ausgefallenen Säulen-, Füll-, Koch-, Prunk- und Kunstöfen „Feuer fangen".

Öffnungszeiten: Do. bis Fr. 14 - 18 Uhr, Sa. 11 – 17 Uhr, So. 13 – 18 Uhr. Eintritt: frei. Auskunft: Markus und Ruth Stritzinger, Tel. 06345/919033. **Internet:** www. deutsches-ofenmuseum.de oder www.antik-ofen-galerie.de

Deutsches Schaustellermuseum

Lambrecht, Vereinsstraße 8. Einen riesigen Rummelplatz mit allerhand Buden, Karussellen, Fahrgeschäften, Festzelten und Kirmesmusik kann man in Lambrecht besuchen – zwar nur im verkleinerten Maßstab, aber um so größer und genauer in der detaillierten Darstellung. Ein Spaß für die ganze Familie. **Öffnungszeiten:** Dienstag, Mittwoch, Freitag, Sonntag 10 - 12 Uhr und 13 - 18 Uhr. Eintritt: frei. **Auskunft:** Telefon 06325 8873

Deutsches Straßenbaumuseum

Germersheim, Im Zeughaus. Das in Deutschland einzigartige Museum ist im ehemaligen Zeughaus der früheren Befestigungsanlage Germersheims zu Hause. Es befasst sich sehr informativ und mit zahlreichen anschaulichen Ausstellungsstücken eingehend mit dem Thema „Straße" unter archäologischen, volkskund-

Modelle aus den 60er Jahren im Straßenbaumuseum

lichen und architektonischen Aspekten. Ein Blick auf einige ausgewählte Exponate wie Holzschneepflug (1850), altgermanischer Bohlenweg (800 v. Chr), Dampfwalze (1925), Schotterbrechwerk (1870), originalgroße Modelle zur Entwicklung des Tunnelbaus, funktionsfähige Signalanlagen, historische Automobile zeigt wie umfassend die Chronologie des Straßenbaus in all seinen Facetten von der Frühzeit bis in unser Jahrhundert beleuchtet wird. **Öffnungszeiten:** Dienstag bis Freitag 10 - 18 Uhr, Samstag/Sonntag 11 - 18 Uhr. **Info:** Telefon 07274 500500. **Internet:** www.deutsches-strassenmuseum.de.

Deutsches Weinlesefest

Neustadt. Das große Weinfest (erste Oktoberwoche) beginnt traditionell mit der Wahl der Pfälzischen Weinkönigin. Am zweiten Tag wird die Deutsche Weinkönigin gekrönt. Den Abschluss bildet Deutschlands längster Winzerfestzug durch die Straßen der Stadt.

Deutsches Weintor

Schweigen-Rechtenbach. 1936 entstandene wuchtige Straßenüberbauung, die auf den Beginn der Deutschen Weinstraße hinweist.

Deutsche Weinstraße

1935 als erste Touristikroute Deutschlands ins Leben gerufen. Verläuft auf einer Länge von 80 km von Schweigen-Rechtenbach (Weintor) am Haardtgebirge entlang durch 36 Gemeinden bis Bockenheim. Sie verbindet das gesamte pfälzische Rebengebiet. Die Touristikroute trägt dazu bei, das pfälzische Rebenland als landschaftlich reizvolles Reisegebiet vorzustellen und den Bekanntheitsgrad der Pfälzer Weine zu fördern. Eine schwarze Traube auf gelbem Grund kennzeichnet den Verlauf der Straße.

Deutsch-Französischer Radwanderweg

Der Radwanderweg ist der erste grenzüberschreitende Radwanderweg zwischen der Pfalz und dem Nordelsass. Er führt von Lauterburg auf deutscher Seite bis nach Scheibenhardt und auf französischer Seite weiter über Niederlauterbach, Salmbach bis nach Schleithal. Über Querverbindungen gelangt man in das Radwandernetz des Landkreises Germersheim. **Info:** Kreisverwaltung Germersheim, Telefon 07274 53-232.

Deutsch-Französisches Puppen- und Spielzeugmuseum

Schweigen-Rechtenbach, St. Urbansplatz 8. Auf über 400 qm stellen Beate und Erich Gehrlein mehr als 5.000 Exponate an alten Spielwaren wie Puppen, Spiele, Holz- und Blechspielzeug aus. In den zahlreichen Vitrinen kann man sehen, was Kinderherzen in den vergangenen Jahrhunderten höher schlagen ließ. Ausstellungsschwerpunkte: Puppen aus

Vitrine im Puppenmuseum

Baden, Elsass und Pfalz erfährt man bei der Touristik-Gemeinschaft Baden-Elsass-Pfalz, Baumeisterstraße 2, Karlsruhe, Telefon 0721 35502-36.

Porzellan, Celluloid, Pappmaché, Masse, Keramik, Wachs, Blech, Aluminium, Gummi, Holz, Stoff und Filz, Große Bärenschule, Burgen, Westernstadt, Puppenhäuser, Kaufläden, Theater, Jahrmarkt, Weihnachtsspielzeug, Kriegsspielzeug, Zoo, Puppenwagen, Spiel-Haushaltsgeräte, Eisenbahn, das wahrscheinlich älteste Kinderlaufrad der Welt. **Öffnungszeiten:** April bis Oktober täglich 11 bis 18 Uhr, November bis März sonntags 11 bis 18 Uhr. Eintritt wird erhoben. **Auskunft:** Telefon 06342 92140

Deutsch-Französische Touristik-Route

Näheres über das Gemeinschaftsprojekt der Länder

Diamantschleifermuseum

Brücken, Hauptstr. 47. In den neuen Räumen und mit modernen Schautafeln wird die Geschichte (ab 1888) und die wirtschaftliche Bedeutung der Diamantenindustrie, insbesondere für die dortige Region, vollständig aufgearbeitet. Besonderen Wert wird dabei auf die Darstellung der Arbeitsabläufe gelegt. Mehrere original eingerichtete und voll funktionsfähige Arbeitsplätze sind vorhanden, an denen sonntagsnachmittags Vorführungen stattfinden. Weitere Schwerpunkte: Über 30 der berühmtesten Diamanten der Welt (karatgenau nachgeschliffen in Bergkristall) – Kleinster handgeschliffener Diamant der Welt – Präzisionswerkzeuge – Mo-

Arbeitsplatz des Diamantschleifers

delle der Bearbeitung vom Oktaeder zum Brillanten – Einrichtung eines Kontors – Videodarstellungen – kleiner Schmuckladen. **Öffnungszeiten:** Dienstag 9 – 13 Uhr, Donnerstag 13 – 18 Uhr, Sonntag 13 – 18 Uhr. **Auskunft:** 06386/993168 oder 06373/5040. **Internet:** www.bruecken-pfalz.de

Diedesfeld

Stadtteil von Neustadt, 1221 erstmals urkundlich erwähnt, jedoch bereits durch Römer (Weinbau) und Franken besiedelt. **Sehenswertes:** Rathaus (1701) mit Brunnenhalle, Schlössel (1594), Remigiuskirche (1751) mit Rokokoaltar.

Dielkirchen (KIB)

nördlich von Rockenhausen an der B 48, 567 Einwohner, 185 m NN, 863 erstmals urkundlich erwähnt. **Sehenswertes:** Alte Wohnbauten, zum Teil mit Fachwerk (18./19. Jhdt.), prägen das Ortsbild. Die Prot. Kirche (Hauptstraße 3, direkt an der B 48) aus dem Jahr 1738 ist ein typisches Beispiel einer nordpfälzischen lutherischen Dorfkirche. Der Turm war vermutlich bereits 1728 fertiggestellt. Auf dem verschieferten Glockengeschoß ragt eine Laterne mit Schweifhaube empor. Zwei der drei Glocken sind sogar älter als die Kirche. Die erste stammt aus der Zeit um 1250 (vermutlich die älteste Glocke in der Pfalz), die andere ist auf 1464 datiert, die jüngste Glocke wurde 1870 angebracht. Der Innenraum mit der dreiseitig umlaufenden Empore ist zwar 1965/70 renoviert worden, wobei jedoch der Charakter aus dem 18. Jhdt. erhalten blieb. Die Orgel hat Philipp Christian Schmidt aus Rockenhausen im Jahre 1793 erbaut. **Info:** VG Rockenhausen

Prot. Kirche, Dielkirchen

Die Naturfreunde (siehe
Naturfreunde)

Dierbach (SÜW
6 km östlich von Bad Bergzabern im Dierbachtal, 566
Einwohner, 154 m NN, 1084
erstmals urkundlich erwähnt,
von der Landwirtschaft ge-
prägter Ort. **Info:** VG-Verwaltung Bad Bergzabern.

Die Reblaus

Neustadt, Maximilianstr. 5.
Kleinkunstbühne mit Erwach-
senen-, Jugend- und Kinder-
programm. Telefonische Karten-
bestellungen unter 06321
82634.

DIE RHEINPFALZ

Mit einer Gesamtauflage von
rund 260.000 Exemplaren
deckt DIE RHEINPFALZ als
regionale Tageszeitung die
gesamte Pfalz ab. Das Ver-
breitungsgebiet ist in fünf
Verlagsbezirke (Ludwigshafen,
Neustadt, Kaiserslautern, Landau, Zweibrücken) eingeteilt.
Jeder Bezirk bildet für sich eine
kleinere Produktionseinheit, die
die Bereiche Redaktion, An-
zeigen, Vertrieb, Personal- und
Rechnungswesen fast voll-
ständig abdeckt. DIE RHEIN-
PFALZ besteht aus einem über-
regionalen Teil (in der ganzen
Pfalz im wesentlichen gleich)
und dem Lokalteil (12 verschiedene Ausgaben). 1945
wurde der Verlag in Neustadt
gegründet. Im gleichen Jahr erschien die erste Ausgabe
(Vorderpfalz) mit 4 Seiten. Seit
1949 erscheint die Zeitung
täglich (vorher 3 mal wöchentlich). Durch den Aufbau weiterer Redaktionen in der Pfalz
hat sich DIE RHEINPFALZ zu
einer der größten deutschen
Tageszeitungen entwickelt.
Internet: www.rheinpfalz.de

Dietrichingen (PS)
südlich von Zweibrücken nahe
der franz. Grenze, 344 Ein-

wohner, 1295 erstmals urkundlich erwähnt. **Info:** VG-Verwaltung Zweibrücken-Land

Dill, Otto

Geboren 1884, Maler, der hauptsächlich durch seine unzähligen Tierbilder große Anerkennung fand.

Dimbach (PS)

östl. von Dahn, 184 Einwohner, 350 m NN, 1135 erstmals urkundlich erwähnt. **Info:** VG-Verwaltung Hauenstein

Dirmstein (DÜW)

östlich von Grünstadt, 3.113 Einwohner, 110 m NN, 763 als Weinbauort urkundlich er-

St. Michaelstor in Dirmstein

wähnt. Im Mittelalter Sitz zahlreicher Adelsfamilien, Stadtrechte vom 16. Jh. bis zur Franz. Revolution. **Sehenswertes:** Schloß mit St. Michaels-Tor, Sturmfeder'scher Palais, Schloßplatz, Quadtsches Schloß, Koeth-Wanscheidsches Schloß, bischöfliches Wasserschloß, Kirche St. Laurentius (1746), Spitalkapelle, Bürgerhäuser, kleinste Fußgängerzone Deutschlands (111 m). **Info:** Gemeindeverwaltung, Telefon 06238 667 oder VG-Verwaltung Grünstadt-Land

Dittweiler (KUS)

nördlich von Waldmohr, 927 Einwohner, 1316 erstmals urkundlich erwähnt. **Info:** VG-Verwaltung Schönenberg-Kübelberg

Dom zu Speyer (siehe Kaiserdom)

Donnersberg

Südwestlich von Kirchheimbolanden. Mit 687 m der höchste Berg der Pfalz. Frühgeschichtliche Spuren sowie ein teilweise rekonstruierter Ring-

Blick auf den Donnersberg

schnitt durch die Bereiche Naturwissenschaft und Lebensgeschichte am Donnersberg. **Schwerpunkte:** Geowissenschaftliche Aspekte des Donnersberg-Massivs – Erinnerungen an den Silber-, Kupfer-, Quecksilber- und Eisen-Bergbau in früherer Zeit – einheimische Holzarten in Form von Holzscheiben und kolorierten Zeichnungen ihrer Knospen, Blüten und Blätter – Geschichtliche Themen des Donnersberg-Gebietes – Werkzeuge aus der Steinzeit – Funde, Modelle, Rekonstruktionen und Schautafeln zur Epoche der Kelten auf dem Donnersberg – Darstellung der ehem. Burgen des Donnersbergs – ein Modell des Hofgutes auf dem Donnersberg, das aus dem ehem. Kloster St. Jakob hervorgegangen war – Entwicklung der Gemeinde Dannenfels – Diorama zur einheimischen Tierwelt – Darstellung der Waldwirtschaft und des Jagd-Brauchtums. Eine

wall beweisen, dass sich bereits Kelten auf dem Donnersberg angesiedelt hatten. Der Berg ist Namensgeber für den ihn umgebenden Landkreis. Eigentlich ist der Donnersberg ein vulkanischer Gebirgsstock, der sich aus mehreren Erhebungen zusammensetzt. Jedoch wird der Hauptberg mit dem Königsstuhl (höchster Punkt) allgemein als Donnersberg bezeichnet. Der gesamte Berg ist als Landschaftsschutzgebiet ausgewiesen. Der Berg kann über Dannenfels befahren werden.

Donnersberghaus

Dannenfels, Oberstraße 4. Die in diesem Informationszentrum vorgestellten Exponate geben einen repräsentativen Quer-

Donnersberghaus Dannenfels

kleine Sonderausstellung befasst sich mit einem berühmten Dannenfelser, dem Geologen und Gründer der geologischen Landesämter in Deutschland, Karl Wilhelm von Gümbel. Für Interessenten steht in einer kleinen Bibliothek eine Auswahl wissenschaftlicher und kultureller, heimatbezogener Literatur zur Verfügung. **Anfahrt:** A 63, Abfahrt Göllheim/Dannenfels, der Beschilderung nach Dannenfels folgen, in der Dorfmitte an der „Alten Kastanie" links in die Mittelstraße abbiegen (Rg. Steinbach), am Rathaus rechts bergan in die Oberstraße. **Öffnungszeiten:** von Mai bis Oktober jeden letzten Samstag im Monat von 15 bis 17 Uhr. Eintritt: frei. **Auskunft:** Herr Hofmeister (Telefon 06357 261) und Herr Tremel (Telefon 06357 383)

Donnersbergkreis

74.548 Einwohner, Fläche ca. 645 qkm. 1969 aus Teilen der früheren Landkreise Rockenhausen und Kirchheimbolanden gebildet. 81 Gemeinden, die in den sechs Verbandsgemeinden Alsenz-Obermoschel, Eisenberg, Göllheim, Kirchheimbolanden, Rockenhausen und Winnweiler zusammengefasst sind. Kreisangehörige Städte sind Kirchheimbolanden (Sitz der Kreisverwaltung), Eisenberg, Obermoschel und Rockenhausen. Geprägt wird das Landschaftsbild von der weithin sichtbaren Silhouette des Donnersbergmassivs.

Donsieders (PS)

nördlich von Pirmasens, 1.026 Einwohner, 400 m NN, 1295 erstmals urkundlich erwähnt. **Info:** VG-Verwaltung Rodalben

Dorfmuseum Dannenfels

Dannenfels, Hohlstr. 1. In einem um 1830 errichteten landwirtschaftlichen Nebengebäude hat Ernst Gümbel 1978 begonnen, eine Darstellung land- und hauswirtschaftlicher Geräte und Gegenstände einzurichten. Eine Rarität ist die Pflugsammlung, die alle Gespannpflüge umfasst, die in dieser Gegend genutzt wurden. Durch die Rekonstruktion alter Hakenpflüge kann damit die Entwicklung der Bodenbearbeitung über ca. 10.000 Jahre demonstriert werden. Die Privatsammlung zeigt eindrucksvoll das Leben auf dem Lande in der Vergangenheit bis in die 1950er Jahre. Die ca. 800 Exponate sind zum größten Teil offen ausgestellt und auch zum Anfassen. Bei vielen kann die Funktion direkt demonstriert werden. **Schwerpunkte:** landwirtschaftliche Geräte und Maschinen aus früheren Zeiten – hauswirtschaftliche Geräte und Gebrauchsgegenstände, Geschirr, Hilfsmittel der Milchverwertung – Unterlagen der Orts- und Familiengeschichte – Spielzeug, Schulutensilien und Exponate aus der Zeit des letzten Krieges – Heimatliteratur – Arbeitsgeräte aus Handwerk, Holz- und Landwirtschaft. **Öffnungszeiten:** von

Oktober bis Mai jeden letzten Samstag im Monat von 15 bis 17 Uhr. Eintritt: frei. **Auskunft:** Ernst Gümbel, Tel. 06357 7451

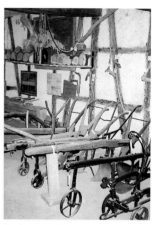

Dorfmuseum Dannenfels

Dorfmuseum Rohrbach

Rohrbach, Hauptstraße 11. Das Pfiesterhaus, ein Fachwerkbau aus dem Jahre 1575, bietet den passenden Rahmen für das Museum. Die sorgfältig restaurierten Exponate, die fast ausnahmslos aus Rohrbach stammen, vermitteln einen Eindruck von dem früher bäuerlich geprägten Alltagsleben und vom Brauchtum der letzten zwei Jahrhunderte. Obergeschoss, Speicher, Keller und Schuppen beherbergen Einrichtungs- und Gebrauchsgegenstände des täglichen Lebens, landwirtschaftliches Gerät, Werkzeuge aus alten Handwerksbetrieben, Produkte aus Rohrbacher Steinzeugfabrikation und das, was vom „Tante-Emma-Laden" übrig geblieben ist. **Öffnungszeiten:** 1. Sonntag im Monat 10 – 12 Uhr und 14 – 17 Uhr. Eintritt: frei. **Auskunft:** Telefon 06349 8976 (Gudrun Elsner) oder 1259 (Fritz Schaurer).

Dörnbach

Stadtteil von Rockenhausen, 1315 erstmals urkundlich erwähnt, ca. 250 m NN, am Wetzenbach.

Dörrenbach (SÜW)

3 km südwestlich von Bad Bergzabern, 980 Einwohner, 350 m NN, 992 erstmals urkundlich erwähnt, anerkannter Erholungsort. Der malerische Winzerort wird wegen seines historischen Dorfbildes das "Dornröschen der Südpfalz" genannt. **Sehenswertes:** Altes Rathaus im Renaissance-

Fachwerkstil (1590), historische Wehrkirchenanlage mit Simultankirche (um 1300), Stäffelsbergturm, Burg Guttenberg. **Info:** Verkehrsverein, Im Rödelstal 26, Telefon 06343 2244 oder VG-Verwaltung Bad Bergzabern. **Internet:** www. doerrenbach.de

Rathaus in Dörrenbach

Dörrmoschel (KIB)

westlich von Rockenhausen, 160 Einwohner, 365 m NN, 1275 erstmals urkundlich erwähnt. Dörrmoschel war um 1700 Witwensitz der Pfalzgräfin Charlotte Friederike (gest. 1712). **Sehenswertes:**

Eine originelle Sammlung findet man im Steinemuseum. 1710/12 ließ Pfalzgräfin Charlotte Friederike, die hier ihren Witwensitz hatte, die Prot. Kirche (Ortsstraße 48, am Ortsrand Rg. Rathskirchen) erbauen. Deshalb trägt die Kirche am Eingangsportal das pfalzgräfliche Wappen. Seit Mitte des 16. Jhdts. handelt es sich um eine reformierte Kirche. Das Aussehen dieser typischen barocken Landkirche wird geprägt von dem einfachen Saalbau mit Rundbogenfenstern und einem Schiefer-Satteldach. Statt eines Turms findet man einen Dachreiter mit einer Schweifhaube vor. Das südliche, von zwei Säulen eingerahmte rundbogige Portal zur Straße hin ist reichlich verziert. Es schließt ab mit dem von zwei Löwen gehaltenen Wappen der Pfalzgräfin. Die Dörrmoscheler Kirche ist eine der ältesten barocken Landkirchen in dieser Gegend. Von 1966 bis 1970 ist der Innenraum der Kirche gründlich renoviert worden. Der alte Friedhof wurde bis 1825

genutzt. **Info:** VG-Verwaltung Rockenhausen

Prot. Kirche Dörrmoschel

Drachenfliegen

Drachenflugmöglichkeiten bieten sich am Donnersberg (687 m), am Stolzenbergerhof im Alsenztal (nördl. von Rockenhausen), am Herzerberg bei Pfeffelbach (westl. von Kusel), beim Burgberg in Eisenberg-Stauf (westl. von Frankenthal) und für Könner vom Hohenberg zwischen Annweiler und Birkweiler (Richtung Landau). **Info:** Pfälzer Drachenfliegerverein, Telefon 06359 5235, Herr Kessler.

Draisinen-Tour

Ein nicht alltägliches Erlebnis

Die Fahrt mit der Draisine kann los gehen

auf einem außergewöhnlichen Gefährt gibt es seit Mai 2000 im Nordpfälzer Bergland. Mit Fahrrad-Draisinen kann man dort auf einer früheren Bahnstrecke 40 Kilometer durch die Natur radeln. Ein Riesenspaß für Familien, Cliquen und Vereine. Für Eltern ist es eine irreale Erfahrung: Die Kinder drängeln sich darum, etwas leisten zu dürfen. Jeder will als erster an die Pedale, um mit der Draisine auf große Fahrt zu gehen. Und wider allen Erziehungsregeln sind die Kids immer wieder bereit, ein Stück der Strecke zu treten. Auf die originelle Idee mit der Draisine kamen die Landkreise Kusel und Bad Kreuznach und das Fachgebiet "Ländliche Ortsplanung" der Universität Kaiserslautern. Um

einen früheren Bahngleis erhalten zu können, richteten sie die Draisinenstrecke ein, die nun von Altenglan über Lauterecken nach Staudernheim führt. Bis zu vier Personen können mit dem Schienenfahrzeug auf Tour gehen. Von diesen müssen zwei strampeln, zwei Erwachsene bzw. drei Kinder können es sich auf der Bank bequem machen. Außerdem ist noch etwas Platz für Fahrräder und Verpflegung. Die Vorteile der Draisine: Die Fahrer müssen nicht lenken bzw. permanent auf den Verkehr achten und können deshalb die idyllische Landschaft des Pfälzer Berglandes genießen. Im Gegensatz zur Fahrradtour ist die ganze Familie oder Clique auf einem Gefährt zusammen. Man kann sich unterhalten, etwas trinken oder essen ohne anzuhalten und wer schwere Beine bekommt, kann sich ablösen lassen und ein wenig ausruhen. Damit die Tour nicht zum Stress wird, wurden ungefähr alle zwei Kilometer Haltepunkte eingerichtet, an denen die Draisinen diebstahlsicher abgestellt werden können. Da bleibt dann genügend Zeit, die Umgebung zu erkunden, Dörfer und Sehenswürdigkeiten kennen zu lernen und in einem der zahlreichen Gasthäuser Rast zu machen. Damit der Verkehr auf der eingleisigen Strecke reibungslos verläuft, wird an geraden Tagen flussaufwärts von Staudernheim nach Altenglan gefahren, an ungeraden Tagen flussabwärts von Altenglan nach Staudernheim. Von Lauterecken, das genau in der Mitte der Strecke liegt, kann man immer auf eine der beiden 20 km langen Halbetappen starten. Zurück an den Ausgangspunkt geht es dann per Bus. Dieser fährt an Wochentagen stündlich, am Wochenende alle zwei Stunden. Der Busfahrpreis ist im Mietpreis für die Draisine bereits enthalten. Unterwegs gibt es Einiges zu entdecken, wie zum Beispiel verschiedene Sträucher und Pflanzen, Eidechsen, Rehe, schön renovierte alte Bahnhofsgebäude und natürlich die Biergärten. Da die Draisinen sehr

begehrt sind, muss man frühzeitig reservieren! **Info:** Tourist-Info Kusel, Telefon 06381 424270. **Internet:** www. draisinentour.de

Dreifaltigkeitskirche

Speyer, Große Himmelsgasse 4. Der Grundstein für diesen beeindruckenden Kirchenbau wurde am 22. April 1701 gelegt, die Einweihung als lutherische Stadtkirche fand am 31. Oktober 1717 statt. Das Gebäude ist 43 Meter lang, 18 Meter breit und 15 Meter hoch. Baumeister war Johann Peter

Dreifaltigkeitskirche

Graber. Besonderheiten der barocken, weitgehend aus Holz gefertigten Inneneinrichtung sind die beiden dreiseitig umlaufenden Emporen, die üppigen Deckengemälde und am Altar und an der Kanzel die aufwändigen Holzschnitzereien. **Internet:** www.dreifaltigkeit-speyer.de.

Dreisen (KIB)

südl. von Kirchheimbolanden an der B 40, anerk. Fremdenverkehrsgemeinde, 1.007 Einwohner, 230 m NN, 863 erstmals urkundlich erwähnt, wird von der Pfrimm durchflossen. **Sehenswertes:** Zahlreiche Fachwerkhäuser (18./19. Jhdt.) und historische Hofanlagen verleihen dem Ort ein gemütliches Ambiente. Das Rathaus mit Türmchen (1711) zählt zu den schönsten Fachwerkbauten der Nordpfalz. Der Dorfplatz mit dem Mühlrad lädt zum Verweilen ein. Auf dem ehem. Friedhof rund um die Kirche stehen ein Spitzbogenportal aus dem Jahre 1518 und noch mehrere alte Grabsteine Die Ev. Kirche St. Michael (1781 erbaut, mit Teilen von 1517) besitzt eine Orgel und eine Ausstattung aus dem 18. Jhdt. Im OT Münsterhof existieren noch geringe Baureste des 872 gegründeten Klosters St. Saturnin und das ehemalige Herrenhaus der Herren von Geispitzheim, ein stattliches Gebäude mit Mansardendach. **Info:** VG-Verwaltung Göllheim

Druckereimuseum Kusel

Kusel, Landschaftsstr. 5. Einen Einblick in die regionale Geschichte der Zeitungsherstellung vermittelt die alte Zeitungsdruckerei, in der die „Kuseler Zeitung" und das „Kuseler Tagblatt" gesetzt und

Rathaus Dreisen

gedruckt wurden. Das Museum zeigt neben einer Zylinder-Schnelldruckpresse auch Zeilensatz und Setzmaschine, alte Druckvorlagen, Schriften und alte Schreibmaschinen. Außerdem sind die kompletten Bestände der zwischen 1902 und 1969 erschienenen Lokalzeitung vorhanden. **Öffnungszeiten:** nach Vereinbarung. Eintritt: frei. **Auskunft:** Telefon 06381 6766.

Druckereimuseum

Wolfstein, Lauterstr. 5. Um die Geschichte des Buchdrucks nicht in Vergessenheit geraten zu lassen, wurde dieses Museum eingerichtet. Die unterschiedlichsten Gegenstände dokumentieren die Druckkunst des späten 18. und des frühen 19. Jahrhunderts. Eine Druckmaschine „Tiegel-Regina", einschließlich Transmission mit Zubehör, eine Papier-Radschneidemaschine, eine Pappschere (Schneidemaschine), eine Buchpresse, Schriftregale mit großen und kleinen Schriftkästen, eine Handpresse, eine Heft- und eine Stanz- und

Perforiermaschine sind vorhanden. Zum Museum gehört auch ein Zeitungsarchiv. **Öffnungszeit:** nach Vereinbarung. Eintritt: frei. **Auskunft:** Telefon 06304 214

Drumm, Georg

Der Wandermusikant aus Erdesbach komponierte die Marschhymne „Hail America", den Zeremonienmarsch des Weißen Hauses in Washington, mit dem noch heute die Staatsgäste empfangen werden.

Dudenhofen (LU)

westlich von Speyer, 5.811 Einwohner, 1156 erstmals urkundlich erwähnt. **Info:** VG-Verwaltung, Telefon 06232 9191-0. **Internet:** www.dudenhofen.de

Dunzweiler (KUS)

nordwestlich von Waldmohr, 968 Einwohner, 1108 erstmals urkundlich erwähnt. **Info:** VG-Verwaltung Waldmohr

Dürkheimer Fass

Das größte Fass der Welt mit

einem Fassungsvermögen von 1,7 Mio. Litern steht in Bad Dürkheim. 1933 verarbeitete der Handwerksmeister Fritz Keller über 200 cbm Holz zu dem 13,5 m hohen Fass. In dem Weinlokal im Fass finden über 500 Personen Platz. Ein kleiner Vergleich: Wenn ein Mensch im Laufe seines Lebens (80 Jahre) das Fass leertrinken wollte, müsste er täglich 58 Liter schlürfen. (Bild Seite 18)

Dürkheimer Wurstmarkt

Bad Dürkheim. Das größte Weinfest der Welt findet alljährlich am 2. und 3. Septemberwochenende statt. Die Tradition des ehem. "Michaelismarkt" geht bis in die Mitte des 15. Jhdts. zurück. Weinzelte, Weinlauben, ein riesiger Jahrmarkt und eine Ausstellung bilden den Rahmen des Volksfestes, bei dem u.a. weit über 200.000 Liter Wein getrunken werden. Übrigens: Die Weinlauben werden im Volksmund "Schubkärchler" genannt. Dieser Name rührt aus der Zeit, als die Winzer den Wein mit dem Schubkarren zum Wurstmarkt

brachten, um ihn dort zu verkaufen.

Eberle, Dr. Johann Christian

geboren in Laumersheim. Vater des Spar- und Giro-Wesens.

Ebertsheim (DÜW)

zwischen Grünstadt und Eisenberg im Eistal, 1.414 Einwohner, 170 m NN, 765 erstmals urkundlich erwähnt. Früher war in dem Ort das Steinmetzhandwerk stark verbreitet. **Sehenswertes:** Prot. Kirche (ursprünglich 12. Jhdt.), Kath. Kirche (1922), Altes Rathaus im OT Rodenbach (14. Jhdt.), Ev. Kirche im OT Rodenbach. **Info:** VG-Verwaltung Grünstadt-Land. **Internet:** www.gruenstadt-land.de

Eckbach

Der Bach entspringt bei Carlsberg und mündet zwischen Worms und Bobenheim-Roxheim in den Rhein.

Eckel, Horst

geboren am 8.2.1932. Als Fußballspieler bestritt er 247 Spiele

(74 Tore) für den 1. FC Kaiserslautern. Er gehörte dem Team an, das 1951 und 1953 den Deutschen Meistertitel errang und er holte mit der deutschen Nationalmannschaft 1954 in der Schweiz die Weltmeisterschaft.

Eckkopf

Berg westlich von Deidesheim, 516 m hoch, Aussichtsturm, Gaststätte (am Wochenende offen).

Eckkopfturm

Deidesheim. Der Eckkopfturm ist sicherlich ein Aussichtsturm für Fortgeschrittene. Zum einen ist der Weg dorthin mitunter steil und steinig. Zum andern handelt es sich um eine Stahlkonstruktion mit Holzstufen, durch deren Zwischenräume man in die Tiefe schauen kann (Also nichts für Schwindelanfällige). Dafür wird man mit einem wunderbaren Rundblick belohnt, wie die zahlreichen Besucher, darunter auch Ex-Bundespräsident Carl Carstens und Bernhard Vogel, bestätigen können. Die ge-

samte pfälzische Rheinebene breitet sich wie ein Teppich vor einem aus. Von Frankenthal bis Germersheim reicht der Blick. Gut zu erkennen ist Ludwigshafen mit der BASF und Speyer mit dem Dom und den anderen Kirchtürmen. Eine Orientierungshilfe sind die Türme des Kernkraftwerks Philippsburg. Wer sich umdreht, entdeckt die Weite des Pfälzerwaldes. Gut sichtbar der Bismarckturm bei Bad Dürkheim (in der Nachbarschaft der Fernseh- und Radartürme), der Donnersberg, die Kalmit, der Weinbiet bei Neu-

Eckkopfturm

stadt und das Hambacher Schloß. Der Turm auf dem Eckkopf (516 m) wurde 1975 von der Verbandsgemeinde Deidesheim errichtet. 107 Stufen führen zur Aussichtsplattform in ca. 20 m Höhe. Die dazugehörige Hütte wird von Frühjahr bis Herbst am Wochenende bewirtet. Wie erreicht man den Turm? Wer auf der Weinstraße von Bad Dürkheim kommend Deidesheim durchfährt, kann hinter der AVIA-Tankstelle nach rechts (zw. Weingut Dr. Deinhard und Hatterers Hotel) in die Kaisergasse einbiegen. Von dort geradeaus zwischen den hohen Mauern in die Weinberge. An der Gabelung (Standbild mit Aufschrift „Ecce Homo") nach links und auf dem asphaltierten Weg ca. 1 km bis zum Waldparkplatz Sensental (ist nicht Mühltal!). Der Rundweg 4 führt rechts neben der Orientierungstafel geradeaus bergan. Man braucht ca. 30 Minuten bis zum Sensentaleck. Dort rechts weiter auf Weg Nr. 4. Nahe dem Berggipfel, bevor der Weg Nr. 4 wieder talabwärts führt, kreuzt der Weg Nr. 4 den Weg weiß-

blauer Balken. Dieser Weg (später auch Weg Nr. 6) führt steil bergan zum Turm. Gehzeit insgesamt ca. eine Stunde.

Edenkoben (SÜW)

Stadt zw. Landau und Bad Dürkheim an der B 38 (Weinstraße), 6.702 Einwohner, 150 - 300 m NN, Luftkurort. Der Ursprung der Stadt geht auf die im 8. Jhdt. beurkundeten Dörfer Zothingowe und Wazzenhofen zurück, seit 1818 Stadtrechte. **Sehenswertes:** Ehem. Zisterzienserkloster Heilsbruck mit dem größten deutschen Holzfassweinkeller, Villa Ludwigshöhe, Rietburgbahn, Sieges- und Friedens-Denkmal, Museum für Weinbau und Stadtgeschichte, Kath. Kirche (gotisch), prot. Kirche (Barockkanzel), Schänzelturm, Denkmal Ludwig I. **Info:** Büro für Tourismus, Telefon 06323 959288 oder Verkehrsamt, Telefon 808-79 **Internet:** www.garten-eden-pfalz.de, www.vg-edenkoben.de

Edesheim (SÜW)

3 km südlich von Edenkoben

an der B 38 (Weinstraße), 2.325 Einwohner, 150 m NN, 714 erstmals urkundlich erwähnt, traditionsreiche Weinbaugemeinde, anerkannter Fremdenverkehrsort. **Sehenswertes:** Wasserburg (14. Jhdt.), Gebäude und Hoftore aus Barock- und Rokokozeit, ehem. Posthof von Thurn und Taxis, Kath. Kirche (1811). **Info:** VG-Verwaltung Edenkoben. **Internet:**www.edesheim-pfalz.de

Ehweiler (KUS)

südwestlich von Kusel, nahe der A 62, 195 Einwohner, 1316 erstmals urkundlich erwähnt. **Info:** VG-Verwaltung Kusel

Eidechsen

In der Pfalz sind fünf Arten von Eidechsen bekannt. Am häufigsten entdeckt man die Zauneidechse, die an dem dunklen Band, das längs über den Rücken läuft, zu erkennen ist. Eine weitere Art ist die Blindschleiche, die oft fälschlicherweise als Schlange bezeichnet wird. Mit bis zu 40 cm Länge die größte ihrer Art in Deutschland ist die Smaragdeidechse. Die Mauereidechse fühlt sich in Weinbergen besonders wohl. Schließlich ist auch die Wald- und Bergeidechse in der Pfalz beheimatet.

Einöllen (KUS)

zwischen Wolfstein und Lauterecken, 502 Einwohner, 1432 erstmals urkundlich erwähnt. **Info:** VG-Verwaltung Wolfstein. **Internet:** www.einoellen.de

Einselthum (KIB)

zwischen Kirchheimbolanden und Worms, nahe der B 47, 863 Einwohner, 220 m NN, 791 erstmals urkundlich erwähnt. Der Ort gehört zum Weinbaugebiet Zellertal. **Sehenswertes:** Eine Besonderheit ist das "Steinerne Haus" (Bergstr. 12), einer der ältesten erhaltenen Wohnbauten der Pfalz, der Ende des 13. Jh. errichtet wurde. Die Kath. Kirche St. Martin ist 1762 auf den Fundamenten einer mittelalterlichen Kirche erbaut worden. Die Prot. Kirche (Ecke Haupt-/Kirchstraße) stammt aus dem Jahre 1760. Ihr typisches Ortsbild erhält die Gemeinde durch die vielen verschiedenen Formen von Bauern- und Winzerhöfen aus den letzten drei Jahrhunderten. Am "Langenstein", einem vorgeschichtlichen Menhir ca. 1 km nordöstlich des Ortes, entdeckte man Funde aus der Steinzeit und der Römerzeit. **Info:** VG-Verwaltung Göllheim. **Internet:**www.goellheim.de

Eis(-bach)

Ursprung der Eis ist der Eiswoog, ein kleiner See zwischen Ramsen und Enkenbach-Alsenborn. Der Bach mündet in Worms in den Rhein.

Eisenbahn

Die erste Eisenbahnstrecke in der Pfalz wurde von 1847 bis 1849 zwischen Ludwigshafen - Neustadt - Kaiserslautern - Homburg/Saar gebaut (118 km). Es folgten die Strecken Neustadt - Landau - Weißenburg (1855), Speyer - Germersheim (1864) und Neustadt - Bad Dürkheim (1865).

Eisenbahnmuseum

Neustadt, am Hauptbahnhof, Eingang über die Schillerstraße. Auf rund 4.000 qm Gelände haben hier über 20 historisch und technikgeschichtlich interessante Fahrzeuge der ehemaligen süddeutschen Länderbahnen und der Reichsbahn ihren „Alterssitz" gefunden. Dazu gehören u.a. die beiden letzten noch im Original erhaltenen Dampflokomotiven aus der Pfalzbahnzeit. Das Museum ist stilgerecht in einem Lokschuppen aus der Anfangszeit der Eisenbahn in der Pfalz untergebracht. Ein besonderes Erlebnis ist eine Fahrt mit der Museumsbahn „Kuckucksbähnl", die im Sommer regelmäßig ab dem Bahnhof Neustadt bzw. Lambrecht durch den Pfälzerwald dampft. **Öffnungszeiten:** Samstag, Sonntag, Feiertag 10 - 16 Uhr. Ab 1. Mai Dienstag bis Freitag 10 – 13 Uhr. **Auskunft:** Telefon

Kuckucksbähnl

06325 8626 oder 06321 30390. **Internet:** www.eisen-bahn-museum-neustadt.de

Eisenberg (KIB)

zwischen Kaiserslautern und Grünstadt, 9.933 Einwohner, 190 m NN, 763 erstmals urkundlich erwähnt, seit 1963 Stadtrechte, am Eisbach gelegen, anerkannte Fremdenverkehrsgemeinde. Wegen der Eisen-, Ton- und Klebesandvorkommen bereits von Kelten (600 v. Chr.) und Römern besiedelt. Der Ortsname rührt von den damals bereits betriebenen Eisenschmelzen und Bronzegießereien her. Im Mittelalter gehörte "Isinburg" zur Herrschaft Stauf, später den Grafen von Nassau-Weilburg. Im 18. Jhdt. lebte die Eisenindustrie durch die Fam. Gienanth wieder auf. Im 19. Jhdt. betrieb man hier auch Tonbergbau. Im Eisenberger-Hettenleidelheimer Tonbecken wird seit der Römerzeit Tonbergbau betrieben. Vom 1. bis 3. Jhdt. war hier ein bedeutender Mittelpunkt der römischen Eisen- und Bronzeerzeugung. Die römischen Le-

Römische Siedlung Eisenberg

gionen in Mainz erhielten diese beiden Metalle aus dem Eisenberger Raum geliefert. Eisenberg selbst war Standort einer römischen Siedlung. Der erste verlässliche Nachweis der Tongewinnung geht auf das Jahr 1767 zurück. In diesem Jahr hat das Fürstbistum Worms mit der Tongewinnung begonnen. Der Ton wurde für die Glas- und Porzellanherstellung benötigt. Die Schmelzgefäße für das Glas fertigte man nämlich aus Ton. In der zweiten Hälfte des 19. Jhdts. erkannte man die Bedeutung der Pfälzer Tone und Klebsande für die Eisenhüttenindustrie. An "Alt-Eisenberg" erinnern alte Wohnhäuser, zum Teil mit Fachwerk (18. Jh.), in der Hauptstraße (z. B. ehem. Rathaus, Hauptstr. 109). Die Ev.

Kirche wurde 1900, die Kath. Kirche St. Matthäus 1919 erbaut. Im Sommer treffen sich Jung und Alt im Waldfreibad. Mehr über die Geschichte der Stadt erfährt man im Römermuseum. Lohnenswert ist auch ein Spaziergang durch den Ortsteil Stauf zur Burgruine Stauf.

Das römische Eisenberg. Seit dem 18, Jh. weiß man von der Bedeutung Eisenbergs in römischer Zeit. Damals wurden aus einer ehem. kleinen röm. Festung Funde wie z. B. der bekannte Brotstempel oder Reste einer Jupitergigantensäule geborgen. Eisenberg hatte eine günstige Lage an einer Fernstraße zw. Metz und Worms und außerdem wurde hier (wie der Ortsname bestätigt) Eisen hergestellt. 1993 begann man mit systematischen Grabungsarbeiten an einem römischen Straßendorf (1. bis 4. Jh. n. Chr.). Neun langrechteckige Wohnhäuser ("Streifenhäuser") mit Innenwänden und Steinkellern sowie weitere Gebäude (vermutlich Ställe und Werkstätten) konnte man freilegen. Ein größeres Gebäude war wahrscheinlich eine Straßenstation, die Reisenden Verpflegung und Unterkunft gewährte. Funde aus dem „römischen Eisenberg" können im Römermuseum besichtigt werden. An den Grabungsstätten ist eine Informationstafel aufgestellt. **Info:** VG-Verwaltung, Telefon 06351 407-0. **Internet:** www.eisenberg.de

Eisenhüttenmuseum

Trippstadt, Hauptstraße 26. Das Museumskonzept basiert auf den drei Säulen „Museum", „Schmiede" und „Eisenhüttenweg". Im Museum wird die Geschichte der Eisenverhüttung vom 30-jährigen Krieg bis zum Ende des 19. Jh. veranschaulicht. In der ehem. Dorfschmiede wird die Schmiedekunst demonstriert. Der Eisenhüttenweg zeigt die heute noch bestehenden Relikte der Trippstadter Eisenepoche. **Schwerpunkte:** Freiherren von Hacke als Wiederbegründer der Eisenverhüttung · Gienanth´sche Epoche mit Exponaten der Produktionsstätten im Karlstal

Eisenhüttenmuseum

(Öfen, Ofenplatten) · Köhlerei als wichtiger Rohstoff-Lieferant. **Öffnungszeiten:** Montag bis Freitag 8 – 12 Uhr und 14 – 16 Uhr, Mai bis Okt. auch Samstag 10 – 12 Uhr. Eintritt: frei. **Auskunft:** Telefon 06306 341, Tourist-Info. **Internet:** www.trippstadt.de

Eissporthalle Zweibrücken

Zweibrücken (A 8, Abfahrt Flugplatz). Publikumslaufzeiten (Sept. · April) von Mo 10 – 12 Uhr (Senioren), Di. 14 – 17 Uhr, Mi. 14 – 17 Uhr (Familientag) und 19 – 21 Uhr, Do. 14 – 17 Uhr, Fr. 14 – 17 Uhr und 20 – 22 Uhr, Sa. 15 – 17 Uhr und 19 – 23 Uhr (Eisnacht), So. 10 – 12 Uhr und 14 – 17 Uhr. Eintritt: 4,00 Euro (Erw.), 3,00 Euro (Kinder 5 – 16 Jahre, bis 4 Jahre frei), 2,50 Euro (beim Familientag). **Info:** Telefon 06332 487767. Internet: www.zweibrucken.de

Eiswein in der Pfalz

NEUSTADT. Eine Eisweinernte von rekordverdächtigem Ausmaß war den Pfälzer Winzern 2002 beschert. Nach einer Meldung der Pfalzwein-Werbung wurden 138.603 Liter Eiswein geerntet. Das ist die zweitgrößte Menge der frostigen Spezialität, die je entlang der Deutschen Weinstraße registriert wurde. Nur 1999 lag die Menge mit 141.852 Litern höher. Die Eiswein-Ernte findet meist frühmorgens statt. Denn die Trauben müssen in gefrorenem Zustand bei mindestens minus sieben Grad Celsius geerntet und gekeltert werden. Wegen des hohen Arbeitsaufwands etwa für das Anbringen von Vogelschutznetzen und des Verlustrisikos ist Eiswein ein Geschäft für Spezialisten. Obgleich die Ernte-Mengen in der Pfalz seit den neunziger Jahren stetig gestiegen sind, macht Eiswein nur einen verschwindend geringen Anteil an der Gesamternte aus

(2002 etwa 0,04 Prozent). Als süße Erinnerung an sonnige Tage erzielen Eisweine hohe Preise. 15 bis 20 Euro je Halbliter-Flasche sind die Regel, gesuchte Raritäten werden teilweise für 500 Euro und mehr gehandelt. Nach den Traubenernte-Meldungen kommt der Löwenanteil des Pfälzer Eisweins des Jahres 2002 aus dem Bereich Mittelhaardt-Deutsche Weinstraße. Dort wurden mehr als 91.000 Liter geerntet, an der Südlichen Weinstraße mehr als 47.000 Liter. Zu Eiswein verarbeitet wurden vor allem Scheurebe - Trauben (fast 35.000 Liter), gefolgt vom Silvaner (33.595 Liter), Riesling (21.042 Liter), Ruländer (11.420 Liter), Chardonnay (8.120 Liter), Weißburgunder (7.680 Liter) und Gewürztraminer (5.605 Liter).

Eiswoog

Ramsen. Ein beliebtes Ausflugsziel im Stumpfwald ist der Naturweiher Eiswoog an der Straße zwischen Ramsen und Enkenbach-Alsenborn. Dort kann man Angeln, Bootfahren und im Sommer auch Baden. Im ehem. Jagdhaus der Familie von Gienanth ist das Restaurant „Forelle" eingerichtet. Auf der Höhe des Weihers überspannt eine alte Eisenbahnbrücke die Straße und das Eisbachtal. Am Eiswoog ist ein Bahnhof der Stumpfwaldbahn.

Elendsklamm

Naturdenkmal in der Nähe der Tausendmühle bei Bruchmühlbach-Miesau. Eine wildromantische Schlucht mit seltener Flora und Fauna. Einst Grenze des west- und ostgotischen Reiches.

Ellerstadt (DÜW)

südöstlich von Bad Dürkheim, 2.270 Einwohner, 120 m NN. 783 erstmals urkundlich erwähnt. In diesem Ort wurden erstmals in Deutschland (1835) gewerbsmäßig Pfirsiche angebaut. Weinlehrpfad (2,2 km, 35 Stationen mit Infos zur Ortsgeschichte und zum Weinbau). Der ehemalige amerikanische Präsident Herbert Hoover (reg. 1929 - 1933) entstammt einer Ellerstadter Auswandererfamilie. **Info:** VG-Verwaltung

Wachenheim. **Internet:** www.
ellerstadt.de

Elmstein (DÜW)

südöstlich von Kaiserslautern,
westlich von Neustadt, 2.775
Einwohner, 223 m NN, anerkannter Erholungsort, 1466 gegründet. **Sehenswertes:** Burg
Breitenstein, Burg Elmstein,
Waldarbeitermuseum (Hist.
Wappenschmiede), Kath. Kirche
(1765), Ev. Kirche (1843),
Schindhübelturm. OT: Erlenbach, Iggelbach, Harzhofen,
Appenthal, Helmbach, Röder-
thal, Schwarzbach. **Info:** VG-
Verwaltung Lambrecht. **Internet:** www.elmstein.de

Elwetritsche

Pfälzer Sagenvogel, dem in der
Pfalz mehrere Denkmäler ge-
setzt sind. Besonders gepflegt
wurde der Elwetritsche-Kult
vom ehemaligen Dahner
Förster Gust Espenschied (ge-
storben 1986). Ein Denkmal im
Dahner Kurpark erinnert an den
„Vater" des Sagenvogels. Die
Elwetritsche-Akademie verleiht
jedes Jahr eine Espenschied-
Gedenkplakette. Im Dahner

Elwetritsche-Brunnen in Neustadt

Kurpark beginnt der erste
Elwetritsche-Lehrpfad der Welt.
Sieben Schautafeln führen die
Besucher in die Welt der
Tritschologen ein und es gibt
einen Elwetritschen-Brunnen.
An Tafel sieben des Lehrpfades
fängt der rund zehn Kilometer
lange Elwetritsche-Rundwan-
derweg an, der unterwegs
weitere Geheimnisse rund um
den pfälzischen Nationalvogel
preisgibt. Einen bekannten
Elwetritschen-Brunnen mit vielen Bronze-Varianten des Sagenvogels findet man in Neu-
stadt/Weinstraße. Die Brunnenanlage wurde von dem bekannten Bildhauer Prof. Gernot
Rumpf gestaltet.

Elzweiler (KUS)

nordöstlich von Kusel, westlich von Wolfstein, 158 Einwohner, 260 m NN, 1364 erstmals urkundlich erwähnt. **Info:** VG-Verwaltung Altenglan. **Internet:** www.elzweiler.de

Uznamen-Brunnen in Enkenbach

Enkenbach-Alsenborn (KL)

12 km nordöstlich von Kaiserslautern an der B 48/A 6, 7.162 Einwohner, 872 erstmals urkundlich erwähnt (OT Alsenborn). Die Gemeinden Enkenbach und Alsenborn schlossen sich 1969 zusammen. Der Bach der "Enken", der Viehhirten, verhalf Enkenbach zu seinem Namen. **Sehenswertes:** Bajasseum, Klosterkirche im Ortsteil

Enkenbach (1272), evang. Kirche in Alsenborn mit Fresken aus dem 12./13. Jhdt. **Info:** VG-Verwaltung, Telefon 06303 8020. **Internet:** www.enkenbach-alsenborn.de

Eppenbrunn (PS)

südlich von Pirmasens, 1.526 Einwohner, Luftkurort, 1295 erstmals urkundlich erwähnt. **Sehenswertes:** Altschlossfelsen, Heimat- und Waldmuseum, Freizeitpark, Lourdesgrotte. OT: Ransbrunnerhof. **Info:** Verkehrsamt, Telefon 06335 5155 oder VG-Ver-

Historisches Forsthaus in Eppenbrunn

waltung Pirmasens-Land. **Internet:** www.eppenbrunn.de

Erdesbach (KUS)

nordöstlich von Kusel am Glan, an der B 420, 639 Einwohner,

1364 erstmals urkundlich erwähnt. Heimatort von Georg Drumm. **Info:** VG-Verwaltung Altenglan. **Internet:** www.erdesbach.de

Erfweiler (PS)

zwischen Dahn und Bad Bergzabern, 1.254 Einwohner, 225 m NN, 1353 erstmals urkundlich erwähnt. **Sehenswertes:** Winterkirchel, Kunstgalerie „Die Werkstatt". **Info:** VG-Verwaltung Dahn. **Internet:** www.erfweiler.de

Winterkirchel

Erkenbert-Museum

Frankenthal, Rathausplatz. Dieses Museum widmet sich auf drei Etagen sehr vielen Themen. Die Besonderheit ist im Keller-

Außenansicht Erkenbert-Museum

geschoß die Darstellung der Eppsteiner Gräberfunde. Es handelt sich hierbei um Skelette und zahlreiche Grabbeigaben aus einem merowingischen Gräberfeld aus dem 6. bis 8. Jahrhundert. Weitere Themen und Exponate: Dokumente, Gemälde, Zeichnungen, Bilder und Pläne zur Stadtgeschichte · Frankenthaler Porzellan · Lebensläufe und Werke bedeutender Frankenthaler Bürger und Unternehmen (z. B. Gillis van Coninxloo, Johannes Mehring, Cäsar Willich, August von Parseval, Heinrich Baumgärtner, Carl Ludwig Schubart, Albert Frankenthal AG, KKK, Glockengießerei, Zuckerfabrik) · Modelle „Frankenthaler Kanal", „Stadt und Festung Frankenthal um 1620", „Stiftskirche St. Maria Magdalena" · mittelalterliche Buchherstellung ·

Kirchengeschichte, Reformation und Glaubensflüchtlinge · Zünfte · David-Bleuler-Stube (Mobiliar Anfang 19. Jh.) · Möbel aus der 2. Hälfte des 18. Jh. und aus der Biedermeierzeit · Zinn(gießerei) · geschichtliche Ereignisse wie Hambacher Fest, Dreißigjähriger Krieg, Pfälz. Erbfolgekrieg, Revolution 1848/49. **Öffnungszeiten:** Dienstag bis Sonntag 14 – 18 Uhr. Eintritt: frei. **Auskunft:** Telefon 06233 89-495. **Internet:** www.frankenthal.de

Erlenbach bei Dahn (PS)

südöstlich von Dahn, 363 Einwohner, 1348 erstmals urkundlich erwähnt. **Sehenswertes:** Burg Berwartstein, Turm Kleinfrankreich, OT: Lauterschwan. **Info:** VG-Verwaltung Dahn

Erlenbach bei Kandel (GER)

nördlich von Kandel, nahe der A 65, 742 Einwohner, 120 m NN. **Info:** VG-Verwaltung Kandel

Ernst-Bloch-Zentrum

Ludwigshafen. In einer Gründerzeitvilla in der Nähe des Rheinufers gedenkt die Stadt dem hier geborenen Philosophen Ernst Bloch. Eine Dauerausstellung informiert über das Leben und das Werk Blochs, gezeigt wird auch sein Tübinger Arbeitszimmer. Die Einrichtung bietet Möglichkeiten für wissenschaftliches Arbeiten. In der Bibliothek finden Besucher Bücher, Manuskripte, Bild- und Tondokumente zu Ernst Bloch, über Online-Arbeitsplätze kann das in Ludwigshafen entwickelte Bloch-Informations- und Suchsystem (BISS) genutzt werden. Im „Zukunftsforum" finden philosophisch-kulturelle Veranstaltungen statt, die sich hauptsächlich mit „Bloch-Themen", wie z. B. „Prinzip Hoffnung" oder „Konkrete Utopie", befassen. Das Zentrum wurde am 3. November 2000 eröffnet. **Internet:** www.bloch.de

Erpolzheim (DÜW)

nordöstlich von Bad Dürkheim, 1.191 Einwohner, 120 m, 777 erstmals urkundlich erwähnt, Spargel-, Wein- und Obstanbau. Geburtsort von Staatsrat von Maurer. **Sehenswertes:** Rathaus (1752), Ev. Kirche (1849) mit Pfarrhaus (1754), Kath. Kirche (1849), Wernz-Mühle. **Info:** VG-Verwaltung Freinsheim. **Internet:** www.freinsheim.de

Erzenhausen (KL)

nordwestlich von Kaiserslautern, 720 Einwohner, 1462 erstmals urkundlich erwähnt, bis ins 17. Jhdt. hat man hier Quecksilber abgebaut. **Info:** VG-Verwaltung Weilerbach. **Internet:**www.weilerbach.de

Eschbach (SÜW)

nördlich von Bad Bergzabern an der Deutschen Weinstraße, 712 Einwohner, 230 m NN, Winzerdorf, im 12. Jhdt. erstmals urkundlich erwähnt, gehörte zur Herrschaft Madenburg und damit zum Besitztum der Speyerer Bischöfe. **Sehenswertes:** Burg Madenburg, Dorfbrunnen, Rokokofiguren vor der kath. Pfarrkirche (1766), Renaissancehäuser, Rutsch-Brunnen, Zehnthaus (1547). **Info:** VG-Verwaltung Landau-Land. **Internet:** www.eschbach-pfalz.de

Eschkopf

609 m hoher Berg im Herzen des Pfälzerwaldes nahe Johanniskreuz mit einem Aussichtsturm (siehe „Ludwigsturm").

Eselsfürth

Siedlung (264 m NN) an der B 40 östlich von Kaiserslautern. Als „Eselsfürth" bezeichnete man ursprünglich eine Furt, also eine flache Stelle in einem Bach, bei der die Esel einer Mühle den hier fließenden Bach durchquerten.

Essingen (SÜW)

nordöstlich von Landau, 2.017 Einwohner, 957 erstmals urkundlich erwähnt, Weinbau. **Sehenswertes:** Altes Rathaus (1590), St. Wendelinuskapelle mit alten Fresken (15. Jhdt.). **Info:** VG-Verwaltung Offenbach a. d. Queich. **Internet:** www.offenbach-queich.de

Eßweiler (KUS)

östlich von Kusel, 462 Einwohner, 280 m NN, 1296 erstmals urkundlich erwähnt. **Info:** VG-Verwaltung Wolfstein. **Internet:** www.essweiler.de

Esthal (DÜW)

zwischen Neustadt und Kaiserslautern, 1.576 Einwohner, 365 m NN, 1380 erstmals urkundlich erwähnt, Luftkurort. **Sehenswertes:** Burg Erfenstein, Kath. Bruder Konrad-Kirche (1934, roter Sandstein), Kloster St. Maria (1953, Provinzialmutterhaus für Rheinland-Pfalz). OT: Erfenstein, Breitenstein, Sattelmühle. **Info:** VG-Verwaltung Lambrecht. **Internet:** www.esthal.de

Etschberg (KUS)

südöstlich von Kusel, 681 Einwohner, 280 m NN, 1374 erstmals urkundlich erwähnt. **Info:** VG-Verwaltung Kusel

Eulenbis (KL)

nordwestlich von Kaiserslautern, zwischen Weilerbach und der B 270, 531 Einwohner, 1380 erstmals urkundlich erwähnt. **Sehenswertes:** Beerewei(n)museum, Eulenkopfwarte. **Info:** VG-Verwaltung Weilerbach. **Internet:** www. eulenbis.de

Eulenkopfwarte

Eulenbis. Im Jahre 1912/13 hat

Eulenkopfwarte

der Verschönerungsverein/ Eulenkopfverein diesen Turm auf dem Eulenkopf (412 m) erbaut. Trotz der relativ geringen Höhe von 12 m genießt man einen schönen Blick in das Land rund um Kaiserslautern. 23 Stufen führen zur ersten, weitere 18 Stufen zur zweiten und nochmals 18 Stufen zur obersten Aussichtsplattform. Von Kaiserslautern (im Südosten) kann man am besten den Betzenberg mit seinen hohen Wohnhäusern und natürlich dem Fritz-Walter-Stadion erkennen. Links davon erblickt man den oberen Teil des Rathauses, rechts oberhalb im Wald die Spitze des Humbergturms und noch weiter rechts den Fernsehsender. Wer den Blick noch weiter nach rechts schweifen lässt, entdeckt in südlicher Richtung vielleicht die Burgruine Hohenecken und dahinter am Horizont den Flugradarturm nahe dem Hermersbergerhof. Weiterhin kann man Otterbach (Osten), den Donnersberg (Nordosten - linkes Fenster) und den Potzberg (Westen) erkennen. Wie erreicht man den Turm? Auf der B 270 von Kaiserslautern Richtung Lauterecken. Am Ortseingang von Hirschhorn links ab Richtung Weilerbach. Von dort der Beschilderung Eulenbis bzw. Eulenkopf folgen. Den Ort Eulenbis durchfahren, bis ein Holzschild den Weg zum Turm außerhalb des Dorfes zeigt. Direkt neben dem Turm befindet sich die Gaststätte des Eulenkopfvereins, die an Sonnund Feiertagen, des öfteren auch an Werktagen nachmittags geöffnet ist.

Rosengarten

Europas Rosengarten

Zweibrücken. Der Rosengarten, der 1914 auf dem Gelände der ehemaligen herzöglichen Hofgärten entstanden ist, zählt zu den beliebtesten Ausflugszielen für Rosenfreunde. Alljährlich blühen auf dem rund 5 ha großen Gelände über 60.000 Rosen in mehr als 2.000 verschiedenen Sorten. Von Juni bis September wird jeden Sonntagnachmittag um 15 Uhr ein musikalisches Unterhaltungsprogramm angeboten. Der in der Nähe gelegene Wildrosengarten, eine "Ahnengalerie" der modernen Rosensorten mit Rosen aus aller Welt und aus verschiedenen Epochen, ist weltweit einzigartig. **Öffnungszeiten:** April bis Oktober täglich 9 - 19 Uhr. **Info:** Telefon 06332 479330. **Internet:** www-zweibruecken.de

Eußerthal (SÜW)

nördlich von Annweiler. 937 Einwohner, 200 m NN, 1148 erstmals urkundlich erwähnt, bekannt durch das Kloster Eußerthal, Forellenzuchtanstalt im Birken- und Dürrental. **Info:** VG-Verwaltung Annweiler. **Internet:** www.trifelsland.de

Eybergturm

Dahn. Auf dem Großen Eyberg (514 m) bei Dahn findet man einen etwa 18 Meter hohen Aussichtsturm. Dabei handelt es sich um eine Stahlkonstruktion mit 86 Stufen, wobei es beim Auf- und Abstieg ein bißchen eng zugeht. Die Aussicht ist durch hohen Baumwuchs weitgehend eingeschränkt. Im Süden entdeckt man noch einige Wasgauberge und -täler, im Nordwesten die Vororte von Pirmasens. Unterhalb des Turms steht eine kleine Schutzhütte mit Bänken. Wie erreicht man den Turm? Die Stadt Dahn auf der B 427 durchfahren, in die Hasenbergstraße (Schild „Felsland Badeparadies") einbiegen und auf dieser Straße geradeaus bis

Eybergturm

zum Badeparadies. Auf der Eybergstraße am Schwimmbad vorbei gelangt man geradewegs auf einen befahrbaren Waldweg, der nach ca. 2 km zum Waldparkplatz „Kleiner Eyberg" führt. Der Rundwanderweg Nr. 2 bringt den Wanderer über das große Taubeneck zum Eyberggipfel. Strecke ca. 2,5 km.

Falkenstein (KIB)

südwestlich von Kirchheimbolanden, nördlich von Winnweiler, 227 Einwohner, 390 m NN, 1019 erstmals urkundlich erwähnt. **Sehenswertes:** Die

Prot. Glockenturm Falkenstein

Fahrt nach Falkenstein durch das Falkensteiner Tal mit den Felsenschluchten und Höhlen ist ein eindrucksvolles Naturerlebnis. Das Dorf schmiegt sich an den Berg mit der Burgruine Falkenstein als Blickfang. Vereinzelt sind noch Teile der spätmittclalterlichen Ortsbefestigung erhalten. Ein Merkmal des Ortes ist auch der freistehende Prot. Glockenturm, ein quadratischer, dreigeschossiger Sandsteinquaderbau von 1896. **Info:** VG-Verwaltung Winnweiler

Fanck, Arnold

geboren 1889 in Frankenthal, gestorben 1974 in Freiburg (Breisgau), Filmregisseur und Produzent, gilt als Pionier im Genre Heimat-, Berg- und Naturfilm. Er entdeckte Schauspieler wie Luis Trenker, Brigitte Horney und Leni Riefenstahl. Seine erfolgreichsten Filme: „Kampf mit dem Berge" (1921), „Der heilige Berg" (1925), „Die weiße Hölle vom Piz Palü" (1928), „Stürme über dem Montblanc" (1930) und „SOS Eisberg" (1932). Er war einer der ersten Filmemacher, die nicht im Studio, sondern in der freien Natur drehten. Seine Filme liefen in der ganzen Welt.

Faschon, Susanne

geboren 1925 in Kaiserslautern, gestorben 1995. Die pfälzische Lyrikerin und Zeitungs-Kolumnistin wohnte zuletzt in Jakobsweiler am Donnersberg. Mit ihren sinnlichen und gefühlsvollen Mundart-Gedichten, die mehrere Bücher füllen, fand die Dichterin in der ganzen Pfalz und darüber hinaus viele Anhänger. Sensibel beschrieb sie die kleinen und großen Alltagserlebnisse, machte sie mit sorgsam gewählten Worten auf die

Susanne Faschon

Dinge aufmerksam, die das Leben lebenswert machen. Susanne Faschon wurde mehrfach bei Mundartdichterwettbewerben ausgezeichnet. Von ihr erschienen als Autorin oder Herausgeberin unter anderem die Bücher „Mei Gedicht is mei Wohret", „Sommers Ende", „Altweiwersummer", „Sieben Väter", „Das Dorf der Winde", „Das Land um den Donnersberg", „Wie der Kaiser unter den Edelleuten".

Fauth, Prof. Philipp

geboren 1867, gestorben 1941, Landstuhler Lehrer, Mond- und Planetenforscher, in Landstuhl begraben.

Feick, Otto

geboren 1890 in Reichenbach, aufgewachsen in Glan-Münchweiler. Erfinder des Rhönrads. 1925 ließ der Schlosser sich das Sportgerät patentieren und benannte es nach seiner neuen Heimat, der Rhön. Ein Experte in der Geschichte des Rhönrads ist Gerd Häßel aus Reichenbach-Steegen. Betrieben wird das Rhönrad-Turnen zum Beispiel noch beim TuS Mittleres Glantal in Glan-Münchweiler.

Feigen

Feigenbäume und –sträucher wachsen in der Pfalz, vor allem in der Vorder- und Südpfalz. Aber auch die Familie Dech aus dem nordpfälzischen Ort Sippersfeld meldete im Jahre 2000 eine üppige Ernte. Die fleischigen, zuckerhaltigen Früchte können bis zu dreimal im Jahr reifen. In der Pfalz ist die Ernte im Juli/August. Aus Feigen kann man z. B. Marmelade und Eis herstellen, man kann sie trocknen oder in Wodka einlegen. Die Marketing-Initiative „Pfälzer Feigenwochen" fördert die Nachfrage und den Absatz.

Felsentor

Natürlicher Felsendurchbruch nahe dem Forsthaus Beckenhof bei Pirmasens

Felsland Badeparadies

Dahn, Eybergstr. 1. Erlebnis- und Freizeitbad mit Riesenrutsche, Strömungskanal, Wasserpilz, Brodelbecken, Sprudelwiesen, Sauna, Solarwiese, Restaurant. **Öffnungszeiten:** Montag 9 – 22 Uhr, Dienstag, Mittwoch 9 – 21 Uhr, Donnerstag 11 – 21 Uhr, Freitag 9 – 22 Uhr, Samstag, Sonntag, Feiertag 9 – 19 Uhr (1. Juli bis 31. August nur Samstag und Sonntag 9 – 20 Uhr). **Info:** Telefon 06391 2179. **Internet:** www.felsland-badeparadies.de

Festung Germersheim

Um den wichtigen Rheinübergang zu sichern, wurde Germersheim in der Zeit von 1834 bis 1861 zu einer Festung ausgebaut. Die Stadt wurde mit einem in sechs Hauptabschnitte ("Fronten") unterteilten Schutzwall umbaut (Länge 3,2 km). Darüber hinaus umgab ein Außenfortgürtel (10 Forts) in einem Kreis von ca. 11 km den Schutzwall. 1920/22 riss man die Festung als Ausfluß des Versailler Vertrages nieder. Einen guten Eindruck über die ehem. Festung kann man sich im Heimatmuseum der Stadt verschaffen. **Internet:** www.germersheim.de

Feuerbach, Anselm

geboren 1829 in Speyer, gestorben 1880 in Venedig. Seit 1856 lebte er die meiste Zeit in Rom. Er war ein bedeutender Maler, der in seinen Werken oftmals die Verbindung zwischen klassischen und romantischen Elementen suchte. Er war ständig auf der Suche nach einer schöneren und besseren Welt, was sich auch zum Teil in seinen Bildern widerspiegelt, die manchmal etwas sagen- oder götterhaftes haben. Bekannte Werke: "Iphigenie", "Das Gastmahl des Plato". Werke von ihm findet man in der Pfalzgalerie, im Historischen Museum und im Feuerbach-Haus in Speyer.

Feuerbach, Henriette

geboren 1812 in Ermetzhofen (Franken), gestorben 1892 in

Ansbach. Die Schriftstellerin verfasste u.a. Märchenspiele. Bekannt wurde sie vor allem durch ihre zahlreichen Briefe, die als literarische Werke angesehen werden können. Die Stiefmutter des Malers Anselm Feuerbach lebte lange Zeit in Speyer.

Feuerbachhaus

Speyer, Allerheiligenstraße 9. Anselm Feuerbach (1829 – 1880) zählt zu den bedeutenden Malern des 19. Jahrhunderts. Der Verein „Feuerbachhaus e. V." hat das Geburtshaus des Künstlers zu einer Gedenkstätte ausgebaut, in der eine Vielzahl seiner Bilder sowie Dokumente über ihn und seine Familie zu sehen sind. Eine gemütliche Trinkstube mit hausgemachten Imbissen lädt zum Verweilen ein. Öffnungs-

Aussenansicht Feuerbachhaus

zeiten: Montag bis Freitag 16 – 18 Uhr, Sonntag 11 – 13 Uhr (Trinkstube ab 18 Uhr). Auskunft: Telefon 06232 70448. **Internet:** www.speyer.de

Film über die Geschichte der Pfalz

Der Bezirksverband Pfalz hat einen Farbfilm produzieren lassen, der in anschaulicher Weise die Geschichte der Pfalz von der Steinzeit bis zur Gegenwart aufzeigt. Die Dokumentation mit Begleitmaterial ist als Film und als Videokassette erhältlich beim Bezirksverband Pfalz, Institut für Pfälzische Geschichte und Volkskunde, Benzinoring 6, 67657 Kaiserslautern, Telefon 0631 93362 oder 8400985.

Finkenbach-Gersweiler

(KIB)

nordwestlich von Rockenhausen, 344 Einwohner, 1236 erstmals urkundlich erwähnt am Moschelbach, seit 1797 bilden die beiden Ortsteile eine Gemeinde. **Sehenswertes:** Der Anfang der Lindenstraße und Teile der Hauptstraße im OT Finkenbach bilden wegen der historischen Bausubstanz eine Denkmalzone. Im Ortsteil Gersweiler steht das Viktoriastift (Hauptstr. 3 – 5), ein schlossartiges Anwesen, das 1922 als landwirtschaftliches Mustergut fertiggestellt, später als Kinderbzw. Müttergenesungsheim und nach dem 2. Weltkrieg bis 1971 als Landesumschulungshof genutzt wurde. Blickfang ist das etwas erhöht erbaute Herrenhaus, dem zwei Landwirtschaftsgebäude vorgelagert sind. **Info:** VG-Verwaltung Alsenz-Obermoschel.

Wandmalereien in der Wehrkirche

Ein besonderes Kleinod ist die Historische Wehrkirche (Kirchgasse 12). 1304 wird die Kirche erstmal genannt. Seit 1540 ist sie lutherische Pfarrei. Vom spätgotischen Bau sind noch der Westturm und der Chor (14. Jhdt.) mit gotischen Fenstern und feinem Maßwerk erhalten. Verbunden werden die beiden Teile durch ein barockes Langhaus. Das mittlere Portal auf der linken Seite hat eine guterhaltene barocke Steinfassung mit der Jahreszahl 1743, dem Jahr, in dem die Kirchenhalle neu erbaut wurde. Ein weiteres Portal in der Chornordwand ziert ein Schlussstein mit dem Wappen der Herren von Hohenfels-Reipoltskirchen. Auf einem quadratischen Grundriss erhebt sich der 22 m hohe Turm, der eine aussergewöhnliche Dachkonstruktion vorweist, nämlich eine seltene Barockhaube auf einem Fachwerkunterbau. Schießscharten und das mächtige Mauerwerk weisen darauf hin, dass die Kirche früher eine Wehrfunktion hatte und der Bevölkerung als Schutz diente. Die Glocke stammt aus dem Jahre 1759.

Obwohl das Kircheninnere 1963 renoviert wurde, ist die barocke Ausstattung zu einem großen Teil noch erhalten. Die Stummorgel (1743 erbaut, mit reichem Schnitzwerk) steht unter Denkmalschutz. Ein kunsthistorisches Schmuckstück sind die mittelalterlichen Wandmalereien (13./14. Jh.), die mit großem Aufwand restauriert wurden und nun wieder besichtigt werden können. Die 16 Einzelbilder stellen die Passionsgeschichte dar. Die Originalfresken sind einzigartig für Südwestdeutschland und von großer Bedeutung für die Geschichte der Wandmalerei in der Pfalz. An und in der Prot. Kirche gibt es noch zahlreiche weitere architektonische und kunsthistorische Besonderheiten zu sehen. Durch ihre exponierte Lage auf einem Hügel oberhalb des Ortes und umgeben vom alten Baumbestand des früheren Friedhofs bildet die Kirche zusammen mit dem Pfarrhaus (1831, Kirchgasse 10) ein romantisches und sehr gepflegtes Ensemble. Besichtigung: normalerweise samstags und sonntags ganztägig geöffnet. Ansonsten kann man sich den Schlüssel im Pfarrhaus (Kirchgasse 10) holen. **Auskunft:** Telefon 06362 8702.

Fischbach (KL)

östlich von Kaiserslautern an der B 48, 853 Einwohner, 1221 erstmals urkundlich erwähnt. **Info:** VG-Verwaltung Hochspeyer

Fischbach bei Dahn (PS)

südwestlich von Dahn nahe der franz. Grenze, 1.666 Einwohner, 1318 erstmals urkundlich erwähnt. OT: Petersbächel. **Info:** VG-Verwaltung Dahn. **Internet:** www.fischbach-im-wasgau.de

Fitting, Dr. Hermann

geboren 1831 in Mauchenheim, gestorben 1918 in Halle/Saale. Er zählt zu den bedeutenden Rechtshistorikern des 19. Jahrhunderts. Er besuchte ein Gymnasium in Zweibrücken, studierte Rechtswissenschaft in Würzburg, Heidelberg und Erlangen, erwarb 1852 den Doktortitel. 1856 war er Privatdozent in Heidelberg, ab 1857 Professor in Basel und ab 1862 in Halle sesshaft. Er schrieb wichtige Bücher zur Rechtsgeschichte des Mittelalters und zum modernen Zivilprozess. Literatur: „Die Rheinpfalz" vom 24.06.2000 (Palatina), Buch „Juristische Briefwechsel des 19. Jahrhunderts", Hrsg. Barbara Dölemeyer, Aldo Mazzacane, Verlag Vittorio Klostermann

Fladenstein

bei Bundenthal. Der Fladenstein ist eines der größten freistehenden Felsengebilde der Pfalz. Die insgesamt sieben grandiosen Felstürme oberhalb des Sportplatzes bilden ein geologisch sehr interessantes Naturdenkmal. Sie sind ein beliebtes Ziel für Kletterer und Wanderer. Von den bizzaren Felsen mit den Namen Bundenthaler Turm, Namenloser Turm, Ilexturm, Stuhl, Jüngstturm, Backofen und Erlenbacher Turm ragt insbesondere der Fladensteiner Brocken aus dem Mischwald hervor. Die Fladensteine bildeten einst ein zusammenhängendes Massiv. Dieses wurde

im Laufe der Zeit durch die Kräfte der Natur in sieben einzelne Felsentürme getrennt. Ein geologischer Lehrpfad rund um die Fladensteine liefert Informationen zur Entstehung des Buntsandsteins.

Flaggenturm

Bad Dürkheim. Wenn man Bad Dürkheim auf der B 271 (Weinstraße) verlässt, entdeckt man unmittelbar hinter dem Stadtrand rechts mitten in den Weinbergen den Flaggenturm. Er wurde 1854 bereits als zusätzliche touristische Attraktion für Kurgäste errichtet. Wegen seines besonderen Aussehens wird er im Volksmund „Kaffeemühlchen" genannt. Fünf Stufen führen in eine Vorhalle mit Sitzgelegenheiten. 22 schmale, außen am Turm angebrachte Stufen bringen den Besucher auf die Aussichtsplattform (in ca. 5 bis 6 m Höhe). Man genießt eine wunderschöne Aussicht auf die Weinanbaugebiete der pfälzischen Rheinebene, die Klosterruine Limburg und die Stadt Bad Dürkheim. In zweiter Linie sieht man Ludwigshafen

Flaggenturm

und den jenseits des Rheins gelegenen Odenwald sowie im Südosten die Kühltürme von Philippsburg. Wie erreicht man den Turm? Von dem Parkplatz direkt an der B 271 ist der Turm schon zu sehen. Von dort kann man ihn über die Landwirtschaftswege und mit ein wenig Pfadfindersinn direkt ansteuern. Wer es weniger anstrengend mag, fährt über DÜW-Seebach durch die Seebacher Straße und biegt dort in den Krähhölenweg ein. Am Ende dieser Straße den Wagen stehen lassen, den Wirtschaftsweg in die Wingerte einschlagen

und an der ersten Kreuzung nicht den Weg „Guck ins Land" nehmen, sondern nach links an den drei Birken vorbei und wenige hundert Meter später wieder nach links laufen. Hier kann man den Turm bereits sehen. Weg ca. 700 Meter.

Flemlingen (SÜW)

Weinbauort mit barockem Ortsbild 8 km südwestlich von Edenkoben, 432 Einwohner, 767 erstmals urkundlich erwähnt. **Sehenswertes:** Barocke Kirche St. Alban (1759), Friedenslinde. **Info:** VG-Verwaltung Edenkoben. **Internet:** www.flemlingen.de

Flößerei

Lemberg. Die Gemeinde hat in den letzten Jahren die historischen Flößeinrichtungen im Storrbachtal mit den dazugehörigen Klausen (Schleusen) und Rumpeln teilweise wieder freigelegt. Der Triftkanal wurde zwischen 1835 und 1838 errichtet. Er hatte eine Gesamtlänge von 938 Metern. Auf ihm wurde Triftholz nach Kaltenbach geflößt. Die letzte Trift erfolge 1863. Durch die Freilegung kann heute die Technik des Holztriftens im 19. Jhdt. verständlich dargestellt werden.

Föckelberg (KUS)

östlich von Kusel, 406 Einwohner, 1387 erstmals urkundlich erwähnt. **Sehenswertes:** Potzbergturm, Wildpark Potzberg. **Info:** VG-Verwaltung Altenglan

Forst/Weinstraße (DÜW)

zwischen Bad Dürkheim und Neustadt, 840 Einwohner, 120 m NN, 1100 erstmals urkundlich erwähnt, sehr mildes Klima, bekannte Weinlagen wie "Ungeheuer" und "Kirchenstück". **Sehenswertes:** "Altes Schlössel" (1510) mit Treppenturm, stattliche Wohnhäuser im klassizistischen und barocken Stil, Kriegerdenkmal, Kath. Kirche St. Margaretha (1723, Turm 1767). **Info:** VG-Verwaltung Deidesheim. **Internet:** www. forst-pfalz.de

Forster, Gerd

geboren 1935 in Ludwigshafen. Ehemals Lehrer in Kaiserslautern, Lyriker, Roman-Autor, Erzähler. Erhielt 1977 den Pfalzpreis für Literatur. Werke: "Pfälzische Krankheit", "Die Zugabe", "Zwischenland", "Unter dem Eulenkopf" (1977), "Geschichtete Sommer" (1978), "Die Abwesenheit der beiden anderen", "Schrittwechsel" (1985), "Lesarten der Liebe" (1995).

Frank, Dr. Johann Peter

geboren 1745 in Rodalben, gestorben 1821 in Wien. Seine letzte Ruhestätte fand der Mediziner auf dem Wiener Zentralfriedhof. Frank hat sich vor allem für das öffentliche Gesundheitswesen eingesetzt. Er gilt als Begründer der Sozialmedizin. Unter anderem war der Pfälzer ein Leibarzt von Zar Alexander I. und Leiter der Wiener Universitätsklinik (1795 - 1804).

Frankelbach (KL)

nordwestlich von Kaiserslautern, nahe der B 270, 337 Einwohner, 1345 erstmals urkundlich erwähnt. **Info:** VG-Verwaltung Otterbach. **Internet:** www. vg-otterbach.de

Frankeneck (DÜW)

westlich von Neustadt, nahe der B 39, am Zusammenfluss von Speyerbach und Hochspeyerbach, 877 Einwohner, etwa ab 1785 von Karl Friedrich Wilhelm von Leiningen als Holzmacherdorf gegründet. Seit 1802 wird hier Papier hergestellt. **Sehenswertes:** Papierfabriken, Papiermachermuseum, Naturdenkmal "Vierröhrenbrunnen". **Info:** VG-Verwaltung Lambrecht. **Internet:** www.frankeneck.de

Frankenstein (KL)

zwischen Kaiserslautern und Bad Dürkheim an der B 37, 1.087 Einwohner, 240 m NN, 1146 erstmals urkundlich erwähnt. **Sehenswertes:** Burg Diemerstein, Burg Frankenstein, Prot. Kirche (1871), Kath. Kirche (1933). OT: Diemerstein. **Info:** VG-Verwaltung Hochspeyer. **Internet:** www.frankenstein.de

Frankenthal

Kreisfreie Stadt. 47.534 Einwohner, Fläche ca. 44 qkm, 96 m NN, 772 erstmals urkundlich erwähnt, Ende des 16. Jhdts trugen niederländische Glaubensflüchtlinge zum wirtschaftlichen Aufschwung bei, Stadtrechte seit 1577, 1689 größtenteils zerstört, mit der Industrialisierung ab der Mitte der 19. Jhdts. entwickelte sich Frankenthal zu einem bedeutenden Zentrum der Metallindustrie. **Sehenswertes:** Ruine des ehem. Augustinerchorherrenstifts (1119) mit gut erhaltenem romanischem Portal, barocke Dreifaltigkeitskirche (1732), neuklassizistische Zwölf-Apostel-Kirche (1822), Wormser Tor (1770) und Speyerer Tor (1772)

Dreifaltigkeitskirche Frankenthal

als Teil der ehem. Festung, Erkenbert-Museum, Frankenthaler Porzellanmanufaktur, Ausstellung „Frankenthaler Porzellan", Frankenthaler Malerschule. **Info:** Stadtverwaltung, Telefon 06233 89-395. **Internet:** www.frankenthal.de

Frankenthaler Malerschule

Von niederländischen Künstlern 1562 gegründete Malschule, die der Landschaftsmalerei erstmals zu einer eigenständigen Bedeutung verhalf. Davor wirkten Landschaften nur als Kulisse für die Darstellung heiliger oder geschichtlicher Ereignisse. Der bekannteste Vertreter der Frankenthaler Malerschule war Gillis van Coninxloo.

Frankenthaler Porzellanmanufaktur

Die von Kurfürst Carl Theodor gegründete Einrichtung existierte von 1755 bis 1800. Es war die 7. Gründung einer Porzellanfabrik im damaligen Deutschland. Die Manufaktur in Frankenthal zählte wegen ihrer talentierten Baumeister und der Qualität der Erzeugnisse zu den besten in der Welt. Trotz hervorragender Produkte verstanden es die Verantwortlichen jedoch nicht, das hochwertige Porzellan gewinnbringend zu vermarkten. Dies führte allmählich zum wirtschaftlichen Niedergang der Manufaktur. 1794 fiel die Fabrik in die Hände der französischen Eroberer, die sie an den Unternehmer Johann Nepomuk van Recum verkauften. Diesem gelang es nicht, die Tradition der Porzellanherstellung aufrecht zu erhalten. Nach dem Frieden 1797 verzichtete Kurfürst Max IV. Joseph auf die Wiedererrichtung der Manufaktur. Im Mai 1800 wurde sie deshalb offiziell geschlossen. Die Ausstellung "Frankenthaler Porzellan" im Rathaus erinnert an die in jener Zeit europaweit bekannte Manufaktur. Literatur: „Die Rheinpfalz" vom 20. Juni 2000 („Blickpunkt").

Frank-Loebsches-Haus

Landau, Kaufhausgasse 9. Das Anwesen ist ein bau- und kunstgeschichtliches Denkmal des

Frank-Loebsches-Haus

15. bis 17. Jhdts. Die ältesten Teile stammen aus der Gotik. Markant sind die rundumlaufenden Holzgalerien, die den Innenhof auf zwei Etagen einfassen. Seit dem 17. Jhdt. ist das Gasthaus „Zur Blume" nachweisbar. Nach 1870 Wohnhaus der Urgroßeltern von Anne Frank. Nach umfangreichen Renovierungsarbeiten wurde das Haus am 7. Mai 1987 neu eröffnet. Heute ist es eine Stätte der Begegnung und Erinnerung an die Verfolgung jüdischer Mitbürger von 1933 bis 1945 mit einer ständigen, interessanten Ausstellung zur Geschichte der Landauer Juden sowie der Sinti und Roma in der Pfalz. Das Haus wird hauptsächlich für wechselnde Kunstausstellungen genutzt. Öffnungszeiten: Dienstag bis Donnerstag 10 · 12 Uhr und 14 · 17 Uhr, Freitag bis Sonntag 10 · 13 Uhr. Eintritt: frei. Auskunft: Telefon 06341 86472 oder Büro für Tourismus, Telefon 13-181. **Internet:** www.landau.de

Frankweiler (SÜW)

nordwestlich von Landau an der Weinstraße, 949 Einwohner, 245 m NN, 1249 erstmals urkundlich erwähnt, eine der ältesten Frankensiedlungen, Weinbau, 1992 schönstes Dorf in Rheinland-Pfalz. **Sehenswertes:** stattliche Häuser aus 18./19. Jhdt., Gedenkstein "Dagobertshecke", Burgruine Alt-Scharfeneck. **Info:** siehe Leinsweiler oder VG-Verwaltung Landau-Land. **Internet:** www. frankweiler-pfalz.de

Freckenfeld (GEr)

westlich von Kandel, 1.652 Einwohner, 980 erstmals urkundlich erwähnt. **Sehenswertes:** Heimatmuseum. **Info:** VG-Verwaltung Kandel. **Internet:** www.freckenfeld.de

Freilichtbühne Klosterruine Limburg

Bad Dürkheim. Bühne für die Freilichtaufführungen des "Theaters an der Weinstraße". **Info:** Geschäftsstelle, Telefon 06321 84493, Kulturamt, Telefon 06322 793-238.

Freilichtspiele Katzweiler

Größte Freilichtbühne Südwestdeutschlands. Seit über 50 Jahren werden in natürlicher Kulisse im Sommer ein Kinder- und ein Erwachsenenstück mehrmals aufgeführt. **Info:** Freilichtspiele Katzweiler e.V., Hauptstraße 69, 67734 Katzweiler. Geschäftsstelle: Lettow-Vobeck-Str. 28, 67659 KL-Erfenbach, Telefon 06301 9619. **Internet:** www.freilichtspiele-katzweiler. de.

Freimersheim (SÜW)

Das historische Straßen- und Rosendorf liegt 10 km südöstlich von Edenkoben, 965 Einwohner, 771 erstmals urkundlich erwähnt. **Sehenswertes:** Ev. Pfarrkirche (13. Jhdt./1753), Rathaus (1726). **Info:** VG-Verwaltung Edenkoben. **Internet:** www.freimersheim.de

Freinsheim (DÜW)

nordöstlich von Bad Dürkheim, 4.994 Einwohner, 773 erstmals urkundlich erwähnt, 1471 Stadtrechte, danach entstanden die Wehranlagen. **Sehenswertes:** Teile der Stadtbefestigung (1300 m lange Mauern, Türme), das östliche Stadttor

Rathaus in Freinsheim

besitzt ein Vorwerk, das Eisentor (1514), das bereits die Festungsbautechnik berücksichtigt. Zwei wuchtige Türme mit Wehrgang schützen die spitzbogige Durchfahrt, altes Rathaus (1732) mit Freitreppe, "Schlößchen" (1830, an der Stelle einer ehem. Wasserburg), Handwerker-Museum, „Zinnfiguren im Winzerhaus", "Schwarzes Kreuz (15. Jhdt., an der Straße nach Ungstein). **Info:** Verkehrsamt der VG Freinsheim, Telefon 06353 5010. **Internet:** www.freinsheim.de

Freisbach (GER)

1.050 Einwohner. **Sehenswertes:** Kirche (1704) mit Geiborgel (1791). **Info:** VG-Verwaltung Lingenfeld. **Internet:** www.freisbach.de

Freischarenrundweg

Kirchheimbolanden. Soll der monarchische Obrigkeitsstaat weiter bestehen oder soll in der Pfalz die Demokratie eingeführt werden? Diese Diskussion führte 1844/49 zu einer Revolution in der Pfalz. Am 14. Juni 1849 kam es im Schlossgarten der heutigen Stadt Kirchheimbolanden zu einem Gefecht zwischen preußischen Truppen und rheinhessischen Freischärlern. Die Niederlage der Aufständler läutete das Ende der pfälzischen Revolution ein. Der Freischarenrundweg, von Schülern des Wilhelm-Erb-Gymnasiums Winnweiler als Lehr- und Lernpfad konzipiert, verbindet 15 Stationen, an denen das Geschehen der damaligen Zeit gegenwärtig ist und an denen Info-Tafeln über die Geschehnisse informieren. Ein Faltblatt mit einem Stadtplan ist bei der VG-Verwaltung und beim Donnersberg-Touristik-Verband in der Kreisverwaltung kostenlos erhältlich.

Freizeitbad Moby Dick

Rülzheim, Am See 2. Spaß- und Freizeitbad mit angeschlossenem Campingplatz. Im Innenbereich u.a. 50 m Sportbecken, Nichtschwimmerbecken, 60-Meter-Rutsche, Spaßbecken mit Schwallduschen, Kräuterdampfkabinen, Sonnenwiese, Sauna, Solarium, Kegelbahn, Restaurant. Im Außenbereich u.a. Sprungbecken, Nichtschwimmerbecken, Babybecken, Liegewiesen, Dünenlandschaft, kleiner See. **Öffnungszeiten:** Montag 13 – 21.30 Uhr, Dienstag bis Freitag 9 – 21.30 Uhr, Samstag/Sonntag 9 – 18.30 Uhr. Telefon: 07272 9284-0 oder VG-Verwaltung, Telefon 07272 70020. **Internet:** www.mobydick.de

Fried, Heinrich Jakob

1802 in Queichheim bei Landau geboren. Maler und Lyriker. War als Konservator beim Münchner Kunstverein tätig. Das Heimatmuseum in Bad Bergzabern beherbergt einige seiner pfälzischen Burgenansichten, für die er damals berühmt war. Er starb 1870.

Friedelsheim (DÜW)

südöstlich von Bad Dürkheim, 1.497 Einwohner, 123 m NN, 770 erstmals urkundlich erwähnt, Wein- und Obstanbau. **Sehenswertes:** Mennonitenhof im ehem. Schloßpark, Ev. Kirche (Teile aus 12./14. Jhdt.). **Info:** VG-Verwaltung Wachenheim

Fritz-Walter-Stadion

Stadion auf dem Betzenberg in Kaiserslautern, in dem der Fußball-Bundesligist 1.FC Kaiserslautern seine Heimspiele austrägt. Der erste Fußballplatz auf dem „Betze", wie das Stadion in Fan-Kreisen genannt wird, wurde bereits am 13. Mai 1920 eingeweiht. Seit dem 2. November 1985 trägt das Stadion den Namen des früheren Fußballnationalspielers Fritz Walter.

Fritz-Walter-Stadion

Fritz-Walter-Stiftung

Diese Stiftung wurde mit einem Stiftungskapital von 1 Mio. Deutsche Mark am 2. Juni 1999 gegründet. Sie widmet sich der Jugendarbeit im Sport, der Integration von Jugendlichen in die Gesellschaft, fördert Maßnahmen zur Bekämpfung von Jugendarbeitslosigkeit sowie Projekte zur Völkerverständigung vor allem mit mittel- und osteuropäischen Staaten. Zu den Gründern gehören u.a. der 1. FC Kaiserslautern, das Land Rheinland-Pfalz und der Deutsche Fußball-Bund. Vorsitzender ist Ministerpräsident Kurt Beck. Mit der Stiftung wird das sportliche, gesellschaftliche und persönliche Engagement von Fritz Walter, seine Vorbildfunktion für die Jugend sowie seine Verbundenheit zur Pfalz gewürdigt. **Internet:** fritz-walter-stiftung.de. Ansschrift: c/o 1. FCK, Fritz-Walter-Str. 1, 67663 Kaiserslautern

Fritz-Wunderlich-Gedenkzimmer

Kusel. Der Raum im Obergeschoß des Kuseler Heimatmuseums ist dem Andenken an den 1966 verstorbenen Sänger Fritz Wunderlich, einem Sohn Kusels, gewidmet. Hier sind fast alle Tondokumente seiner kurzen Laufbahn und von dem Künstler getra-

gene Originalkostüme u.a. seiner Rollen in der "Zauberflöte", "Don Giovanni" und dem "Barbier von Sevilla" ausgestellt. Dokumente, Briefe und Fotos vervollständigen den Einblick in sein kurzes Leben. Öffnungszeiten: täglich (außer Montag) 14 - 17 Uhr. **Info:** Tourist-Info Kusel, Telefon 06381 424-270.

Frohnhofen (KUS)

südwestlich von Kusel, 581 Einwohner, 1387 erstmals urkundlich erwähnt. **Info:** VG-Verwaltung Schönenberg-Kübelberg

Fruchthalle

Kaiserslautern. Das Gebäude wurde 1843 - 1846 nach dem Vorbild des Palazzo Medici in

Fritz-Wunderlich-Gedenkzimmer

Florenz im Renaissance-Stil erbaut. Die Halle diente · wie der Name sagt · als Handelsplatz für Früchte (Markthalle). 1849 war sie Sitz einer pfälzischen Revolutionsregierung. Heute beherbergt die Fruchthalle einen der größten Festsäle der Pfalz.

Fruchthalle in Kaiserslautern

Frühindustriepark Gienanth

Winnweiler. Für die Industrialisierung in Deutschland im 18. und 19. Jhdt. war die Produktion und Verarbeitung von Eisen von entscheidender Bedeutung. Die Mittelgebirge waren aufgrund ihrer Eisenerzvorkommen und der Wälder (Brennmaterial zur Verhüttung) bevorzugte Standorte. In der Pfalz baute die Familie Gienanth ein regionales Eisenim-

perium auf. Davon erhalten geblieben sind die Gießerei der Gienanth AG Winnweiler (Werk Kupferschmelz) und das Ensemble des Stammwerks Eisenschmelz (mit Herrenhof und Arbeiterwohnungen). Im räumlich weiteren Sinn gehören zu diesen beiden Standorten auch die ehemaligen Meilerplätze in den umgebenden Wäldern, das einstige Hammerwerk in Schweisweiler, der Alsenzkanal (um das Hammerwerk gleichmäßig mit Wasser zu versorgen) und die Alsenzbahn. Um die geschichtlichen und räumlichen Zusammenhänge dieser Kulturlandschaftselemente zu

Eine der zahlreichen Informationstafeln im Frühindustriepark

verdeutlichen, wurde der „Frühindustriepark Gienanth" als geographisch-historischer Lehrpfad zum EXPO-Thema „Mensch-Natur-Technik" geschaffen. Der Lehrpfad im südwestlichen Donnersberger Vorland ist 12 km lang. Möglich wurde das Projekt durch die Zusammenarbeit von Wilhelm-Erb-Gymnasium Winnweiler, Ministerium für Kultur, Jugend, Familie und Frauen, Forstamt, Verbandsgemeinde und Ortsgemeinde Winnweiler, Donnersberg Touristik Verband und Pfälzerwaldverein. Ergänzend empfiehlt sich ein Besuch im Besucherbergwerk „Weiße Grube" und des „Geologisch-bergbaugeschichtlichen Lehrpfades" in Imsbach. **Info:** Verbandsgemeinde Winnweiler, Tourist-Info, Telefon 06302 60-225, **Internet:** www.winnweiler-vg.de

Fuhrmann-Stone, Erneste

geboren (1900) und gestorben (1982) in Pirmasens. Die Schriftstellerin verfasste hauptsächlich Gedichte und Erzählungen. Sie war auch journalistisch tätig. Sie war Inhaberin des Bundesverdienstkreuzes (1975) und des Literaturpreises des Bezirksverbandes Pfalz (1976).

Fußgönheim (LU)

zwischen Ludwigshafen und Bad Dürkheim, 2.472 Einwohner, 824 erstmals urkundlich erwähnt. **Sehenswertes:** Schloss Fußgönheim, Deutsches Kartoffelmuseum, Heimatmuseum. **Info:** VG-Verwaltung Maxdorf

Gagern, Hans Christoph von

Geboren am 25. Januar 1766 in Kleinniedesheim, gestorben am 22. Oktober 1852 in Hornau. Er war ein politisch aktiver Mann (Regierungsrat, Abgeordneter), widmete sich u.a. dem deutschen Kampf gegen Napoleon. Sein Sohn Heinrich gehörte zu den Gründern der Burschenschaften und wurde 1848 zum Präsidenten der Frankfurter Nationalversammlung gewählt.

Galgenfelsen

Dahn. Felsen am Stadteingang (von Hinterweidenthal kommend oberhalb der Korbfabrik). Bis zur Franz. Revolution (1789) stand auf dem Felsen der Galgen, an dem die Todesstrafe durch Erhängen vollzogen wurde. Die Hinrichtungsstätte wird 1569 erstmals erwähnt. Ähnliche Straßen-, Berg- oder Flurbezeichnungen in anderen Orten weisen darauf hin, dass dort ebenfalls die Todesstrafe vollstreckt wurde (z. B. in Schifferstadt).

Gartenschau

Kaiserslautern, Turnerstraße 2. Nach dem großen Erfolg der Landesgartenschau im Jahre 2000 hatte sich die Stadt entschlossen, das Gelände mit den Hallen und zahlreichen Angeboten beizubehalten und es im Rahmen einer Gartenschau den Besuchern zugänglich zu machen. Seitdem wird die Gartenschau weiter geführt mit Blumenschauen, Konzerten, Kinderprogrammen, Kultur-, Lern-, Aquagarten, Spiel- und Sportmöglichkeiten und der größten Dinosaurier-Ausstellung Europas. **Öffnungszeiten:** täglich 10 – 19 Uhr. Eintritt: zw. 6,00 und 2,50 Euro, Kinder bis 7 Jahren frei. Telefon: 0631 71007-00. **Internet:** www.gartenschau-kl.de

Gauersheim (KIB)

östlich von Kirchheimbolanden, 631 Einwohner, 200 m NN, 835 erstmals urkundlich erwähnt. **Sehenswertes:** Etwa 500 m vor dem Weinort am Leiselsbach passiert man den Bismarckbrunnen, der 1905 errichtet und 1951 erneuert wurde. Bei dem sehenswerten Fachwerkhaus neben der Kirche (Brückenstraße 1) handelt es sich um ein früheres Gasthaus, das dann von 1819 bis 1966 als Schulhaus diente.

Dinosaurier auf der Gartenschau

Prot. Kirche Gauersheim

Seit der Renovierung 1985 wird es als Dorfgemeinschaftshaus genutzt. Die Ev. Kirche St. Maria enstand 1751 aus einem Vorgängerbau, der um 1227 erbaut und durch die Kriege im 17. Jhdt. erheblich zerstört worden war. Der alte gotische Teil wurde in den Neubau einbezogen, der Turm bekam ein barockes Helmdach. Die Kirche ist bekannt wegen der vielen Grabmäler der früheren Ortsherren, z. B. Wolf von Oberstein (verstorben 1602), Maria Horneck von Weinheim, Friedrich Steben von Einselthum (verstorben 1549) und Anna Sophia von Wallbrunn (verstorben 1666). Alte Grabsteine findet man auch an der Kirchhofmauer. **Info:** VG-Verwaltung Kirchheimbolanden. **Internet:** www.kirchheimbolanden.de

Gaugrehweiler (KIB)

nördlich von Rockenhausen, 556 Einwohner, 215 m NN, 1298 erstmals urkundlich erwähnt. Vom ehemaligen Schloß existieren nur noch zwei Gewölbekeller (z. B. Neustr. 9), vom Schloßbezirk einige Häuser mit Mansardendach. Allerdings läßt die barocke Hauptstraßenbebauung (Ortsausgang Richtung Oberhausen) den ehemaligen Residenzcharakter erkennen. Teile der Haupt-, Trift- und Neustraße sowie des Marktplatzes bilden eine Denkmalzone. Bei der Evangelischen Kirche St. Nikolaus, 1401 erstmals urkundlich erwähnt, kann man an dem rechteckigen Chor noch den romanischen Kern erkennen. Anfang des 18. Jhdts. hat man das Gebäude - damals rheingräfliche Schloßkirche - u.a. um ein Langhaus und eine Herrschaftsloge erweitert. Äußerliche Merkmale der Kirche sind die Dachgauben und der geschieferte Dachreiter mit acht Schallfenstern, einer Zwiebelwölbung und einer aufgesetzten schmäleren Laterne. In den Chorfenstern kann man die Wappen der Wild- und Rheingrafen Philipp Frantz (1569) und Friedrich Friedrich (1610) erkennen. Eine Besonderheit sind die Uhrschlagglocken in einer kleinen Dachgaube, die den Bürgern die viertel und vollen Stunden anläuten. Mit weiteren historischen Gebäuden und dem Kriegerdenkmal bildet die Kirche ein architektonisch interessantes Ensemble. **Info:** VG-Verwaltung Alsenz-Obermoschel. **Internet:** www.gaugrehweiler.de

Gehrweiler (KIB)

südlich von Rockenhausen, westlich von Winnweiler, 352 Einwohner, 260 m NN, 891 erstmals urkundlich erwähnt. Die Gehrweilermühle, im Norden am Moschelbach gelegen, wurde als Gesamtanlage zur Denkmalzone erklärt. Einen weiteren Blick sollte man auf den Glockenturm (Ortsstraße 31; Rest einer verfallenen Kirche, 1760 wieder aufgebaut) und das klassizistische Friedhofstor (1837) werfen. **Info:** VG-Verwaltung Rockenhausen.

Geiger, Prof. Dr. Hans

Geboren am 30. September 1882 in Neustadt, gestorben am 24. September 1945 in Potsdam. Johann Wilhelm Geiger, so der eigentliche Name, war Atomphysiker, an der Entdeckung des Atomkerns beteiligt und Konstrukteur des "Geigerzählers", einem Elektronen-Zählrohr, das von Physi-

St. Nikolaus-Kirche Gaugrehweiler

kern in der ganzen Welt genutzt wird, um radioaktive Strahlung nachzuweisen. Er entdeckte die Alpha- und Gammastrahlen. Auch als Fachautor war er sehr bekannt.

Geilweilerhof

Siebeldingen. Auf dem Geilweilerhof ist die bekannte Bundesforschungsanstalt für Rebenzüchtung untergebracht. Der ehemalige Gutshof des Klosters Eußerthal besteht seit 1738 und betrieb schon Anfang des 20. Jhdts. Rebenzüchtung. In dieser Forschungsanstalt sind bedeutende Neuzüchtungen gelungen, wie z. B. Morio-Muskat, Bacchus und Optima. Das Zuchtziel des Geilweilerhofes ist die schädlingsresistente Idealrebe. **Öffnungszeiten:** Montag bis Donnerstag 8.15 - 11.30 Uhr sowie 12.30 - 15.45 Uhr, Freitag 8.45 - 11.30 Uhr sowie 12.30 - 15.15 Uhr. Telefon: 06345 410. **Internet:** www.bafz.de

Geiselberg (PS)

zwischen Pirmasens und Kaiserslautern, 906 Einwohner,

420 m NN, 1299 erstmals urkundlich erwähnt. **Sehenswertes:** Grauhansfelsen **Info:** VG-Verwaltung Waldfischbach-Burgalben. **Internet:** www. geiselberg.de

Geißbockbrunnen

Lambrecht. Der von Theo Rörig (Hettenleidelheim) geschaffene Brunnen wurde am 5. August 2000 eingeweiht. Der Brunnen im Stadtzentrum erinnert an das Brauchtum, dass Lambrecht jedes Jahr einen Geißbock nach Deidesheim liefern muss (siehe „Geißbockversteigerung"). Die Kosten von etwa 135.000 DM wurden fast zur Hälfte durch Spenden finanziert.

Geißbockversteigerung

Deidesheim. Im 14. Jhdt. hat die Gemeinde Lambrecht Weiderechte im Deidesheimer Wald erhalten. Als Gegenleistung muss Lambrecht der Gemeinde Deidesheim jedes Jahr einen Geißbock übergeben. Die Geißbockversteigerung ist 1404 erstmals urkundlich erwähnt. Der zu versteigernde Geißbock wird alljährlich am Pfingstdienstag in der Frühe vom jüngsten Lambrechter Ehepaar überbracht und an der Deidesheimer Stadtgrenze feierlich in Empfang genommen. Die Versteigerung erfolgt von 17.45 bis 18.00 Uhr an der Treppe des hist. Rathauses. Der Zuschlag erfolgt Schlag 18 Uhr an denjenigen, der das letzte Gebot abgegeben hat. Aus diesem uralten Brauch hat sich ein originelles Volksfest entwickelt. Mit dem 1985 von Gernot Rumpf geschaffenen Brunnen vor der Stadthalle wird das Ereignis amüsant dargestellt.

Gelterswoog

südlich von Kaiserslautern an der B 270. Im Raum Kaiserslautern war die Fischzucht früher ein bedeutender Wirtschaftsfaktor. Der Hecht im Stadtwappen erinnert daran. Bereits im Mittelalter wurden „Wooge", wie z. B. der Gelterswoog, zur intensiven Fischzucht angelegt. Der Gelterswoog diente zusätzlich als Vorratswasserspeicher für die Hohenecker Mühle. Der

Gelterswoog wird längst nicht mehr fischereiwirtschaftlich genutzt. Dafür ist er heute ein beliebter Badesee mit Strand, Bootverleih, Minigolf und Seehotel. Internet: www.kaiserslautern.de/freizeit&sport/schwimmbäder

Geoskop-Urweltmuseum

Thallichtenberg, Burg Lichtenberg. Das Geoskop bietet Einblicke in die Urgeschichte des Pfälzer Berglandes vor rund 290 Mio. Jahren. Die „Urpfalz", eine große von Flüssen und Seen durchzogene Senke, lag nur wenige Grade nördlich des

Geoskop-Urweltmuseum

Äquators. Das Klima war tropisch warmfeucht, die Tier- und Pflanzenwelt besaß ein fremdartiges Aussehen. Von dieser Zeit des „Rotliegenden" soll der Besucher Eindrücke erhalten. Zu sehen sind u.a. krokodilähnliche Amphibien, der

„weiße Hai", Gesteine, Fundstücke aus der permischen Pflanzen-, Meeres und Insektenwelt, mineralogische Kostbarkeiten, und eine Felsenwand aus vulkanischem Urgestein – als „Kuselit" weltbekannt. **Öffnungszeiten:** vom 1. November bis 31. März täglich 10 bis 12 Uhr, 14 bis 17 Uhr; vom 1. April bis 31. Oktober täglich 10 bis 17 Uhr, Eintritt wird erhoben. **Auskunft:** Telefon 06381 993450. **Internet:** www.urwelt-museum-geoskop.de

Gerbach (KIB)

westlich von Kirchheimbolanden, 577 Einwohner, 260 m NN, am Appelbach und Braunbach. Annexen: Schneebergerhof, Althof. **Sehenswertes:** Der Ortskern (z. B. Haupt- und Schulstraße) ist zur Denkmalzone erklärt, weil zahlreiche Gebäude aus der zweiten Hälfte des 18. Jhdts. noch erhalten sind. Die Kath. Kirche St. Michael (1783, Chor und Turm von 1902) verfügt über barocke Altäre. Viele Urlaubsgäste treffen sich auf dem Campingplatz am Kahlenberg-

weiher. **Info:** VG-Verwaltung Rockenhausen

Gerhardsbrunn (KL)

südwestlich von Landstuhl, nördlich von Wallhalben, 155 Einwohner, 1561 erstmals urkundlich erwähnt. Zum Ort gehören die Siedlungen Scharrhof und Scharrmühle. **Info:** VG-Verwaltung Bruchmühlbach-Miesau

Germersheim (GER)

20.764 Einwohner, 100 m NN, 1090 erstmals urkundlich erwähnt. Kreisstadt. Bereits die Römer errichteten hier im 4. Jhdt. eine Festung zur Sicherung der Rheingrenze. Rudolf von Habsburg residierte in der Reichsburg Germersheim. Stadtrechte seit 1276. 1361 fiel das Amt Germersheim als Reichslehen an den Kurfürsten von der Pfalz. 1674 brannten die Franzosen die Stadt nieder. Um 1834 begann der Ausbau Germersheims zur Bundesfestung, um den Rheinübergang zu schützen. **Sehenswertes:** Festung, Fronte Beckers (Teil d. ehem. Befestigungsanlage), Kath. Kirche (1310, 1450), Ludwigstor mit Stadt- und Festungsmuseum, Weißenburger Tor, Zeughaus, Deutsches Straßenbaumuseum. **Info:** Stadtverwaltung, Telefon 07274 960-218. **Internet:** www.kreis-germersheim.de

Gerolsheim (DÜW)

zwischen Grünstadt und Frankenthal, 1.683 Einwohner, 108 m NN, 915 erstmals urkundlich erwähnt. **Sehenswertes:** Kath. Kirche (1843, Turm 15. Jhdt., Ev. Kirche (1835 von August von Voit erbaut), Gemeindehaus (1580), Fachwerkhäuser (17./18. Jhdt.). **Info:** VG-Verwaltung Grünstadt-Land

Glenanth, Johann Ludwig von

Geboren am 15. Oktober 1767 in Winnweiler-Hochstein, gestorben am 13. Dezember 1848 in Schönau. Den Grundstein für das spätere Eisenwerk-Imperium der Familie Gienanth legte vermutlich der Schmied Peter Genandt, der Mitte des 17. Jhdts. aus der Schweiz nach Gimmeldingen kam. Schon bald besaßen die Gienanths mehrere Eisenhütten in der Pfalz und im Saarland. Johann übernahm 1793 die Werke in Hochstein, Altleiningen und Trippstadt. Durch seinen unternehmerischen Erfolg hatte er einige politische Ämter inne. Anfang des 19. Jhdts. beschäftigte die Familie Gienanth über 1000 Arbeitnehmer. Johann setzte sich auch für die Landwirtschaft und das Verkehrswesen ein. 1835 erhob ihn der Bayer. König in den erblichen Freiherrenstand. Sein Sohn Eugen (1846 - 1893) und sein Enkel Karl (1873 - 1949) führten das Unternehmen erfolgreich fort. Die Nachfahren wirkten hauptsächlich in Eisenberg (Eisen und Stahlgießerei Gebrüder Gienanth) und in Winnweiler-Hochstein.

Ginsweiler (KUS)

östlich von Lauterecken, 346 Einwohner, 1379 erstmals urkundlich erwähnt. **Info:** VG-Verwaltung Lauterecken

Glan

Flüßchen, das vom Landstuhler Bruch kommend durch das

Nordpfälzische Bergland fließt und bei Odernheim in Rheinhessen in die Nahe mündet. Mit 68 km der längste Fluß der Pfalz. Nebenbäche: Moorbach, Kuselbach, Reichenbach, Talbach, Lauter, Odenbach. Der Name stammt aus dem keltischen und heißt "klares Wasser".

Glanbrücken (KUS)

südwestlich von Lauterecken, am Glan, 531 Einwohner, 1150 erstmals urkundlich erwähnt. **Info:** VG-Verwaltung Lauterecken. **Internet:** www.glanbruecken.de

Glan-Münchweiler (KUS)

südöstlich von Kusel, an der B 423, 1.212 Einwohner, 220 m NN, 1019 erstmals urkundlich erwähnt. **Sehenswertes:** In der Prot. Kirche sind mittelalterliche (Chorraum, ca. 1220) und barocke (Saalbau, 1771) Teile erhalten. Neben der Prot. Kirche findet man zwei römische Viergöttersteine und zwei mittelalterliche Steinsarkophage. **Info:** VG-Verwaltung Glan-Münchweiler. **Internet:** www.vg-glm.de

Glasbläserbrunnen

Lemberg-Glashütte. Der Brunnen erinnert an die "Glashütte", die von 1730 bis ca. 1773 "besonders gute Qualität Fensterglas verfertigte und seit der neuesten Zeit auch Kristall- und Uhrengläser". Die Heimatforscher gehen davon aus, dass in dieser Gegend schon vor 1730 und auch lange danach "Glashütten" angesiedelt waren.

Gleisweiler (KUS)

Anerkannter Erholungsort an der Weinstraße, 9 km südwestlich von Edenkoben, 557 Einwohner, 1007 erstmals urkundlich erwähnt, äußerst mildes Klima. **Sehenswertes:** Subtropischer Pflanzenwuchs im Park des Sanatoriums, Kurhaus (1844). **Info:** Verkehrsverein, Telefon 06345 3000 oder VG-Verwaltung Edenkoben, **Internet:** www.gleisweiler.de

Gleiszellen-Gleishorbach (SÜW)

4 km nördlich von Bad Bergzabern, 831 Einwohner, 230 m NN, 1136 erstmals urkundlich erwähnt, Weinbau. **Sehens-**

wertes: Fachwerkhäuser, St. Dionysiuskapelle, Soldatenfriedhof. **Info:** VG-Verwaltung Bad Bergzabern. **Internet:** www.gleiszellen-gleishorbach.de

Göcklingen (SÜW)

südwestlich von Landau im Kaiserbachtal, 959 Einwohner, 192 m NN, 1254 erstmals urkundlich erwähnt. **Sehenswertes:** Alte Winzerhäuser, Kirchenbilder, historisches Rathaus, Rathausplatz, Bachlehrpfad. **Info:** VG-Verwaltung Landau-Land. **Internet:** www.goecklingen.de

Godramstein

Stadtteil von Landau, altbekannter Weinbauort. **Internet:** www.landau.de

Goldener Hut

Kultkegel (14./13. Jhdt. v. Chr.), Höhe ca. 30 cm, Gewicht ca. 350 g, wurde 1835 auf Schifferstadter Gelände gefunden. Das Gefäß könnte mit Nahrungsmitteln und anderen Grabbeigaben gefüllt mit Verstorbenen vergraben worden sein. Das

Goldener Hut

Original des Goldenen Hutes von Schifferstadt wird im Historischen Museum der Pfalz aufbewahrt.

Goldener Löwe

Höchste Auszeichnung der Vereinigung Badisch-Pfälzischer Karnevalsvereine.

Golf

In der Pfalz gibt es mehrere Golfplätze. Der älteste Verein ist der „Golfclub Pfalz" in Neustadt-Geinsheim, der bereits 1970 gegründet wurde.

Göllheim (KIB)

zw. Kirchheimbolanden und Grünstadt an der B 47, 3.788

Einwohner, 255 m NN, 819 erstmals urkundlich erwähnt, anerkannte Fremdenverkehrsgemeinde. **Sehenswertes:** Das Königkreuzdenkmal erinnert an die Schlacht am Hasenbühl, bei der 1298 Albrecht von Österreich und Adolf von Nassau um die Herrschaft in Deutschland kämpften. Im "Uhl'schen Haus" (Hauptstr. 7), das Wilhelm Uhl 1898 erbauen ließ, ist ein Heimatmuseum untergebracht. Es zeigt vor- und frühgeschichtliche Funde sowie zahlreiche Dokumente zur Ortsgeschichte. Göllheim war einst durch eine Befestigungsanlage geschützt. Der Zugang zum Ort war nur durch eines der "Stadttore" möglich. Das Kerzenheimer Tor (1776) und das Dreisener Tor (1781) markieren noch heute den historischen Ortskern, der größtenteils unter Denkmalschutz steht. Bei einem Spaziergang durch die verwinkelten Gassen kann man noch recht gut erahnen, wie der Ort in früheren Jahrhunderten, als er noch durch eine Stadtbefestigung begrenzt war, strukturiert war. Vor allem aus dem 18.

Kerzenheimer Tor in Göllheim

Jhdt. sind noch sehr viele Gebäude mit schmuckem Fachwerk erhalten. Besonders hervorzuheben ist das Alte Rathaus, ein frühklassizistischer Bau (1786) mit Pilastern und Mansardendach. Dieser bildet mit dem Turm der dahinter liegenden Prot. Kirche optisch fast eine Einheit und prägt deshalb das Ortsbild entscheidend. Als ein Wahrzeichen Göllheims kann man das Kerzenheimer Tor bezeichnen. Das zweigeschossige Torhaus von 1776 diente einst als Kontroll- und Zollstelle für Reisende und Besucher des Ortes. Der Ulrichsturm, der etwa aus der Mitte des 15. Jhdts. stammt, ist der letzte Teil der damaligen Ortsbefestigung von Göllheim. Um einiges jünger ist die Kath. Kirche St. Johannes-Nepomuk, die 1911 fertiggestellt wurde. Beachtenswert ist der rund 500 Jahre alte Taufstein. An alte Göllheimer Gemeindeämter erinnern die Bronzeplastiken „Nachtwächter" (Kerzenheimer Tor), „Gemeindediener" (Altes Rathaus) und „Gänsehirt" (Neuer Marktplatz). An der Straße nach Ramsen liegt der jüdische Friedhof. 1890 wurde im Göllheimer Wald auf dem Kriegsberg aus Rotsandstein eine Schutzhalle in Form eines griechischen Tempels fertiggestellt. Die Ludwigshalle nimmt namentlich Bezug auf König Ludwig II. von Bayern und erinnerte damals an die 50-jährige Zugehörigkeit der Pfalz zu Bayern. **Info:** VG-Verwaltung, Telefon 06351 4909-0. **Internet:** www.goellheim.de

Golsenstiftung

Zellertal, Ortsteil Zell. Tagungsstätte des verfassungsgebenden Ausschusses des Landes Rheinland-Pfalz (1947), heute Restaurant „Zum Schwarzen Herrgott".

Gommersheim (KIB)

9 km östlich von Edenkoben, 1.299 Einwohner, 800 erstmals urkundlich erwähnt, Tabakanbau. **Sehenswertes:** ehem. Synagoge, Ev. Pfarrkirche (1730), Kindlesbrunnen (1574). **Info:** VG-Verwaltung Edenkoben.

Gonbach (KIB)

zw. Kaiserslautern und Kirchheimbolanden bei Münchweiler a.d. Alsenz, 505 Einwohner, 283 m NN, in dieser Gegend siedelten bereits Kelten (Hügelgräber). 1019 erstmals urkundlich erwähnt, wobei zu damaliger Zeit ein Nieder- und ein Oberganenbach existierten. Seit dem Mittelalter bildeten Gonbach und Münchweiler eine Gemeinde. Seit 1972 hat Gonbach einen eigenen Bürgermeister. Der Ort mit seinem neugestalteten "Zentrum" hat sich zu einer beliebten Wohngemeinde entwickelt. **Info:** VG-Verwaltung Winnweiler. **Internet:** www.gonbach.de

Gönnheim (KIB)

südöstlich von Bad Dürkheim,

1.460 Einwohner, 120 m NN, Obst- und Weinbau. 770 erstmals urkundlich erwähnt. **Sehenswertes:** Prot. Kirche (1756), alte Winzerhäuser in der Bismarckstraße. **Info:** VG-Verwaltung Wachenheim. **Internet:** www.goennheim.de

Gossersweiler-Stein (SÜW)

8 km südwestlich von Annweiler, 1.461 Einwohner, 300 m NN, 1309 erstmals urkundlich erwähnt. **Info:** VG-Verwaltung Annweiler. **Internet:** www.gossersweiler-stein.de

Gradierwerk

Bad Dürkheim. Im 16. Jhdt. errichtete man in der Stadt eine Saline, um aus einer entdeckten salzhaltigen Quelle Kochsalz zu gewinnen. Es wurden mit Reisig bedeckte Gerüste (Gradierwerke) erstellt, über die die Salzsole rieselte und durch Verdunsten konzentriert wurde. Die gesamte Kurpfalz wurde mit Dürkheimer Salz versorgt. 1913 stellte man die Salzgewinnung ein. Ein Gradierbau aus der Mitte des 19. Jhdts. blieb erhalten. Er steht am Rande des Kurparks.

1992 brannte er teilweise ab. (siehe auch „Saline").

Gräfensteiner Radwanderweg

Der Radweg durch das Gräfensteiner Land ist als Rundkurs angelegt, so dass man seine Tour in jeder der sechs Gemeinden starten kann. Die Route ist gut markiert und kann in der Länge variiert werden. Die hier beschriebene Strecke ist 56 km lang. Es sind zwei anstrengendere Steigungen zu bewältigen, nämlich hoch zur Burgruine Gräfenstein und am Ende des Ringeltales hoch nach Leimen. Von dem Rodalber Stadtteil Neuhof aus führt der Weg auf der asphaltierten Straße hinab zur Imsbacher Mühle, einer kleinen Ansiedlung mit Sägewerk. Vor dem unbeschrankten Bahnübergang geht der Weg parallel zur Bahnlinie leicht ansteigend Richtung Münchweiler. Kurz vor Münchweiler unterquert man die Landstraße und fährt an den Tennisplätzen vorbei durch die Mühlstraße in den Ort. Durch die Hanauer Straße und Römerstraße, vorbei an den beiden Pfarrkirchen, erreicht man einen Waldparkplatz.

Von dort führt der Radweg durch den Wald, Richtung Hinterweidenthal. Nach anfänglich leichtem Anstieg von Münchweiler aus geht es nun stetig bergab. Im Waschtal trifft man auf einen asphaltierten Forstweg, der bis zur Kaltenbach (Ortsteil von Hinterweidenthal) führt. Hier trifft der Radweg auf die (stark befahrene!) Bundesstraße 10. Gleich nach der Ampelanlage in Kaltenbach verläuft der Gräfensteiner Radweg nach links (unter der Bahnunterführung hindurch), entlang der Lauter, ins Zieglertal. Der asphaltierte Weg ist anfänglich eben, steigt aber später an bis zu dem Waldparkplatz am Fuße der Burgruine Gräfenstein. Die Burgruine Gräfenstein, von der das Gräfensteiner Land seinen Namen hat, ist eine noch gut erhaltene Stauferburg aus dem 12. Jhdt. und unbedingt einen Besuch wert. Der siebeneckige Bergfried ist einzigartig in Deutschland. Nach dem Besuch des "Merzalber Schloß'"

geht es weiter talabwärts nach Merzalben. Kurz nach dem Ortseingang und der Parkanlage geht der Radweg rechts durch das Ringelstal hinauf zum Ringelsberg und mündet zwischen Leimen und dem Ortsteil Röderhof. In Leimen selbst lädt der Freizeitpark mit bewirtetem Kiosk und Minigolfanlage zur Rast ein.

Für die Weiterfahrt führt der Weg kurz nach dem Röderhof wieder in den Wald, Richtung Clausen. Die Gemeinde Clausen hat in dem Wettbewerb "Unser Dorf soll schöner werden" stets gute Plazierungen erreicht. Durch Clausen führt der Radwanderweg nach Donsieders (kurz hinter Clausen auf die Beschilderung achten!), einer ländlich strukturierten Gemeinde. Von dort kann man das Rad bis hinunter zur Biebermühle (Ortsteil von Donsieders mit Bahnhof Pirmasens-Nord) gut laufen lassen. Von der Biebermühle führt der Weg zurück nach Rodalben, dem Ausgangspunkt der Radreise durch das Gräfensteiner Land.

In Rodalben sind die Marienkirche mit ihrer spätgotischen Apsis (13. Jhdt.), das Geburtshaus des berühmten Mediziners Dr. Johann Peter Frank, der Bruderfelsen (Wahrzeichen des Ortes) und die Bärenhöhle (größte natürliche Felsenhöhle der Pfalz) sehenswert.

Wer nicht den gesamten Radwanderweg fahren will, kann z. B. auch einen 40 km langen Rundkurs durchs Rodalb- und Merzalbtal wählen oder die 22 km lange Tour von Münchweiler, Hinterweidenthal durchs Zieglertal zur Burgruine Gräfenstein und über Merzalben zurück nach Münchweiler nehmen.

Grafen von Leiningen

Mächtiges und über viele Generationen hinweg einflussreiches Geschlecht in der Pfalz. Stammsitz war Burg Altleiningen. Die Familie ließ einige weitere Burgen errichten, z. B. Battenberg, Hardenburg, Erfenstein. 1793 wurden die Grafen als Auswirkung der Französischen Revolution verhaftet. Mit der Ausrufung der linksrheinischen Republik endete

die Herrschaft der Leininger. (siehe Leiningerland)

Grauhansfelsen

Das Felsmassiv nördlich von Geiselberg diente einst als Steinbruch. Neben Baumaterial für Häuser wurden hier auch Schleifsteine für die Edelsteinschleifer bei Idar-Oberstein gehauen. Der Volksmund nennt den Felsen „Grohans“, eine Bezeichnung, die auf Aussehen und Vorname eines früheren Waldbesitzers zurückgehen soll. Heute ist der Grauhansfelsen ein beliebtes Wanderziel.

Gries (KUS)

nördlich von Schönenberg-Kübelberg, nördlich des Ohmbachsees, 1.010 Einwohner, 280 m NN, 1344 erstmals urkundlich erwähnt. **Info:** VG-Verwaltung Schönenberg-Kübelberg. **Internet:** www.gries-pfalz.de

Großbundenbach (PS)

nördlich von Zweibrücken, 387 Einwohner, 1178 erstmals urkundlich erwähnt. **Sehenswertes:** Prot. Kirche St. Martin (ländliche Hallenkirche mit

Wandmalereien aus 14. Jhdt. und historischen Grabsteinen). Von der 1329 erstmals erwähnten und 1793 zerstörten Burg sind nur noch geringe Reste des Bergfrieds und der Grundmauern zu erkennen. **Info:** VG-Verwaltung Zweibrücken-Land

Großer Humberg

Berg (426 m) südlich von Kaiserslautern mit Aussichtsturm (siehe Humbergturm)

Großer Peterskopf

Berg nordwestlich von Bad Dürkheim, 487 m, Bismarckturm mit weiter Rundsicht.

Großfischlingen (SÜW)

südöstlich von Edenkoben, 657 Einwohner, 772 erstmals urkundlich erwähnt. **Info:** VG-Verwaltung Edenkoben

Großkarlbach (DÜW)

südöstl. von Grünstadt, 1.184 Einwohner, 110 m NN, 773 erstmals urkundlich erwähnt, hatte im 13. Jh. Stadtrechte inne, anerkannte Fremdenverkehrsgemeinde, 1979 "Schönstes Dorf an der Weinstraße".

Wein- und Obstbau. Hier wurde 1840 die römische Weinflasche gefunden, die im Historischen Museum in Speyer zu sehen ist. **Sehenswertes:** Ev. Kirche (13. Jhdt./1610) mit Wandmalereien, Kath. Kirche (1711/Turm 1787) mit Sandsteinkanzel (1596), Mühlen am Eckbach (17. Jhdt), Gaststätte "Zum Karlbacher" (Gebäude aus 17. Jhdt.). **Info:** VG-Verwaltung Grünstadt-Land

Großniedesheim (LU)

nordwestlich von Ludwigshafen, 1.399 Einwohner, 1191 erstmals urkundlich erwähnt. **Sehenswertes:** Turm der Prot. Kirche (z. T. 1130). **Info:** VG-Verwaltung Hessheim. **Internet:** www.grossniedesheim.de

Großsteinhausen (PS)

südöstlich von Zweibrücken nahe der franz. Grenze, 635 Einwohner, 1250 erstmals urkundlich erwähnt. **Info:** VG-Verwaltung Zweibrücken-Land

Grumbach (KUS)

westlich von Lauterecken, 529 Einwohner, 1242 erstmals urkundlich erwähnt, im Mittelalter von den Rheingrafen gegründet, hatte 1330 Stadtrechte erhalten. **Info:** VG-Verwaltung Lauterecken

Grumbeere

Pfälzer Ausdruck für Kartoffeln. 1573 brachten Seeleute im Auftrag des spanischen Königs diese Erdfrucht nach Europa. Um 1690 kam die Kartoffel in die Pfalz. Im 17. Jhdt. soll sie die Form einer Birne gehabt haben, daher der Name "Grundbirne". Die "Grumbeer" war früher das wichtigste Grundnahrungsmittel der Pfälzer. (siehe auch „Deutsches Kartoffelmuseum)

Grünstadt DÜW)

zw. Kaiserslautern und Frankenthal an der A 6, 13.296 Einwohner, 170 m NN, Stadt an der Deutschen Weinstraße (B 271). Hier hatten sich bereits Kelten, Römer und Alemannen angesiedelt, 875 erstmals urkundlich erwähnt, seit 1556 Marktrecht. Gehörte überwiegend zum Besitztum der Leininger Fürsten, Bahnanschluss seit 1873. **Sehenswertes:** Schloß (Unterhof, Oberhof), Ev. Martinskirche (1730/36; nach Kriegsschaden 1952 erneuert) mit Glockenspiel und Gruft des Hauses Leiningen, Peterspark (ehem. Friedhof aus dem 8. Jhdt.), Ev. Friedenskirche (1739) mit schmiedeeisernem Sanduhrgehäuse, Kath. Kirche (1707/ Anbau 1840/ Turm 1935) mit Hochaltar (1680), Allwetterbad, Heimatmuseum, Dekanatsmuseum (Kirchenmuseum), Naturhöhenpark, Fußgängerzone (1984), Stadtverwaltung (in ehem. Waisenhaus von 1755). OT: Asselheim, Sausenheim. **Info:** Verkehrsvereinigung Leiningerland, Kreuzerweg 7, Telefon 06359 805-203 **Internet:** www.gruenstadt.de und www.gruenstadt-land.de

Gümbel, Carl Wilhelm von

geboren am 11. Februar 1823 in Dannenfels, gestorben am 18. Juni 1898 in München. Er gilt als einer der ersten Geowissenschaftler, die den schonenden Umgang mit natürlichen Ressourcen angemahnt und selbst auch umgesetzt haben. Ihm ist weltweit die geologische Landesaufnahme (Kartierung) zu verdanken, die bei der Gewinnung von Bodenschätzen die Umwelt- und Sozialverträglichkeit berücksichtigt. Regionale Raumordnungspläne, Grundlage der Fortentwicklung heutiger Lebensräume, basieren auf von Gümbels Vorarbeiten. Er schrieb mehr als 200 wissenschaftliche Arbeiten, z. B. „Grundzüge der Geologie". Er selbst wurde geadelt und war Ehrenbürger von München, weswegen dort eine Straße nach ihm benannt ist.

Gundersweiler (KIB)

südlich von Rockenhausen, 570 Einwohner, 213 m NN, am Moschelbach, 891 erstmals urkundlich erwähnt. **Sehenswertes:** Die Ev. Kirche (1727) ist zusammen mit dem klassizistischen Pfarrhaus (1824; Ortsstr. 2) und dem ehem. Schulhaus (ca. 1840, Ortsstr. 4) von besonderer architektonischer Bedeutung. In der Otterberger Str. 20 steht ein repräsentatives Fachwerkhaus, dessen Ursprung im Jahre 1731 liegt. **Info:** VG-Verwaltung Rockenhausen

Gut Neukastel

(siehe Slevogthof Gut Neukastel)

Gutting, Ernst

geboren am 30. Januar 1919 in Ludwigshafen. In Speyer 1949 zum Priester und 1971 zum Bischof geweiht, 1980 erhielt er das Bundesverdienstkreuz, 1994 als Weihbischof aus dem Amt verabschiedet.

Haardt

Bezeichnung für den Landstrich zwischen Grünstadt und Landau, wo der Pfälzerwald (relativ steil) in die Rheinebene übergeht. Man unterscheidet die Unterhaardt (Grünstadt/Bockenheim bis Bad Dürkheim), Mittelhaardt (Bad Dürkheim bis Neustadt) und Oberhaardt (Neustadt bis Landau). Der Name stammt vermutlich aus dem Mittelhochdeutschen ("hart" = als Viehweide dienender Wald).

Haardt

Stadtteil von Neustadt, 342 m NN

Hackmesserseite

Der Höhenrücken um die Orte Vinningen, Kröppen zur französischen Grenze hin trägt im Volksmund die Bezeichnung "Hackmesserseite". Der Name rührt aus der französischen Revolution her, in der die Freiheitskämpfer die Guillotine ("Hackmesser") in diese Gegend brachten.

Hagenbach (GER)

südlich von Wörth, 5479 Einwohner, 848 erstmals urkundlich erwähnt , besaß von 1281 bis 1410 Stadtrechte. **Info:** VG-Verwaltung, Telefon 07273 810 **Internet:** www.hagenbach.de

Sandsteingebäude in Hagenbach

Hainfeld (SÜW)

Der Weinbauort liegt 5 km südwestlich von Edenkoben an der Weinstraße, 714 Einwohner, 1109 erstmals urkundlich erwähnt. **Sehenswertes:** Kath. Kirche St. Barbara, Heiligenstatuen an den Hauswänden, Torbögen, Fachwerkhäuser, Madonna auf der Weltkugel (1750). **Info:** VG Edenkoben. **Internet:** www.hainfeld.de

Hallen- und Freizeitbad Kirchheimbolanden

Kirchheimbolanden. Neben den Schwimmbecken findet man u.a. Kinderspielbecken mit Wasserrutsche, Wasserpilz und Wasserkanone, Sauna, Sonnenstudio, Massage, Cafeteria. **Öffnungszeiten:** Montag 14 – 22 Uhr, Dienstag 7 – 18 Uhr, Mittwoch 14 - 22 Uhr, Donnerstag 14 - 18 Uhr, Freitag 7 - 22 Uhr, Samstag 10 - 18 Uhr, Sonntag 8 - 14 Uhr. Eintritt (ohne zeitliche Begrenzung): Erwachsene 2,50 Euro, Jugendliche 1,60 Euro, Kinder unter 6 Jahren frei. **Info:** VG Kirchheimbolanden, Telefon 06352 3130 oder 7033-0. **Internet:** www.kirchheimbolanden.de

Hamam (Türkisches Badehaus)

Bad Dürkheim, Kurbrunnenstraße. Entspannung für Leib und Seele verspricht das Türkische Badehaus, das 1993 eröffnet wurde. Der Hamam ist aus den strengen Reinigungsvorschriften des Islam entstanden und gewinnt heute eine ganz neue Bedeutung, wenn es um die gesundheitsorientierte Verbindung von Baden und Entspannen geht. Direkt am Kurzentrum betritt man durch den Eingangsbereich einen Umkleide- und Ruheraum. Von dort gelangt man in einen Übergangsraum, wo sich der Körper vor und nach dem Bad auf die erheblichen Temperaturunterschiede einstellen kann. Im Badehaus selbst wird geschwitzt, gewaschen und geplaudert. Auf dem "Nabelstein" in der Mitte wird man von fachkundigen türkischen Bademeistern massiert. **Öffnungszeiten:** wochentags 13 - 21 Uhr, am Wochenende 9 - 17 Uhr, feiertags auf Anfrage, Einlass im Zwei-Stunden-Rhythmus. **Info:** Telefon 06322 914161.

Hambacher Fest

Am 27. Mai 1832 versammelten sich rund 30.000 pfälzische Frauen und Männer zusammen mit Franzosen und Polen am Hambacher Schloss zur ersten politischen Massendemonstration in der deutschen Geschichte. Sie wandten sich gegen die absolutistische Herrschaft der Fürsten und des Adels, gegen die Ausbeutung durch Steuern und Zölle. Unter Führung von Philip Jakob Siebenpfeiffer und Johann Georg August Wirth setzten sie sich für ein freies, demokratisches und geeintes Deutschland sowie für einen Bund der freien Länder Europas ein. Die Demonstranten forderten Menschenrechte wie z. B. Meinungs-, Versammlungs- und Pressefreiheit. Hier zeigt sich, dass die Französische Revolution (seit 1789) mit ihren Grundsätzen der bürgerlichen Freiheit und der Rechtsgleichheit das politische Denken der Pfälzer stark beeinflusst hat. Durch dieses "Nationalfest der Deutschen" im Jahre 1832 wurde das Hambacher Schloss zur Wiege der deutschen Demokratie. Hier wurde auch erstmals die schwarz-rot-goldene Flagge gehisst.

Hambacher Schloss

Neustadt-Hambach. Kelten und Römer unterhielten hier bereits Befestigungsanlagen. Im Mittelalter trug die Feste wegen der weitläufigen Kastanienwälder in der Umgebung den Namen "Kestenburg" (Kastanienburg). Die Reichsfeste wurde in der ersten Hälfte des 11. Jhdts. von den salischen Kaisern erbaut. Im Jahre 1100 kam die Burg durch Schenkung in den Besitz des Speyerer Hochstifts und war 700 Jahre bevorzugter Aufenthaltsort der Bischöfe von Speyer. Nach mehreren Zerstörungen im 16. und 17. Jhdt. wurde die Ruine zur Zeit der Franz. Revolution vorübergehend Eigentum Frankreichs. Im Zuge der Neuordnung Europas durch den Wiener Kongress (1815) kam die Burg mit der Pfalz in den Besitz des Königreiches Bayern. 1823 wurde sie von Neustadter Bürgern zurückerworben.

Am 27. Mai 1832 war das Hambacher Schloss Schauplatz der ersten Volksversammlung der neueren deutschen Geschichte. Rund 30.000 freiheitlich gesinnte Menschen aus allen Teilen Deutschlands, aus Frankreich und Polen zogen hinauf zum Schloss, um für die Freiheit und Einheit Deutschlands zu demonstrieren. Hier wurde auch erstmals die deutsche Nationalflagge mit den Farben schwarz-rot-gold gehisst. Seit diesem Tag gilt das Hambacher Schloss als die Wiege der deutschen Demokratie.

Einen Höhepunkt der neueren Geschichte erlebte das Ham-

Hambacher Schloss

bacher Schloss am 6. Mai 1985: Während seines Staatsbesuches in der Bundesrepublik sprach US-Präsident Ronald Reagan zu fast 10.000 meist jugendlichen Besuchern, von denen er und seine Frau Nancy herzlich empfangen wurden.

Im Schloss befindet sich eine Dauerausstellung zur Geschichte der Burg und des "Hambacher Festes". Eine Ton-Dia-Show führt in das Thema ein. Ein „multimedialer" Rundgang zwischen zahlreichen Dokumenten, Bildern und Gegenständen aus jener Zeit vermittelt einen Eindruck von den Ereignissen, die einen wichtigen Meilenstein zur deutschen Demokratie darstellen. Jeweils zur vollen Stunde führt das Schlosspersonal die Besucher auf den Turm (den früheren Abbortturm), von dem man eine tolle Aussicht über die Rheinebene bis hin zum Nordschwarzwald genießt. **Öffnungszeiten:** 1. März bis 30. November täglich 10 – 18 Uhr. Letzter Einlass: 17.30 Uhr. Es wird Eintritt erhoben. **Auskunft:** Telefon 06321 30881,

Hotline 0180 5858588. **Internet:** www.hambacher-schloss.de

Handwerker-Museum

Freinsheim, im „Inneren Tor", neben Haus Herrenstr. 12. Über ausgetretene Stufen und durch eine schwere Holztür mit Eisenbeschlägen betritt man das Museum im „Inneren Tor", einem Stadttor aus dem 15. Jhdt. Der Gewerbeverein hat zahlreiche historische Ausstellungsstücke aus Freinsheimer Handwerksbetrieben zusammengetragen. Besonders viele und originelle Exponate gibt es vom Schmiede- und Bäckerhandwerk, wie z. B. eine fast vollständige Backstube, einen großen Blasebalg oder die Mehlsack-Klopfmaschine. Aber auch dem Küfer, Schlosser, Zimmermann und Metzger hat man hier ein Denkmal gesetzt. Zu dem Museum gehört auch ein „Atelier für Handwerks- und Hexenkunst". Lebendig wird das Museum durch Veranstaltungen wie z. B. die „Werksonntage" mit Vorführungen und Ausstellungen zu alten

Handwerkermuseum in Freinsheim

Handwerksberufen oder die Märchenabende. **Öffnungs**zeiten: Ende März bis 4. Advent Donnerstag bis Sonntag 14 – 18.30 Uhr. Es wird Eintritt erhoben. **Auskunft:** 06321 670867 (Karin Jung) oder Verkehrsbüro, Telefon 06353 1779. **Internet:** www.freinsheim.de

Handwerkskammer der Pfalz

Der Deutsche Reichstag hatte am 24. Juni 1897 eine Änderung der Reichsgewerbeordnung beschlossen. Danach waren zur Vertretung der Interessen des Handwerks Handwerkskammern einzurichten. Diese sollten als Körperschaften des öffentlichen Rechts die gemeinsamen Interessen des Handwerks wahrnehmen, das Lehrlingswesen regeln und die Behörden über die Belange des Handwerks unterrichten. Das Gesetz regelte auch die Neubildung von Innungen als fachliche und regionale Selbstverwaltungsorgane des Handwerks. Als Folge der Rechtsänderung berief die Kreisregierung der bayerischen Pfalz am 28. September 1899 Delegierte der pfälzischen Innungen und Gewerbevereine nach Neustadt ein, um eine Handwerkskammer zu gründen. In Kaiserslautern fand dann am 7. Mai 1900 die konstituierende Sitzung der anfangs des Jahres gewählten Mitgliederversammlung statt. Ihr gehörten je 12 selbständige Handwerker als Vertreter der pfälzischen Innungen und der Gewerbevereine sowie 12 Gesellen an. Erster Vorsitzender war Adam Heil aus Kaiserslautern. Die Handwerkskammer ist die gesetzliche Berufsvertretung des Gesamthandwerks im Kammerbezirk. Ihr gehören alle Unternehmen an, die ein Handwerk oder handwerksähnliches Gewerbe betreiben, sowie deren Gesellen, Arbeitnehmer mit einer abgeschlossenen Berufsausbildung und Auszubildenden. Im Jahr 2000 gehörten der Handwerkskammer Pfalz 12.692 Handwerksbetriebe und 2.769 handwerksähnliche Betriebe an. **Internet:** www.hwk-pfalz.de

Hängegleitermuseum

Pfeffelbach. Das mobile Musem, das nur bei besonderen Anlässen gezeigt wird, beschäftigt sich mit der Entwicklungsgeschichte der modernen Flugsportarten Drachen- und Gleitschirmfliegen, sowie der Entwicklung des fußstartfähigen Menschenfluges von den Anfangstagen bis zu den heutigen Hochleistungsfluggeräten. Die Sammlung umfasst mehr als 150 verschiedene Fluggeräte, dazu Rettungsgeräte, Instrumente, Gurtzeuge und Fachliteratur. **Auskunft:** Günter Burghardt, Auf der Bitz 3, 66871 Pfeffelbach, Telefon 06384 1482. **Internet:**www.dio-software.de/dfes/Museen

Hanhofen (LU)

westlich von Speyer, 2.244 Einwohner, 1156 erstmals urkundlich erwähnt. **Info:** VG Dudenhofen

Hans-Purrmann-Haus

Speyer, Kleine Greiffengasse 14. Im Geburts- und Elternhaus des weitgereisten Malers, ein Handwerkerhaus aus der Mitte des 19. Jhdts., hat die Stadt Speyer eine Gedenkstätte eingerichtet. Zu sehen sind ca. 70 Werke des Künstlers (Gemälde, Zeichnungen, Druckgrafiken, Aquarelle) sowie Gemälde und Plastiken seiner Frau und anderer Künstler. Die Ausstellung gibt

Purrmann-Gemälde

Hans-Purrmann-Haus

einen Überblick über das künstlerische Schaffen Purrmanns (1880 – 1966), der u.a. in München, Berlin, Italien und Frankreich tätig war. Der Maler war ein Schüler und Freund von Henri Matisse. In Vitrinen wird mit Bildern und Dokumenten die „Karriere" Purrmanns vom Tünchergesellen zum international anerkannten Maler aufgezeigt. Vorm Eingang steht eine Portraitstele „Hans Purrmann", die Wieland Förster 1980 aus Bronze anfertigte. **Öffnungszeiten:** Dienstag bis Freitag 16 – 18 Uhr, Samstag und Sonntag 11 – 13 Uhr. **Auskunft:** Telefon 06232 77911. **Internet:** www. speyer.de

Harthausen

(LU)

südwestlich von Speyer, 3.022 Einwohner, 1213 erstmals urkundlich erwähnt. **Sehenswertes:** königlich-bayerischer Tabakschuppen (19. Jhdt.), Kreuzigungsgruppe (1777) aus grauem Sandstein. **Info:** VG Dudenhofen

Hartmann, Johann Adam

Berühmtberüchtigter Pfälzer Wilddieb, dessen Erlebnisse das Fundament für den "Wildtöter" in J. F. Coopers Lederstrumpf bilden. Aus diesem Bezug heraus kam es auch dazu, dass Max Slevogt den Lederstrumpf illustrierte. Gedenktafel am Stadthaus in Edenkoben.

Hartmann, Ludwig

Geboren 1881 in Speyer, gestorben 1967 in Ludwigshafen. Der Mundartautor verfasste Gedichte und Prosastücke (z. B. "De Unkel aus

Amerika"). Er betätigte sich auch als Mundartforscher.

Harxheim (KIB)

Ortsteil von Zellertal

Haschbach am Remigiusberg (KUS)

südöstlich von Kusel, 717 Einwohner, 280 m NN, 1387. **Sehenswertes:** Burg Michelsburg. **Info:** VG Kusel

Haßloch (DÜW)

östlich von Neustadt, 20.777 Einwohner, 773 erstmals urkundlich erwähnt, größtes selbständiges Einzeldorf Deutschlands, Fremdenverkehrsgemeinde. **Sehenswertes:** Holiday-Park, Altes Rathaus (1784), "Ältestes Haus" (1599) mit Heimatmuseum, Ev. Luther-Kirche (1729), Christuskirche (1754), Gregor-Braun-Radrennbahn, Galopprennbahn, Mühlenwanderweg, Badepark. **Info:** Tourist-Info, Telefon 06324 5992-225. **Internet:** www.hassloch.de

Fachwerkhaus in Haßloch

Hatzenbühl (GER)

nordöstlich von Kandel, 2.691 Einwohner, 118 m NN, 1272 erstmals urkundlich erwähnt, älteste Tabakanbaugemeinde Deutschlands. **Sehenswertes:** Fachwerkhäuser, Kopie des berühmten Speyerer Madonnenbildes in der Kirche. **Info:** VG Jockgrim. **Internet:** www.hatzenbuehl.de

Haueisen, Albert

Geboren 1872 in Stuttgart, gestorben 1954 in Jockgrim. Der Maler und Zeichner befasste sich mit Landschaftsbildern und christlichen Themen. Auch existieren zahlreiche Selbstbildnisse aus allen Lebensphasen des Künstlers. Lebte seit 1933 in Jockgrim. Werke von ihm sind im Historischen Museum und in der Pfalzgalerie zu sehen.

Hauenstein (PS)

an der B 10 zw. Pirmasens und Landau, 4.133 Einwohner, 250 m NN, 1269 erstmals urkundlich erwähnt, anerkannter Luftkurort. **Sehenswertes:** Deutsches Museum für Schuhproduktion und Industriegeschichte, St. Katharinen-Kapelle (1512), Friedenskirche mit Madonna an der Sonne (um 1460), Paddelweiher, beheiztes Freibad. **Info:** Fremdenverkehrsbüro im Rathaus, Schulstr. 4, Tel. 06392 915110 oder Tourist-Info im Deutschen

St. Katharinen-Kapelle Hauenstein

Schuhmuseum, Telefon 06392 915165. **Internet:** www.hauenstein.rlp.de

Hauptstuhl (KL)

zwischen Landstuhl und Bruchmühlbach-Miesau an der B 40, 1.268 Einwohner, 1547 erstmals urkundlich erwähnt. Reste einiger Keltengräber am Rande des Bergfeldes lassen auf eine Besiedelung zwischen 1000 und 500 v. Chr. schließen. **Info:** VG Landstuhl

Haus der Badisch-Pfälzischen Fasnacht

Speyer, Wormser Landstraße 265. Das kleine Museum in einem ehem. Wachturm aus dem 15. Jh. dokumentiert die Tradition der knapp 300 Karnevalsvereine, die in der „Vereinigung Badischer-Pfälzischer Karnevalsvereine" zusammengeschlossen sind. Zu sehen sind u.a. über 4.000 Orden, zahlreiche Kostüme und Uniformen, Masken, „Narrenkappen", Bilder, Urkunden, Programme und weitere Utensilien aus der „fünften Jahreszeit". **Öffnungszeiten:** Mittwoch und jeden 2.

Sonntag im Monat 9 – 12 Uhr und 14 – 17 Uhr. Es ist ein geringer Eintritt zu zahlen. **Auskunft:** Telefon 06232 41940 oder 75182 (Werner Hill)

Haus der Deutschen Weinstraße

Bockenheim. Das Gebäude, das als Gegenstück zum Deutschen Weintor am nördlichen Ende der Deutschen Weinstraße errichtet ist, repräsentiert die pfälzische Weinkultur.

Haus der Südostdeutschen

Böchingen, Prinz-Eugen-Str. 23. Viele pfälzische Familien folgten im 18. Jh. dem Aufruf der Kaiser, das in der Türkenzeit menschenleer geworcene Land an der mittleren Donau zu besiedeln. Diese Kulturstätte der Deutschen aus Südosteuropa widmet sich der Geschichte und der Kultur der einst deutschen Siedlungsgebiete im Banat und der Batschka. Es schlägt einen weiten Bogen von den Anfängen der Besiedlung und der friedlichen Kolonisation über das Aufstreben der Region bis hin zur Vertreibung der Menschen aus ihrer inzwischen angestammmten Heimat. Gleichzeitig ist es eine Forschungsstelle mit Archiv und Spezialbücherei für „südostdeutsche" Geschichte, Volkskunde und Trachtenwesen. Das angeschlossene Heimatmuseum zeigt u.a. Trachten, Handwerksgeräte, Handwerks- und Industrieerzeugnisse sowie Exponate, die die historische Verbundenheit zu den südostdeutschen Gebieten dokumentieren. **Öffnungszeiten:** nach Vereinbarung, Eintritt frei. **Info:** Telefon 06341 60413 oder 63415.

Hausweiler (KUS)

direkt (westlich) bei Lauterecken, 63 Einwohner, um 1300 erstmals urkundlich erwähnt, kleinster Ort der Pfalz. **Info:** VG Lauterecken

Hefersweiler (KUS)

südöstlich von Lauterecken, am Odenbach, 518 Einwohner, 1223 erstmals urkundlich erwähnt. **Info:** VG Wolfstein

Heidelsburg

siehe Burg Heidelsburg

Heidenlöcher

Auf dem Kirchberg westlich Deidesheim. Die einzige so gut erhaltene befestigte Bergsiedlung aus der Karolingerzeit in Deutschland stammt wohl aus dem 9./10. Jhdt. Hinter einem Wall (einst mit Palisaden und Graben) zieht sich eine ovale Ringmauer aus unregelmäßigen, teils sehr großen, grob bearbeiteten Steinen, die einen Wehrgang mit Holzüberbauten trug, zu dem geschüttete Rampen führten. Das südliche Tor ist eine Unterbrechung der Mauer, das nördliche ein Übergreiftor (eine Torwange greift vor die andere). Innen sind über 65 Hausstellen eingerichtet (teilweise unterkellert, der Oberbau bestand wohl aus Fachwerk). Vor der Freilegung definierte man die Hausstellen wohl als "Löcher".

Heidenmauer

Nordwestlich von Bad Dürkheim. Der keltische Ringwall auf dem Kästenberg ist etwa 2 km lang, 6 m stark und bis zu 3 m hoch. Die Toranlage im Osten liegt nahe dem Kriemhildenstuhl, einem römischen Steinbruch, in dem die 22. Legion unter Kaiser Septimus Severus (193-211) arbeitete (Inschrift, Werkzeugspuren). Die Pferdchen und Sonnenräder stammen wohl aus der Völkerwanderungszeit.

Heiligenmoschel (KL)

nördlich von Kaiserslautern, 687 Einwohner, 1400 erstmals urkundlich erwähnt. **Info:** VG Otterberg. **Internet:** www.otterberg.de

Heimatmuseum Altenkirchen

Altenkirchen, Friedhofstraße 3. Der Heimat- und Wanderverein hat im „Alten Rathaus" (1832 erbaut) auf 120 qm Ausstel-

Heimatmuseum Altenkirchen

lungsfläche in sieben Räumen eine beachtliche Sammlung zur Ortsgeschichte zusammengetragen. **Schwerpunkte:** Eine noch gängige Diamantschleifer-Werkstatt mit dem dazugehörigen Handwerkszeug · eine üppig ausgestattete Küche aus Urgroßmutters Zeiten · Geschichte der „Alten Kirche" und der Schule · Geschichte der Auswanderer (im 19. Jh. wanderten rund 1000 Personen aus dem Kohlbachtal nach Amerika aus) · Herstellung von Leinen (u.a. ein Webstuhl) · Kleingeräte aus der Landwirtschaft · Gerätschaften alter Berufe (u.a. Bergleute, Schuhmacher, Schmied, Frisör) · Schlafkammer aus dem 19. Jh. **Öffnungszeiten:** September bis Juni sonntags 14 bis 17 Uhr, Eintritt frei. **Auskunft:** Telefon 06386 6553.

Heimatmuseum Bad Dürkheim

Bad Dürkheim, Römerstraße 20. Das Museum ist im Kulturzentrum „Haus Catoir", einem stattlichen Barockbau von 1781, beheimatet. Es stellt die Geschichte Bad Dürkheims und

Blick ins Heimatmuseum DÜW

seiner Umgebung von den ersten Siedlungsspuren in der Jungsteinzeit bis ins 20. Jhdt. dar, ergänzt durch rekonstruierte Räume aus dem vergangenen Jahrhundert und durch ein Weinbau-Museum. **Schwerpunkte:** Vor- und Frühgeschichte, Kelten, Römer, Franken und Mittelalter mit zahlreichen Funden, Plänen. Dokumenten, Bildern und Hinweisen auf Grab- und Siedlungsspuren wie z. B. Fürstengrab, Grabhügelfeld, Steinbruch Krimhildenstuhl, Hardenburg, Kloster Limburg · Dürkheimer Maler mit einem Querschnitt durch ihr Werk · bedeutende Dürkheimer Persönlichkeiten · ein noch spielbares Welte-Mignon-Piano mit 66 Walzen (ca. 1900) · kirchliches und jüdisches Leben · Salinenwesen und Kurbetrieb · Wurstmarkt · volkskundliche und kunstgewerbliche Abteilung mit Kostbarkeiten aus bürgerlichen Familien, wie z. B. Grünstadter Steingut, Zinn, alte Puppen und feine Handarbeiten · Wohnen im 19. Jahrhundert: vornehmes bürgerliches Wohnzimmer, bäuerliche Schlaf- und Wohnstube, Küche mit gemauertem Herd · weinbezogene Gemälde und Zeichnungen · Sammlung gusseiserner Ofenplatten · Weinbaumuseum im Gewölbekeller (Geschichte des Weinbaus, Weinbautechniken, Küferhandwerk, "allgemeine" Landwirtschaft). **Öffnungszeiten:** Dienstag bis Sonntag 14 - 17 Uhr, Eintritt frei. **Info:** Telefon 06322 980-714 oder 935-140.

Heimatmuseum Bobenheim-Roxheim

Bobenheim-Roxheim, Friedrich-Ebert-Str. 43. Das Naturkunde- und Heimatmuseum widmet sich folgenden Schwerpunkten: aktuelle und frühere Flora und Fauna der örtlichen Naturschutzgebiete · Funde aus der Römer- und Frankenzeit · Exponate zum früheren Brauchtum · Dokumente, Geräte und Werkzeuge zu einstigen für den Ort typischen Berufen wie Korb- und Rohrflechter, Fischer, Tabakwarenanfertiger · Ortsgeschichte · Galerie mit Werken einheimischer Freizeitkünstlern · Sonderausstellungen **Öffnungszeiten:** 1. Sonntag im Monat 14 - 17 Uhr, Eintritt frei. **Info:** Telefon 06239 929405.

Heimatmuseum Böchingen

siehe Haus der Südostdeutschen

Heimatmuseum Böhl-Iggelheim

Böhl-Iggelheim, Langgasse 2. Im alten Rathaus (1569) hat der Heimatpflege- und Museumsverein eine angemessene Unterbringung für seine Sammlung gefunden. **Schwerpunkte:** Zeugnisse der früheren Gerichtsbarkeit (z. B. Pranger, Gefängnis) · landwirtschaftliche Geräte · vor- und frühgeschichtliche Bodenfunde · Ofenplatten · Möbel und Gebrauchsgeräte · Handwerkszeug des letzten Nachtwächters · Bibliothekschrank mit alter Literatur · Bekannte Iggelheimer Persönlichkeiten · funktionsfähige Rathausuhr (1775) · Einrichtung der 1828 von Jakob Bechthold gegründeten „Schwarz-, Blau- und Schönfärberei" · Geräte der Textilherstellung · Schusterwerkstatt. **Öffnungszeiten:** April bis August letzter Sonntag im Monat 14 – 17 Uhr, Eintritt frei. **Info:** Telefon 06324 64936.

Heimatmuseum der VG Wallhalben

Schmitshausen, Pirmasenser Str. 6. In dem Museum erhalten die Besucher einen Eindruck, wie die Leute auf der Sickinger Höhe früher wohnten, arbeiteten und lebten. Rund 350 Exponate sind im Dorfgemeinschaftshaus ausgestellt. Breiten Raum nimmt die Landwirtschaft mit ihren vielen Geräten

ein wie z. B. Pflüge, Eggen, eine alte „Kartoffelhexe", eine Milchzentrifuge. Alte Möbelstücke, Geschirr und Kleider sowie eine komplette Schmiede und eine Schusterwerkstatt lassen alte Zeiten wieder aufleben. **Öffnungszeiten:** 1. und 3. Sonntag im Monat 10.30 – 12 Uhr, geringes Eintrittsgeld. **Auskunft:** Verkehrsamt Wallhalben, Telefon 06375 921-150 oder 5904.

Heimatmuseum der VG Wolfstein

Wolfstein, Hauptstr. 2 (Rathaus; Umzug in gegenüberliegende alte Schule geplant). Die Einrichtung befasst sich mit der Geschichte der Burg Alt-Wolfstein, dem Handwerkertum in Wolfstein und natürlich mit der Stadtgeschichte. **Öffnungszeit:** nach Vereinbarung, Eintritt frei. **Auskunft:** Telefon 06304 9130.

Heimat- und Waldmuseum Eppenbrunn

Eppenbrunn, Neudorfstr. 5. In einem um die Jahrhundertwende gebauten Bauernhaus ist eine umfangreiche

Sammlung von Geräten, Werkzeugen, Bildern, Dokumenten und Alltagsgegenständen untergebracht. **Schwerpunkte:** Ortsgeschichte · Ur- und Frühgeschichte · Landbau, Forst und Natur · sehenswerte Tierpräparatesammlung · Arbeitsgeräte aus Land- und Forstwirtschaft · forstliches Versuchswesen · Tenne, Viehstall, Bauernküche, Räucherkammer, Waschküche, Schmiede · Backhaus · Garten mit Heilpflanzen und heimischen Bäumen. Im nahegelegenen „Haus des Gastes" befindet sich die Dauerausstellung „Naturpark Pfälzerwald". **Öffnungszeiten:** Mai bis Ende Oktober Sonntag 14 – 16 Uhr, Eintritt frei. **Auskunft:** Verkehrsamt, Telefon 06335 5155.

Heimatmuseum Freckenfeld

Heimatmuseum Freckenfeld

Freckenfeld, Hauptstraße 65. Das gut bestückte und sorgfältig geordnete Museum befasst sich intensiv mit der Ortsgeschichte. Schwerpunkte sind u.a. der Dreißigjährige Krieg, die Abrisspläne des Ortes zu Beginn des 20. Jh. und die wechselhafte Kirchengeschichte des Dorfes. **Öffnungszeiten:** Mai bis Oktober jeden 1. Sonntag im Monat. **Auskunft:** Telefon 06340 5324 oder 8600.

Heimatmuseum Fußgönheim

Fußgönheim, Hauptstraße (im Schloss). Das Museum ist in einem idealen Gebäude, nämlich dem früheren Schloss, untergebracht. Sehenswert ist auch der Museumskeller, in dem an heute fast vergessene Handwerksberufe erinnert wird. **Schwerpunkte:** Vor- und Frühgeschichte mit Ausgrabungsfunden · Originalschrift-

Heimatmuseum Fußgönheim

Heimatmuseum Grünstadt

Grünstadt, Neugasse 2 (Stadtbücherei). Das Museum im ehem. Schloss Oberhof befasst sich u.a. mit folgenden Themen: Vor- und Frühgeschichte mit Exponaten aus Stein-, Bronze-, Franken-, Römerzeit und Mittelalter, ca. 1.500 Keramikteile aus der ehem. Grünstadter Fayencen- und Steingut-Fabrik, Pfeifensammlung, Fahnen aus dem Leininger Land. Alltagsgegenstände werden hauptsächlich in den zwei bis drei jährlichen Wechselausstellungen gezeigt. **Öffnungszeiten:** Dienstag 18 – 20 Uhr, Sonntag 15 - 18 Uhr, Eintritt frei. **Auskunft:** Telefon 06359 3154.

stücke der Herren von Halberg, die 1731 das Schloss erbauten · Vereins- und Dorfgeschichte · Familiengeschichte des Malers Wilhelm Leibl · eine üppig eingerichtete Pfälzer Küche aus Urgroßmutters Zeiten · alte Uhren · gusseiserne Ofenplatten · Militärgegenstände von den Kriegen 1870/71 und 1914/18 · ein Käge-Zimmer, das an die letzten Bewohner des Schlosses erinnert · Sammlung künstlerischer Ostereier · Möbel · Porzellan · Spielzeugzimmer · Textilabteilungen mit funktionsfähigem Webstuhl und Geräten zur Hanf- und Flachsbearbeitung. **Öffnungszeiten:** 2. Sonntag im Monat 13 – 18 Uhr, es wird ein geringer Eintritt erhoben. **Auskunft:** Telefon 06237 3288, Karl Freidel.

Heimatmuseum Haßloch

Haßloch, Gillergasse 11. Im „Ältesten Haus" aus dem Jahre 1599 lebt die frühere bäuerliche und handwerkliche Kultur des größten Dorfes Deutschlands weiter. Ob in der mit historischem Inventar eingerichteten Küche, Spinn- und Webstube, Waschküche, Schul-, Schlaf-, Kleider- und Wohn-

Heimatmuseum Haßloch

stube, ob im Weinkeller, in der Scheune oder dem Anbau mit den landwirtschaftlichen und landhandwerklichen Geräten aus der vorindustriellen Zeit oder im Bauerngarten – überall begegnet man einem Stück Haßlocher Geschichte. **Öffnungszeiten:** März bis Dezember jeden 1. und 3. Sonntag im Monat 15 - 17 Uhr, Eintritt frei. **Auskunft:** Telefon 06324 2851 oder 59920.

Heimatmuseum Heltersberg

Heltersberg, Schulstr. 2. Der Wald prägt die Landschaft und bestimmte die Lebensbedingungen der Holzfäller und Waldbauern in dieser Gegend. Deshalb nimmt er in dem Museum einen breiten Raum ein. Fast 600 Exponate, akribisch gesammelt, archiviert und beschrieben, informieren über Heimatgeschichte, Volkskunde, Brauchtum und über die Lebens- und Arbeitsverhältnisse von früher. Die Exponate sind detailgetreu restauriert. Bei fast allen Themenbereichen liegt weiterführende Literatur aus. Interessant sind die Erläuterungen des Museumsleiters und pensionierten Geschichtslehrers Walter Brückner. **Schwerpunkte:** fachgerecht eingerichtete Handwerkerstuben (u.a. Holzschuh- und Schindelmacher, Schreiner, Steinmetz, Leinenweber mit Webstuhl, Schlosser, Schmied) - bäuerliches Brauchtum und Arbeitsgerät (Stuben mit Mobiliar, Geschirr, Gerätschaften, Werkzeuge, Erläuterungen zur Milchverarbeitung und Getreidearten) - Wild- und Vogel-

Heimatmuseum Heltersberg

präparate · Geweih- und Ge-
hörnsammlung · Wappen-
galerie · Vitrinen mit Funden
aus der keltisch-römischen
Zeit/von der Heidelsburg ·
Dokumentation der „Seebach-
Auswanderung" · genealo-
gische Tafel mit dem Stamm-
baum des Familiengeschlechts
der „Stuckys" · Münzsammlung
„Kurpfalz 1743 – 1799 · alle
deutschen Klein-Münzen seit
dem Kaiserreich · seltene Bücher (z. B. Kurfürstenbibel von
1765, Napoleon-Gesetzbuch
„Code Civil" von 1810, „Vel-
mannsche Beforchung", eine
Beschreibung der kurfürst-
lichen Wälder um 1600,
Kirchenbücher) · lokale Mineralien · Sammlung alter Schreibmaschinen, Bügeleisen, Zinn-
gefäße und Elektrogeräte ·
Fotodokumentation „Alt-
Heltersberg" · Schlacht bei
Johanniskreuz (1794) · Nachbau eines Werkplatzes in der
Steinzeit. **Öffnungszeiten:**
Dienstag 16 · 18 Uhr, Freitag 16
– 18 und 19 – 20 Uhr, Eintritt
frei. **Auskunft:** Telefon 06333
63066 oder 63321 (Museums-
leiter privat).

Heimatmuseum (Archiv Karl
Blum) Hettenleidelheim

Hettenleidelheim, Hauptstr. 42.
Die Exponate beleuchten die
Ortsgeschichte bis in die
Anfänge des 18. Jhdts. zurück.
Den Schwerpunkt bildet der
Tonbergbau, der im Hetten-
leidelheimer-Eisenberger Be-
cken in der ersten Hälfte des 19.
Jhdts. betrieben wurde und in
dem Museum mit den Rekons-
truktionen eines Tonstollens,
Werkzeugen, Gerätschaften,
vielen Bildern und Dokumenten
intensiv nachempfunden wird.
Im Archiv Karl Blum, das fester
Bestandteil des Museums ist,

Heimatmuseum Hettenleidelheim

„Tante Emma-Laden"

ist das Lebenswerk des Heimatforschers und Ehrenbürgers zusammengetragen. In mehr als 200 Einzelabhandlungen, über 30 Buchmanuskripten, 60 Stammtafeln hat er die Ortsgeschichte fast lückenlos dokumentiert. Das Interessante an diesem Heimatmuseum ist die Vielzahl der Originalgegenstände, die von Einheimischen zur Verfügung gestellt wurden und die in den vergangenen 150 Jahren so in Hettenleidelheim benutzt worden waren. Weitere Schwerpunkte: Produkte aus Hettenleidelheimer Erde („Feuerfeste Steine") mit einem Modell eines Hochofens zur Roheisengewinnung, einem Arbeitsplatz eines „Handformers" · komplette, gemütliche Küche (um 1900) mit historischem Mobiliar, Geschirr und Gerätschaften

Schlafkammer einer gut situierten Dame Ende des 19. Jhdts. Geschäftswelt anno 1900 (u.a. Copierpresse 1930er Jahre, Geschäftsbriefe, Rechnungen) · Orts- und Vereinsgeschichte · Alte Handwerksberufe u.a. mit der Werkstatt eines örtlichen Schuhmachers, Werkzeug des Schreiners und Sattlers · Modell einer „Rosskopf-Reitschule", einem Karussell, das seit den 1930er Jahren in Hettenleidelheim stand und 1950 abbrannte · Erinnerung an die früheren Hettenleidelheimer Handelsmänner · Fahnensammlung · Gefallene der Weltkriege · ein „Tante Emma-Laden". **Öffnungszeiten:** Dienstag 18 - 19 Uhr, Eintritt frei. **Auskunft:** Telefon 06351 6254 (Josef Becker).

Heimatmuseum Bergmannshaus Imsbach

Imsbach, Lützelbachstr. 14 a. In dem ehemaligen, ca. 200 Jahre alten Bergmannshaus wird dem Besucher gezeigt, wie eine Bergmannsfamilie früher lebte und arbeitete. Eine spezielle Ausstellung von Mineralien,

Bergmannshaus Imsbach

Grubenlampen und anderen Bergbau-Utensilien ergänzt die kleine Dokumentation. Ein Besuch in der „Weißen Grube", einem ehemaligen Erzbergwerk, und der Grubenrundwanderweg, ein bergbaugeschichtlicher Lehrpfad, können den Museumsbesuch abrunden. **Öffnungszeiten:** nur nach Vereinbarung, Eintritt frei. **Info:** Ortsgemeinde Imsbach, Telefon 06302 2304.

Heimatmuseum Kirchheimbolanden

Kirchheimbolanden, Amtsstraße 14. In den sechs Jahrzehnten seines Bestehens hat sich das Heimatmuseum zu einer weithin geschätzten Einrichtung entwickelt. Unübersehbar weist über dem Eingang das prächtige Straßenschild der ehemaligen „Herberge zur Heimat" auf das Museum hin. Das Schild ist eine Arbeit des 1965 verstorbenen Kunstschlossermeisters Konrad Lawaldt aus Kirchheimbolanden. In den vergoldeten Zunftzeichen auf dem Schild kann man zwölf der bedeutendsten Handwerkszweige erkennen. Der Herbergsstern am Ende des Haltearms erinnert an die biblische Herberge von Bethlehem. In 28 Abteilungen auf mehr als 1.000 qm Fläche unternimmt der Besucher einen Gang durch die geschichtsträchtige Vergangenheit der Region. Neben vielen Bodenfunden geben allein 2.000 Artefakte, die der Heimatforscher Karl Heinrich Klag aus Bolanden zusammen-

Heimatmuseum Kirchheimbolanden

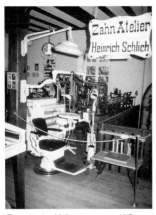

Exponat im Heimatmuseum KIB

bunden. Deshalb ist den Kämpfern um die demokratischen Grundrechte und die Einigung Deutschlands ein eigener Raum gewidmet.

Öffnungszeiten: ab dem zweiten Sonntag im Mai bis zum zweiten Sonntag im Oktober jeden Sonntag von 14 bis 16 Uhr. Es wird Eintritt erhoben. **Auskunft:** Jakob Theobald, Telefon 06352 3562 und Verkehrsamt im Rathaus, Telefon 06352 4004-0 bzw. 8446.

getragen hat, Aufschluss über die vorgeschichtlichen Kulturen des Menschen, die hier in den nordöstlichen Ausläufern des Donnersberges im wechselvollen Wandel der Zeiten gewohnt haben.

Die volkskundlichen und handwerklichen Abteilungen nehmen einen umfassenden Raum ein. Durch sie wird der Alltag der Menschen in den letzten Jahrhunderten besonders lebendig vor Augen geführt. Auch Liebhaber der Geologie kommen hier auf ihre Kosten. Kirchheimbolanden ist besonders mit der Geschichte der Revolution von 1848/49 ver-

Heimatmuseum Kuhardt

Kuhardt, Hauptstraße 1 (im Gemeindehaus unterhalb der Kirche). Ein Blick in die Geschichte des Dorfes ist unweigerlich mit der Ziegelherstellung verbunden, die bis vor fast dreißig Jahren hier eine wichtige Rolle spielte. Eine

Heimatmuseum Kuhardt

nette Rekonstruktion des Dorfes um 1739, Orts- und Familienchroniken, sowie über 200 Exponate, Bilder und Dokumente zum Leben- und Arbeiten in früherer Zeit sind vorhanden. **Öffnungszeiten:** nach Vereinbarung, Eintritt frei. **Auskunft:** Telefon 07272 8318 oder 73558

Heimatmuseum Kusel

Kusel, Marktstr. 27. Das Museum vermittelt Einblicke in das Leben, Wohnen und Ar-

Fritz-Wunderlich-Gedenkzimmer

beiten der Kuseler Bevölkerung in früheren Zeiten. Einen breiten Raum nimmt das „Fritz-Wunderlich-Gedenkzimmer" ein. Darin gedenkt die Stadt dem aus Kusel stammenden berühmten Opern- und Liedersänger Fritz Wunderlich (1930

– 1966). Es sind fast alle Tondokumente und von ihm getragenen Kostüme sowie Dokumente, Briefe und Fotos aus seiner kurzen Karriere ausgestellt. **Öffnungszeiten:** Dienstag bis Sonntag 14 – 17 Uhr, Eintritt frei. **Auskunft:** Telefon 06381 8222 oder 424270 (Tourist-Info).

Heimatmuseum Fischerhaus Leimersheim

Leimersheim, Hauptstraße 42. Das Museum ist in einem Fachwerkhaus aus dem Jahre 1731 untergebracht. Bis in die 1960er Jahre war die Fischerei für den Ort ein bedeutender Berufszweig. Deshalb wird dieses Thema ausführlich dargestellt. Daneben werden die Einrichtung der „Guud Stub" am Ende des 19. Jh., Wäsche

Heimatmuseum Leimersheim

und der Waschtag, Handwerke und Gebrauchsgegenstände aus der ländlichen Küche gezeigt. **Öffnungszeiten:** 1. Mai bis Mitte Oktober jeden 1. Sonntag im Monat 13 – 18 Uhr, Eintritt frei. **Auskunft:** Telefon 07272 4635 oder 8867

Heimatmuseum Neupotz

Neupotz, Oberdorf 4. Das Museum erinnert an das dörfliche, bäuerliche, kulturelle und religiöse Leben in früheren Zeiten. Alte Handwerksberufe, vor allem der einst sehr bedeutsame Beruf des Korbmachers, die Dorfentwicklung sowie die für die Gegend wichtige Tabakverarbeitung werden be-

Heimatmuseum Neupotz

leuchtet. **Öffnungszeiten:** nach Vereinbarung, Eintritt frei. **Auskunft:** Telefon 07272 1498 oder 2192.

Heimatmuseum Otterberg

Otterberg, Hauptstr. 54. Das Museum ist im alten Stadthaus,

Heimatmuseum Otterberg

einem Barockgebäude von 1753, eingerichtet. Die heimatkundliche Ausstellung vermittelt Einblicke in die Geschichte der Stadt, die 1581 Stadtrechte erhielt. **Schwerpunkte:** Modelle der ehem. Klosteranlage und der Stadt um 1600 · Dokumente und Gegenstände zur Otterberger Handwerks-, Stadt-, Vereins-, Feuerwehr- und Familiengeschichte · Haus- und

Küchengeräte · Spielzeuge · landwirtschaftliche Geräte · Schmiede · Flachsanbau- und Bearbeitungsgeräte · Handwebstuhl · Darstellung verschiedener Handwerksberufe wie Schuhmacher, Sattler, Stellmacher, Tischler, Steinmetz, Ziegler und Krautschneider · Nähmaschinen · gusseiserne Küchenherde und Etagenöfen. Ausserdem kann in Otterberg, Kirchstraße 16, eine Schmiede aus dem Jahre 1612 besichtigt werden. **Öffnungszeiten:** Sonntag 10 · 12 Uhr, Dienstag 19 – 20.30 Uhr, im Winter geschlossen. Eintritt frei. **Auskunft:** Telefon 06301 3630 oder 2575 (Hr. Close) oder 31504.

Heimatmuseum Queidersbach

Queidersbach, Rathaus, Schulstraße 1. Das Museum ist in einem „würdigen" Gebäude untergebracht, nämlich im alten Schulhaus aus dem Jahre 1836. In chronologischer Folge erfährt man die über tausendjährige Geschichte des Dorfes. Schwerpunkte: Funde aus der

Heimatmuseum Queidersbach

Vor- und Frühgeschichte · Urkunden (u.a. die älteste aus 976) · Funde aus dem Fronhof des Klosters Hornbach · Urkunden und Objekte aus der Zeit der Sickingischen, der Bayerischen und der Kaiser-Herrschaft sowie aus dem 20. Jahrhundert · Kirchen- und Vereinsgeschichte · Darstellung einer Landschule · Münzsammlung (über mehrere Jahrhunderte) mit dem Schwerpunkt Pfalz · bäuerlich-bürgerliche Wohnkultur mit einigen wertvollen Möbelstücken · Handwerk · gusseiserne Öfen und Ofenplatten · üppige Sammlung alten Hausrats · Werkzeuge und Werkstücke früherer Berufe. **Öffnungszeiten:** jeden 1. Sonntag im Monat 14 · 18 Uhr. Eintritt frei. **Auskunft:** Alois Schneider, Telefon 06371 14775.

Heimat- und Bürstenbinder-Museum Ramberg

siehe Bürstenbindermuseum

Heimatmuseum Ramstein-Miesenbach

Ramstein-Miesenbach, OT Ramstein, Miesenbacher Straße 1. Das Gebäude wurde um 1750 von dem Kaufmann und Salzhändler P. P. Delarber gebaut. Von 1870 bis 1914 befand sich in dem Haus eine Bierwirtschaft, später wurde es u.a. als Verwaltungsgebäude genutzt. Ein Hauptaugenmerk legt das Museum auf ständige Wechselausstellungen von orts- und regionalgeschichtlichem Bezug über Kunstausstellungen bis zu umfangreichen Schülerprojekten. **Schwerpunkte:** Kräuterkammer eines Apothekers ·

„Tante-Emma-Laden"

komplette Sattlerei · originalgetreuer „Tante-Emma-Laden" · Textilindustrie · Rolle des Bergbaus · Landstuhler Bruch · Reichswald · Air Base Ramstein · Kerwe. **Öffnungszeiten:** Dienstag bis Sonntag. 14 - 18 Uhr. Eintritt frei. **Auskunft:** 06371 592-177 oder 51604.

Heimatmuseum Steinbach

Steinbach am Glan, Lindenstr. 3. Das Haus zeigt die Entwicklung der Dorfgeschichte unter besonderer Berück-

sichtigung der örtlichen jüdischen Geschichte. **Öffnungszeiten:** 1. Sonntag im Monat 14 – 17 Uhr. Eintritt frei. **Auskunft:** Telefon 06383 7602 (Hr. Bereswill) oder 5269 (Hr. Wintringer).

Heimatmuseum Villa Böhm

Neustadt, Maximilianstraße 25. Durch ein wuchtiges, auffälliges Tor betritt man die Parkanlage, in der das prächtige Museumsgebäude errichtet ist. Die Sammlung widmet sich mit Funden, Bildern, Dokumenten und sonstigen Exponaten der Stadtgeschichte, dem Hambacher Fest und dem Thema Wein. Die Einrichtung wurde im Mai 2004 neu eröffnet. **Öffnungszeiten:** Mi. und Fr. 17-19 Uhr, Sa./So. 11-13 und 15-18 Uhr. **Auskunft:** Telefon 06321 855540.

Heimatmuseum Waldfischbach-Burgalben

Waldfischbach-Burgalben, Hauptstr. 112. Das Wohnen, Leben und Arbeiten vor allem in der Schuhindustrie im 20. Jh. sowie in der Land- und Forstwirtschaft in den Gemeinden Burgalben und Waldfischbach steht im Mittelpunkt dieser Einrichtung im ehemaligen Forsthaus. Aus der Frühgeschichte sind u.a. die Funde aus der Heidelsburg interessant. Das Museum verfügt auch über die komplette Einrichtung einer früheren Apotheke. **Öffnungszeiten:** Donnerstag 17 - 19 Uhr, 2. Sonntag im Monat 14 – 16 Uhr. Eintritt frei. **Auskunft:** Telefon 06333 1803 (Hr. Fremgen) oder 7011 (Dietrich).

Heimatmuseum Westheim

Westheim, Kirchstraße 219. Ein ehemaliges bäuerliches Anwesen in Fachwerk aus dem Jahre 1786 bildet den Grundstock des Museums. Alte bäuerliche Geräte und alter Hausrat des täglichen Lebens in Scheune, Stallung und Wohnhaus mit „Altenteil" vermitteln einen Einblick in die Kulturgeschichte des Dorfes. Anschaulich künden sie vom Leben auf dem Lande und vom Umgang mit Flachsbreche, Riffel, Haspel, Spinnrad, Teigkneter, Butterfass und Putzmühle, die beispielsweise half, „die Spreu vom

Weizen zu trennen". Doch die „guten alten Zeiten waren nicht nur schön, sondern auch entbehrungsreich, wie der Besucher leicht erkennen kann. **Öffnungszeiten:** nach Vereinbarung. Eintritt frei. **Auskunft:** Telefon 06232 24123.

Heimatmuseum Winden

Winden, Hauptstr. 37 im Bürgerhaus bzw. in der Passage vor dem Bürgerhaus. Der größte Teil der Sammlung ist in einer Passage hinter großen Schaufenstern ausgestellt. Den Schwerpunkt bilden Geräte und Maschinen aus Landwirtschaft und Weinbau. **Öffnungszeiten:** nach Vereinbarung. Die Schauräume kann man immer einsehen. Eintritt frei. **Auskunft:** Telefon 06349 7377 oder 6207 oder 5154.

Heimatmuseum Winden

Heimatstube

Oberotterbach, Unterdorfstraße 4. Die Sammlung im ehem. Prot. Schulhaus befasst sich mit dem dörflichen Leben, der Landwirtschaft, dem Handwerk, dem früheren Schulalltag, dem Westwall und mit der historischen Umgebung des Ortes. Schmuckstück ist eine funktionstüchtige Turmuhr von

Turmuhr in der Heimatstube

1847. **Öffnungszeiten:** an bestimmten, für jedes Jahr neu festgelegten Tagen von 14 – 16 Uhr. Eintritt frei. **Auskunft:** Willi Fischer, Telefon 06342 7045.

Heinrich, August

Geboren (1881) und gestorben (1965) in Bellheim. Der Schauspieler und Dichter war als "Bellemer Heiner" weithin bekannt. Er galt als eine der beliebtesten Persönlichkeiten der pfälzischen Mundartdichtung.

Hein & Oss
siehe „Kröher, Hein & Oss"

Heinzenhausen (KUS)
südlich von Lauterecken, an der Lauter, 310 Einwohner, 1282 erstmals urkundlich erwähnt. **Info:** VG Lauterecken

Heltersberg (PS)
zwischen Pirmasens und Kaiserslautern, 2.219 Einwohner, 435 m NN, 1272 erstmals urkundlich erwähnt. **Sehenswertes:** Heimatmuseum. **Info:** VG Waldfischbach-Burgalben. **Internet:** www.heltersberg.de

Henschtal (KUS)
südlich von Kusel, an der B 423, 396 Einwohner, 245 m NN, 1330 erstmals urkundlich erwähnt, 1869 aus Haschbach und Trakweiler gebildet. **Info:** VG Glan-Münchweiler. **Internet:** www.henschtal.de

Herchweiler (KUS)
südöstlich von Kusel, 579 Einwohner, 1430 erstmals urkundlich erwähnt. **Info:** VG Kusel. **Internet:** www.herchweiler.de

Hergersweiler (SÜW)
7 km östlich von Bad Bergzabern an der B 427, 215 Einwohner, 160 m NN, 1249 erstmals urkundlich erwähnt, Weinbau und Landwirtschaft. **Info:** VG Bad Bergzabern. **Internet:**www.hergersweiler.de

Hermersberg (PS)
zwischen Pirmasens und Kaiserslautern, 1.759 Einwohner, 420 m NN, 1364 erstmals urkundlich erwähnt. **Info:** VG Waldfischbach-Burgalben. **Internet:** www.hermersberg.de

Hermersbergerhof (PS)
nordöstlich von Pirmasens, in der Schere zw. B 10 und B 48, Ortsteil von Wilgartswiesen, 70 Einwohner, 560 m NN. Ehemaliges Klostergut, höchstgelegene Siedlung im Pfälzerwald. Der Luitpoldturm bietet einen einmaligen Rundblick über den

Naturpark Pfälzerwald. Wintersportgelände mit Skipiste und Rodelbahn. **Info:** VG Hauenstein. **Internet:** www.hermersbergerhof.de

Herren-Sulzbach (KUS)

westlich von Lauterecken, 180 Einwohner, um 800 erstmals urkundlich erwänt. **Sehenswert:** Evangelische Pfarrkirche mit romanischem Turm, hölzernem Portalvorbau (1715), historischer Kanzel (Anfang 18. Jh.) und einer Stumm-Orgel. **Info:** VG Lauterecken

Herschberg (PS)

nordwestlich von Pirmasens, 929 Einwohner, 390 m NN, 1149 erstmals urkundlich erwänt. Der Ort ist überregional

Pferderennen in Herschberg

bekannt durch das traditionelle „Herschberger Pferderennen" im Maibächel und den Karnevalsverein „Die Herschberger Narren". **Sehenswertes:** Waldmuseum, Wasserschaupfad. **Info:** VG Wallhalben

Herschweiler-Pettersheim (KUS)

südwestlich von Kusel, 1.361 Einwohner, 272 m NN, 1387 erstmals urkundlich erwänt (Pettersheim) bzw. 1446 (Herschweiler). **Sehenswert:** In einem Waldstück Richtung Wahnwegen wurde eine villa rustica, ein römischer Gutshof aus dem 2./3. Jhdt., freigelegt. Ein Rundwanderweg („Rund um den Hühnerrech", ca. 3 km lang) führt dorthin. **Info:** VG Glan-Münchweiler

Hertlingshausen

Ortsteil von Carlsberg. Dorf an einer ehemaligen Heerstraße. Von 1160 bis 1521 bestand hier ein Kloster der Augustinerchorfrauen. Rahnenhof (Erholungs- und Wanderheim der Naturfreunde). **Internet:** www.hertlingshausen.de

Herxheim a. Berg (DÜW)
zw. Grünstadt und Bad Dürkheim, 740 Einwohner, 200 m NN, 774 erstmals urkundlich erwähnt, Weinort mit bekannten Weinlagen. **Sehenswertes:** barocke Herrenhöfe (16. Jhdt.), Mönchshof (Renaissancetor mit Mönchskopf), Naturschutzgebiet "Felsberg", Weinlehrpfad. **Info:** VG Freinsheim. **Internet:** www.freinsheim.de

Herxheim bei Landau (DÜW)
südöstlich von Landau, 10.427 Einwohner, 773 erstmals urkundlich erwähnt, größte Tabakanbaufläche Deutschlands. **Sehenswertes:** ehem. Schloß (1770, heute Altersheim, Kath. Kirche (St. Mariä (16. Jhdt.) mit Sakramentshäuschen (1520) und Rokokokanzel, Dorfbrunnen ("Tabakstauden") Chawwerusch-Theater. **Info:** VG-Verwaltung, Telefon 07276 501-115, **Internet:** www.herxheim.de

Herxheimweyher (SÜW)
südöstlich von Landau, 477 Einwohner, 1210 erstmals ur-

kundlich erwähnt. **Sehenswertes:** Kath. Kirche (1821, klassizistischer Saalbau). **Info:** VG Herxheim. **Internet:** www.herxheim.de

Heßheim (LU)
westl. von Frankenthal, am Kreuz A 6 / A 61, 3.046 Einwohner, 98 m NN, 762 erstmals urkundlich erwähnt. **Sehenswertes:** St. Martins-Kirche (Ende 12. Jhdt.). **Info:** VG-Verwaltung, Telefon 06233 7707-0. **Internet:** www.hessheim.de

Hettenhausen (PS)
südlich von Landstuhl, 271 Einwohner, 1585 erstmals urkundlich erwähnt. **Info:** VG Wallhalben

Hettenleidelheim (DÜW)
zwischen Kaiserslautern und Grünstadt, nahe der A 6. 3.069 Einwohner, 260 m NN. Der Ort entstand vermutlich 1556 durch die Zusammenlegung der Dörfer Hettenheim und Leidelheim. Hettenheim ist 1155 erstmals urkundlich erwähnt. Geprägt von Ton- und Klebesandgewinnung, die noch

vor einigen Jahren ein wichtiger Industriezweig war. **Sehenswertes:** Heimatmuseum, Mariengrotte (an der Straße nach Ramsen), Kath. Kirche (1720, 1899 im neuromanischen Stil erweitert), Landschaftsschutzgebiet "Erdekaut" (eine "Industriebrache" an der B 47 nach Eisenberg), Baumlehrpfad, bekanntes Bergmannsorchester. **Info:** VG-Verwaltung, Telefon 06351 405-0. **Internet:** vg-hettenleidelheim.de

Heuchelheim b. Frankenthal (LU)

östlich von Grünstadt, 1.212 Einwohner, 767 erstmals urkundlich erwähnt. **Info:** VG Heßheim

Heuchelheim-Klingen (SÜW)

südwestlich von Landau, 916 Einwohner, 170 m NN, 795 erstmals urkundlich erwähnt, alter Weinort. **Sehenswertes:** St. Michael-Kirche in Klingen mit der ältesten Orgel der Pfalz, St. Oswald-Kirche in Heuchelheim mit Wandmalereien und bemerkenswerter ehem. Friedhofsbefestigung, einzige noch

in Betrieb befindliche Wappenschmiede in Klingen. Der OT Klingen war 1993 schönstes Dorf in Rheinland-Pfalz, Renaissance-Fachwerk-Rathaus in Heuchelheim. **Info:** siehe Leinsweiler oder VG Landau-Land. **Internet:** www.landau-land.de

Heuser, Emil

Geboren am 28. März 1851 auf dem Ausbacherhof bei Reipoltskirchen, gestorben am 24. Februar 1928 in Ludwigshafen. Der Eisenbahningenieur befasste sich in seinen Schriften mit verschiedenen Spezialthemen der pfälz. Geschichte. Mit seinem Werk „Die Belagerung von Landau in den Jahren 1702 und 1703" machte er 1894 erstmals auf sich aufmerksam. Zwei Jahre später folgte die Fortsetzung (Belagerung 1704 und 1713). 1898 folgte die Arbeit „Die Münzen und Medaillen von Landau". Im Jahre 1900 erschien erstmals sein sehr bekannter „Pfalzführer", ein Reisehandbuch, das bis in die heutige Zeit aufgelegt wird. 1909 veröffentlichte er ein Werk über die Frankenthaler Porzellanmanufaktur und 1922 die Schrift „Porzellan von Straßburg und Frankenthal". Darüber hinaus gibt es Ausarbeitungen von Heuser z. B. über die Protestation von Speyer, über den Bauernkrieg, über Auswanderer. Er diente sowohl im deutsch-französischen Krieg 1870/71 wie auch – als bereits über 60-jähriger – im 1. Weltkrieg 1914/18. Durch seine umfangreiche und gründliche wissenschaftliche Arbeit lieferte er wichtige Grundlagen für die heutige Geschichtsforschung über die Pfalz. Unter anderem war er auch Sekretär des Historischen Vereins der Pfalz, Schriftführer des pfälzischen Verschönerungsvereins, Schriftleiter des „Pfälzischen Museums". Heusers Pfalzführer sollte auch heute noch in keinem pfälzischen Haushalt fehlen.

Heuss, Theodor

Der Politiker, Schriftsteller und erste Bundespräsident der Bundesrepublik Deutschland (1949 – 1959) wurde 1884 in Brackenheim (Krs. Heilbronn) geboren und starb 1963 in Stuttgart. Obwohl er seit seines Lebens in Baden-Württemberg wirkte, hat er einen pfälzischen Ursprung: Seine Mutter ist die Tochter eines Försters aus Wolfstein. Heuss erzählte und schrieb des öfteren über die Pfalz, da er als Kind häufiger bei seinem Onkel in Trippstadt die Ferien verbrachte.

Hilst (PS)

südwestlich von Pirmasens nahe der franz. Grenze, 379 Einwohner, 385 m NN, um 1100 erstmals urkundlich erwähnt. **Info:** VG Pirmasens-Land

Hinterweidenthal (PS)

an der B 10 zwischen Pirmasens und Landau, 1.724 Einwohner, 214 m NN, 1285 erstmals urkundlich erwähnt, anerk. Erholungsort am Fuße des Teufelstischs. **Info:** VG Hauenstein.

Hinzweiler (KUS)

nordöstlich von Kusel, 430 Einwohner, 210 m NN, 1263

erstmals urkundlich erwähnt. **Info:** VG Wolfstein

Hirsauer Kapelle

Offenbach-Hundheim, ca. 700 m außerhalb des Ortes in einem alten Friedhof, die Kapelle wurde 1106 z.T. mit römischen Steinen erbaut. Weitere Teile kamen in den folgenden Jahrhunderten dazu. Die sehenswerte Bemalung des Chores stammt aus dem 13. Jhdt. Friedhofsmauer und Tor sind ebenfalls über 400 Jahre

Hirsauer Kapelle

alt. Anfahrt: Im Ortsteil Hundheim am Gasthaus "Hirsauer Kapelle" abbiegen. **Info:** Schlüssel bei Fam. Scheidt, Hirsauer Str. 10.

Hirschberger, Dr. Winfried

geboren 1945 im Rhein-Lahn-Kreis, lebt seit 1969 in der Pfalz, Jura-Studium an der Uni Mainz, Vorsitzender der pfälzischen SPD, von 1979 bis 1999 Mitglied des Bezirkstages (Vorsitzender von 1997 bis 1999), 1982 bis 1985 Stadt- und Verbandsbürgermeister von Eisenberg, seit 1985 Landrat im Landkreis Kusel.

Hirschhorn (KL)

nordwestlich von Kaiserslautern an der B 270, 814 Einwohner, 1233 erstmals urkundlich erwähnt. **Info:** VG Otterbach

Hirschthal (PS)

südlich von Dahn, direkt an der franz. Grenze, 109 Einwohner, 1129 erstmals urkundlich erwähnt. **Info:** VG Dahn

Historischer Verein der Pfalz e.V.

Gegründet 1830. Der Verein hat sich zur Aufgabe gemacht, das Interesse für die pfälzische Geschichte auf breitester Grundlage zu wecken, ihre wissenschaftliche Erforschung zu pflegen und zu fördern sowie Denkmäler zu sammeln und zu erhalten. Zum Angebot gehören u.a. Vorträge, Führungen, Veröffentlichungen und Ausgrabungen. Die Sammlungen des Hist. Vereins bilden den Grundstock für das Historische Museum der Pfalz, das der Verein mehr als 100 Jahre eigenständig betrieben hat. Für alle Interessenten an pfälzischer Geschichte bietet der Verein für einen Jahresbeitrag u.a. die landeskundliche Zeitschrift "Pfälzer Heimat", die vierteljährlich erscheint, und freien Eintritt in verschiedene Museen. **Info:** Geschäftsstelle, Große Pfaffengasse 7, 67324 Speyer, Telefon 06232 13250. **Internet:** www.hist-verein-pfalz.de

Stadtmuseum Landau

Historisches Stadtmuseum

Landau, Marienring 8. Das Haus wurde 1892 im Historismus als Wohnbau errichtet. Elisabeth Mahla (1889 - 1974), Ehrenbürgerin von Landau, stiftete der Stadt das Gebäude. Seit 1978/79 befindet sich darin das städt. Archiv und Heimatmuseum. Ausstellungsschwerpunkte: Die französische Vauban-Festung Landau mit 27 qm großem Stadtmodell von ca. 1705 · Vor- und Frühgeschichte · bürgerliche und bäuerliche Wohnkultur · Hambacher Fest · Gemälde und Zeichnungen zu Landau und der Südpfalz · der Maler und Lyriker Heinrich Jakob Fried · Frankenthaler Porzellan · Landauer Fastnacht, Feuerwehr und Schützenverein · 15.000 Bände wissenschaftliche Literatur · Landauer Zeitungen ab 1792 · 120.000 Fotografien. **Öffnungszeiten:** montags bis donnerstags 8.30 - 12 Uhr und 14 - 16 Uhr, donnerstags zusätzlich bis 18 Uhr. Am Eingang klingeln! Eintritt frei. **Auskunft:** Archiv/ Museum, Telefon 06341 13-157 oder Büro für Tourismus, Telefon 13-181. **Internet:** www. landau.de

Historisches Museum der Pfalz

Speyer, Domplatz. 1869 gegründet. Das Museum am Domplatz drückt vor allem durch seinen 1910 fertiggestellten aufwändigen Erweiterungsbau und durch den 1992 mit der Salierausstellung eröffneten großzügigen Erweiterungstrakt einen gewissen Anspruch aus. Es besitzt mehr als eine halbe Million Exponate und ist damit sicherlich das zentrale pfälzische Museum. Ein Besuch gehört unbedingt zum Pflichtprogramm für alle Pfälzer und Feriengäste. Durch seine attraktiven Sonderausstellungen ist das Hist. Museum weit über die Landesgrenzen hinaus bekannt. Zu der Abteilung „Vorgeschichte" gehören Funde aus der Zeit von 200.000 vor Chr. bis zur Eroberung der Pfalz durch die Römer um 20 v. Chr. (Eiszeit, Jungsteinzeit, Bronzezeit und Eisenzeit). Die Abteilung „Römerzeit" stellt das alltägliche Leben und die Glaubenswelt von 20 vor Chr. bis ins 4. Jahrhundert anschaulich dar. „Das Mittelalter" beleuchtet mit Funden wie Grabbeigaben, Keramik, Skulpturen, Münzen und Gläsern sowie vielen anderen Exponaten das weltliche und kirchliche Leben bis ins 15. Jahrhundert. Dazu gehört auch die Geschichte der jüdischen Gemeinde in Speyer. In der Abteilung „Neuzeit" findet man vor allem eine umfangreiche, hochwertige Sammlung von Gemälden und Grafiken sowie eine kostbare Kostümsammlung. Kernpunkte des Weinmuseums sind die Zeugnisse des Weinanbaus und der Weinkultur von den Römern bis in die Gegenwart (u.a. ein über 2000 Jahre alter Wein, versch. Keltern, große Sammlung von Fassböden und Fassriegeln). Viele einzigartige Schätze findet man in der Domschatzkammer, in der u.a. die Grabkronen und

Historisches Museum der Pfalz

Grabbeigaben der im Dom bestatteten salischen Herrscher zu bewundern sind. **Öffnungszeiten:** Dienstag bis Sonntag 10 bis 18 Uhr. Es wird Eintritt erhoben. **Auskunft:** Telefon 06232 620222. **Internet:** www.museum.speyer.de

Historische Wappenschmiede

siehe Waldarbeitermuseum

Hochdorf-Assenheim (LU)

zwischen Ludwigshafen und Neustadt, 3.045 Einwohner, 769 erstmals urkundlich erwähnt. **Info:** VG Dannstadt-Schauernheim

Hochseilgarten

Dudenhofen, Schillerstraße 72. Der erste Indoor-Seilgarten Deutschlands ist eine Erlebnispädagogik-Einrichtung, die nicht nur Managern bei der Persönlichkeitsbildung hilft, sondern jedermann für ein besonderes Event offensteht. In der ehemaligen Tennishalle werden zum Beispiel Teamgeist, Kommunikation, Körperwahrnehmung und Körperbeherr-

schung geschult. **Info:** Telefon 06232 990506. **Internet:** www.seilgarten-pfalz.de

Hochspeyer (KL)

östlich von Kaiserslautern an der B 37/B 48, 4.792 Einwohner, 280 m NN, 1195 erstmals urkundlich erwähnt. **Sehenswertes:** Torstensonkreuz (Steindenkmal) **Info:** Fremdenverkehrsamt, Telefon 06305 710 o. 336. **Internet:** www.vg-hochspeyer.de

Hochstadt (SÜW)

nordöstlich von Landau an der B 272, 2.489 Einwohner, 776 erstmals urkundlich erwähnt. **Info:** VG Offenbach a. d. Queich

Hofenfels, Johann Christian Simon Freiherr von

Geboren 1744 in Kusel, gestorben 1787 in Zweibrücken. Jurist, Politiker, Diplomat. Der Staatsmann war erfolgreicher Außenminister des damaligen Herzogtums Pfalz-Zweibrücken.

Hoffmann, Johannes

Geboren 1867 in Ilbesheim bei Landau. Der Sozialdemokrat

wurde 1919 zum Minister-
präsidenten des Freistaates
Bayern gewählt, musste aber
nach einem Putsch im März
1920 zurücktreten.

Hofstätten (PS)

nordwestlich von Annweiler an
der B 48, Ortsteil von Wilgartswiesen, kein Durchgangsverkehr, 180 Einwohner, 424 m
NN. Eine bereits im Mittelalter
entstandene Ansiedlung in
einem Hochtal des Pfälzerwaldes. Wintersportgelände
mit Skipiste, Skilift und Loipen.
Info: VG Hauenstein. **Internet:**
www.hauenstein-pfalz.de

Höheinöd (PS)

nördlich von Pirmasens, 1.299
Einwohner, 400 m NN, 1295
erstmals urkundlich erwähnt.
Info: VG Waldfischbach-Burgalben

Höheischweiler (PS)

ca. 6 km westlich von Pirmasens an der B 10, 989 Einwohner, 1278 erstmals ur-
kundlich erwähnt. **Info:** VG
Thaleischweiler-Fröschen

Hohe Loog

Berg im Pfälzerwald, südwestlich von Neustadt, 622 m NN.

Hohenbergturm

Birkweiler. Westlich von Birkweiler auf dem Hohenberg (556
m) stand im 18. Jhdt. ein von
den Franzosen errichteter
Turm, der damals als optische
Telegrafenstation diente. An
dessen Stelle erbauten die
Verschönerungsvereine Annweiler und Landau im Jahre
1879 eine 9 Meter hohe Aussichtswarte. 29 Steinstufen
führen hinauf zur sehr engen
Aussichtsplattform des kegel-
stumpfförmigen Gebildes. Man
kann nur noch eine sehr
eingeschränkte Aussicht auf
einige Berge des Pfälzerwaldes
und einen Teil der Haardt bzw.
der Rheinebene genießen. Man
erkennt die B 10 und dahinter
das Eußertal. Die Warte sowie
die dazugehörige Sitzgruppe
sind von der Witterung sehr
stark in Mitleidenschaft gezo-
gen worden. Beide wirken
schon etwas baufällig. Etwas
unterhalb des Gipfels steht eine
Schutzhütte. In diese Richtung

Hohenbergturm

gehend gelangt man zum Signalfelsen. Von dort ist die Aussicht viel prächtiger. Wie erreicht man den Turm? Auf der B 10 zwischen Landau und Annweiler nimmt man die Abfahrt Birkweiler. Diese mündet direkt in den Ort und zwar in die Weinstraße. Man fährt links Richtung Klingenmünster und biegt am Weinpavillion (hinter Telefonzelle) rechts ab in die Hauptstraße. Vorbei am Gasthaus Laurentiushof kann man am Ende der Hauptstraße auf einem asphaltierten Weg der Beschilderung „Hohenberg" folgend einige hundert Meter bergan in die Weinberge fahren. Von der Stelle, an der die

Durchfahrt für Autos verboten ist, geht man auf dem Rundweg Nr. 1 (RWB) ca. 30 Minuten steil bergan. Von Annweiler aus führen der Rundwanderweg Nr. 6 bzw. der Pfälzerwaldweg Nr. 15 in ca. 45 Minuten zum Hohenbergturm.

Hohenecken

Stadtteil von Kaiserslautern **Sehenswertes:** Burg Hohenecken, Gelterswoog.

Hohenöllen (KUS)

südöstlich von Lauterecken, 383 Einwohner, 1268 erstmals urkundlich erwähnt. **Info:** VG Lauterecken

Höhfröschen (PS)

nordwestlich von Pirmasens, 979 Einwohner Im Jahre 1586 siedelten die Fröschener Bürger vom Tal auf die Höhe um. 1959 teilte sich der Ort in Höh- und Thalfröschen. **Info:** VG Thaleischweiler-Fröschen. **Internet:** vg-thaleischweiler-froeschen.de

Holbach, Paul Thiry von

Geboren 1723 in Edesheim, gestorben 1789 in Paris. Philosoph und Autor, z. B. "Systeme de la nature", "Bibel des Materialismus". Gedenktafel am Gemeindehaus in Edesheim.

Holiday-Park

Haßloch. Großer Unterhaltungs- und Erlebnis-Park mit vielen Show- und Freizeitattraktionen wie z. B. Achterbahn „Expedition GeForce", Free Fall Tower, Wasserski-Show, Donnerfluß, Superwirbel, Burg Falkenstein, Wellenhopser, Spielburg, Hochseilshow, Kino Monumental, Kanalfahrt "Anno Tobak", Liliputexpress und der in der Welt einzigartigen

Teufelsfässerbahn im Holiday-Park

Teufelsfässer-Wasserbahn. **Öffnungszeiten:** Frühjahr bis Herbst. Info-Telefon: 01805 003246 **Internet:** www. holidaypark.de

Holzland

Bezeichnung für das Wald- und Bergplateau mit den Orten Geiselberg, Heltersberg und Schmalenberg.

Holzlöffelsammlung

Wachenheim, Mühlgasse 3. Die Kampffmeyer´sche Holzlöffelsammlung besteht aus über 1.800 – wie der Name schon sagt – Holzlöffeln aus allen Kulturen der Erde. **Öffnungszeiten:** nach Vereinbarung. Eintritt frei. **Auskunft:** Telefon 06322 66162.

Homberg (KUS)

westlich von Lauterecken, 230Einwohner, 1344 erstmals ur-kundlich erwähnt. **Info:** VG Lauterecken

Höningen

Ortsteil von Altleiningen **Sehenswertes:** Kloster Höningen

Hoppstädten (KUS)

nordwestlich von Lauterecken, 349 Einwohner. **Info:** VG Lauterecken

Horbach (PS)

zwischen Pirmasens und Kaiserslautern, 576 Einwohner, 273 m NN, 1190 erstmals urkundlich erwähnt. **Info:** VG Waldfischbach-Burgalben

Hördt (GER)

südlich von Germersheim, 2.428 Einwohner, 780 erstmals urkundlich erwähnt. **Info:** VG Rülzheim. **Internet:** www.ruelzheim.de

Horeb

Anhöhe (438 m) in Pirmasens

Höringen (KIB)

zwischen Kaiserslautern und Rockenhausen, 775 Einwohner, 285 m NN, 1233 erstmals urkundlich erwähnt. **Sehenswertes:** In dem Ort sind noch einige Fachwerkhäuser zu sehen. Insbesondere das Haus in der Hauptstraße 27 ist ein typisches Bauernhaus, wie sie im 17./18. Jhdt. erbaut wur-

den. Überragt wird Höringen von der Simultankirche, die im Kern mehrere hundert Jahre alt ist, jedoch durch eine umfassende Renovierung 1786 im wesentlichen ihre heutige Form erhielt. **Info:** VG Winnweiler. **Internet:** www.hoeringen.de

Hornbach (PS)

Stadt südlich von Zweibrücken, 1.663 Einwohner, 250 m NN, 771 erstmals urkundlich erwähnt, 1352 Stadtrechte durch Kaiser Karl IV. **Sehenswertes:** Kloster Hornbach, Teile d. ehem. Stadtbefestigung. **Info:** VG Zweibrücken-Land

Horschbach (KUS)

nordöstlich von Kusel, 273 Einwohner, 219 m NN, 1336 erstmals urkundlich erwähnt. **Info:** VG Altenglan. **Internet:** www.horschbach.de

Hüffler (KUS)

südlich von Kusel, nahe der A 62, 597 Einwohner, 1305 erstmals urkundlich erwähnt. **Info:** VG Glan-Münchweiler. **Internet:** www.ortsgemeinde-hueffler.de

Hülswitt, Tobias

Im Juni 2003 erhielt der junge Schriftsteller den mit 2.500 Euro dotierten Förderpreis für junge Künstler des Landes Rheinland-Pfalz. Hülswitt zählt zu den interessantesten deutschen Schriftstellern der jungen Generation. 1973 in Hannover geboren, kam er als Vierjähriger in die Pfalz. Nach dem Abitur in Bad Bergzabern absolvierte er eine Steinmetzlehre in Kaiserslautern und war anschließend Student am renommierten Deutschen Literaturinstitut in Leipzig. Sein Debütroman "Saga" erschien 2000 bei Kiepenheuer & Witsch und erzählt in 19 Episoden von einer Jugend in der (pfälzischen) Provinz. Im Herbst 2003 erschien sein zweiter Roman im selben Verlag, ein Eifersuchtsdrama aus der Welt der TV-Comedy.

Humbergturm

Kaiserslautern. Südlich von Kaiserslautern auf dem Großen Humberg (426 m) erbaute der Humbergverein von 1898 bis 1900 einen steineren, 33 Meter hohen Aussichsturm. 163 Stufen führen hinauf zu der großartigen Aussicht. Wenn man die Aussichtsplattform betritt, breiten sich zuerst die schier unendlichen Wälder des Pfälzerwaldes vor einem aus. Am Horizont entdeckt man den Luitpoldturm und einige Radartürme, die zum Teil der Flugüberwachung dienen. Noch am Ausgang stehend erkennt man rechterhand die Sickinger Höhe mit Martinshöhe (Wasserturm). Nach links sieht man in weiter Ferne einen hohen Berg mit einem Fernsehsender, die Kalmit. Ein paar Schritte auf die andere Seite der Aussichtsplattform und Kaiserslautern liegt einem zu Füßen. Eine Tafel zeigt an, welche markanten Punkte der Barbarossastadt zu erkennen sind, wie z.B. das Rathaus, das Stadion auf dem Betzenberg, die Kirchen, das Pfalztheater. In Richtung Nordosten erhebt sich der Donnersberg, identifizierbar an dem SWR-Fernsehturm, der Radarstation und dem Ludwigsturm. Vom Humbergturm erkennt man somit ganz gut den Übergang vom Pfälzerwald zum

Humbergturm Kaiserslautern

Nordpfälzer Bergland. Im Nordwesten reicht die Aussicht bis ins Kuseler Musikantenland mit dem Potzberg und dem Königsberg. Im Westen sieht man einen Teil des "Landstuhler Bruchs". Der Turm ist ganzjährig geöffnet. Auf der Aussichtsplattform ist es oft windig (Jacke oder Pullover nicht vergessen). Auf jeden Fall ist es empfehlenswert, ein Fernglas mitzunehmen.

Wie erreicht man den Turm? Wie man auf dem Platz vor dem Turm erkennen kann, ist der Humbergturm über viele Wege zu erreichen. Ein möglicher Ausgangspunkt ist der Bremerhof (in KL am Bahnhof durch die Unterführung Richtung Betzenberg, dann ist man schon auf der Bremer Straße, nach einigen hundert Metern Beschilderung Bremerhof). Dort gibt es zwei Lokale, die täglich geöffnet sind und wo man sich nach der Wanderung wieder stärken kann. Vom großen Parkplatz aus erreicht man mit der Lokalmarkierung Nr. 2 in ca. 30 Minuten den Humbergturm. Der Weg ist gut markiert, bequem zu laufen und bietet viel Schatten. Allerdings führt er naturgemäß ständig bergauf.

Hussjee

Im Pfälzischen früher gebräuchliches Wort für Gerichtsvollzieher (frz. „huissier"). Die Bezeichnung entwickelte sich vermutlich während der napoleonischen Zeit, als die Pfalz von Frankreich besetzt war (ca. 1798 – 1813).

Husterhöhe

Anhöhe (435 m) in Pirmasens

Hütschenhausen (KL)

westlich von Landstuhl, nahe der A 62, 4.093 Einwohner, 1351 erstmals urkundlich erwähnt. **Info:** VG Ramstein-Miesenbach. **Internet:** www.huetschenhausen.de

Ilbesheim (KIB)

nordöstlich von Kirchheimbolanden, 499 Einwohner, 295 m NN, 773 erstmals urkundlich erwähnt. **Sehenswertes:** Der im Oberbau achteckige romanische Turm der Ev. Kirche St. Johann Baptist (1791) gilt als einziger seiner Art in der Pfalz. Unter Denkmalschutz steht die Hofanlage in der Gauersheimer Straße 18. In der Hauptstraße kann man ebenfalls einige baugeschichtlich interessante Gebäude entdecken, z. B. das ehem. Schulhaus mit einem Glockenturm (Hausnr. 48) oder das ehem. Gemeindebackhaus (Hausnr. 45) mit dem angebauten Backofen. **Info:** VG Kirchheimbolanden. **Internet:** www.kirchheimbolanden.de

Ilbesheim bei Landau (SÜW)

südwestlich von Landau, am Fuße des Naturschutzgebietes "Kleine Kalmit", 1.224 Einwohner, 180 m NN, 760 erstmals urkundlich erwähnt. Die hier ansässige Gebietswinzergenossenschaft Deutsches Weintor ist mit einer Einlagerungskapazität von 40 Mio. Litern eines der größten Weinbaugenossenschaftlichen Unternehmen Deutschlands. **Sehenswertes:** Rathaus (1588), Fachwerkhäuser, Safran-Anbau. **Info:** siehe Leinsweiler oder VG Landau-Land

Immesheim (KIB)

südöstlich von Kirchheimbolanden, 155 Einwohner, 220 m NN, 771 erstmals urkundlich erwähnt. Hier spielen Landwirtschaft und Weinbau noch eine bedeutende Rolle. **Sehenswertes:** Die Kath. Kirche St. Bartholomäus (1965 neu errichtet) beherbergt im gotischen Chor Wandmalereien aus dem 14. Jhdt. Das Sakramentshäuschen stammt ebenfalls aus dieser Zeit (um 1375). Beachtenswert sind das Dorfkreuz (um 1750) in der Ortsmitte und der um 1890 gefertigte gußeiserne Pumpbrunnen (Hauptstr. 16). **Info:** VG Göllheim

Impflingen (SÜW)

3 km südlich von Landau, 825 Einwohner, 160 m NN, Winzer- und Bauerndorf. **Sehenswertes:** Historisches Rathaus mit Arkadenhalle, Fachwerkhäuser, Pfarrhaus (18. Jhdt). **Info:** siehe Leinsweiler oder VG Landau-Land

Imsbach (KIB)

zwischen Kaiserslautern und Kirchheimbolanden, 1.016 Einwohner, 1194 erstmals urkundlich erwähnt. **Sehenswertes:** In der ehemaligen Bergbaugemeinde steht noch so manches Bergmannshaus. Bereits seit der Römerzeit wurde im hiesigen Erzrevier Eisen und Kupfer abgebaut. Von den ehemaligen Stollen kann noch die Weiße Grube auf einer Länge von 300 m besichtigt werden. In der Ortsmitte von Imsbach beginnt ein Gruben-Rundwanderweg (zwei gekreuzte Hämmer in gelber Farbe), an dessen Wegesrand zahl-reiche

Tafeln über den Bergbau in dem Revier informieren. Im Heimatmuseum "Bergmannshaus" sind Erinnerungsstücke aus der Blütezeit zusammengetragen. Viele Informationen sind im Pfälzischen Bergbaumuseum zusammengetragen. In der Kath. Kirche (1729), Turm 20. Jhdt.) existieren wertvolle Emporenmalereien von Johann Georg Engisch. Auf der Gemarkung von Imsbach liegen die Reste der Burgruine Hohenfels und der Burgruine Wildenstein. Im OT Röderhof besteht ein Golfplatz. **Info:** VG Winnweiler **Internet:** www.imsbach-pfalz.de.

Imsweiler (KIB)

südlich von Rockenhausen im Alsenztal an der B 48, 595 Einwohner, 220 m NN, 1112 erstmals urkundlich erwähnt. **Sehenswertes:** In der Pfälzischen Museumsbäckerei darf man dem Bäcker gerne beim Arbeiten über die Schulter sehen. Die Kath. Kirche St. Peter wurde in mehreren Bauabschnitten errichtet. Der älteste

Teil stammt aus dem 11. Jh., der neuere Teil wurde 1896 eingeweiht. Die Kirche enthält neben Malereien und einer romanischen Muttergottes das Grabmal des Ritters Johann Brenner von Löwenstein (gest. 1521) und dessen Ehefrau (gest. 1525). Ein Kuriosum ist der alleinstehende, 1877 erbaute protestantische Glockenturm. Das frühere "Flörsheimer Schloss" (1595) ist bis auf geringe Spuren (Wassergraben) verschwunden. Direkt an der B 48 (Alsenzstraße 44) steht das ehem. Schulhaus. Es wurde 1829 in klassizistischen Formen erbaut. Mit seiner Freitreppe und der rundbogigen Sandsteingliederung im Erdgeschoß ist dies einer der qualitätsvollsten Schulhausbauten der bayerischen Zeit im Donnersbergkreis. Imsweiler verfügte einst über zwei Mühlen. Die 1409 erstmals erwähnte Schloßmühle existiert heute noch. Die Schleifmühle wurde im Krieg völlig zerstört. Auf ihrem Gelände befindet sich heute ein Campingplatz. **Info:** VG Rockenhausen

Insheim (SÜW)

zwischen Landau und Kandel, 2.198 Einwohner, 991 erstmals urkundlich erwähnt, 1994 Landessieger im Wettbewerb "Unser Dorf soll schöner werden". **Info:** VG Herxheim

Institut für pfälzische Geschichte und Volkskunde

Kaiserslautern, Benzinoring 6. Die früher als "Heimatstelle Pfalz" bezeichnete Einrichtung des Bezirksverbandes Pfalz beschäftigt sich u.a. mit folgenden Aufgaben: Erforschung und Dokumentation pfälzischer Geschichte und Volkskunde, (Aus-)Wanderungsforschung und Weiterführen der "Karteien zur Wanderungsgeschichte", Weiterführen der "Flurnamenkartei Ernst Christmann", Betreuung des Galiziendeutsche-Heimatarchivs, Beratung von Gemeinden, Städten, Wissenschaftlern, Studenten und sonstigen interessierten Personen. Im Zusammenhang mit diesen Aufgaben veröffentlicht das Institut Schriften und Bücher, organisiert Ausstellungen und Vorträge und unterhält ein sehr umfangreiches Fotoarchiv. Die Institutionsbibliothek umfasst ca. 8.000 Bände. Unter anderem findet man dort auch Sammlungen von Kirchenbüchern, landeskundlicher Examensarbeiten, Zeitungen, Auswanderer-Akten, Kopien von Urkunden, Karten, Briefe pfälzischer Auswanderer und Protokolle des Landraths der Pfalz. Im Laufe der Jahrzehnte entwickelte sich das Institut zu einem vielbesuchten Informationszentrum für alle, die sich für pfälzische Geschichte und Volkskunde interessieren. **Info:** Telefon 0631 3647-300. **Internet:** www.institut-pfaelzische-geschichtc.dc bzw. www.pfalzgeschichte.de

Isenachweiher

Bad Dürkheim. Seit dem 16. Jhdt. war Dürkheim Hauptlieferant für Salz (siehe "Gradierbau"). Um den Wasserbedarf für die Salzgewinnung zu decken, wurden 1736 in der Umgebung drei Staudämme errichtet. Aus dem Isenach-Staudamm entstand der Isenachweiher, der seit 1900 ein gern besuchtes Ausflugsziel ist (u.a. Bootverleih, Lokal „Blockhaus zur Isenach", Rundwanderwege). Zu erreichen ist der Weiher auf der B 37 von Bad Dürkheim ca. 10 km Richtung Kaiserslautern.

Jakobsweiler (KIB)

südwestlich von Kirchheimbolanden, 229 Einwohner, 300 m NN, 1194 erstmals urkundlich erwähnt. **Sehenswertes:** Der Dorfplatz mit einer Brunnenanlage wurde neu gestaltet. Ein auffälliges Kleinod ist die spätgotische Simultankirche St. Jakob. Die Prot. Kirche ist eine Filiale von Dannenfels. Das im Kern spätgotische, im Barock (um 1724) vergrößerte langgestreckte Schiff hat mehrere Spitzbogenfenster und ein Satteldach. In dem runden, gotischen Turm aus der Mitte des 15. Jhdts. deuten mehrere kleine spitzbogige Schlitzfenster und eine kreuzähnliche Lichtöffnung aus einem Rotsandsteinblock darauf hin, dass der Turm auch zu Wehrzwecken

Prot. Kirche in Jakobsweiler

Japanischer Garten

Kaiserslautern. Der Verein „Japanischer Garten Kaiserslautern e. V." hat es sich zur Aufgabe gemacht, mitten in der Stadt eine Oase der Ruhe und Entspannung zu schaffen. Das „lebende Kunstwerk" existiert bereits, wird aber in dem kommenden Jahren weiter ausgebaut. Den Japanischen Garten findet man direkt an der Lauterstraße, zwischen Rathaus und dem Haupteingang der Gartenschau. **Info:** www. japanischergarten. de

diente. Beachtenswert ist die „dreistufige, verschieferte Bedachung des Turmes mit mehreren rundbogigen Schallöffnungen. Die Ausstattung stammt – bis auf den Altartisch – aus dem Barock. Der Presbyterstuhl trägt die Jahreszahl 1724. Die Westempore mit einem balkonartigen Vorsprung zeigt ausgesägte Motive. Im Mai 2001 wurde das Puppenstubenmuseum eröffnet. **Info:** VG Kirchheimbolanden. **Internet:** www.kirchheimbolanden. de

Jettenbach (KUS)

östlich von Kusel, 869 Einwohner, 350 m NN, 1348 erstmals urkundlich erwähnt. **Info:** VG Wolfstein

Musikantenbrunnen in Jettenbach

Jockgrim (GER)

nördlich von Wörth, 6.917 Einwohner, 114 m NN, 1366 erstmals urkundlich erwähnt. **Sehenswertes:** Zehnthaus, Teile der Stadtbefestigung (14. Jhdt.), "Hinterstädtl" mit Fachwerkbauten, Ziegeleimuseum, Wallfahrtskapelle "Schweinheimer Kirchel". **Info:** VG-Verwaltung, Tel. 07271 599-123. **Internet:** www.jockgrim. de

Johanniskreuz

an der B 48 zw. Kaiserslautern (15 km) und Annweiler (29 km), 473 m NN. Die kleine Waldsiedlung mitten im Pfälzerwald ist ein vielbesuchtes Ausflugsziel für Wanderer, Auto- u. Motorradfahrer. Die Siedlung liegt auf der Wasserscheide von Rhein und Mosel. Wie schon zur Römerzeit treffen hier Straßen aus allen Himmelsrichtungen zusammen. Bei Schlachten in und um die Pfalz war die Waldlichtung des öfteren ein strategisch wichtiger Punkt. Alle mit einem einfarbigen Kreuz markierten Wanderwege des Pfälzerwaldvereins führen über bzw. nach

Johanniskreuz. Der Name der Siedlung geht vermutlich auf ein Kreuz zurück, das die Herren von Hohenecken im 13. Jhdt. als Hoheitszeichen hier errichten ließen. Im Jahre 1273 bemächtigte sich der Ritter Johannes von Wilenstein des Steins, in dem er sein Wappen einmeißeln ließ. Des "Herrn Johanns Creutz" (1551 erstmals urkundlich erwähnt) existiert heute noch. Seit 1822 gibt es ein Forstrevier Johanniskreuz.

Das „Johanniskreuz"

Das alte Forsthaus aus dieser Zeit steht heute noch an der Abzweigung der Straße nach Heltersberg. 1843 erfand hier eine Forstkommission den Namen „Pfälzerwald". Ende des 19. Jahrhunderts war in Johanniskreuz ein lebhafter Kurbetrieb entstanden. 1826 wurde das Gasthaus Braband errichtet, 1897 erbaute Karl

Pfaff ein Waldkurhaus. Seit 1908 veranstaltet das Bistum Speyer jedes Jahr im Wald von Johanniskreuz einen Katholikentag. Die Waldkapelle von Johanniskreuz geht auf das Jahr 1961 zurück. Ein Wanderziel in der Nähe ist der Ludwigsturm auf dem Eschkopf. **Internet:** www.johanniskreuz.de

Johann-Peter-Frank-Museum

Rodalben, Schulstr. 9 (Haus der Kultur). Der in Rodalben geborene Arzt Dr. Johann Peter Frank (1745 – 1821) war ein bedeutender Mediziner. Der Pfälzer war ein Leibarzt von Zar Alexander I. und Leiter der Wiener Universitätsklinik. Frank setzte sich vor allem für das öffentliche Gesundheitswesen ein. Mit seinem Werk „System einer vollständigen medizinischen Polizey" verschaffte er sich auf dem Gebiet der Hygiene großes Ansehen. In dem kleinen Museum sind ein Teil seiner Veröffentlichungen sowie Dokumente zu Leben und Wirken des Arztes zusammengetragen. **Öffnungs-zeiten:** nach Vereinbarung. Eintritt: frei. **Auskunft:** Telefon 06331 258994 oder 17101.

Jost, Eduard

Geboren 1837 in Trier, gestorben 1902 in Neustadt. Journalist, Dichter, Schriftsteller, Schauspieler und Sänger. Er schrieb u.a. den Text für das Pfälzerlied.

Judenbad

Speyer, Kleine Pfaffengasse. Um 1103 erbautes rituelles (Kalt-) Reinigungsbad (Mikwe). Eine der ältesten und größten Kultanlagen dieser Art in Deutschland mit einem 10 m tiefen Badeschacht. Von der anschließenden Synagoge sind noch einige bauliche Reste erhalten. **Öffnungszeiten:** April bis Oktober Montag bis Freitag 10 – 12 Uhr und 14 – 17 Uhr, Samstag und Sonntag 10 – 17

Uhr. **Auskunft:** Telefon 06232 77288 oder 142395.

Jugendherbergen

Das Deutsche Jugendherbergs-werk, Landesverband Rhein-land-Pfalz/Saarland e.V., In der Meielache 1, 55122 Mainz, Telefon 06131 37446-0, **Internet:** www.djh-info.de, unterhält in der Pfalz 9 Jugendherbergen und zwar in: Altleinigen, Bad Bergzabern, Dahn, Hochspeyer, Speyer, Steinbach/Donners-berg, Thallichtenberg, Neu-stadt/Weinstraße und Wolf-stein.

Jung, Otto

Geboren 1882 in Obermoschel, gestorben 1963 in Landau. Der Jurist (zuletzt Landgerichts-präsident) veröffentlichte zahl-reiche Schriften zur pfälzischen Landes- und Heimatkunde.

Jungfernsprung

Dahn. Von weit her erkennt man diesen hohen, senk-rechten Fels, der mit seinem Kreuz an der vorderen Spitze die Stadt Dahn überragt. Der Name des Felsen rührt von

Jungfernsprung

einem Ereignis, das sich vor langer Zeit hier ereignet haben soll. So sei ein frommes Mädchen auf dem Berg von einem Mann verfolgt worden. Als sie sich nicht mehr zu retten wusste, sprang sie in Gottes Namen von der Felsenspitze hinab und ist in wunderbarer Weise unverletzt unten ange-kommen. Nach einer anderen Volkssage habe dieser Fels als Stelle zu Ordalien (Gottes-urteilen) gedient. Zum Beweis ihrer Unschuld sprang ein an-geklagtes Mädchen vor allem Volke von der Höhe hinab und verstauchte sich beim Aufprall nur den kleinen Finger. Das sind die Sagen, die schon seit vielen Jahrhunderten um den Jungfernsprung kreisen.

Kahnweiler, Daniel Henry

Geboren 1884 in Mannheim, gestorben 1979 in Paris. Seine Vorfahren lebten seit nahezu zwei Jahrhunderten als jüdische Kaufleute in Rockenhausen, wo heute noch das Haus seiner Eltern und Großeltern (Luitpoldstr. 20) steht. 1907 gründete Kahnweiler in Paris seine erste Galerie. In den folgenden Jahren hat er sich als Kunsthändler, Verleger und Schriftsteller internationale Anerkennung erworben. Er war Förderer und Freund der Maler Pablo Picasso, George Braque, Juan Gris, Fernand Leger sowie der Bildhauer Monolo und Henri Laurens. Kahnweiler gilt als Wegbereiter des Kubismus. Kahnweiler fühlte sich der Stadt Rockenhausen als Heimat seiner Vorfahren stets verbunden, weswegen er der Gemeinde Rockenhausen den deutschen Teil seiner Bibliothek (siehe Kahnweiler-Haus) schenkte. Er war Ehrenbürger der Stadt Rockenhausen und Ehrendoktor der Uni Kaiserslautern.

Kahnweiler-Haus

Rockenhausen, Marktplatz 7. Dieses Museum basiert auf einer Schenkung des international anerkannten Kunsthändlers, Verlegers, Schriftstellers und Picasso-Förderers Daniel Henry Kahnweiler (1884 – 1979), dessen Vorfahren in Rockenhausen lebten. Ein Zimmer beherbergt den deutschen Teil seiner Bibliothek. Darüber hinaus sind Plakate und Kataloge der Pariser Galerie Louis Leiris (u.a. 2 Original-Lithographien Picassos), eine Fotodokumentation über Kahnwei-

Kahnweiler-Haus

Im Kahnweiler-Haus

ler sowie eine Dokumentaion über die bisherigen Träger des "Daniel-Henry-Kahnweiler-Preises" zu sehen. Der Arbeitskreis Kahnweilerhaus veranstaltet im Jahr vier Ausstellungen mit Werken zeitgenössischer Künstler. **Öffnungszeiten:** Donnerstag und jeden 1. Samstag im Monat 15 - 17 Uhr (Ostern bis Weihnachten). Eintritt: frei. **Auskunft:** Telefon 06361 1089 (Frau Busch) oder VG-Verwaltung, Telefon 451-214. **Internet:** www.rockenhausen.de/touristisch

Kaiser, Peter

Pirmasens. Die 1838 von Peter Kaiser gegründete Schuhfabrik ist die älteste heute noch bestehende Schuhfabrik in Deutschland.

Kaiserbrunnen

Kaiserslautern, Mainzer Tor (Ende der Altstadt-Fußgängerzone). Der 1987 von Gernot Rumpf geschaffene Brunnen hat einen Durchmesser von ca. 10 m. Blickpunkt ist die 5 m hohe Zentralfigur. Sie stellt Kaiser Friedrich Barbarossa und König Rudolf von Habsburg dar. In der Wasserfläche um den Brunnenrand sind Figuren und Symbole zu sehen, die etwas mit Kaiserslautern zu tun haben, z. B. Karpfen aus dem Kaiserwoog, die Eule als Sinnbild für die Uni, Napoleonhut, Nähmaschine, Auto. Weitere Plastiken mit einem Bezug zu Kaiserslautern vervollständigen die Anlage. Die Skulpturen sind aus Bronze und als Schachfiguren entworfen. Ein spezi-

Kaiserbrunnen Kaiserslautern

eller Prospekt ist bei der Tourist-Info im Rathaus erhältlich.

Kaiserdom zu Speyer

Speyer. Der Dom wurde von 1030 bis 1061 unter den Salierkaisern Konrad II., Heinrich III. und Heinrich IV. erbaut. 1689 brannte er aus. 1794 abermals von franz. Truppen zerstört. Im 19. Jhdt. wurde er nach und nach wieder hergestellt. Von 1957 bis 1967 erhielt der Dom sein heutiges Bild (133 m lang, Türme 72 m hoch). Der Dom zu Speyer war damals die größte Kathedrale des Abendlandes und ist eine der größten und wichtigsten romanischen Kirchen des deutschsprachigen Raumes. Er wurde zwischen 1039 und 1308 zur Grabstätte von acht deutschen Kaisern und Königinnen, die in der Krypta beerdigt sind. Die Haus- und Grabeskirche der Salier ist eines der "UNESCO-Welt-Kulturdenkmäler" in Deutschland. Eine besondere Tradition hat der Domnapf vor dem Haupteingang. Beim Einzug eines neuen Bischofs wurde er mit "Frei-Wein" für das Volk gefüllt (1580 Liter). Außerdem bildete er die Grenze für den Rechtsbereich des Bischofs. D.h. ein Straftäter, der den Domvorplatz erreicht hatte, durfte von der städt. Justiz nicht mehr festgenommen werden (Dom-Immunität). **Öffnungszeiten:** 9 - 17 Uhr, Sonntag 13.30 - 17 Uhr (April bis Oktober bis 19 bzw. 18 Uhr). **Info:** Verkehrsamt der Stadt Speyer, Telefon 06232 14-392. **Internet:** www.dom-speyer.de

Kaiserdom Speyer

Kaiserglocke

Neustadt/Weinstraße. Die größte Guss-Stahl-Glocke der Welt

schlägt in der Stiftskirche in Neustadt. Sie wiegt rund 14 Tonnen. Dazu kommt der tonnenschwere Klöppel und das Joch für die Aufhängung im Turm. Die Glocke, 1949 in der Gießerei „Bochumer Verein" hergestellt, hat einen Durchmesser von 3,21 Meter und eine Höhe von 2,88 Meter.

Kaiserslautern

Kreisfreie Stadt. 99.200 Einwohner, Fläche ca. 140 qkm, 240 m NN. Um 400 v. Chr.

Rathaus in Kaiserslautern

existierten in der Nähe der Stadt keltische, um 250 n. Chr. im Bereich der heutigen Innenstadt römische Siedlungen. In einer Urkunde von 850 wird erstmals der Königshof Lutra erwähnt, der wohl um 650 hier erbaut worden war. Geschichtliche Bedeutung erlangte das Dorf Lautern um 1152, als Kaiser Friedrich I. hier eine Kaiserpfalz errichten ließ. Der Kaiser hielt sich mehrmals in dem Palast auf, was der Stadt später zu dem Beinamen "Barbarossastadt" verhalf. 1276 verlieh König Rudolf von Habsburg die Stadtrechte. 1322 ist der Ortsname "Kayserslutern" urkundlich belegt. 1516 wurde das erste Rathaus erbaut. Erneuten Aufschwung erlebte die Stadt, als Pfalzgraf Johann Casimir 1569 auf den Grundmauern der zerstörten Kaiserpfalz ein Schloß erbauen ließ und selbst hierherzog. 1611 wütete die Pest. 1639 und nochmals 1703 wurde die Stadt von Franzosen besetzt. 1804 weilte Napoleon in der Stadt. 1816 fiel KL mit der gesamten Pfalz an Bayern. Der Bau der Kaiserstraße und der Anschluss an die Eisenbahnlinie verhalfen der Stadt im 19.

Jhdt. zum wirtschaftlichen Aufschwung. 1870 hatte KL ca. 17.000 Einwohner, 1939 waren es rund 70.000. 1944/45 wurde die Stadt zu 2/3 zerstört. 1970 wurde die Universität gegründet. **Sehenswertes:** Rathaus (zweithöchstes Deutschlands), Stiftskirche (1320/60), Weinstube "Spinnrädl" (1740), Pfalztheater, Fruchthalle, Gartenschau, Altstadt, St. Martinskirche (Anfang 14. Jhdt.), Kaiserbrunnen, Theodor-Zink-Museum, Wadgasser Hof, Pfalzgalerie, Fritz-Walter-Stadion, Pfalzbibliothek, Pfalz, Kulturzentrum Kammgarn, Fußgängerzone, Gelterswoog, Humbergturm, Schlachtenturm, Tierpark Siegelbach, Bierkrugmuseum, Wildpark Betzenberg. **Info:** Tourist-Info, Telefon 0631 365-2317. **Internet:** www.kaiserslautern.de

Kaiserstraße

Schon in früheren Zeiten führte durch die Ebene des Landstuhler Bruchs eine Straße von Homburg/Saar an der Sickinger Höhe entlang über Landstuhl nach Kaiserslautern. Da sie vergleichsweise bequem zu begehen bzw. zu befahren war, wurde sie von Kaisern, Königen, Armeen und Händlern stark genutzt. Kaiser Napoleon wollte zu seiner Zeit eine Straße, die von Paris bis an den Rhein gehen sollte. So wurde die Straße Anfang des 19. Jahrhunderts von Homburg nach Kaiserslautern noch verbessert und über Kirchheimbolanden und Alzey bis nach Mainz an den Rhein weitergebaut. Die gut ausgebaute „Kaiserstraße" (B 40) entwickelte sich im 20. Jahrhundert zu einer der verkehrsreichsten Straßen der Pfalz. **Internet:** www.enkenbach-alsenborn.de/Historie/Sembach

Kaisertafel

Speyer. Seit dem 2000-Jahr-Fest im Jahre 1990 findet jährlich dieses kulinarische Großereignis statt. Vor der historischen Kulisse zwischen Altpörtel und Dom sitzen tausende Besucher an der rund 800 Meter langen Tafel, um sich von den örtlichen Gastronomen verwöhnen zu lassen.

Kakteenland Steinfeld

Steinfeld, Wengelspfad 1. In dem Pflanzenparadies an der Südl. Weinstraße findet man rund 1.000 verschiedene Kakteenarten. Zur Auswahl stehen etwa eine halbe Million Exemplare, die nicht nur besichtigt, sondern auch gekauft werden können. **Öffnungszeiten:** Montag bis Freitag 8 - 18 Uhr, Samstag und Sonntag 9 - 17 Uhr. Von November bis Februar Montag bis Freitag 9 - 17 Uhr. Info: Telefon 06340 1299. **Internet:** www.kakteenland.de

Kalkbergwerk Königsberg

Wolfstein, an der B 270. In dem Besichtigungs-Kalkbergwerk ist noch bis 1967 produziert worden. Zunächst fährt man mit einer kleinen Gruben-Eisenbahn durch einen Stollen ins Innere des Bergwerkes. Auf dem Rundweg entdeckt man die unterschiedlichen Gesteinsschichten des Gebirges. Natürlich ist auch zu sehen, wie vor Ort das Gestein abgebaut worden ist. Die gewonnenen Einblicke in die bergmännische Arbeit werden über Tage durch eine Ausstellung und einen kurzen Film abgerundet. Das für Deutschland einmalige Kalkbergwerk ist ein Industriedenkmal von besonderem Rang. **Öffnungszeiten:** Ende März bis Anfang November sonn- und feiertags von 13 - 18 Uhr. **Info:** Verbandsgemeinde, Telefon 06304 651. **Internet:** www.wolfstein.de/Sehenswürdigkeiten

Kalkofen (KIB)

nördlich von Rockenhausen, 209 Einwohner, 230 m NN, 1365 erstmals urkundlich erwähnt. **Sehenswertes:** Von der Hauptstraße des Weinbauortes zweigen romantische Gäßchen ab, in denen es schöne Fachwerkhäuser zu entdecken gibt. Die Ev. Kirche stammt aus dem Jahre 1803. Nördlich des Ortes kann man von weitem das Weinbergshaus (ca. 1840) sehen. **Info:** VG Alsenz-Obermoschel.

Kallstadt (DÜW)

nördlich von Bad Dürkheim an der Weinstraße, 1.169 Einwohner, 150 m NN, 824 erstmals urkundlich erwähnt, bekannter Weinort, der als Heimat des "Saumagens" gilt. **Sehenswertes:** Rathaus (1830), Löwenbrunnen (18. Jhdt.), Ev. Kirche St. Alban (1771), Winzerhöfe (16. - 19. Jhdt.). **Info:** VG Freinsheim. **Internet:** www.freinsheim.de

Kalmit

(westl. von Maikammer, südwestl. von Neustadt). 673 Meter hoher Berg nahe der Deutschen Weinstraße und dem Hambacher Schloß. Höchste Erhebung im Pfälzerwald. Wanderparkplatz. Auf dem Gipfel befinden sich ein Pfälzerwaldvereinshaus (am Wochenende und mittwochs bewirtschaftet), ein Aussichtsturm und eine Sendeanlage der Post.

Kandel (GER)

zwischen Wörth und Landau, Stadt, 8.409 Einwohner, 126 m NN, 1150 erstmals urkundlich erwähnt, bereits in fränkischer Zeit besiedelt, Stadt seit 1937. **Sehenswertes:** St. Georgsturm (1519), Bienwaldmuseum,

Kath. Kirche in Kandel

Schwanenweiher, Mariengrotte im Pfarrgarten der St. Piuskirche, historisches Stadtbild mit vielen Fachwerkhäusern. **Info:** VG-Verwaltung, Telefon 07275 9600. **Internet:** www.vg-kandel.de

Kapellen-Drusweiler (SÜW)

2 km östlich von Bad Bergzabern, 929 Einwohner, 160 m NN, 1179 erstmals urkundlich erwähnt, Landwirtschaft und Weinbau, **Info:** VG Bad Bergzabern. **Internet:** www.kapellen-drusweiler.de

Kappeln (KUS)

nordwestlich von Lauterecken, 178 Einwohner, 1319 erstmals urkundlich erwähnt. **Info:** VG Lauterecken

Kapsweyer (SÜW)

südlich von Bad Bergzabern, 1.016 Einwohner, 145 m NN, 1368 erstmals urkundlich erwähnt. **Info:** VG Bad Bergzabern. **Internet:** www.kapsweyer.de

Karlstal

Bei Trippstadt. Einzigartiges Wald- und Felsental. Die Moosalbe prägt mit tiefen Schluchten, kleinen Wasserfällen und ihrem windungsreichen Lauf das ursprüngliche Naturschutzgebiet. Der Name ist auf den kurpfälzischen Oberjägermeister Freiherr Karl Theodor von Hacke zurückzuführen, der von 1780 bis 1792 in Trippstadt residierte und sich um den Pfälzerwald verdient machte. Bezeichnungen wie "Eisenschmelz" oder "Oberhammer" erinnern an die Blütezeit der Eisenverhüttung und Eisenbearbeitung im 19. Jhdt. im Karlstal. **Internet:** trippstadt. de/Tourismus/Sehenswertes

Käshofen (PS)

nördlich von Zweibrücken, 732 Einwohner, 360 m NN, 1177 erstmals urkundlich erwähnt. **Info:** VG Zweibrücken-Land

Katzenbach (KIB)

nordwestlich von Rockenhausen, 548 Einwohner, 1269 erstmals urkundlich erwähnt. **Sehenswertes:** In der Siedlung Falkensaß südlich des Dorfes entdeckte man bei Ausgrabungen einen römischen Gutshof (villa rustica). Heute sind von den Ausgrabungen nur noch unbedeutende Mauerreste zu sehen. Allerdings hat man von dem Hügel eine schöne Sicht auf das Dorf. Im Ort selbst stehen mehrere Fachwerkhäuser und die Ev. Kirche (17 Jhdt.) mit einem Glockenturm mit Fachwerk (1754). **Info:** VG Rockenhausen

Katzweiler (KL)

ca. 10 km nördlich von Kaiserslautern an der B 270, 1.747 Einwohner, 1190 erstmals urkundlich erwähnt. **Sehenswertes:** Freilichtspiele Katzweiler. **Info:** VG Otterbach oder Katzweiler Touristik e.V., Alte Brücke 4, 67734 Katzweiler, Telefon 06301 8164. **Internet:** www.katzweiler-touristik.de

Keiper, Fritz

Der Pionier der Automobilbranche wurde am 15. März 1881 in Obermoschel geboren. Er erlernte zunächst den Beruf des Hufschmieds und besuchte die Meisterschule. 1905 ging er in die Lehrmeisterschule in Berlin. Von den Zukunftsperspektiven des Automobils überzeugt, wechselte er die Branche und arbeitete als Reisender und Verkäufer für Wagenbaubeschläge. 1911 meldete er das von ihm konstruierte „Keiper Verdeck" zum Patent an. 1920 machte er sich in Remscheid selbständig, um mit einigen wenigen Mitarbeitern Beschläge und Scharniere für Fahrzeuge anzufertigen. Einige Jahre später stellte er auf industrielle Fertigung um. 1930 trat sein Schwiegersohn Wilhelm Putsch in das Unternehmen ein. Durch neue Erfindungen machte sich Keiper einen Namen. Der Zweite Weltkrieg bedeutete für den Betrieb eine Zäsur, die Produktion wurde in die Nordpfalz verlagert. In Mannweiler-Cölln entstand ein Zweigwerk, das bis 1962 expandierte. Aus Platzmangel zog die Fa. Keiper 1965 nach Rockenhausen um. Nach dem Krieg konnten Keiper und Putsch das Unternehmen schnell wieder aufbauen. 1949 beschäftigten sie rund 200 Mitarbeiter. 1950 zog sich Fritz Keiper aus der Firma zurück, Wilhelm Putsch wurde sein Nachfolger. Fritz Keiper starb 1961, Wilhelm Putsch 1966. Dessen Söhne Friedrich Wilhelm und Ulrich Putsch übernahmen die Firmenleitung. Nach wie vor gehört Keiper-Recaro zu den führenden Unternehmen in der Pfalz.

Keltendorf

Steinbach. Sechs Gebäude in „keltischer" Art, also weitgehend ohne elektrische Werkzeuge errichtet, vermitteln einen Eindruck der damaligen

Handwerkstechniken. Vom Aussichtsturm kann man einen Blick auf den Donnersberg werfen. In unmittelbarer Nähe des Keltendorfs entsteht ein Keltengarten. Öffnungszeiten: Frühjahr bis Oktober samstags 11 – 17 Uhr, sonn- und feiertags 10 – 17 Uhr. Eintritt inkl. Führung und Getränk: 4,00 Euro, Kinder (4 – 12 Jahre) 2,00 Euro. **Anreise:** In der Ortsmitte von Steinbach sind Parkplätze ausgeschildert. **Internet:** www.donnersberg-touristik.de

Keltenwall

Auf dem Donnersberg existieren Überreste eines ausgedehnten keltischen "Oppidums". Geschützt war die keltische Siedlung durch einen ca. 8,5 km langen Ringwall, ein aus Palisaden, Holzstämmen und Schlacken errichteter Befestigungswall. Ein Abschnitt des Keltenwalls wurde rekonstruiert. Eine „Pfosten-Schlitz-Mauer" mit hinterschütteter Wallrampe wurde in Zimmermannstechnik ohne Eisennägel errichtet und bildet das statische Gerüst (S. 450). Die Frontmauer ist zwischen den senkrecht stehenden Pfosten als Trockenmauer ohne Bindemittel mit Steinbrocken aufgeschichtet. Die Mauer dürfte damals etwa vier Meter hoch gewesen sein. Der Keltenwall liegt nahe dem Parkplatz auf dem Donnersberg. Die heute noch erkennbaren Aufschüttungen in den Wäldern sind Reste des früheren Ringwalls.

Keltenweg

Ein archäologisch historischer Wanderweg auf dem Donnersberg. Informationstafeln erläutern charakteristische Merkmale der ehemaligen Keltensiedlung auf dem höchsten Berg der Pfalz. U.a. ist eine Rekonstruktion eines Keltenwalls zu sehen. Eine historische Wanderkarte mit vielen Bildern und ausführlichen Beschreibungen ist ebenfalls erhältlich. **Info:** Donnersberg-Touristik-Verband, Telefon 06352 1712.

Kerzenheim (KIB)

zwischen Eisenberg und Kirchheimbolanden, westlich von Grünstadt. 2.266 Einwohner (inkl. OT Rosenthal), 252 m NN, 1264 erstmals urkundlich erwähnt. **Sehenswertes:** In der landwirtschaftlich geprägten Gemeinde gibt es noch Reste der ehemaligen Dorfmauer und eines Turmes. Historischen Wert haben das Rokoko-Rathaus (1775) und das Schultheißenhaus (1736). Die Prot. Pfarrkirche wurde 1783 nach den Plänen des nassau-weilburgischen Bauinspektors Johann Georg Christian Hess, dem Erbauer des Paulskirche in Frankfurt/Main, errichtet. In dieser Kirche ist der Zentralbaugedanke des prot. Kirchenbaus beispielhaft umgesetzt. Der frühklassizistische kreisrunde Bau hat eine Flachdecke (1925 erneut) und ein rundbogiges Portal. Die umlaufende Empore wird von acht toskanischen Eichenholzsäulen getragen. Künstlerisch interessant ist der südliche Vorbau (Risalit), der von vier rechteckigen toskanischen Pilasterpaaren eingefasst und mit einem Dreiecksgiebel gedeckt ist. Im Giebel ist das vergoldete Auge Gottes in einem Strahlenkranz in Stuck dargestellt. Auf dem Turm ist ein achtseitiger Spitzhelm mit Dachgauben aufgesetzt. Seit 1985 steht die Kirche unter Denkmalschutz. Einen Besuch ist auf jeden Fall der Ortsteil Rosenthal mit der Ruine des Klosters Rosenthal und dem romantischen Weiher wert. **Info:** VG Eisenberg. **Internet:** www. eisenberg.de

Prot. Kirche Kerzenheim

Kessler, Adolf

Godramsteiner Maler, schuf u.a. die Freskogemälde in Annweiler.

Kieffer, Ludwig

Geboren 1894 und gestorben 1967 in Pirmasens. Der "Kieffer Lui" gilt noch heute als Pirmasenser Original. Der Autor schrieb u.a. zahlreiche Gedichte und auch ein Wörterbuch im "Bärmesenser" Dialekt.

Kienholzfest

Münchweiler/Rodalb. Kienholz ist ein stark harzendes Kiefernholz. Von ca. 1885 bis etwa 1914 spielte dieses Holz für den Ort eine große Rolle. Große Kienholzspäne, die man in dieser Gegend auch "Schliwwer" nennt, wurden gebündelt und in der Umgebung zum Preis von ca. 3 Pfennigen verkauft. Der Handel mit Kienholz diente damals als Nebenerwerb. Zur Erinnerung feiert Münchweiler seit 1979 jeweils an Pfingsten (Freitag bis Sonntag) das Kienholzfest.

Kindenheim (DÜW)

nördlich von Grünstadt, 1.035 Einwohner, 228 m NN, 817 erstmals urkundlich erwähnt. **Sehenswertes:** Ev. Kirche (1196/1509/1734/Turmneubau 1872), "Altes Backhaus" (Urgebäude bereits 1256 erwähnt), Judenfriedhof. **Info:** VG Grünstadt-Land

Kindsbach (KL)

12 km westlich von Kaiserslautern an der B 40, 2.503 Einwohner, 247 m NN, 1265 erstmals urkundlich erwähnt. **Sehenswertes:** Bärenlochweiher. **Info:** VG Landstuhl. **Internet:** www.kindsbach.de

Kirchheim/Weinstraße (DÜW)

südlich von Grünstadt an der Weinstraße, am Eckbach, 1.743 Einwohner, 164 m NN, 764 erstmals urkundlich erwähnt. Funde aus der Steinzeit sowie aus römischer und fränkischer Zeit belegen eine frühzeitige Besiedlung dieser Gegend. Weinbau. Angehörige der Familie "de Savigny" stammen von hier. **Sehenswertes:** Ev. Kirche (16. Jhdt./Turm 1761) mit Barockorgel aus 18. Jhdt., Kath. Kirche (1928), 200 - 300 Jahre alte Winzerhöfe in der Hauptstraße. **Info:** VG Grünstadt-Land

Kirchheimbolanden (KIB)

nordöstlich von Kaiserslautern, 7.977 Einwohner, 250 m NN, 774 erstmals urkundlich erwähnt, 1368 zur Stadt erhoben, seit 1969 Sitz der Kreisverwaltung für den Donnersbergkreis und seit 1971 Verwaltungszentrum für die VG Kirchheimbolanden. **Sehenswertes:** Das ehemalige Schloß des Fürsten Karl August von Nassau-Weilburg wurde zwischen 1738 und 1740 durch d'Hauberat, den Erbauer des Mannheimer Schlosses, errichtet. Erhalten ist nur noch der Ostflügel, der mittlerweile Bestandteil eines Seniorenheims ist. In dem teilweise noch vorhandenen Schloßgarten mit dem Ballhaus (1752) und Orangerie (1776) findet man eine interessante Flora. Das Südportal ist ein Hoftor des alten Schlosses. Das Hauptportal zeigt das Monogramm des Fürsten Karl August. Die

Roter Turm, Kirchheimbolanden

Stadtmauer mit Grauem Turm

von Julius von Rothweil konzipierte Schloßkirche (1739 - 44) enthält eine Fürstenloge und eine Orgel des berühmten Orgelbauers Stumm (1745), auf der Mozart 1778 spielte (siehe Paulskirche). 1368 hat Kirchheimbolanden die Stadtrechte erhalten. Von der damals erbauten Stadtbefestigung sind noch Teile erhalten, z. B. der Rote Turm, der Graue Turm, der Stadthausturm, der Pulverturm und der Vorstadtturm. Die Peterskirche entstand etwa in der zweiten Hälfte des 14.

Jhdts. als Erweiterung einer älteren Kirche. Bis zur Reformation hieß sie St. Remigiuskirche, bis sie 1738 an die Reformierten verkauft wurde. Vermutlich war sie bis zum Bau der Stadtmauer eine Wehrkirche, bei der der Turm als Zufluchtsstätte diente. In der Kirche sind der Stadtgründer Heinrich II. von Spanheim (gest. 1393) und seine Gemahlin sowie in einem Grabgewölbe vor dem Altar Fürstin Caroline mit drei Kindern beigesetzt. Vom Wartturm (15. Jhdt.) auf dem Schillerhain kann man einen Blick auf die Stadt werfen. Im Heimatmuseum ist die Stadtgeschichte dokumentiert. Der Freischarenrundweg erinnert an die Revolution 1848/49. Zum Freizeitangebot gehört u.a. ein Hallen- und Freizeitbad. **Info:** Donnersberg-Touristik-Verband, Telefon 06352 1712. **Internet:** www.donnersberg-touristik.de, www.kirchheimbolanden.de.

Kirrweiler (KUS)

südwestlich von Lauterecken, 194 Einwohner, 1259 erstmals urkundlich erwähnt. **Info:** VG Lauterecken.

Kirrweiler (SÜW)

nordöstlich von Edenkoben, 2.052 Einwohner, 145 m NN, 1201 erstmals urkundlich erwähnt, historischer Weinort. **Sehenswertes:** Friedhofskapelle (1765; frühere Wallfahrtskirche), Ortsummauerung, Amtshaus des einstigen Oberamtes Kirrweiler, frühere Sommerresidenz der Fürstbischöfe von Speyer. **Info:** VG Maikammer. **Internet:** www.kirrweiler.de

Kleinbundenbach (PS)

nordöstlich von Zweibrücken, 443 Einwohner, 340 m NN, 1177 erstmals urkundlich erwähnt. **Info:** VG Zweibrücken-Land

Kleine Kalmit

Naturdenkmal bei Landau-Arzheim. 270 m hohe Kalkscholle, auf der verschiedene Orchideenarten und seltene Pflanzen der Kalkflora wachsen. Naturschutzgebiet.

Kleiner Humberg

Berg (399 m) südöstlich von Kaiserslautern

Kleinfischlingen (SÜW)

Die kleine Weinbaugemeinde liegt 5 km südöstlich von Edenkoben, 310 Einwohner, 772 erstmals urkundlich erwähnt. **Sehenswertes:** Reste einer Wasserburg, Ev. Kirche mit Fresken aus dem 15. Jhdt. **Info:** VG Edenkoben. **Internet:** www.kleinfischlingen.de

Kleinkarlbach (DÜW)

südlich von Grünstadt, 904 Einwohner, 170 m NN, 771 erstmals urkundlich erwähnt. Aufgrund von Funden muss die Gegend bereits in der Steinzeit besiedelt gewesen sein. "Dorf der Brunnen und Mühlen". **Sehenswertes:** Mühlenpfad am Eckbach, Mühlensteine im Ortskern, Ev. Kirche (Spätgotik, Schiff 1753), Altes Rathaus (1840 von August von Voit im spätklassizistischen Stil erbaut). **Info:** VG Grünstadt-Land

Kleinniedesheim (LU)

südlich von Worms, 899 Einwohner, 1199 erstmals urkundlich erwähnt. **Sehenswertes:** Schloß (1736) mit Park und Pavillon. **Info:** VG Hessheim. **Internet:** www.kleinniedesheim.de

Kleinsteinhausen (PS)

westlich von Pirmasens, 876 Einwohner, 325 m NN, 1250 erstmals urkundlich erwähnt. **Info:** VG Zweibrücken-Land. **Internet:** www.kleinsteinhausen.de

Klettern

Die Südpfalz (Wasgau) ist eines der bedeutendsten Sandsteinklettergebiete in Westeuropa mit bis zu 60 m hohen Felswänden und über 4.000 Kletterrouten. Das Jahr 1903 wird als Geburtsstunde für das sportliche Klettern im Wasgau-Felsenland angesehen. Karl und Oskar Mugler erstiegen ohne externe Hilfsmittel den Gipfel des Rödelsteins bei Vorderweidenthal. Zwar erkletterten Georg Schmidt und Christian Zöppritz bereits am 3. Juni 1860 mit dem Asselstein den mächtigsten südpfälzischen

Felsen, benutzten dabei aber Holzleitern und angelegte Baumstämme. Seit 1919 gibt es die VEREINIGUNG DER PFÄLZER KLETTERER E.V. Der Verein hat das Ziel, den Klettersport zu erhalten und zu fördern. Dazu gehören vielfältige Aufgaben wie das Anbringen von Sicherungs- und Abseilringen, Ausarbeiten und Dokumentieren von Kletterrouten, umfassende Information der aktiven Kletterer, Auflegen von Gipfelbüchern oder das Erbauen von Kletterhütten. Gleichzeitig bemüht sich der Verein, Klettern, Natur und Sport in Einklang zu bringen. Insofern hat die Vereinigung die Entwicklung des Klettersports in der Pfalz maßgeblich mitgeprägt. **Info:** www.pfaelzerkletterer.de

Klingenmünster (SÜW)

Vier Kilometer nördlich von Bad Bergzabern, 2.398 Einwohner, 190 m NN, im 8. Jhdt. erstmals urkundlich erwähnt, anerkannter Erholungsort an der Weinstraße. **Sehenswertes:** Burg Landeck, alter Ortskern,

August-Becker-Denkmal, August-Becker-Museum, Reste des Klosters, Nikolauskapelle (um 1200), Martinsturm. **Info:** Verein für Fremdenverkehr, Wein und Kultur e.V., Telefon 06349 928092 oder VG Bad Bergzabern. **Internet:** www.klingenmünster.de

Kloster Eußerthal

Eußerthal. Historische Klosterkirche der ehemaligen Zisterzienserabtei. Das Kloster wurde 1148 von Ritter Stephan von Mörlheim gegründet. Die Kirche wurde 1262 geweiht. Die Mönche waren im 12./13. Jhdt. Kapläne und Hüter der Reichskleinodien auf der Burg Trifels. 1561 aufgelöst. 1665 hier angesiedelte Flüchtlinge aus Piemont trugen zur Entwicklung des Ortes bei. In der Klosterkirche finden alljährlich Konzerte statt. **Info:** Kath. Pfarramt, Telefon 06345 3551.

Kloster Hane

Bolanden, Klosterhof 1 – 4. Werner I. von Bolanden gründete um 1120 nahe seiner Burg Bolanden das Augustinerchorherrenstift. 1129 übertrug er das Kloster an den Erzbischof zu Mainz, von dem er als Vogt eingesetzt wurde. Durch Schenkungen und die Aufnahme adeliger Töchter blühte das Stift im 13. Jh. auf, verarmte im 14. Jh. aber zunehmend. Die Anlage trug im Pfälz. Bauernkrieg (1525), im Dreißigjährigen Krieg (1618 – 1648) und im Pfälz. Erbfolgekrieg (1689) starke Beschädigungen davon, so dass der Klosterbetrieb 1706 endgültig aufgelöst wurde. Danach waren die Gebäude u.a. im (weltlichen) Besitz des Speyerer Bürgermeisters Hilgard (ab 1821) und seit 1850

der Fam. Stauffer. Seit 1957 wurden Teile der Anlage umfassend renoviert. Die ursprüngliche Basilika entstand in rheinischer Bautradition und nach cluniazensichem Vorbild, d.h. maßvoll, klar und einfach. Mit einem dreifach gewölbten Chor, eingezogener Hauptapsis, weit ausladendem Querhaus mit nach Osten vorgelagerten querrechteckigen Kapellen und einem Langhaus in sechs Arkaden bildete die dreischiffige Pfeilerbasilika in ihrer Form ein lateinisches Kreuz. Die Gesamtlänge betrug ca. 46 m. Nach 1487 baute man das Gotteshaus zu einer zwei-

Kloster Hane in Bolanden

schiffig symmetrischen Hallenkirche mit spitzbogigen Fenstern und Strebepfeilern um. Seit der Renovierung wird die ehem. Kirche für kulturelle Veranstaltungen genutzt. Weiterhin sind noch Teile des ehem. Wirtschaftshofes und der früher um den Kreuzgang gruppierten Konventsgebäude erhalten. Diese wurden zwar in den vergangenen Jahrhunderten u.a. zur landwirtschaftlichen Nutzung gravierend umgebaut. Trotzdem ist das historische Erscheinungsbild der früheren Klosteranlage mit ihrer im Kern mittelalterlichen Baustruktur noch gut erkennbar. Anfahrt: Von der B 40 zwischen Kirchheimbolanden und Dreisen nach Bolanden abfahren, auf der Hauptstraße den Ort durchqueren, kurz vorm Ortsausgang rechts ab (Hinweisschild). **Öffnungszeiten:** nach Vereinbarung. **Auskunft:** Heimatverein, Telefon 06352 5388.

Kloster Höningen

Altleiningen, OT Höningen. Das Kloster wurde 1120 von Graf Emich II. von Leiningen und seiner Frau gegründet. Das Ehepaar ist 1142 in der Klosterkirche beigesetzt worden. Bis 1569 wirkten hier die Augustinerchorherren. Nach der Zerstörung durch einen Brand ließ Graf Philipp I. das Kloster 1573 wieder in Stand setzen und gründete darin eine Lateinische Schule, die 1729 nach Grünstadt verlegt wurde (heute "Leininger Gymnasium"). Reste des Klosters sowie die St. Jakob-Kirche (12. Jhdt.) sind noch zu sehen.

Kloster Hornbach

Hornbach. Unter dem Schutz des Frankenherrschers Karl Martell (siehe Geschichte 7./8. Jhdt.) gründete der Hl. Pirminius u.a. um 742 eine Benediktiner-Abtei in der Gegend von Hornbach. Von hier aus wurde die Pfalz christianisiert. Pirminius gilt als Gründer von Pirmasens. Die Abtei wurde 1558 aufgehoben. 1954 hat man das Felsengrab des 753 verstorbenen Glaubensboten wieder entdeckt und freigelegt. Eine Kapelle schützt das Grab vor dem Verfall. Das Kloster war im Mittelalter ein kultureller Mittelpunkt Südwestdeutschlands. **Info:** Telefon 06338 387 (Fr. Lauer) oder 268 (Hr. Schwarz). **Internet:** www.kloster-hornbach.de

Kloster Limburg

Bei Bad Dürkheim. Die Limburg ist eines der bedeutendsten Denkmäler frühsalischer Baukunst. Selbst als Ruine läßt sie erkennen, welch geschichtsträchtiges Bauwerk sie war und welche Macht von dieser ehemaligen Benediktinerabtei ausgegangen ist. Wie durch Grabfunde belegt ist, war der Berg bereits in prähistorischer Zeit besiedelt. Auch eine römische Ansiedlung läßt sich nachweisen. Aus Anlass der Krönung des späteren deutschen Kaisers Konrad II. zum deutschen König wurde 1025

Klosterruine Limburg

an der Stelle der salischen Burg ein Kloster gegründet. Die Kirche wurde 1042 geweiht, ab 1574 verfiel das Kloster. Seit 1973 laufen hier umfassende Restaurierungsarbeiten, interessante Teile des Klosters, wie z. B. die Krypta mit ihren Kreuzgewölben oder der gotische Treppenturm, sind wieder instandgesetzt worden. Anfahrt: Zu Fuß erreicht man die Limburg vom Ortsteil Bad Dürkheim-Grethen aus über einen Weg, der an der evangelischen Kirche beginnt. Man kann aber auch mit dem PKW (gut beschildert) bis auf einen Parkplatz direkt an der Ruine fahren. Von April bis Oktober wird jeden Donnerstag um 15 Uhr (außer an Feiertagen) eine Führung angeboten. Treffpunkt am Brunnen der Burg. **Info:** Aktion Limburg e.V., Telefon 06322 66380 oder Tourist-Info, Telefon 935-156.

Kloster Otterberg

Otterberg. Seit 1143 existierte in der Stadt eine Zisterzienserabtei. In seiner Blütezeit (13. Jhdt.) verfügte das Kloster über

Besitzungen in rund 250 Orten im pfälzisch-rheinhessischen Raum. Mit der Zerstörung im Bauernkrieg (1525) begann das Ende der Abtei, ehe sie Kurfürst Friedrich III. 1561 aufhob. Die Abteikirche wird von Experten als bedeutendster Kirchenbau der Pfalz nach dem Speyerer Dom angesehen. Nach der Grundsteinlegung in 1168 baute man rund 90 Jahre an der z. T. spätromanischen und z. T. frühgotischen Kirche. Der Sandsteinbau - nach Zisterzienserart turmlos - wirkt von außen recht schlicht, aber trotzdem sehr monumental (79,5 m lang, 36 m breit, 20,5 m hoch). Wegen der Anordnung des Simultaneums durch Kurfürst Johann Wilhelm zog man 1708 in der Kirche eine Trennmauer hoch: den Reformierten gehörte das Langhaus, den Katholiken Querhaus und Chor. Die Mauer teilte den Bau bis 1980. **Internet:** www.otterberg.de/Tourismus

Kloster Rosenthal

Kerzenheim-Rosenthal. Die südlich von Göllheim gelegene Zisterzienserinnen-Abtei St. Maria wurde 1241 von Graf Eberhard II. von Eberstein, dem Besitzer der Herrschaft Stauf, gegründet. Die Kirche wurde im frühgotischen Stil erbaut und 1261 geweiht. Viele Töchter des Landadels traten in das Kloster ein, das sich außer Erziehungsaufgaben auch dem Landbau und seiner Verbesserung widmete. Es hatte manche Privilegien: Die Nonnen durften die Vorsteherin frei wählen, waren von jedem weltlichen Gericht und jeder geistlichen Besteuerung befreit. Das Kloster wurde vom Landadel unterstützt und beschenkt und erreichte eine hohe Blüte. König Adolf von Nassau, der 1298 in der Schlacht am Hasenbühl fiel, ruhte 11 Jahre in der Kloster-

kirche, bis er im Speyerer Dom beigesetzt werden konnte. Ende des 15. Jhdts. wurde die Kirche im spätgotischen Stil umgebaut. Dem Kloster standen 14 Äbtissinnen vor, bis es im Bauernkrieg (1525) verwüstet und 1572 durch Graf Philipp IV. von Nassau-Saarbrücken endgültig aufgelöst wurde. Von der einschiffigen Abteikirche sind Reste der Seitenmauern mit Strebepfeilern und der westliche Giebel erhalten, der das für Rosenthal charakteristische Türmchen mit dem Steinhaubendach trägt. Grabplatten von Äbtissinnen und Stiftern stehen an den Seitenmauern der Kirche. Es existiert ein kleines Museum mit Exponaten zur Geschichte des Kloster und mit einem Miniaturnachbau. **Öffnungszeiten:** Samstag, Sonn- und Feiertag 13 – 18 Uhr, sonst Schlüssel bei Haus Nummer 43. **Info:** Telefon 06351 8366 oder 42839.

Kloster Seebach

Bad Dürkheim-Seebach. Ehemaliges Benediktinerinnenkloster, bedeutender romanischer Bau, 1136 erstmals erwähnt. Hier wohnten vorwiegend adelige Töchter. Das Langhaus der Kirche wurde 1471 zerstört, 1591 nahm das klösterliche Leben sein Ende.

Kneipp-Wanderweg

1997 wurde der erste Kneipp-Wanderweg in Rheinland-Pfalz eingeweiht. Der 256 km lange Rundweg führt über bereits angelegte Wanderwege durch die Pfalz von Dannenfels im Norden bis an die deutsch-elsässische Grenze im Süden. Orientieren kann man sich an den Wegmarkierungen des Pfälzerwald-Vereins. Auf der Strecke findet man rund 50 Kneippeinrichtungen. Da die Kneipptherapie neben der Bewegung und den Wasseranwendungen auch auf einer gesunden Ernährung basiert, gibt es entlang der Strecke zahlreiche Restaurants, die auf einer besonderen Speisekarte Vollwertgerichte anbieten.

Knittelsheim (GER)

östlich von Landau, 976 Einwohner, 808 erstmals ur-

kundlich erwähnt. **Info:** VG
Bellheim

Knopp-Labach (PS)

zwischen Zweibrücken und
Landstuhl, 485 Einwohner, 355
m NN, 1264 erstmals ur-
kundlich erwähnt (Labach). Der
Ortsteil Knopp belegte 2000 im
Wettbewerb „Unser Dorf soll
schöner werden – Unser Dorf
hat Zukunft" im Gebiet Rheinhessen-Pfalz den 1. Platz, war
also der schönste pfälzische
Ort. **Info:** VG Wallhalben

Knöringen (SÜW)

nordwestlich von Landau, 469
Einwohner, 165 m NN, 775
erstmals urkundlich erwähnt.
Die Entstehung des Weinortes
reicht bis ins 6. Jhdt. zurück.
Info: VG Landau-Land

K.-O.-Braun-Museum

Ludwigshafen-Oppau, Edig-
heimer Straße 26 (Rathaus am
Georg-Hüter-Platz). Samm-
lungen zur Vor-, Früh- und
Ortsgeschichte sowie zur
bäuerlichen Kultur in der Pfalz.
Zahlreiche Möbelstücke und
Alltagsgegenstände spiegeln

K.-O.-Braun-Museum

die Wohn- und Arbeitswelten
früher Generationen wider.
Natürlich befasst sich die
Einrichtung auch mit der
Bedeutung der BASF für die
hiesigen Menschen. **Öffnungszeiten:** Sonntag 10 - 13 und 14
- 17 Uhr (August geschlossen).
Eintritt: frei. **Auskunft:** Telefon
0621 504-2573.

Koeberlin, Matthias

Der Schauspieler wurde 1974 in
Kriegsfeld geboren, wo er auch
seine Jugend verbrachte. Im
Jahr 2000 erhielt er für seine
Rolle in dem Film „Ben & Maria
– Liebe auf den zweiten Blick"
den 1. Günter-Strack-Fernseh-
preis als bester Nachwuchs-
schauspieler. Im April 2002
verkörperte er in dem ZDF-
Mehrteiler „Liebesau – die
andere Heimat" den jungen
Karli.

Kohl, Heinrich

Geboren 1873 in Landau, gestorben 1936 in Neustadt. Der als „großer Wanderer" bekannte ehem. Bankdirektor und Kommerzienrat war einer der fünf Mitbegründer des Pfälzerwald-Vereins. Er schuf eine Wanderkarte für die Pfalz, gab den Anstoss für die Wanderwegemarkierungen, plante die Errichtung von Hütten, Waldhäusern und Türmen, regte Lehrwanderungen an, war Hauptinitiator für den Bau der Wetterwarte auf der Kalmit und den Bau des Lindelbrunnhauses. In der Marktstraße in Landau ist eine Gedenktafel angebracht.

Kohl, Dr. Helmut

Der Politiker wurde am 3. April 1930 in Ludwigshafen geboren. 1950 Abitur, 1950 - 1958 Studium der Rechts-, Sozial- und Staatswissenschaften sowie Geschichte. 1958 Promotion zum Dr. phil., 1959 - 1969 Referent beim Verband der Chemischen Industrie in Ludwigshafen. Seit 1947 Mitglied der CDU, 1959 - 1976 Mitglied

Helmut Kohl

des Landtages RLP, 1969 - 1976 Ministerpräsident des Landes Rheinland-Pfalz, seit 1973 Bundesvorsitzender der CDU, seit 1976 Mitglied des deutschen Bundestages, von 1982 bis 1998 Bundeskanzler. Neben Adenauer, Motor des vereinten Europas, auf deutscher Seite Hauptinitiator der Wiedervereinigung. **Internet:** www.helmut-kohl.de

Kohlmeyer, Werner

Der Fußballspieler wurde am 19.10.1924 geboren, er starb am 26. März 1974. In der Zeit von 1941 bis 1957 (mit Kriegunterbrechungen) bestritt er 332 Spiele (20 Tore) für den 1. FC Kaiserslautern und 22

Länderspiele. Er errang 1951 und 1953 mit dem 1. FCK die Deutsche Meisterschaft und 1954 mit dem Nationalteam den Weltmeisterschaftstitel.

Kollweiler (KL)

nördlich von Ramstein-Miesenbach, 410 Einwohner, 347 m NN, 1321 erstmals urkundlich erwähnt. **Info:** VG Weilerbach. **Internet:** www. weilerbach.de

Königsberg

Berg südwestlich von Wolfstein, 568 m, bis Anfang des 20. Jhdts. wurde hier Quecksilber abgebaut. An der Nordseite gegen Aschbach ist die einzige Schwerspatgrube der Pfalz.

Königskreuzdenkmal

Göllheim. Bei der Schlacht am Hasenbühl bei Göllheim am 2. Juli 1298 besiegte Albrecht von Österreich den Gegenkönig Adolf von Nassau. Diese Auseinandersetzung gilt als letzte gepanzerte Ritterschlacht in Europa. Hintergrund: 1292 war Graf Adolf von Nassau durch die Kurfürsten zum deutschen

König gewählt worden. Unter dem Vorwurf des mehrmaligen Landfriedensbruchs, ungerechtfertigter Streitigkeiten mit der Geistlichkeit und politischer Unfähigkeit wurde Adolf am 23. Juni 1298 abgesetzt. Zum neuen König wählten die Kurfürsten Albrecht von Österreich. Adolf wollte diese Entscheidung nicht hinnehmen. Er suchte die Entscheidung über die Königswürde in einer Schlacht. Am 2. Juli 1298 trafen die Truppen der beiden Könige auf dem Hasenbühl aufeinander. Adolf v. Nassau, dessen Heer unterlag, fiel in dem Kampf. Sein Leichnam wurde zunächst im Kloster

Rosenthal beigesetzt, später in den Speyerer Dom überführt. Zur Erinnerung an den gefallenen König Adolf von Nassau ließ dessen Witwe auf dem Hasenbühl ein Kreuz errichten. Zum Schutz vor dem Verfall wurde das Kreuz 1850 in eine neugotische Kapelle gestellt. Den Plan für die Kapelle entwarf August von Voit. Über dem Portal des Königskreuzdenkmals erkennt man die aus Eisen gegossenen Wappen von Bayern, Nassau, Pfalz und Trier, den Verbündeten Adolfs von Nassau. Anfahrt: A 63 – Abfahrt Göllheim – auf B 47 Rg. Eisenberg/Göllheim – Abbiegen nach Göllheim – im Kreisel Rg. Ortsmitte – Dreisener Straße – nach ca. 300 m am BMW-Autohaus rechts ab in die Königkreuzstraße – nach ca. 200 m auf der linken Seite.

Konken (KUS)

südwestlich von Kusel, nahe der A 62, 799 Einwohner, 340 m NN. **Sehenswertes:** Konker Warte (414 m) mit Aussicht übers Nordpfälz. Bergland. **Info:** VG Kusel

Körborn (KUS)

nordwestlich von Kusel, 356 Einwohner, 370 m NN, 1270 erstmals urkundlich erwähnt. **Info:** VG Kusel

Kottweiler-Schwanden (KL)

nördlich von Landstuhl, 1.401 Einwohner, 1349 erstmals urkundlich erwähnt. **Info:** VG Ramstein-Miesenbach

Krähenberg (PS)

nordöstlich von Zweibrücken, 166 Einwohner, 370 m NN, 1589 erstmals urkundlich erwähnt. **Info:** VG Wallhalben

Krämer, Julius

Geboren 1901, gestorben 1987. War von 1954 bis 1981 erster Bearbeiter des Pfälzischen Wörterbuchs.

Kraus, Heinrich

Geboren 1932 in St. Ingbert, wohnt in Bruchmühlbach-Miesau. Pfalzpreisträger und erfolgreicher Autor, der einen Großteil seiner Werke in Pfälzer Mundart verfasst. Er schreibt u.a. Hörspiele, Romane, Gedichte, Theaterstücke und

Fernsehspiele, z. B. "Unser Babbe drowwe im Himmel" oder "De Sultan vom Westrich".

Kreimbach-Kaulbach (KUS)

nordwestlich von Kaiserslautern, an der B 270, 965 Einwohner, 200 m NN, 1309 erstmals urkundlich erwähnt. **Sehenswert:** Nördlich des Ortes auf dem Kreimberg (392 m NN) liegt die „Heidenburg", Reste einer spätrömischen Siedlung aus dem 4. Jahrhundert u.a. mit Ringmauer, Schutzbau, Zisterne. Mehrere Vorwälle und Spuren einer spätkeltischen Befestigung bezeugen, dass hier bereits 200 v. Chr. Menschen wohnten. **Info:** VG Wolfstein

Kreuter, Karl

Geboren 1876 in Hauenstein, gestorben 1965. Volksschullehrer und Heimatschriftsteller.

Kreuzkapelle

Winnweiler. 1727/28 ließ der lothringische Oberamtmann Freiherr von Langen auf dem Berg über Winnweiler eine kleine Kapelle errichten. Es entwickelten sich bedeutende Wallfahrten dorthin, Eremiten ließen sich nieder. 1764 erbaute der Eremit Bruder Franz Lück die heutige, größere Kreuzkapelle, im Volksmund auch Wendelinus- bzw. Maria-Theresienkapelle genannt. Das Kaiserhaus steuerte nämlich Geld und Holz zu dem Umbau bei, Kaiserin Maria Theresie stiftete sogar ein Messgewand. Direkt an die Kapelle wurde eine Eremitage angebaut. Diese ist nach wie vor bewohnt. 1840 entstand der heute noch vorhandene

Kreuzkapelle Winnweiler

Turm. 1997/98 wurde die Kapelle umfassend renoviert. Die Innenausstattung stammt aber im wesentlichen noch aus der Erbauerzeit Mitte des 18. Jhdts. Auch die exponierte Lage mit Blick über Winnweiler lohnt auf jeden Fall einen Abstecher zu dieser Kapelle. Besichtigung: Die Kapelle ist normalerweise geschlossen. Aber Reinhold Ritthaler, der in der Eremitage wohnt, freut sich über Besuch und schließt die Kapelle gerne auf. Vorher kurz anrufen und Bescheid sagen, dass man vorbeikommt. **Auskunft:** Reinhold Ritthaler, Telefon 06302 2887. Lage: Auf der B 48 nach Winnweiler, Abfahrt Winnweiler Ortsmitte. Die erste Straße links Richtung Imsbach und gleich wieder links auf den Falkensteiner Weg (Richtung Forstamt). Bergan, oben am Berg nochmals rechts ab auf dem befestigten Waldweg zur Kapelle.

Krickenbach (KL)

südwestlich von Kaiserslautern, nahe der B 270, 1.210 Einwohner, 1371 erstmals urkundlich erwähnt. **Info:** VG Kaiserslautern-Süd

Kriegsfeld (KIB)

nordwestlich von Kirchheimbolanden, 1.107 Einwohner, am Kriegsbach, um 900 erstmals urkundlich erwähnt, 320 – 340 m NN. Mehr als die Hälfte der zum Ort gehörenden Fläche ist mit Wald bedeckt, etwa ein Drittel wird landwirtschaftlich genutzt. Zum Ort gehört der Weiler Schniftenbergerhof. **Sehenswertes:** Der Ortskern ist als Kulturdenkmalzone ausgewiesen. Er zeigt die für die Nordpfalz typische Formenvielfalt wie Streck-, Haken- und Dreiseithöfe. Einige Barockhäuser, zum Teil mit Fachwerk (18. Jhdt.), zieren den Ort. Weitere Kulturdenkmäler sind das Kriegerdenkmal und der Ziehbrunnen. Zur Gemeinde gehören zwei Kirchen: Die Ev. Kirche (1607/1722) mit einem romanischen Chorturm und Malereien (17. Jhdt.) sowie die Kath. Kirche St. Matthäus. **Info:** VG Kirchheimbolanden. **Internet:**www.kirchheimbolanden.de

Krimhildenstuhl

Bad Dürkheim: Nahe der Klinik Sonnenwende wurde ein ehemaliger römischer Steinbruch freigelegt, der Krimhildenstuhl. Wie Inschriften belegen, war er der Steinbruch der in Mainz stationierten XXII. Legion. Unter anderem wurden Arbeitsanweisungen, Weiheinschriften und rund 40 Felszeichnungen entdeckt. Damit ist der Krimhildenstuhl ein ganz außergewöhnliches Kulturdenkmal.

Kröher, Hein und Oss

Geboren (17. September 1927) und wohnhaft in Pirmasens. Die Volkssänger und Liederforscher (über 20 Alben und über 2.000 Konzerte) treten mit ihren Liedern für Freiheit und Gerechtigkeit auf. Sie gelten, so Ministerpräsident Kurt Beck, als pfälzisches Urgestein und herausragende Repräsentanten der deutschen Folkszene. Mit unermüdlicher Schaffenskraft hätten sie sich für die Erneuerung und Verbreitung des volkstümlichen, demokratischen Liedguts engagiert. Zu ihrem rund 1500 Liedern umfassenden Repertoire zählen z. B. Stücke von Bertolt Brecht, Fernwehsongs, Soldaten-, Arbeiter-, Volks-, Freiheits-, Cowboy- und Partisanenlieder. Als Schriftsteller haben sich die typischen Pirmasenser ebenfalls einen Namen gemacht. 1991 haben die Zwillinge "Die Liederpfalz" herausgegeben, eine umfassende Sammlung von Liedern, die in der Pfalz gesungen werden. Für ihr Wirken wurden sie mit zahlreichen Ehrungen ausgezeichnet, unter anderem mit dem Bundesverdienstkreuz.

Kröppen (PS)

südwestlich von Pirmasens nahe der franz. Grenze, 781 Einwohner, 380 m NN, 1313 erstmals urkundlich erwähnt. **Sehenswert:** Grabhügel im Stausteiner Wald. **Info:** VG Pirmasens-Land. **Internet:** www.kroeppen.de

Krottelbach (KUS)

südwestlich von Kusel, 782 Einwohner, 1357 erstmals urkundlich erwähnt. **Info:** VG

Glan-Münchweiler. **Internet:**
www.krottelbach.de

Kuckucksbähnel

Seite 1984 fährt der historische Dampfzug auf einer Jahre zuvor stillgelegten Strecke durch das Elmsteiner Tal. Mit rund 480.000 Personen, die in den ersten zwanzig Jahren transportiert wurden, ist der Dampfzug, übrigens die erste Museumsbahn in Rheinland-Pfalz, zu einer richtigen Freizeitattraktion geworden. Den Fahrplan findet man im Internet unter www.eisenbahnmuseum-neustadt.de

Kuhardt (GER)

zwischen Germersheim und Wörth, 1.897 Einwohner, 1103 erstmals urkundlich erwähnt.

Sehenswertes: Heimatmuseum. **Info:** VG Rülzheim. **Internet:** www.ruelzheim.de

Kulinarische Landstraße

im Landkreis Kusel. **Info:** Tourist-Info, Trierer Str. 41, 66869 Kusel, Telefon (06381) 42 22 70, **Internet:** www.kuseler-musikantenland.de

Kultursommer Rheinland-Pfalz

1992 startete der Kultursommer als Initiative der Landesregierung Rheinland-Pfalz, angesiedelt im zuständigen Ministerium. Seit 1993 hat der Kultursommer ein jährlich wechselndes Motto. Der offizielle Auftakt findet jeweils an einem Wochenende im Mai und immer in einer anderen Stadt statt, danach folgen mehrere hundert Veranstaltungen im gesamten Bundesland. Im Juli 1994 wurde aus der Initiative ein eingetragener Verein. Kultursommer Rheinland-Pfalz will mit einem landesweiten, spartenübergreifenden Kulturangebot die rheinland-pfälzische Kunst- und Kulturszene präsentieren und fördern, den Bürgern und Gästen des Landes ein Kulturprogramm bieten, das es so nur in Rheinland-Pfalz gibt. Der Verein ermöglicht niveauvolle Kulturveranstaltungen abseits städtischer Zentren in der Fläche des Landes, bei denen die freie Kunst- und Kulturszene besonders gefördert wird. Dabei werden kulturhistorische Stätten als Spielstätten genutzt. Alle Veranstaltungen werden in ein gemeinsames Darstellungskonzept eingebunden. **Internet:** www.kultursommer.de

Kulturzentrum Herrenhof

Neustadt-Mußbach, An der Eselshaut 18. Regionale und zeltgenössische internationale Kunst, Kunsthandwerk, Dichterlesungen, Kammerkonzerte. **Offen:** Mittwoch 18 - 20 Uhr, Samstag 14 - 18 Uhr, Sonntag 11 - 18 Uhr. **Info:** Telefon 06321 66772. **Internet:** www.mussbach.de/Herrenhof

Kulturzentrum Kammgarn

Kaiserslautern (in der Stadt an der B 40, nähe Rathaus). Ex-

perimentierfreudige Studiobühne in der mittlerweile stillgelegten Fabrik der 1857 gegründeten Kammgarnspinnerei. Vielfältiges Monatsprogramm. **Info:** Telefon 0631 852-2548 oder 73021. **Internet:** www.kammgarn.de

Kuntz, Hermann

Geboren (1916) und gestorben (1996) in Mannweiler-Cölln. Autor, Zeichner, begleitete zahlreiche Ehrenämter in landwirtschaftlichen und kommunalen Gremien.

Hermann Kuntz

Kurpfalz-Park

Wachenheim/Weinstraße. Attraktionen des großflächigen, 70 Hektar großen Wild- und Erlebnisparks im Pfälzerwald sind u.a. die 600 m lange Rollerbobbahn, die Schwanenbootflotte, Bumperboats, Schwebesessellift, Kurpfalz-Express, Abenteuerspielplatz, Wildpark und zeitweise die Greifvogel-Freiflugschau. **Öffnungszeiten:** Der Park ist von April bis Oktober täglich ab 9.00 Uhr geöffnet. Der Wildpark ist ganzjährig, also auch außerhalb der Saison zugänglich. **Info:** Telefon 06325 2077 **Internet:** www.kurpfalz-park.de

Kusel (KUS)

nordwestlich von Kaiserslautern, 5.216 Einwohner, 226 m NN. Der Ortsname (kelt. Cosla = Einengung) zeugt vom keltischen Ursprung der Stadt. Funde belegen, dass hier auch Römer angesiedelt waren. Während der Frankenzeit bestand ein Königshof, der um 750 in einen Klosterhof umgewandelt wurde. Die Grafen von Veldenz förderten die Entwicklung des Ortes. 1346 erhielt Kusel Stadtrechte. **Sehenswertes:** Fritz-Wunderlich-Gedenkzimmer, Heimatmuseum, Druckereimuseum, Bade- und Freizeitpark. **Info:**

Tourist-Info, Telefon 06381 424-270. **Internet:** www.kuseler-musikantenland.de

Lambrecht (DÜW)

westlich von Neustadt, an der B 39, Stadt im Tal des Speyerbachs, 4.060 Einwohner, 977 erstmals urkundlich erwähnt. Im 16. Jhdt. kamen reformierte Flüchtlinge aus Frankreich und Niederlanden in die Ansiedlung. Die "Wallonen" waren überwiegend Tuchmacher. Sie errichteten Tuchwebereien, in denen Anfang des 17. Jhdts.

Patrizierhaus in Lambrecht

mehrere hundert Menschen beschäftigt waren. Nach der Eingemeindung des Ortes Grevenhausen (1839) wurde Lambrecht 1887 zur Stadt erhoben. **Sehenswertes:** Reste der ehem. Klosterkirche der Dominikanerinnen (14. Jhdt.), St. Lambertus-Kirche mit Geib-Orgel (1777), Kath. Kirche (1750), Patrizierhaus in der Wallonenstraße (Schnitzereien aus 1608), "Postturm" (1844, beim Bahnhof), Pfalzakademie, Geißbockbrunnen, Deutsches Schausteller-Museum, Turm am Dicken Stein. **Info:** VG-Verwaltung, Telefon 06325 181-0. **Internet:** www.lambrecht-pfalz.com

Lambsborn (KL)

südlich von Bruchmühlbach-Miesau, 791 Einwohner, 1277 erstmals urkundlich erwähnt. **Info:** VG Bruchmühlbach-Miesau

Lambsheim (LU)

westlich von Ludwigshafen, 6.054 Einwohner, 768 erstmals urkundlich erwähnt. **Sehenswertes:** barocke Hauptstraßen-bebauung (18. Jhdt.). **Info:** Gemeindeverwaltung, Telefon 06233 5109-0. **Internet:** www.lambsheim.de

Landau

Kreisfreie Stadt. 41.687 Einwohner (2001), Fläche ca. 83 qkm, 144 m NN. Hier siedelten bereits Kelten, Alemannen und Franken. Urkundlich erwähnt ist Landau 1257, als Graf Emich IV. von Leiningen-Landeck die Siedlung erhielt. 1274 Stadtrechte durch Rudolf von Habsburg, 1291 Freie Reichsstadt. Von 1324 bis 1511 war die Stadt an die Speyerer Bischöfe verpfändet. Im Westfälischen Frieden von 1648 wurde Landau dem Schutz Frankreichs unterstellt. Ab 1688 veranlasste Ludwig XIV. seinen Baumeister Vauban, Landau zur "stärksten Festung der Christenheit" auszubauen. Viele Jahre lang arbeiteten zeitweilig bis zu 20.000 Menschen an der Festung. Zeugen dieser Anlage sind u.a. im nördlichen Teil der Kernstadt noch vorhanden. Die Wellen der Franz. Revolution erreichten auch Landau. Am 29.10.1791 wurde auf dem Paradeplatz die Freiheitssäule errichtet. 1794 ist die Stadt durch eine Pulverexplosion im Zeughaus fast völlig zerstört worden. 1815 kam Landau wieder an Deutschland. 1830 wurde Landau deutsche Bundesfestung, bis nach dem Krieg 1870/71 die Schanzwerke geschleift wurden. 1872 kaufte die Stadt das ehem. Festungsterrain, ließ Bastionen und Wälle einebnen und wandelte das Gelände in prächtige Parkanlagen um. Dadurch und durch die 1. Südwestdeutsche Gartenbau-Ausstellung entwickelte sich Landau zur Gartenstadt der Pfalz. **Sehenswertes:** Stiftskirche (1333) mit Seiffert-Orgel (1772), Kath. Kirche Hl. Kreuz (1413), Katharinenkapelle

(1344), Fort, Festungstore, Frank-Löbsches-Haus, Historisches Stadtmuseum, Strieflerhaus, Freizeitbad La Ola, Kleine Kalmit, Zoo, Landauer Kutschenkabinett, Ringstraßenanlage. **Info:** Büro für Tourismus, Telefon 06341 13-181 oder VG-Verwaltung Landau-Land, Telefon 143-0. **Internet:** www.landau.de oder www.suedlicheweinstrasse.de

Landauer

Bezeichnung für eine offene Pferdekutsche. Der Name rührt aus der Zeit der Belagerung der Stadt Landau während des spanischen Erbfolgekriegs durch König Joseph I. im Jahre 1702. Für die Fahrten zwischen Wien und seinem Hauptquartier in Impflingen bei Landau benutzte der König einen eigens für diese Reise konstruierten Kutschenwagen, bei dem das Verdeck nach zwei Seiten niedergeklappt werden konnte. So kamen die Wageninsassen in den Genuss von Luft, Licht

Marktplatz in Landau

und Sonne. Damit sollte insbesondere den Hofdamen die Fahrt "so kommod wie möglich" gemacht werden. Seit dieser Zeit werden diese vierrädrigen viersitzigen Wagen "Landauer" genannt.

Landauer Kutschenkabinett

Landau, Ecke Maximilian-/Poststraße (Nähe Bus-/Hauptbahnhof). Die Bezeichnung „Landauer" für eine offene Pferdekutsche rührt aus der Zeit der Belagerung der Stadt Landau durch König Joseph I. (1702). Für die Fahrten zwischen Wien und seinem Quartier in Impflingen bei Landau wurde nämlich extra ein Kutschenwagen konstruiert, bei dem das Verdeck nach zwei Seiten niedergeklappt werden konnte. Seit dieser Zeit werden diese vierrädrigen viersitzigen Wagen „Landauer" genannt. So ist es kein Wunder, wenn man in Landau mit dem Kutschen-Kabinett die Kultur des Reisens aufarbeitet. **Schwerpunkte:** Sonderschau 5000 Jahre Rad und Wagen u.a. mit Funden, Infotafeln und Karten - Nachbau eines „Landauers" - Holzschnitte, Kupferstiche und Fotos zum „Landauer" und anderen Kutschen - historisches Reisezubehör - „Landauer Schlitten" - Rad und Wagen auf Münzen und Medaillen. **Öffnungszeiten:** Donnerstag 15 – 18 Uhr. Eintritt: frei. **Auskunft:** 06341 82697 (Prof. Jäger).

Landesverband der Pfälzer in Bayern e.V.

Wagmüllerstraße 18, 80583 München, Telefon/Fax 089 294610.

Landkreise

Durch einen königlichen Erlass wurden im April 1818 in den linksrheinischen pfälzischen

Kutschenkabinett

Gebieten neue Landkommissariate gebildet, von denen jedes zwei bis vier Kantone umfasste. Die Vorstände der neuen Verwaltungsbehörden hießen "Landcommissäre". In dieser Gebietsreform wird die Geburtsstunde der heutigen Landkreise gesehen. Die jüngste Landkreisreform in Rheinland-Pfalz erfolgte 1969/72.

Landkreis Bad Dürkheim

Ca. 129.000 Einwohner, Fläche ca. 595 qkm. Zu dem Landkreis gehören die verbandsfreien Städte Bad Dürkheim und Grünstadt, die Gemeinde Haßloch sowie die sechs Verbandsgemeinden Deidesheim, Freinsheim, Grünstadt-Land, Hettenleidelheim, Lambrecht und Wachenheim. **Info:** www.kreis-bad-duerkheim.de

Landkreis Germersheim

Ca. 117.000 Einwohner, Fläche ca. 464 qkm. Zu dem Landkreis gehören die verbandsfreien Städte Germersheim und Wörth am Rhein sowie die sechs Verbandsgemeinden Bellheim, Hagenbach, Jockgrim, Kandel, Lingenfeld und Rülzheim. Einer der wirtschaftskräftigsten Landkreise in Deutschland. **Internet:** www.kreis-germersheim.de

Landkreis Kaiserslautern

Ca. 107.000 Einwohner, Fläche ca. 640 qkm. Der Landkreis im Herzen der Pfalz gliedert sich in die Verbandsgemeinden Bruchmühlbach-Miesau, Enkenbach-Alsenborn, Hochspeyer, Kaiserslautern-Süd, Landstuhl, Otterbach, Otterberg, Ramstein-Miesenbach und Weilerbach. **Internet:** www.kaiserslautern-kreis.de

Landkreis Kusel

Ca. 79.000 Einwohner, Fläche ca. 552 qkm. Dazu gehören die Verbandsgemeinden Altenglan, Glan-Münchweiler, Kusel, Lauterecken, Schönenberg-Kübelberg, Waldmohr und Wolfstein. Die Gegend hat einen ländlichen Charakter. Der Landkreis liegt im Nordpfälzischen Bergland. Im Süden reicht er in die Westpfälzische Moorniederung. **Internet:** www.landkreis-kusel.de

Landkreis Ludwigshafen

Ca. 141.000 Einwohner, Fläche ca. 305 qkm. Der Landkreis entstand 1969 im Zuge einer Verwaltungsreform. Seit 1.1. 2004 trägt er die Bezeichnung Rhein-Pfalz-Kreis. Hierzu gehören die verbandsfreien Gemeinden Altrip, Bobenheim-Roxheim, Böhl-Iggelheim, Lambsheim, Limburgerhof, Mutterstadt, Neuhofen, Römerberg und die Stadt Schifferstadt. Darüber hinaus existieren die Verbandsgemeinden Dannstadt-Schauernheim, Dudenhofen, Heßheim, Maxdorf und Waldsee. **Internet:** www.kreis-ludwigshafen.de

Landkreis Pirmasens

Ca. 105.000 Einwohner, Fläche ca. 954 qkm. Der Landkreis setzt sich zusammen aus den Verbandsgemeinden Dahn, Hauenstein, Pirmasens-Land, Rodalben, Thaleischweiler-Fröschen, Waldfischbach-Burgalben, Wallhalben und Zweibrücken-Land. Einer der größten Landkreise in Rheinland-Pfalz. Die über 150 Jahre vorherrschende Monostruktur der Schuhindustrie wird mittlerweile durch Betriebe der metall-, kunststoff- und holzverarbeitenden Industrie ergänzt. Seit 1.1.1997 trägt der Kreis den Namen Südwestpfalz. **Info:** Kreisverwaltung, Telefon 06331 809-126. **Internet:** www. suedwestpfalz.de

Landkreis Südliche Weinstraße

Ca. 105.000 Einwohner, Fläche ca. 640 qkm. Der Landkreis besteht aus den Verbandsgemeinden Annweiler am Trifels, Bad Bergzabern, Edenkoben, Herxheim, Landau-Land, Maikammer und Offenbach an der Queich. Mit knapp 12.000 ha Rebfläche einer der größten weinbautreibenden Landkreise in Deutschland. Ungefähr jede 6. Flasche deutschen Weines kommt aus dieser Region.

Landstuhl (KL)

westlich von Kaiserslautern, 9.037 Einwohner, 246 - 370 m NN, 830/850 erstmals urkundlich erwähnt, größte Stadt im Landkreis Kaiserslautern. Um 800 aus einem fränkischen Königshof entstanden, 1326 als Stadt genannt. 1505 erbte Franz von Sickingen die Burg Nanstein, die er zu einer Festung ausbaute und mit der Stadt im Tal durch eine Mauer verband. Durch Sickingens Prediger Martin Butzer wurde Landstuhl 1522 die erste evangelische Gemeinde der Pfalz. **Sehenswertes:** Burg Nanstein, Kirche St. Andreas (1753) mit Grabmal Franz v. Sickingens, Rentei (1767), Sickingen-Museum, Bismarckturm, Zehntenscheune (1734), Allwetterbad, Burgspiele. **Info:** VG-Verwaltung, Telefon 06371 83-0. **Internet:** www.landstuhl.de

Landstuhler Bruch
(siehe Westpfälzer Moorniederung)

Landwirtschaftliche Untersuchungs- und Forschungsanstalt
Speyer, Obere Langgasse 40. Seit ihrer Gründung als „Agrikultur-chemische Versuchsstation" 1875 steht die Landwirtschaftliche Untersuchungs- und Forschungsanstalt (LUFA) mit ihrer verantwortungsvollen Arbeit ganz im Dienste der Landwirtschaft und der Verbraucher. Seit über 100 Jahren ist die Einrichtung des Bezirksverbands Pfalz in der Oberen Langgasse ansässig. Ein neues Laborgebäude mit moderner technischer Ausstattung steht seit 2002 zur Verfügung. Darüber hinaus betreibt die LUFA seit 50 Jahren ein 12,5 Hektar großes Versuchsfeld auf dem Rinkenbergerhof vor den Toren Speyers. Die LUFA führt für Bürger und Behörden nicht nur chemische, physikalische und mikrobiologische Analysen durch, sondern ist auch in allen Bereichen der Umweltschutzanalytik tätig. Sie untersucht Böden, Klärschlämme, Komposte, Laub-, Nadel- und Wasserproben und überwacht die Kernkraftwerke der Umgebung, in dem sie Boden- und Pflanzenproben auf Radioaktivität untersucht. **Auskunft:** Telefon 06232 136-0. **Internet:** www.lufa-speyer.de

Langenbach (KUS)

südwestlich von Kusel, 479 Einwohner, um 1600 erstmals urkundlich erwähnt. **Info:** VG Glan-Münchweiler

„Langer Stein"

Stahlberg. Nahe des Berggipfels des Stahlbergs (489 m) steht der „Lange Stein", einer der größten Menhire der Pfalz. Obwohl der aus Sandsteinfels bestehende „Hünenstein" immer noch 3,40 m hoch ist, lassen Bruchstellen erkennen, dass der Stein früher wesentlich höher gewesen sein muss. Obwohl es keine eindeutigen Belege gibt, ist der Menhir nach Auffassung der meisten Experten in der Jungsteinzeit errichtet worden (um 2000 v. Chr.). Mit diesem Alter von rund 4.000 Jahren zählt der „Lange Stein" zu den ältesten Kulturdenkmälern Deutschlands.

Langgässer, Elisabeth

Geboren 1899 in Alzey, gestorben 1950 in Rheinzabern. Schriftstellerin. Sie schrieb u.a. Romane, Hörspiele und Gedichte. Für ihr literarisches Schaffen erhielt sie verschiedene Literaturpreise. **Internet:** www.langgaesser.de

Langmeil

OT von Alsenbrück-Langmeil, einem Ort im Donnersbergkreis.

Langweiler (KUS)

westlich von Lauterecken, nahe der B 270, 282 Einwohner, 1276 erstmals urkundlich erwähnt. **Info:** VG Lauterecken

Langwieden (KL)

südwestlich von Landstuhl, 275 Einwohner, 1440 erstmals urkundlich erwähnt. **Info:** VG Bruchmühlbach-Miesau

La ola

Landau, Im Horstring 2. 1993 eröffnetes Freizeitbad u.a. mit Wellenbecken, Wildwasserkanal, 100-m-Rutsche, Solargrotten, Thermalbecken, großzügiger Saunalandschaft. **Öffnungszeiten:** Montag 14 - 23 Uhr, Dienstag bis Samstag 10 - 23 Uhr (Freitag bis 24 Uhr), Sonntag 10 - 21 Uhr. **Info:** Telefon 06341 55115. **Internet:** www.la-ola.de

La Roche, Sophie de

geboren 1730 in Kaufbeuren, gestorben 1807 in Offenbach. Von 1780 bis 1786 lebte die Schriftstellerin in Speyer. 1770 erschien ihr wohl erfolgreichster Roman "Geschichte des Fräuleins von Sternheim". Während ihrer Zeit in Speyer gab sie die erste von einer Frau aufgelegte deutsche Frauenzeitschrift mit dem Titel "Pomona" heraus.

Latwerch-Bänd

Die Band aus dem Raum Kaiserslautern bietet Pfälzer Mundart mit verschiedenen Rhythmen (Folklore bis Rock). Bisher sind unter anderem eine MC ("Die Pfälzer Streitfraach") und die CDs "Pfälzer Scheibe", "Jahreszeiten", "Närrische Zeiten" erschienen. Die Band, die sich aus Klaus-Dieter Brehm, Gerhard Schnabel, Heinz-Werner Künstler, Manfred Gabbert, Manfred Diehl und Carsten Blauth zusammensetzt, wirkte bereits bei mehreren Rundfunk- und Fernsehsendungen mit. Übrigens: Latwerch ist die Pfälzer Be-zeichnung für Pflaumenmus. **Kontakt:** K.D. Brehm, Tel. 06301 8136, Manfred Diehl, Tel. 0631 28702. **Internet:** www. latwerch-band.de

www.pfalzlexikon.de

Die aktuelle Ergänzung zu Cronauer's Pfalzlexikon

Laumersheim (DÜW)

östlich von Grünstadt, 887 Einwohner, 115 m NN, Wein- und Obstbau, 766 erstmals urkundlich erwähnt. Von 1364 bis 1422 Stadtrecht. 1982 Sieger in dem Wettbewerb "Unser Dorf soll schöner werden". Geburtsort von Dr. Johann Christian Eberle. **Sehenswertes:** Kath. Kirche mit Wandmalereien (14. Jhdt.) und wertvollen Holzfiguren (1520), Wallfahrtskapelle (1722) auf dem Palmberg. **Info:** VG Grünstadt-Land

Lauter

a) Grenzflüßchen zwischen Pfalz und Frankreich, fließt bei Neuburg in den Rhein (Wieslauter)

b) Flüßchen, das von Kaiserslautern aus Richtung Norden und bei Lauterecken in den Glan fließt (Waldlauter).

Lauterecken (KUS)

Stadt nordöstlich von Kusel, Kreuzung B 270/B 420, wo die Lauter in den Glan fließt. 2.301 Einwohner, 170 m NN, 1222 erstmals urkundlich erwähnt, gehörte bis 1444 den Grafen von Veldenz. Im 16./17. Jhdt. bildeten Stadt und Burg sogar ein eigenständiges Fürstentum. **Info:** VG-Verwaltung, Telefon 06382 791-0. **Internet:** www.vg-lauterecken.de

Lautersheim (KIB)

zw. Kirchheimbolanden und Grünstadt, 637 Einwohner, 260 m NN, 788 erstmals urkundlich erwähnt. **Sehenswertes:** Die Ev. Kirche wurde von 1837 bis 1846 von August von Voit erbaut. Die Kath. Kirche entstand 1922 durch den Umbau

Prot. Kirche Lautersheim

einer ehem. Kriegsbaracke. Das älteste landwirtschaftliche Anwesen (Ende 18. Jh.) befindet sich in der Steinstraße 3. Eine auffällige Bauform hat das ehem. Spritzenhaus, das 1891 am Eingang des Friedhofs im neuromanischen Stil erbaut wurde. **Info:** VG Göllheim

Leeb, Root

1956 in Würzburg geboren, wohnt derzeit im pfälzischen Marnheim. Sie studierte in München Germanistik und Philosophie und anschließend

Sozialpädagogik. Sechs Jahre lang war sie als Straßenbahnfahrerin bei der Stadt München beschäftigt. Das ist wohl der Grund, warum es in einigen ihrer Bücher um eine Straßenbahnfahrerin geht. Seit 1991 ist sie freiberufliche Zeich-

Root Leeb

nerin, Illustratorin und Autorin. Werke: „Tramfrau" (1994), „Diesen Himmel schenke ich dir" (1998), „Mittwochs Frauensauna" (2001). Außerdem illustrierte sie zahlreiche Bücher ihres Ehepartners Rafik Schami.

Lehr- und Versuchsanstalt für Viehhaltung Neumühle

Münchweiler an der Alsenz. Als Schule für die Landwirtschaft hat sich diese Einrichtung im Alsenztal in der Trägerschaft des Bezirksverbands Pfalz einen Namen gemacht. Angehende Landwirte und Praktikanten erwerben Fachwissen und Fertigkeiten als Ergänzung zur betrieblichen Ausbildung. Gestandene Landwirte können sich in ein- oder mehrtägigen Spezialkursen in den fünf Lehrwerkstätten fortbilden. Aber auch Verbraucher, darunter Schulklassen, finden den Weg zur Neumühle und nehmen an landwirtschaftlichen Projekttagen oder -wochen teil. Der 220 Hektar große Gutsbetrieb mit rund 70 Hektar Forstfläche bietet mit seinen sechs modern ausgestatteten Lehrwerkstätten und einem großen Bestand an Nutztieren optimale Bedingungen für praxisnahe Bildung. Er ist die einzige überbetriebliche Ausbildungsstätte für Tierproduktion im Raum Rheinland-Pfalz/Saarland. **Auskunft:** Telefon 06302 603-0. **Internet:** www.lvav-neumuehle.de

Leimen (PS)

nordöstlich von Pirmasens, Rg. Johanniskreuz, 1.022 Einwoh-

St. Katharina-Kirche Leimen

ner, mit 475 m NN zweithöchster Ort der Pfalz, 1152 erstmals urkundlich erwähnt, anerkannter Erholungsort. **Sehenswertes:** Fritz-Claus-Denkmal, Freizeitpark. Die Kath. Pfarrkirche St. Katharina wurde 1932 eingeweiht. OT: Der Ortsteil Rüderhof wurde Anfang des 18. Jahrhunderts angelegt und 1724 erstmals urkundlich erwähnt. **Info:** VG Rodalben. **Internet:** www.leimen-pfalz.de

Leimersheim (GER)

zwischen Germersheim und Wörth, nahe dem Rhein, 2.634 Einwohner, 778 erstmals urkundlich erwähnt. **Sehenswertes:** Fachwerkhäuser, Hei-matmuseum Fischerhaus. **Info:** VG Rülzheim. **Internet:** www.ruelzheim.de

Leinbach

Die Quelle des Leinbaches liegt westlich von Waldleiningen. Er fließt zwischen Frankenstein und Weidenthal in den Hochspeyerbach. Ein Großteil des Bachlaufes ist mit Sandsteinquadern befestigt, da die Waldarbeiter den Leinbach früher für die Holztrift nutzten.

Leiningerland

Zu dem ehemaligen Herrschaftsgebiet der Grafen von Leiningen an den nordöstlichen Ausläufern des Pfälzerwaldes gehören heute die Stadt Grünstadt sowie die Verbandsgemeinden Eisenberg, Grünstadt-Land und Hettenleidelheim. Relikte aus der Grafenzeit sind die 900 Jahre alte Stammburg der Leininger Grafen in Altleiningen, der etwa 700 Jahre alte Familiensitz in Neuleiningen und die Battenberger Burg.

(siehe auch Grafen von Leiningen)

Leinsweiler (SÜW)

westlich von Landau, 401 Einwohner, 250 m NN, im Jahre 760 erstmals urkundlich erwähnt, anerk. Fremdenverkehrsort im Birnbachtal. **Sehenswertes:** Burgruine Neukastell (Slevogthof), Drei-Röhren-Brunnen (1581), Rathaus (1619), Ev. Martinskirche (z.T. 13. Jhdt.) mit Klais-Orgel. **Info:** Büro für Tourismus Landau-Land, Telefon 06345 3531. **Internet:** www.leinsweiler.de

Lemberg (PS)

4 km südöstlich von Pirmasens, 4.319 Einwohner, 335 m NN, um 1300 erstmals urkundlich erwähnt, anerkannter Erholungsort. **Sehenswertes:** Burg Lemberg, Brunnenstollen, Glasbläserbrunnen, Maiblumen-, Raben-, Ruppertsfels. Ortsteile: Salzwoog, Langmühle, Glashütte, Kettrichhof, Rodalberhof. **Info:** Fremdenverkehrsbüro, Telefon 06331 40264 oder VG Pirmasens-Land

Leo´s Tenne

Schweisweiler, Ortsstraße 9. Das Dorfmuseum widmet sich zum einen der langen Handwerkertradition des Ortes. Zahlreiche Gerätschaften und Erzeugnisse erinnern an Berufe

Leo's Tenne

wie Handformer, Steinmetz, Ziegler, Hufschmied und Hammerschmied. Des weiteren hat Leo Dörr eine große Sammlung an landwirtschaftlichen Geräten zusammengetragen. In der „Gud Stubb" des dazugehörigen Bauernhauses gibt eine umfangreiche Fotosammlung Aufschluss über die Dorfgeschichte. **Öffnungszeiten:** April bis September jeden 3. Sonntag im Monat 15 - 18 Uhr. Eintritt: frei. **Auskunft:** Leo Dörr, Telefon 06302 2147.

Leth, Siegfried von

Geboren am 4. April 1883 in

Kandel, gestorben 1914 im 1. Weltkrieg bei Arras in Frankreich. Der Maler zählt zu den wichtigsten Expressionisten. Von 1901 bis 1906 studierte er an der Karlsruher Kunstakademie. Von 1905 bis 1907 besuchte er die Freilichtmalschule von Heinrich von Zügel in Wörth. Während seiner Zeit in München setzte er sich u.a. mit dem Frühexpressionismus und der Kunst van Goghs auseinander. Er malte gerne Landschaftsbilder, wobei er den Wasgau, die Rheinebene bei Kandel und die Ostsee bevorzugte. Mehrere Werke von Leths befinden sich in der Pfalzgalerie in Kaiserslautern.

Levy, Ludwig

geboren am 18.04.1854 in Landau, gestorben am 30.11. 1907 auf einer Reise von Freiburg nach Karlsruhe. Levy gilt als einer der bedeutendsten Synagogenbauer seiner Zeit. Er war unter anderem bis 1884 bei Paul Wallot, dem Architekten des Berliner Reichstags, angestellt. In diesem Jahr kehrte er in die Pfalz zurück, weil er den Auftrag für den Bau einer Synagoge in Kaiserslautern erhalten hatte. In den folgenden Jahren errichtete er zahlreiche jüdische Synagogen (u.a. Luxemburg, Baden-Baden, Rastatt, Bingen), christliche Kirchen (u.a. Bexbach, Mittelbach, Olsbrücken, Siegelbach, Weilerbach), öffentliche Gebäude und Herrenhäuser, darunter die Villa Streccius in Landau, die Villa Ritter in Kaiserslautern und die Villa Lieberich-Merkel in Neustadt. Sein bekanntestes Werk ist die Synagoge in Straßburg (1895 – 1898, 1940 zerstört). Von 1886 an war er auch Lehrer an der Baugewerkeschule in Karlsruhe.

Liebrich, Werner

geboren am 18. Januar 1927, gestorben am 20. März 1995. Als Fußballer absolvierte er in der Zeit von 1945 bis 1962 für den 1, FC Kaiserslautern 412 Spiele (30 Tore). Er gewann 1951 und 1953 mit dem 1. FCK die deutsche Meisterschaft und mit der Nationalmannschaft 1954 den WM-Titel.

Limburgerhof (LU)

südlich von Ludwigshafen, 10.701 Einwohner, 1930 aus Ortsteilen von Schifferstadt, Mutterstadt, Rheingönheim und Neuhofen gegründet. **Info:** Gemeindeverwaltung, Telefon 06236 691-0. **Internet:** www.limburgerhof.de

Linden (KL)

südwestlich von Kaiserslautern, 1.244 Einwohner, 1364 erstmals urkundlich erwähnt. **Info:** VG Kaiserslautern-Süd

Lindenberg (DÜW)

westlich von Neustadt nahe der B 39, 1.188 Einwohner, anerk. Erholungsort, entstanden um 1100. **Sehenswertes:** Kath. Kirche (1929, roter Sandstein), Prot. Kirche (1953, Zwiebelturm). **Info:** VG Lambrecht

Lingenfeld (GER)

nordwestlich von Germersheim, 5.382 Einwohner, 1043 erstmals urkundlich erwähnt. **Info:** VG-Verwaltung, Telefon 06344 509-0. **Internet:** www.vg-lingenfeld.de

Liselotte von der Pfalz

Im Mai 1652 in Heidelberg geboren, am 8. Dezember 1722 in Saint-Cloud gestorben. Elisabeth Charlotte von Orléans, Tochter des Kurfürsten Karl Ludwig von der Pfalz und der Kurfürstin Charlotte von Hessen-Kassel, lebte nach ihrer Heirat (1671) mit Herzog Philipp von Orléans, dem Bruder Ludwig XIV., am Versailler Königshof. Die Adlige, bekannt als „Liselotte von der Pfalz", gilt als pfälzische Nationalheldin. Durch ihre leidvollen Erfahrungen, ihren Stolz, ihre Unerschrockenheit, aber auch wegen ihrer sehr direkten Art und ihrer von derben Kraftausdrücken geprägten Ausdrucksweise ging sie in die Geschichte ein. Wie tapfer sie ihr von Intrigen überschattetes Leben am Hof ertrug, spiegelt sich in den vielen tausend Briefen wider, die sie an Verwandte und Bekannte in die Pfalz schrieb. Insgesamt soll sie in ihrem Leben fast 60.000 Briefe verfasst haben. Die Herzogin war 19 Jahre alt, als 1671 in Straßburg der verhängnisvolle Heiratskontrakt unterschrieben wurde, der zum pfälzischen Erbfolgekrieg führte. (siehe Geschichtsteil ab 1671)

Loblocher Weinzehnt

Neustadt-Gimmeldingen. Im Mittelalter mussten die Winzer von Lobloch, heute ein Ortsteil von Gimmeldingen, ihren „Zehnten (also die Steuern) in Form von Wein an die Klöster entrichten. Seit 1976 wird in Gimmeldingen ein Weinfest gefeiert, das an diese Tradition erinnert. Der „Loblocher Weinzehnt" wurde von einer Jury der Pfalzwein-Werbung unter rund 200 pfälzischen Weinfesten als „Schönstes Weinfest des Jahres 2001" ausgezeichnet.

Lohnsfeld (KIB)

nordöstlich von Kaiserslautern an der B 40, ca. 250 m NN, 984 Einwohner, 1190 erstmals urkundlich erwähnt. **Sehenswertes:** Der Lohnsfelder Kunst- und Werkhof ist für viele Kunst- und Kulturinteressierte seit langem ein Begriff. Die Ev. Kirche trägt über dem Eingang das Erbauungsjahr 1602, jedoch ist der gotische Chor (13. Jhdt.) wesentlich älter. Diese Kirche diente als Simultankirche, bis 1932 die Kath. Kirche eingeweiht werden konnte. Kennzeichen dieser Kirche ist der wie ein Erker angesetzte Giebelturm mit einer zwiebelförmigen Kupferhaube. Ein stattliches Gebäude, teilweise noch mit Fachwerk, ist das ehem. Schulhaus (Kaiserstr. 23). Die frühere Mühle (Kaiserstr. 2) ist 1778 erstmals erwähnt. Sie war bis 1958 in Betrieb und ist heute unter Denkmalschutz. Am Ortsausgang Rg. Wartenberg-Rohrbach findet man einen heute nur noch selten vorhandenen Kilometerstein (ca. 1875). Das Gasthaus Pfeiffer (Kaiserstr. 39) wurde bereits 1842 als Posthalterei erbaut. **Info:** VG Winnweiler

Lohnsfelder Kunst- und Werkhof

Lohnsfeld. Bekannt geworden ist dieser Hof durch die Stallkonzerte, die Familie Hauck 13 Jahre lang veranstaltet hat. Seit März 1993 lebt Familie

Christiansen hier. Um ihren neuen Ideen und Inhalten Ausdruck zu verleihen, nennen sie den Hof "Lohnsfelder Kunst- und Werkhof". An diesem Ort der Begegnung werden Ausstellungen, Kurse für Erwachsene (Töpfern, Aquarellmalerei, Spinnen, Emaillarbeiten), Kurse für Kinder (Singen, Spielen, Werken, Malstunden) und weiterhin auch die Stallkonzerte angeboten. Während der Konzerte werden die Kinder von Erziehern betreut. Info: Höringer Straße 2, 67727 Lohnsfeld, Telefon 06302 2546.

Lohnweiler (KUS)

südlich von Lauterecken, an der Lauter, 478 Einwohner, 1326 erstmals urkundlich erwähnt. **Info:** VG Lauterecken

Loschter Handkeesfeschd

Lustadt. In früheren Zeiten haben sich Hirten oftmals mit handgemachtem Schafskäse (Handkäs') für erhaltene Weiderechte erkenntlich gezeigt. Diese Handhabung bildete den Ursprung für das alte Hirtenfest. Bereits seit dem 18. Jahrhundert haben sich die Lustadter auf die Handkäsezubereitung spezialisiert ("Loschter Handkeesdricker"). Zur Wahrung dieser Tradition wird seit 1925 um den 1. Mai im Lustadter Maiblumenwald das Loschter Handkeesfescht gefeiert, das jährlich von über 40.000 Gästen besucht wird. **Internet:** www.loschter-handkees-fescht.de

Luchs

Wie „DIE RHEINPFALZ" am 20.12.1999 berichtete, gehen die Luchsberater davon aus, dass sich Ende 1999 wieder mindestens vier Luchse im Pfälzerwald aufhielten.

Ludwigsbahn

Diese Bahnstrecke von Ludwigshafen über Neustadt nach Kaiserslautern und weiter bis Homburg wurde am 25. August 1849 in Betrieb genommen. Sie ermöglichte erstmals den durchgehenden Bahnverkehr durch die Pfalz zwischen dem Rhein und der preußischen Grenze bei Bexbach.

Ludwigshafen

Kreisfreie Stadt. 163.002 Einwohner, Fläche ca. 78 qkm, 95 m NN, größte Stadt in der Pfalz. Im Jahre 1606 ließ Kurfürst Friedrich IV. als Vorwerk zur Festung Mannheim auf der linken Rheinseite eine kl. Festung (Rheinschanze) zum Schutz des Rheinüberganges bauen. Trotz schwerer Rückschläge im Pfälz. Erbfolgekrieg entwickelte sich die Rheinschanze zu einem Verkehrsknotenpunkt. Es entstand eine Siedlung mit eigenem Hafen. 1843 bekam der Handelsplatz mit seinen rund 90 Einwohnern nach König Ludwig I. von Bayern den Namen Ludwigshafen. Als eigentliches Gründungsjahr wird in Ludwigshafen 1853 angesehen, da am 15. April dieses Jahres der Gemeinderat erstmals zusammentrat. Neben dem Hafen lockte die 1847 erbaute Eisenbahnlinie Industriebetriebe an. Mit der Ansiedlung der BASF (1865) setzte die rasante Entwicklung zur Großstadt ein. **Sehenswertes:** Pfalzbau, Wilhelm-Hack-Museum, Stadtmuseum, K.-O.-Braun-Museum, Schillerhaus, Schulmuseum Rheingönheim, Museum Friesenheim. **Info:** Verkehrsverein, Am Hauptbahnhof, Telefon 0621 512035. **Internet:** www.ludwigshafen.de

Ludwigsturm

Dannenfels/Donnersberg. Naturgemäß hat man vom Donnersberg (687 m), dem höchsten Berg der Pfalz, eine herrliche Aussicht. Erst recht, wenn man die 142 Stufen des achteckigen und 26,9 m hohen Steinturms erklommen hat. Er

Ludwigsturm auf dem Donnersberg

wurde 1864 errichtet, 1865 eingeweiht und nach Beschädigungen im Krieg 1952/53 mit erheblichem Kostenaufwand renoviert. Seinen Namen verdankt der Turm König Ludwig II. von Bayern. Im Nordwesten kann man sehr gut die Kreisstadt Kirchheimbolanden und die A 63 entdecken, die um den Donnersberg herum weiter bis Richtung Winnweiler im Südwesten verläuft. Rechts neben Kirchheimbolanden erspäht man die Ruine der ehem. Eisenbahnbrücke bei Marnheim. Während man vom Norden bis Westen einen Großteil des Nordpfälzer Berglandes sieht, reicht der Blick vom Südwesten bis zum Südosten weit in den Pfälzerwald. Bei klarem Blick kann man darüber hinaus bis zum Schwarzwald und den Vogesen sehen. Schließlich liegt im weiterer Ferne im Südosten die Rheinebene. Übrigens: Der Sendeturm des Südwestrundfunks (207 m) steht im Westen, das Fernglas auf der Aussichtsplattform im Norden. Falls der Turm geschlossen ist,

kann man sich den Schlüssel im Gasthaus „Waldhaus" besorgen. Zur Erhaltung des Turms wird ein geringer Eintritt erhoben. Beim Besuch des Ludwigsturms sollte man auch noch einen Abstecher zum Keltenwall machen. Wie erreicht man den Turm? Auf der A 63 zwischen Kirchheimbolanden und Kaiserslautern nimmt man die Abfahrt Göllheim/Dreisen/Dannenfels. Über Weitersweiler, Bennhausen kommt man nach Dannenfels. Dort lotst die Beschilderung „Donnersberg" direkt zum Parkplatz auf dem Berg. Von dort ist man nach wenigen Minuten am Turm.

Ludwigsturm (Eschkopfturm)

Johanniskreuz. Auf dem Eschkopf (605 m) zwischen Leimen und Johanniskreuz steht der 20 m hohe Ludwigsturm. Der achteckige Steinturm hat 98 Stufen. Er wurde in den Jahren 1901/02 erbaut. Er ist ganzjährig zugänglich. Obwohl die Aussicht durch hohen Baumwuchs eingeschränkt ist, hat man einen schönen Rundblick über den Pfälzerwald. Dank der großen Firmenschrift „TEHA-LIT" kann man im Westen das Holzland mit den Orten Heltersberg und Geiselberg gut ausmachen. Am Horizont sieht man die Kühltürme des Kohlekraftwerks Bexbach im Saarland. In südlicher Richtung entdeckt man den Luitpoldturm (links hinter dem Postumsetzer). Wie erreicht man den Turm? Etwa 400 Meter, bevor die Straße von Leimen kommend auf die B 48 trifft, biegt man rechts in den Wald ein. Auf dem kleinen unbe-

Ludwigsturm bei Johanniskreuz

festigten Parkplatz kann man den Wagen stehen lassen. Zunächst läuft man ohne Markierung einige hundert Meter auf dem Waldwirtschaftsweg in den Wald. Dann trifft man auf die Wegmarkierung „gelb-roter Balken". Diese führt · später von der Markierung „rotes Kreuz" ergänzt · zum Eschkopfgipfel. Wegstrecke ca. 1,5 km.

Ludwigsturm

Weyher. In einer Höhe von 605 m NN erhebt sich auf dem Blättersberg westlich von Weyher der 15 m hohe Ludwigsturm. Der Verschönerungsverein Edenkoben hat den runden Steinturm 1889 erbaut. In dem Turm führen 75 Stufen zur Aussichtsplattform. Der erste Eindruck ist ein herrlicher Rundblick auf unzählige bewaldete Berge des Pfälzerwaldes. Dort kann man auch einige markante Punkte entdecken, wie zum Beispiel die Burg Trifels über Annweiler (süd-südwestlich) und den Luitpoldturm auf dem Weißenberg (westliche Richtung). Der Blick

Ludwigsturm bei Weyher

in die Haardt und die Rheinebene ist durch hohe Wälder
zwar etwas begrenzt. Trotzdem
kann man auch hier einige
besondere Punkte ausmachen,
wie zum Beispiel das Ham-
bacher Schloß (nördlich), Ludwigshafen (nördlich) und zwischen "Baumlücken" hindurch
den Kaiserdom zu Speyer
(Östliche Richtung). Einige
Tipps: Am Ludwigsturm stehen
mehrere Tische und Bänke für
eine gemütliche Rast. Nahe
dem Ludwigsturm befinden
sich das "Schweizerhaus" des
PWV Weyher (So., im Sept./

Okt. auch Sa. geöffnet) und der
Candiduspfad, ein beliebter
Wanderweg. Wie erreicht man
den Turm? Der bequemste Weg,
insbesondere mit Kindern,
beginnt an der Rietburgbahn.
In acht Minuten bringt einem
die Sesselbahn von der Tal-
station an der Villa Ludwigshöhe zur Burgruine Rietburg.
Von dort ist der Ludwigsturm
(ca. 2 km) über den Rundweg
Nr. 33 oder besser mit der
Markierung blau-gelber Balken
in einer halben Stunde zu
erwandern. Ein weiterer Weg
führt über Rhodt. Dort fährt
man in die bekannte Theresienstraße (Kastanienallee) und
immer geradeaus über einen
Wirtschaftsweg bis zum PWV-
Waldparkplatz "Rebschule" am
Vereinsheim der Rietburg-
schützen. Von dort kann man
ebenfalls den Rundwanderweg
Nr. 33 benutzen.

Ludwigswinkel (PS)

südwestlich von Dahn nahe der
franz. Grenze, 906 Einwohner,
240 m NN, jüngstes Dorf der
Südpfalz, 1783 von Landgraf
Ludwig IX. von Hessen-Darm-

stadt gegründet, Luftkurort, mehrfach schönstes Dorf des Landkreises. **Info:** VG Dahn. **Internet:** www.ludwigs-winkel.de

Luftkurort

In der Pfalz gibt es derzeit 10 Luftkurorte. Dieses Prädikat erhält, wer u.a. ein gesundheitsförderndes Klima und eine landschaftlich bevorzugte Lage hat, wer über Einrichtungen verfügt, die zur therapeutischen Anwendung des Klimas geeignet sind (z. B. Park, Waldanlage, Spiel- und Sportstätten, Liegewiesen, Schwimmbad in erreichbarer Nähe), wer über eine leistungsfähige Gastronomie und Hotelerie mit mindestens 200 Gästebetten verfügt und wer einen einem Kurbetrieb entsprechenden Ortscharakter (u. a. Haus des Gastes, Veranstaltungen) vorweisen kann. Die Anerkennung wird vom Land Rheinland-Pfalz verliehen.

Lug PS)

südöstl. von Hauenstein Rg. Annweiler, 663 Einwohner, 250 m NN, 1046 erstmals urkundlich erwähnt. **Info:** VG Hauenstein.

Luitpoldturm

Hermersbergerhof. Die Anregung, auf einem hochragenden Gipfel des Pfälzerwaldes, dem Weißenberg (607 m), einen Aussichtsturm zu bauen, kam von dem Pfälzerwald-Dichter Fritz Claus. Mit dem Engagement des damals noch jungen Pfälzerwald-Vereins begann man 1908 mit dem Bau. 1909 konnte der 28 m hohe, viereckige Turm mit 165 Stufen eingeweiht werden. Der da-

Luitpoldturm

malige Landesvater, der bayerische Prinzregent Luitpold, unterstützte den Bau maßgeblich. Deswegen trägt der Turm auch seinen Namen. Ein sichtbares Zeichen für die Unterstützung aus Bayern ist das Rautenwappen der Wittelsbacher, das neben dem Wappen mit dem kurpfälzischen Löwen an der Südfassade des Turms zu sehen ist. Die Aussicht auf den Pfälzerwald ist einmalig. Bei günstigem Wetter kann man vom Luitpoldturm aus rund 300 Berggipfel sehen. Der Blick reicht im Norden bis zum Donnersberg, im Nordwesten zum Potzberg, im Westen bis Rodalben, Pirmasens, zur Sickinger Höhe und darüber hinaus bis ins Saarland (Kohlekraftwerk Bexbach). Besonders gut zu sehen sind Leimen und die Burgruine Gräfenstein. Im Süden kann man den Wasgau und die Vogesen, im Südosten die Burg Trifels und den Rehbergturm und im Westen den Weinbiet und die Kalmit sehen. Im Juli 2002 wurden auf dem Turm Orientierungsplaketten installiert, mit deren Hilfe man zwölf bestimmte Ziele in der Pfalz, im Elsass und im Saarland exakt anpeilen kann. Im Vorbau des Turms finden Wanderer bei schlechtem Wetter Schutz. Wie erreicht man den Turm? Anfahrt zum Hermersbergerhof von der B 10 her (zwischen Hauenstein und Annweiler) oder von der Straße zwischen Johanniskreuz und Leimen. Von der B 10 kommend liegt der Turm ca. 1 km hinter, von Leimen kommend vor dem Hermersbergerhof. Parkgelegenheit am Fuße des Berges. Da man den Turm vom Parkplatz aus sieht, ist die Orientierung kein Problem. Fußweg bis zum Turm ca. 10 Minuten.

Lustadt (GER)

nordöstlich von Landau, 3.337 Einwohner, 773 erstmals urkundlich erwähnt, 1969 aus den Gemeinden Niederlustadt und Oberlustadt gebildet. **Sehenswertes:** Rathaus (1875), Fachwerkhäuser in der Heidengasse, Kirche St. Laurentius (steht unter Denkmal-

schutz), Loschter Handkees-
feschd. **Info:** VG Lingenfeld

Mackenbach (KL)

nordwestlich von Kaisers-
lautern, 2.077 Einwohner, im
Jahre 1281 erstmals urkundlich
erwähnt, bekannt durch seine
Wandermusikanten. **Sehenswertes:** Westpfälzer Wandermusikantenmuseum. **Info:** VG
Weilerbach. **Inrernet:** www.
weilerbach.de

Mackenbacher

Im Volksmund Sammelbe-
zeichnung für die westpfälzischen Wandermusikanten.
Siehe „Westpfälzer Wandermusikantenmuseum".

Maikammer (SÜW)

zw. Neustadt und Edenkoben,
am Fuße d. Kalmit, 4.161 Einwohner, 150 bis 300 m NN, um
1100 erstmals urkundlich erwähnt, ca. 500 ha Rebfläche,
typisches Ortsbild einer Weinbaugemeinde, bereits im 3.
Jhdt. besiedelt, 1977 zum
schönsten Dorf an der
Weinstraße gewählt. **Sehenswertes:** Kath. Pfarrkirche

(1757), Alsterweiler Kapelle,
Kalmit (673 m NN), Deutschlands größte Kiwianlage,
sehenswerte Wirtshausschilder,
"Pfälzer Schoppen"-Denkmal.
Ortsteil: Alsterweiler. **Info:** Büro
für Tourismus, Telefon 06321
589917, **Internet:** www.mai-
kammer.de

Mannlich, Johann Christian von

Geboren 1741 in Straßburg, gestorben 1822 in München.
Prägte entscheidend die "Zweibrücker Malschule" mit. Von
ihm stammen das Marienaltar-
bild in der katholischen Pfarrkirche und zwei Christusbilder
in der Alexanderkirche in Zweibrücken. Er war der erste Gene-
raldirektor der Bayerischen
Staatlichen Gemäldesamm-
lungen. Als Leiter aller Gemäl-
degalerien und graphischen
Sammlungen in München,
Zweibrücken, Düsseldorf und
Mannheim galt Mannlich als
ein Förderer des Nachwuchses.
Er trug wesentlich zum Aufschwung der süddeutschen
Landschafts- und Tiermalerei
bei. (Siehe Mannlichhaus)

Mannlichhaus

Zweibrücken, Herzogstraße 8. Seit 1976 besteht in Zweibrücken die Kulturstiftung Gehrlein-Fuchs. Der Zweck der Stiftung ist die Beschaffung und Unterhaltung Zweibrücker Kulturgutes, insbesondere aus dem Bereich des ehemaligen Herzogtums Pfalz-Zweibrücken. Dazu gehören u.a. Bücher, Dokumente, Schriften, Einrichtungsgegenstände, Möbel, Kleider, Kostüme, Trachten, Bilder, Porzellan, Münzen, Waffen. Durch die Ausstellung der Exponate in eigenen Räumen oder als Leihgaben an bestehende Einrichtungen fördert die Stiftung die Erforschung und Bekanntmachung der heimischen Geschichte.

Es war ein besonderer Wunsch der Stifterin Emmy Gehrlein-Fuchs, das Wohnhaus des Malers und Galeriedirektors Johann Christian von Mannlich, eines der Lotterienhäuser Herzog Christians IV., das 1857 von der Familie von Mannlich in den Besitz des bekannten Historikers Ludwig Molitor gelangte, als Gedenkstätte an die beiden für Zweibrücken so bedeutsamen Persönlichkeiten zu nutzen.

Großzügige Dauerleihgaben aus dem Besitz beider Familien ermöglichten es, im 2. Obergeschoß des Hauses in der Herzogstraße 8 fünf Räume auszugestalten. Darin sind über 50 Originalgouachen (Anm.: G. sind Bilder mit Wasserfarben und Bindemitteln und Deckweiß, deren Farbauftrag nach dem Trocknen eine dem Pastell ähnliche Wirkung ergeben) des berühmten Vogelwerkes ausgestellt. Außerdem sind weitere Ölgemälde Conrad und Johann Christian von Mannlichs zu

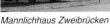

Mannlichhaus Zweibrücken

sehen. Zahlreiche Fürstenporträits aus der Geschichte des Herzogtums geben einen Eindruck von der fürstlichen Zeit der Stadt.

Im Hof des Anwesens befindet sich das erste und einzige in der Pfalz noch erhaltene Dampfbadehaus, das die Familie von Mannlich 1832 errichten ließ und dessen Fassade kürzlich vollständig restauriert wurde. Außerdem befinden sich im Hof die restlichen Steine des sogenannten von Besnardschen Gartenhauses und der Sandsteintrog (Biet) einer pfälzischen Obstkelter, die früher Bestandteil einer Obstmühle war. **Öffnungszeiten:** Sonntag 11 - 12 Uhr. Eintritt frei. **Auskunft:** Telefon 06332 44399.

Mannweiler-Cölln (KIB)

südöstlich von Obermoschel, an der Alsenz, 440 Einwohner, 175 m NN, im Jahre 1183 erstmals urkundlich erwähnt. **Sehenswertes:** Von der nahegelegenen Burgruine Landeck auf dem Schloßberg (263 m) sind noch geringe Reste zu sehen. Der Kulturhistorische Verein hat im alten Schulhaus auf dem Böhl das Randeck-Museum eingerichtet. Im alten Ortskern in der Böhl- und Burgstraße des OT Mannweiler hat sich die historische Bebauung der vergangenen Jahrhunderte weitgehend erhalten. Die Alsenzbrücke in der Burgstraße stammt aus der bayerischen Zeit (1870). Die Prot. Kirche im OT Cölln wurde 1860/61 erbaut. Auf der Gemarkung liegen der Morsbacherhof und der Weidelbacherhof. **Info:** VG Alsenz-Obermoschel

Maria Rosenberg

Waldfischbach-Burgalben. Vielbesuchter Marienwallfahrtsort der Diözese Speyer. Sein Ursprung reicht bis ins 12. Jhdt. zurück. Etwa um 1150 legten Prämonstratensermönche den Grundstein zur Errichtung der romanischen Gnadenkapelle „am Rodenberg", die heute zu den ehrwürdigsten Baudenkmälern der Pfalz gehört und das Herzstück der Wallfahrtsstätte bildet. Beachtenswert ist das Gnadenbild der Mutter mit

Gnadenkapelle Maria Rosenberg

dem göttlichen Kind im Innern der Kapelle. Die 90 cm hohe Barock-Madonna ist aus Eichenholz geschnitzt und in kräftigen Farben gefasst. Sie trägt den Titel "Geheimnisvolle Rose". Die steigende Frequenzierung der Kapelle führte 1430 zur Stiftung einer eigenen Kaplanei. Die Kapelle ging 1570 an die lutherischen Grafen von Hanau-Lichtenberg, wurde 1684 aber wieder an die Katholiken zurückgegeben. Mitte des 18. Jhdts. wandelte sich der Name von „Rodenberg" in „Rosenberg". Die von der "Jörg-Gesellschaft" gestiftete Wallfahrtskirche wurde von 1910 bis 1912 in barockisierendem süddeutschen Heimatstil erbaut. Rechts neben der Wallfahrtskirche fällt der Blick auf das Stifterhaus, links auf die Pilgerhalle mit den offenen Arkaden. Zu der Anlage der Gnaden- und Wallfahrtsstätte gehören u.a. ein Mädchenheim (1928), ein Exerzitienhaus (1931), ein Bildungshaus (1973), ein Gästehaus (1931) und ein Alten- und Pflegeheim (1994). Die Lourdesgrotte wurde 1913 eingerichtet. **Internet:** www.maria-rosenberg.de

Marienthal

ca. 330 m NN, Stadtteil von Rockenhausen mit interessanter prot. Kirche (1850) und ehem. Synagoge (Amtsstr.1).

Marnheim (KIB)

südlich von Kirchheimbolanden an der B 40, ca. 185 m NN, an der Pfrimm, 1.646 Einwohner, 774 erstmals urkundlich erwähnt. Funde aus der Franken- und Römerzeit belegen, dass die Gemarkung bereits in den Jahrhunderten vor Christus besiedelt war. **Sehenswertes:** Die ehemalige Eisenbahnbrücke über das Pfrimmtal (Baubeginn 1872, 265 m lang, 30 m hoch, 1945 gesprengt) erinnert an die Zeit, als Marnheim ein bedeutender Eisenbahnknotenpunkt war. Die Ruine hat man als technisches Kulturdenkmal erhalten. Auch das spätklassizistische Gebäude des ehem. Bahnhofs (1880) erinnert noch an die „Eisenbahnzeit". Wahrzeichen des Ortes ist der „Graue Turm", ein runder, etwas abseits der Ev. Kirche stehender Glockenturm mit den Umfassungsmauern aus dem 16. Jhdt. Er besteht aus Bruchkalksteinmauerwerk und ist ca. 33 m hoch. In der Hauptstraße stehen noch einige ältere Häuser und Anwesen, so z. B. das Prot. Pfarrhaus (Nr. 53) aus dem Jahre 1775. Zu dem Ort gehört die Weilersiedlung Elbisheimerhof. Bekannte Bürger sind Rafik Schami und Root Leeb. **Info:** VG Kirchheim-

Ehemalige Eisenbahnbrücke bei Marnheim

bolanden. **Internet:** www.kirchheimbolanden.de

Martinshöhe (KL)

südwestlich von Landstuhl, 1.775 Einwohner, vermutlich 1596 erstmals urkundlich erwähnt. Auf der Ortsgemarkung steht der Römerstein. **Info:** VG Bruchmühlbach-Miesau.

Martinsturm

Klingenmünster. Auf dem Treutelskopf (507 m) nordwestlich von Klingenmünster steht seit 1896 der 14 m hohe Martinsturm. Der Turm ist Eigentum der Nervenklinik Landeck. Das Geld für den Bau stiftete Martin Waldhausen, ein Patient der Klinik. Erbaut wurde er von Dr. Karrer. Die 44 Stufen hat man relativ schnell hinter sich gelassen, wobei die letzten Tritte eng und so steil wie eine Leiter sind. Die Sicht ist durch hohen Baumwuchs teilweise beschränkt. Aber das, was an Aussicht noch bleibt ist interessant. Schon beim Betreten de

Aussichtsplattform schaut man direkt auf die 5 km entfernte Burg Trifels. Zu sehen sind auch der Rehbergturm (linkerhand des Trifels), die Madenburg (nordöstlich), die Kalmit, Speyer und natürlich die Rheinebene rund um Klingenmünster. Eine Tafel hilft bei der Orientierung. Wie erreicht man den Martinsturm? In Klingenmünster der Beschilderung „Pfalzklinik/Pfalzinstitut" folgen. Dort in die Abfahrt „Pfalzinstitut/Burg Landeck" einbiegen. Nach einigen hundert Metern kommt man auf den Parkplatz direkt an der Burgruine. Von hier führt

Martinsturm

der Rundwanderweg Nr. 5 zum Turm. Gehzeit ca. 45 Minuten.

Maßweiler (PS)

nordwestlich von Pirmasens, 1.157 Einwohner, 330 m NN, 1304 erstmals urkundlich erwähnt. **Sehenswertes:** alte ev. Kirche. **Info:** VG Thaleischweiler-Fröschen

Matheis, Jörg

1970 in Altenglan geboren, mehrfach ausgezeichneter Schriftsteller, bekam u.a. 1998 den Förderpreis zum Georg K. Glaser-Preis für die Kurzgeschichte „Russisch", 2000 den Martha-Saalfeld-Preis für die Erzählung „Die Vögel von Samarkand", 2001 den Förderpreis des Eifel-Literatur-Festivals für die Erzählung „Mono". Der Germanist wohnt in Ingelheim bei Mainz.

Matzenbach (KUS)

südöstlich von Kusel an der B 423, 724 Einwohner, 219 m NN, 1360 erstmals urkundlich erwähnt. **Info:** VG Glan-Münchweiler. **Internet:** www.matzenbach.de

Maurer, Georg Ludwig von

Geboren 1790 in Erpolzheim. Jurist, entwickelte das Rechtswesen in Griechenland, war Minister unter König Ludwig I. von Bayern.

Mauschbach (PS)

südlich von Zweibrücken, 270 Einwohner, 240 m NN, 1277 erstmals urkundlich erwähnt. **Info:** VG Zweibrücken-Land

Maxdorf (LU)

westlich von Ludwigshafen, 6.918 Einwohner, der Ort besteht seit 1819. **Sehenswert:** Tier- und Vogelpark Birkenheide. **Info:** VG-Verwaltung, Telefon 06237 401-0. **Internet:** www.vg-maxdorf.de

Maximiliansau

Stadtteil von Wörth

Meckenheim (DÜW)

5 km südöstlich von Deidesheim, 3.387 Einwohner, 115 m NN, 768 erstmals urkundlich erwähnt, Wein-, Gemüse und Obstanbau. **Sehenswertes:** Kath. Kirche St. Ägidius (1740), Ev. Kirche (1749), stattliche Winzerhäuser, Pfälzer Brennerei-Museum. **Info:** VG Deidesheim

Medienzentrum Kaiserslautern (MZKL)

Kaiserslautern, Kanalstraße 3. Als Oberlehrer Peter Turgetto 1922 die „Lichtbilderstelle Kaiserslautern" einrichtete, legte er den Grundstein für das heute älteste Medienzentrum in Rheinland-Pfalz. Zugleich war diese Einrichtung die erste Bezirks-Lichtbilderstelle in der Pfalz. Im Laufe seiner Geschichte war das Medienzentrum in verschiedenen Standorten untergebracht: Schlosskaserne, ab 1962 als Stadt- und Kreisbildstelle in der Kottenschule, 1968 in der Theodor-Heuss-Schule, ab 1969 im „alten Stadthaus" und seit 1981 in der Kanalstraße. Die Hauptaufgabe besteht darin, Bildmaterial und Abspielgeräte zu lagern und an Schulen für den Unterricht, aber auch an Kindergärten, Jugendgruppen und Studenten auszuleihen. 2001 wurden knapp 14.000

Objekte ausgegeben. Im Jubiläumsjahr 2002 waren 3.327 Videofilme, 837 Lichttonfilme, 873 Diareihen, 110 Tonkassetten, 29 Medienpakete, 97 CD-ROM und 25 DVD-Filme im Bestand des MZKL. Hinzu kommen im „Turgetto-Archiv" rund 5.000 Bilder zur pfälzischen Geschichte, die zwischen 1909 und 1951 entstanden sind. (Quelle: DIE RHEINPFALZ vom 15.11.2002) **Internet:** www.fwu.de

Medard (KUS)

zw. Lauterecken und Meisenheim, am Glan, 529 Einwohner, 190 m NN, 1156 erstmals urkundlich erwähnt. Wie Funde belegen, siedelten in dieser Gegend bereits Kelten. **Info:** VG Lauterecken

Mehlbach (KL)

nördlich von Kaiserslautern, 1.200 Einwohner, 280 m NN, 1255 erstmals urkundlich erwähnt. **Info:** VG Otterbach. **Internet:** www.vg-otterbach.de

Mehlingen (KL)

nordöstlich von Kaiserslautern

an der B 40, 3.847 Einwohner, 310 m NN, 1257 erstmals urkundlich erwähnt, bereits in fränkischer Zeit gegründet, OT: Baalborn (1185 erstmals urkundlich erwähnt), Neukirchen, seit 1939 zur Gemeinde Mehlingen zusammengeschlossen. **Info:** VG Enkenbach-Alsenborn

Obstmühle im Ortsteil Baalborn

Meisterschule für Handwerker

Kaiserslautern, Am Turnerheim 1. Seit ihrer Gründung 1874 ist die Meisterschule für Handwerker als Ausbildungsstätte für Handwerksberufe ihrer Tradition treu geblieben, hat sich aber immer den neuesten technischen Entwicklungen angepasst. Heute ist die Bildungsstätte des Bezirksverbands Pfalz, die rund 900 Schülerinnen und Schüler besuchen, in drei große Bereiche gegliedert: Für die Ausbildung in den sieben Fachrichtungen Elektromechaniker, Maschinenbaumechaniker, Maler und Lackierer, Steinmetze und Steinbildhauer, Metallbauer (mit dem Schwerpunkt der Metallgestaltung), Goldschmiede und Tischler steht die dreijährige Berufsfachschule zur Verfügung. Die einjährige Fachschule zur Vorbereitung auf die Meisterprüfung sowie die zweijährige Fachschule zum staatlich geprüften Techniker bieten eine kompakte Weiterbildung. Darüber hinaus besteht die Möglichkeit, zusätzlich die Fachoberschul- bzw. die Fachhochschulreife zu erwerben. Mit europäischen Schulen, unter anderem in Spanien und Holland, besteht ein reger Austausch. **Auskunft:** Telefon 0631 3647-405 oder -406. **Internet:** w w w . m e i s t e r s c h u l e - kaiserslautern.de

Mennoniten in der Pfalz

Die Mennoniten entstanden aus der Täuferbewegung, die ihren Anfang in der Reformationszeit hatte. Verschiedene Glaubenspunkte, wie z. B. die Erwachsenentaufe, Eidesverweigerung und Wehrlosigkeit haben die Täufer von den übrigen reformatorischen, protestantischen Kirchen unterschieden. Die Täufer befürworteten eine starke Trennung von Staat und Kirche. Aufgrund dieser Glaubensgrundsätze wurden die Täufer stark verfolgt. Trotzt Verfolgung dehnte sich diese Bewegung im deutschsprachigen Raum immer weiter aus. Im 30-jährigen Krieg fast völlig ausgerottet, wanderten ab 1650 zahlreiche Schweizer Täufer, die in der Schweiz unerwünscht waren, hauptsächlich in die Kurpfalz ein. Die Nachkommen dieser Schweizerischen Täufer, später Mennoniten genannt, haben sich oft in der Landwirtschaft als hervorragende Landwirte ausgezeichnet. Die Zahl der in der Landwirtschaft tätigen Mennoniten ist rückläufig, sie sind heute in allen Berufen vertreten. Das Zusammenleben auf lokaler Ebene mit anderen Konfessionen ist mittlerweile eine Selbstverständlichkeit. Die heutigen Mennoniten in der Pfalz, eine der ältesten Freikirchen, kann man in drei verschiedene Gruppen einteilen. Die älteste Gruppe sind die Gemeinden, die von den eingewanderten Schweizerischen Täufern im 17. und 18. Jahrhundert gegründet wurden. Hierzu zählen die heutigen Mennonitengemeinden Altleiningen, Friedelsheim, Branchweilerhof, Monsheim, Obersülzen, Weierhof und andere mehr. Diese Gruppe zählt derzeit ca. 3000 getaufte Mitglieder. Eine zweite Gruppe bilden die nach dem 2. Weltkrieg eingewanderten Mennoniten preußischer Herkunft, die heute vorwiegend in der Mennonitengemeinde Enkenbach sowie vereinzelt in allen anderen bereits bestehenden Gemeinden eine neue Heimat gefunden haben. Die Gemeinde Enkenbach zählt ca. 350 Mitglieder. Die dritte Gruppe bilden die Aussiedler der russlanddeutschen Mennoniten, die in der Zeit zwischen 1980 und 2000 nach Deutschland eingewandert sind. Diese Gruppe ist hauptsächlich in Frankenthal und in Albisheim ansässig geworden und bildet dort jeweils eine große Gemeinde. Die russlanddeutschen Mennoniten in der Pfalz haben ca. 900 Mitglieder. **Weitere Infos:** Gary Waltner, Mennonitische Forschungsstelle, Am Hollerbrunnen 2a, 67295 Bolanden-Weierhof, E-Mail: mennoforsch@t-online.de., Telefon: 06352 700519. **Internet:** www.mennoniten.de

Mercedes-Benz-Werk Wörth

Wörth. Mit 87 Mitarbeitern begann Mercedes-Benz 1963 in Wörth mit der Produktion. Erste Aufgaben waren Rohbau und Grundierung von Lkw-Fahrerhäusern. 1965 rollte der erste in Wörth montierte Lastwagen vom Band. 1972

nahm das zentrale Nutzfahrzeuge-Ersatzteillager den Betrieb hier auf. 1980 verließ bereits der einmillionste Lkw das Werk. Mittlerweile hat sich das Mercedes-Benz-Werk in Wörth zum größten Lkw-Montagewerk in Westeuropa entwickelt. Mit modernster Technik werden jährlich rund 60.000 Lastwagen von der leichten bis zur schweren Klasse gebaut. 1800 Baumuster und über 50.000 Sonderausstattungen umfasst die Produktpalette, die das weltweit breiteste Angebot zwischen 7 und 38 Tonnen Gesamtgewicht darstellt. In dem Kundencenter in Wörth werden pro Jahr mehr als 20.000 Lkw-Fahrer geschult. Mit rund 11.300 Beschäftigten ist Mercedes-Benz (mittlerweile Daimler Chrysler AG) der zweitgrößte Arbeitgeber der Pfalz. **Internet:** www.mercedes-benz.de

Merk, Dr. Markus

Der bekannte Fußball-Bundesliga-Schiedsrichter aus Kaiserslautern ist am 15. März 1962 geboren. Er wohnt in Otterbach. Der Zahnarzt ist seit 1984 DFB-Schiedsrichter. In der 2. Bundesliga war er bereits 1985 im Einsatz. Seine erste Bundesligapartie leitete er 1988 (VfL Bochum gegen Bayer Uerdingen). Seit 1992 FIFA-Schiedsrichter. Einige Stationen: Olympiade 1992 in Barcelona, DFB-Pokalendspiel (1993), Endspiel Europapokal der Pokalsieger zwischen Paris St. Germain und FC Barcelona (1997), Europameisterschaft in Niederlanden/Belgien (2000), Weltmeisterschaft in Südkorea/Japan (2002). Er ist mehrfach zum Schiedsrichter des Jahres ausgezeichnet worden (erstmals 1994/95). Seine Hobbies: Triathlon und Reisen. Besondere Anerkennung gebührt Markus Merk für seinen humanitären Einsatz in Indien, wo er jedes Jahr wochenlang auf eigene Kosten ärztlichen Dienst leistet und sich um die Finanzierung großer Projekte kümmert.

Mertesheim (DÜW)

westlich von Grünstadt, Rg.

Eisenberg, 392 Einwohner, 155 m NN, 771 erstmals urkundlich erwähnt. **Sehenswertes:** Kath. Kirche (1504/Umbau u. Erweiterung 1683) mit Taufstein aus 1507, Kanzel (1704), Marienrelief über dem Portal (1504) und Hochaltar (17. Jhdt.). **Info:** VG Grünstadt-Land

Merzalben PS)

nordöstlich von Pirmasens, 1.293 Einwohner, 260 m NN, 1237 erstmals urkundlich erwähnt. **Sehenswertes:** Burg Gräfenstein, Kirche St. Peter und Paul (Chor 14. Jhdt.) **Info:** VG Rodalben. **Internet:** www. merzalben.de

Merzweiler (KUS)

westlich von Lauterecken, 203 Einwohner, 1341 erstmals urkundlich erwähnt. **Info:** VG Lauterecken

Messersbacherhof

Die Ursprünge dieser Siedlung, die zu Gundersweiler gehört, liegen im Mittelalter. Bereits 1195 wird hier ein Ort erwähnt.

Metzger, Helmut

Geboren 1917 in Bad Dürk-heim, gestorben 1995. Populärer Heimatdichter, der zahlreiche Werke in pfälzischer Mundart veröffentlicht hat, zum Beispiel "Ebbes", "Ebbes for Patiente", die "pälzisch Wei(n)Ig'schicht", "De Humor geht vor". Mehrfacher Preisträger bei Mundartwettbewerben. Schrieb u. a. auch Hörspiele und Volksstücke.

Michel, Rudi

Der als „Legende unter den Sportreportern" bekannte Journalist wurde am 2. August 1921 in Kaiserslautern geboren. 50 Jahre lang hat Rudi Michel, zunächst für den Hörfunk, dann als Fernseh-Reporter und schließlich als Sport-Organisator, das Fußball- und Sportgeschehen der Republik begleitet und maßgeblich mitgestaltet. Bei nahezu allen wichtigen Sportereignissen war er dabei: 1954 kommentierte er das Halbfinale der Fußball-WM, das die deutsche Mannschaft gewann, um im Finale in Bern Weltmeister zu werden. Michel war der Reporter, der 1966 das legendäre Wembley-Tor übertrug und bei der Fußball-WM 1974 in Deutschland das Finale zwischen Deutschland und den Niederlanden begleitete. Zwischen diesen historischen Ereignissen war er natürlich bei den allwöchentlichen Bundesligaspielen dabei, berichtete aber auch von der Tour de France und den Olympischen Spielen. Ab den 70er Jahren wechselte Michel mehr und mehr in die Rolle des Sport-Koordinators und -Organisators, etwa 1972 in München bei den Olympischen Spielen.

Michelin-Gourmetführer

Die Tester des wohl bekanntesten Gourmetführer, dem Roten Michelin-Führer, sind natürlich auch regelmäßig in der Pfalz unterwegs. In der aktuellen Ausgabe findet man gleich sieben ausgezeichnete Restaurants, die damit zu den besten 191 Gourmettempeln Deutschlands gehören. Dies sind: „Krone" (Herxheim-Hayna), „Schwarzer Hahn" im Deidesheimer Hof (Deidesheim), „Luther" (Freinsheim), „Steverding´s Isenhof" (Knittels-

heim), „Zur Kanne – Grand Cru" (Deidesheim), „Wartenberger Mühle" (Wartenberg-Rohrbach) und „Tschifflik" im Hotel Fasanerie (Zweibrücken).

Minfeld (GER)

direkt westlich bei Kandel, an der B 427, 1.616 Einwohner, 127 m NN, 980 erstmals urkundlich erwähnt. **Sehenswertes:** Kirche (um 1300, Anbauten 16. Jhdt., Wandmalereien). **Info:** VG Kandel. **Internet:** www.minfeld.de

Mithras-Denkmale

a) Reichweiler. Ein Kultbild, das ursprünglich als Tempelteil zu einer römischen Siedlung gehörte. Römische Soldaten brachten im 1. Jhdt. den Mithras-Kult von Persien mit nach Germanien. Im 2./3. Jhdt. war der Kult um den Lichtgott in weiten Teilen des römischen Reiches verbreitet. An dem Denkmal sieht man Mithras auf einem fliehenden Stier reitend, dem Tier das Messer in den Hals stoßend, begleitet von Löwe, Schlange und Skorpion. Darüber Sonnengott und Mond-

göttin im Halbkreisbogen.
b) Neustadt-Gimmeldingen. Das hier gefundene Kultbild trägt die Inschrift 325. Es zeigt Mithras auf einem Stier knieend und diesen mit einem Dolch tötend sowie weitere symbolhafte Darstellungen.

Mittelbrunn (KL)

südlich von Landstuhl, 706 Einwohner, 1364 erstmals urkundlich erwähnt. **Sehenswertes:** Ruine der mittelalterlichen Verenakapelle. **Info:** VG Landstuhl

Moosalb

Der Bach entspringt südöstlich von Trippstadt („Moosalbsprung" bei Johanniskreuz), fließt durch das Karlstal bei Trippstadt, vorbei an Schopp und Steinalben und bei Waldfischbach-Burgalben in den Schwarzbach. Gesamtlänge etwa 30 km.

Mörlheim

Stadtteil von Landau, Tabakanbau, einiziger nicht Weinbau betreibender Stadtteil von Landau.

Morsbacherhof

Der Weiler, der heute zu Mannweiler-Cölln gehört, wurde 1366 erstmals urkundlich erwähnt.

Mörsfeld (KIB)

nordwestlich von Kirchheimbolanden, 537 Einwohner, ca. 275 m NN, am Schindelbach, 1381 erstmals urkundlich erwähnt. Vom 15. bis 19. Jhdt. wurde hier Quecksilberbergbau betrieben. Zum Ort gehören eine Ev. Kirche (1749, Turm 1889) und die Kath. Kirche St. Michael (1910). **Info:** VG Kirchheimbolanden. **Internet:** www.kirchheimbolanden.de

Morschheim (KIB)

nördlich von Kirchheimbolanden, 749 Einwohner, 290 m NN, 1157 erstmals urkundlich erwähnt. **Sehenswertes:** Die Grabmäler in der Ev. Kirche St. Mauritius (1715) mit dem spätromanischen Chorturm belegen, dass der Ort im Spätmittelalter Sitz der Herren von Morschheim war. Zudem gibt es einige stattliche Gehöfte (17./19. Jhdt.), die zum Teil mit

Fachwerk erbaut sind. **Info:** VG Kirchheimbolanden. **Internet:** www.kirchheimbolanden.de

Mörzheim

Stadtteil von Landau, eine der ältesten südpfälzischen Ansiedlungen, 724 erstmals urkundlich erwähnt.

Moschellandsburg

siehe Burg Moschellandsburg

Motorradmuseum Otterbach

Otterbach, Otterstraße 18. In einem ungewöhnlichen Gebäude, der ehem. Prot. Kirche, hat der Otterbacher Motorradrennfahrer Heinz Luthringshauser 1980 dieses Museum eröffnet. Motorräder, mit denen er viele nationale und internationale Siege errungen hat, und die Trophäen sind hier zusammengetragen. Die Vielzahl der ausgestellten Maschinen – von „Oldtimern" bis modernen „Feuerstühlen" – lässt den Besucher die technische Entwicklung des Motorrads nachvollziehen. Viele Raritäten internationaler Motorradhersteller ergänzen die Sammlung deutscher Marken wie WANDERER, ADLER, TRIUMPH, HOREX, NSU, DKW und BMW. **Öffnungszeiten:** Sonntag 9 – 12 und 14 – 18 Uhr (April bis Okt.). **Auskunft:** Telefon 06301 2367.

Motorrad- und Technikmuseum Quirnheim

Öffnungszeiten: samstags und sonntags von 10 bis 18 Uhr. **Info:** Wolfgang Lock, Vorsitzender des Museumsvereins, Telefon 6359 85006.

Mozart, Wolfgang Amadeus

Der musikalisch sehr begabten Prinzessin Caroline von Nassau-Oranien ist es zu verdanken, dass Mozart 1778 Kirchheimbolanden be-

Motorradmuseum

suchte. Mozart spielte auf der Stummorgel in der lutherischen Hofkirche (heute Paulskirche) und gab Konzerte im Schloss.

Mühlenwanderweg

Wallhalben. Die beliebte Wanderstrecke führt an 13 ehemaligen Mühlen vorbei durchs Wallhalbtal. Die gut erhaltene Rosselmühle, deren Wasserrad sich noch sichtbar dreht, kann besichtigt werden. **Info:** VG-Verwaltung Wallhalben.

Müller, Adam

1814 in Gerhardsbrunn geboren, 1879 in München gestorben. Er galt als besonders gebildeter Landwirt, in seiner Heimat auch „Bauern-Pestalozzi" genannt. Er bildete sich in vielen Bereichen wie Physik, Mathematik, Geometrie, Botanik. In Metz erlernte er die französische Sprache. Er versuchte stets, sein Wissen für die Landwirtschaft nutzbar zu machen. Bereits sein erstes landwirtschaftliches Lehrbuch (1845) machte ihn weit über die Pfalz hinaus bekannt. Für den Wahlkreis Zweibrücken zog er

1848 in den bayerischen Landtag ein, dem er viele Jahre angehörte. Zuletzt führte er als Generalsekretär den Landwirtschaftlichen Verein Bayerns.

Müller, Friedrich

"Maler Müller" wirkte von 1765 bis 1775 in Zweibrücken. Dort erlebte er den Höhepunkt seines künstlerischen Schaffens. War auch literarisch tätig. Mit der Unterstützung von J.W. von Goethe übersiedelte er nach Rom. Dort verstarb er 1825.

Müller, Richard

Geboren 1861 und gestorben 1924 in Obermoschel. Der Gerbermeister wurde durch seine Gedichte und Theaterstücke im nordpfälzischen Dialekt bekannt.

Müller-Landau, Rolf

1903 In Südchina geboren, in Landau aufgewachsen, 1956 in Bad Berzabern gestorben. Bedeutender pfälzischer Künstler. Stilleben, Landschaften, Bildnisse und religiöse Motive bestimmten sein Werk. Entwickelte eine eigene Technik, die Farbschnittmonotypie (Aus Linoleum oder Holz geschnittene Formen werden auf feines Reispapier gedruckt). 1974 wurden Werke von ihm bei der Biennale in Venedig ausgestellt.

Münch, Paul

Geboren 1879 in Ludwigshafen-Ruchheim, gestorben 1951 in Kaiserslautern. Kunsterzieher und berühmter Pfälzer Mundartdichter. Schrieb u.a. "Die pfälzische Weltgeschicht", das Volksstück "Pfälzers Höllen- und Himmelfahrt".

Paul-Münch-Brunnen in Ruchheim

Münchweiler am Klingbach (SÜW)

10 km südlich von Annweiler, 230 Einwohner, 1219 erstmals urkundlich erwähnt. **Info:** VG Annweiler

Münchweiler a.d. Alsenz (KIB)

zw. Kaiserslautern und Kirchheimbolanden, im oberen Alsenztal, südwestlich von Winnweiler, 1.250 Einwohner, 250 m NN, 1019 erstmals urkundlich erwähnt. Von Mönchen des Klosters Hornbach gegründet. **Sehenswertes:** Das ehemalige Rentamt (1726), ein historischer Fachwerkbau in der Ortsmitte, ruht auf mächtigen Grundmauern, den Resten der einstigen Verteidigungsanlage. Es war im 18. Jh. das Domizil der Rentmeister, die im Auftrag der Grafen von Wieser die Herrschaftsrechte in Münchweiler ausübten. Mit dem davorstehenden Brunnen und der Dorflinde bildet es ein schönes Ensemble und das Wahrzeichen des Ortes. Die Ev. Kirche wurde um 1600 erbaut. Besonders sehenswert sind das

Ehemaliges Rentamt

Grabmal der Herren von Flörsheim (ca. 1600), die beiden Portale (1600 bzw. 1724) sowie die Malereien an Kanzel und Empore (1768). Die Kath. Kirche ist 1965 errichtet worden. Die ehem. Synagoge (1806) erinnert daran, dass es im Dorf einst eine bedeutende jüdische Gemeinde gab. Wegen seines Baumbestandes ist der 1844 angelegte (alte) Friedhof ebenfalls einen Besuch wert. Im Gasthaus "Zum Hirsch" werden bereits seit rund 300 Jahren Gäste bewirtet. Zum Ort gehört die Lehr- und Versuchsanstalt für Viehhaltung Neumühle. **Info:** VG Winnweiler

Münchweiler a.d. Rodalb (PS)

östlich von Pirmasens an der B 10, 3.031 Einwohner, 280 m NN, 1179 erstmal urkundlich erwähnt, anerkannte Fremdenverkehrsgemeinde. Da die Rodalb einst als natürliche Grenze diente, gehörte im 16./17. Jhdt. ein Teil des Ortes zur Herrschaft Lemberg und der andere zum Gräfensteiner Amt. **Sehenswertes:** Kienholzfest. **Info:** VG Rodalben. **Internet:** www.muenchweiler.de

Münsterappel (KIB)

östlich von Obermoschel, 541 Einwohner, 200 m NN, 777 erstmals urkundlich erwähnt. Während man vom 15. Jhdt. bis 1815 hier Quecksilber abbaute, nutzt man heute den fruchtbaren Boden auch für den Weinbau. **Sehenswertes:** Ein prägendes Element der Prot. Pfarrkirche ist der stattliche spätgotische Chor (Ende 15. Jhdt) mit den Strebepfeilern und den hohen Maßwerkfenstern. 1962 wurden im Chorgewölbe Malereien freigelegt, die um 1500 entstanden sein müssen. An den Chor schließt sich ein spätbarockes Langhaus an, das Graf Karl Ludwig zwischen

Prot. Kirche Münsterappel

1725 und 1733 erbauen ließ. Auf ihm „thront" ein zweistöckiger Dachfirstreiter mit einem doppelten Zwiebeldach. Interessant ist der zweigeschoßige Sakristeianbau mit Fachwerkobergeschoß und Krüppelwalmdach. Das nördliche Portal ist verziert und schließt mit dem Wappenstein des Wild- und Rheingrafen von Leiningen-Dagsburg ab. Die Inneneinrichtung ist z. T. ebenfalls schon mehrere hundert Jahre alt, so dass diese Kirche architektonisch sicherlich zu den interessantesten Gottes-

häusern im Donnersbergkreis gehört. Am Lindenplatz steht ein über 250 Jahre altes Pfarrhaus. **Info:** VG Alsenz-Obermoschel

Museum des Nord- und Westpfälzer Quecksilberbergbaus

Niedermoschel, im Bürgerhaus, Amtsgasse 21. Das Museum dokumentiert über 500 Jahre regionalen Bergbau auf Quecksilber, Silber und Kohlen sowie die erdgeschichtliche Entwicklung des Saar-Nahe-Berglandes. Zu sehen sind u. a. Mineralien, Fossilien, Gerätschaften, Fotos, Pläne, Dioramen und Modelle. Alles ist thematisch geordnet und ausführlich beschriftet. Zusätzlich bietet das Museum

Bergbaumuseum in Niedermoschel

Videofilme über den Bergbau und Fossilien, ein Spiel-Bergwerk für Kinder und eine Sammlung historischer Fotos aus allen Bereichen des Dorflebens von ca. 1900 bis heute. Auf Wunsch erhalten Schulklassen altersgerechte Arbeitsblätter. Eine Tonbandführung kann ebenfalls angeboten werden. **Öffnungszeiten:** von Mai bis Oktober jeden 2. Sonntag im Monat von 14 bis 16 Uhr. **Auskunft:** Gemeinde Niedermoschel, Telefon 06362 8898, Ernst Spangenberger, Telefon 06753 5296.

Museum Friesenheim

Ludwigshafen-Friesenheim, Luitpoldstraße 48. Die Ge-

Museum in Friesenheim

schichte vom kleinen Dorf zum Ludwigshafener Stadtteil und bedeutenden Industriestandort wird in dem Ortsmuseum dargestellt. **Öffnungszeiten:** 1. Sonntag im Monat 14 – 17 Uhr. Eintritt frei. **Auskunft:** Telefon 0621 6040593.

Museum für Film- und Fototechnik

Deidesheim/Weinstraße, Weinstr. 33 (Passage gegenüber dem Hist. Rathaus). Cineasten finden hier über 300 Filmaufnahmegeräte, Projektoren und Gegenstände aus der Zeit, als die Bilder laufen lernten, bis heute. Das 1990 in einem über 300 Jahre alten Haus eröffnete Museum vermittelt mit rund 2.000 Exponaten einen Einblick in die Entwicklung der Filmund Fototechnik seit mehr als 100 Jahren. Zahlreiche Meisterwerke der Optik und Feinmechanik sind zu sehen. **Schwerpunkte:** Fotokameras aller Formate, Sofortbildkameras, Laterna Magica, Stereoskopische Geräte, Elektronische Infrarotkamera, Kameras in Verbindung mit Licht-

Museum für Film- und Fototechnik in Deidesheim

und Elektronenmikroskopen, Diaprojektoren, Filmkameras und Projektoren für alle Formate, Hochgeschwindigkeitskameras, Wanderkinos- und Großkinoprojektoren, Fernsehkameras, Tonaufnahme- und Wiedergabegeräte. **Öffnungszeiten:** März bis Dezember Mittwoch bis Freitag 16 – 18.30 Uhr, Samstag und Sonntag 14 - 18.30 Uhr. **Auskunft:** 06326 6568 oder 96770. **Internet:** www.film-fotomuseum.de

Museum für Heimatgeschichte

Alsenz, Rathausplatz 3. Vor allem die häusliche Heimat des Museums, das historische Fachwerkrathaus aus dem 16. Jhdt. mit Gerichtslaube, Pranger und Eichstäben, ist einen genauen Blick wert. **Schwerpunkte:** Exponate aus römischer Zeit, dem Mittelalter, der Neuzeit und dem 19./20. Jhdt., Volkskundliche Sammlung, Schreinerwerkstatt aus dem 19. Jhdt., Pfälzische Münzen und Notgeld, Pfälzische Landkarten, Handgezeichnete Gemarkungskarten des 18. Jhdts., Fahnen, Siegel. Zur Nordpfalz-Galerie gehören Biographien mit Portraits von rund 50 bekannten Persönlichkeiten der Nordpfalz, die in

Heimatmuseum in Alsenz

kleinen Bilderrahmen in den vier Räumen und Fluren des Museums verteilt sind. **Öffnungszeiten:** Christi Himmelfahrt, Brunnenfest (1. Juli-Wochenende), Kerwe (letztes August-Wochenende), Weihnachtsmarkt (2. Dezember-Wochenende). Eintritt frei. **Auskunft:** VG-Verwaltung Alsenz-Obermoschel, Telefon 06362 3030, Bürgermeister K. Zepp, Telefon 06362 993282.

Museum für moderne Keramik

Deidesheim/Weinstraße, Stadtmauergasse 17. Diese Einrichtung des Landes Rheinland-Pfalz gewährt anhand wertvoller Stücke einen Einblick in das keramische Schaffen von der Jahrhundertwende bis heute. Von Zeit zu Zeit finden Ausstellungen mit namhaften Keramikern statt. **Öffnungszeiten:** nach Vereinbarung. **Info:** Telefon 06326 1222.

Museum für Naturkunde, Handwerk und Waffentechnik

Dahn, Erfweiler Str. 13 (OT Reichenbach). Präparate von Tieren der heimischen Wälder und Gewässer, Mineralien, Handwerkergeräte alter Berufe sowie die Waffentechnik der Jahre 1870/71, 1914/18, 1939/45 können in den drei Stockwerken besichtigt werden. **Öffnungszeiten:** Mittwoch, Freitag, Samstag 14 - 16 Uhr, Sonntag 10 - 17 Uhr (März bis Oktober). **Auskunft:** Telefon 06391 5067.

Museum für Ortsgeschichte

Mutterstadt, im hist. Rathaus, Oggersheimer Str. 10. Die geschichtliche Entwicklung der Gemeinde im Privat-, Arbeits- und Vereinsleben wird in vielfältiger Weise präsentiert. Zahl-

Museum in Mutterstadt

reiche Funde aus römischer Zeit lassen einen Rückblick auf rund 2000 Jahre Leben in der ebene zu. **Öffnungszeiten:** 1. Sonntag im Monat 14 – 17 Uhr. Eintritt frei. **Auskunft:** Telefon 06234 83229.

Museum für Ortsgeschichte und Weinbau

Zellertal, Ortsteil Zell, Hauptstraße 4. Schautafeln, Bilder, Grafiken, Kopien von Urkunden und anderen bedeutenden Dokumenten geben Auskunft über 1300 Jahre Zeller und Zellertaler Geschichte. Da Zell eine lange Weinbautradition hat, ja sogar durch eine urkundliche Erwähnung des Weinbaus im Jahre 708 als ältester Weinbauort der Pfalz gilt, nimmt sich das Museum besonders der „Weinthemen" an wie Entwicklung des Weinbaus, Hist. Weinbergshäuschen, Pioniere des Zellertaler Weinbaus und Weinlagennamen. **Öffnungszeiten:** Mai bis September jeden 1. Sonntag im Monat 15 · 17 Uhr. Eintritt frei. **Auskunft:** Heimatverein Zell, Telefon (06355 524.

Museum für Weinbau und Stadtgeschichte

Edenkoben, Weinstraße 107. Das Museum ist in einem historischen Gebäude untergebracht, das der Klosterschaffner Konrad Winckelblech 1716 erbaute. **Schwerpunkte:** Sandsteingewölbekeller: Weinbau und Kellerwirtschaft in früherer Zeit. Mit Originalgerätschaften (1850 und 1950) wird die Weinherstellung ausführlich dargestellt. Außerdem sind wertvolle Weingefäße sowie

Inforamtionen über Geschichte und Weinbau erhält der Besucher in Zellertal

eine kleine Geschichte des Weinfasses zu sehen. Raum 1: u.a. Skelette und Grabbeigaben eines Paares, das vor 1.400 Jahren bei Edenkoben bestattet wurde, erdgeschichtliches Modell des Raumes Edenkoben. Raum 2: Erläuterungen und Funde zu Geschichte und Wirken des Klosters Heilsbruck, u. a. Szene Bauern und Klosterverwalter bei der Zehntabgabe. Raum 3: Exponate, Abbildungen und Texte zum religiösen Leben in früheren Zeiten. sowie Landschaftsmalereien des 18. Jhdts. Raum 4/5: Darstellung der wechselvollen Geschichte Edenkobens als Oberschultheißerei, Zollstätte, Marktflecken, Kriegsschauplatz, Kantonshauptort und Schulstadt, u. a. hist. Stadtplan mit alten Ansichten und Schuleinrichtung anno dazumal. Raum 6: Stimmungsbild von der Gesellschaft in den Jahren 1870/71 mit ausgeprägtem Vereinsleben und Verehrung der Monarchen, u. a. Hochrad von 1894 und Original Edison Phonograph. Raum 7: Darstellung des Haushaltsall-

tags, insbesondere der Frauen, um die Jahrhundertwende, z. B. der Waschtag, das Spinnen, Kochen, Vorratshaltung und Handarbeiten. Raum 8: Entwicklung Edenkobens zu Beginn des 20. Jhdts. z. B. durch Telefon, Kraftpost, elektr. Oberlandbahn. Zu sehen sind u. a. eine rekonstruierte Schaufensterfassade eines Haushaltswarengeschäfts und eine hist. Telegraphenstation. **Öffnungszeiten:** April bis Oktober freitags 16 - 19 Uhr, samstags 15 - 18 Uhr, sonntags 14 - 17 Uhr. November bis März sonntags 14 - 17 Uhr. **Auskunft:** Telefon 06323 81514 oder Büro für Tourismus, Telefon 3234.

Museum für Weinkultur

Deidesheim, Bahnhofstr. 5. Das Museum im Historischen Rathaus dokumentiert den Umgang mit Wein von der Antike bis zur Neuzeit. Allerdings sieht sich das Museum nicht als Sammelstätte von Gegenständen. Es versucht vielmehr thematisch geordnet die Bezüge des Weins zur Religion, Kunst, Wissenschaft, Medizin,

Literatur, Malerei, Musik, Wirtschaft und Politik herzustellen. **Weitere Schwerpunkte:** Weingläser und –krüge, Bücher, Keramiken einheimischer Künstler, Holzfigur des Hl. Urban, Etikettensammlung, Funde aus der Römerzeit, Wein-Wandkarten, Raum mit lebensgroßen Figuren von Winzern und Küfern bei der Arbeit, Übersicht zu den pfälzischen

Museum für Weinkultur in Deidesheim

Weinlagen, Münzen- und Briefmarkensammlung, Wohnungseinrichtung einer Winzerfamilie um 1900, Weinstraßenbilder von Anita Büscher-Harling. **Öffnungszeiten:** März bis Dezember Mittwoch bis Sonntag 16 - 18 Uhr. **Auskunft:** Telefon 06326 702-14 (Karin Doll) oder 8389 (Hr. Eisenstein).

Museum Pachen

Rockenhausen Speyerstraße 3. Deutsche Kunst des 20. Jahrhunderts präsentieren Hella und Heinz Pachen. Sie besitzen eine der bedeutendsten Privatsammlungen mit mehr als 2.000 Werken von etwa 300 Künstlern aus dem gesamten deutschen Raum. Für einen bestimmten Zeitraum zeigen sie jeweils eine Auswahl ihrer Gemälde, Grafiken und Plastiken, wobei renommierte Meister des 20. Jahrhunderts und weniger bekannte Künstler gleichberechtigt ihren Platz finden. Naturalistische Darstellungen haben ebenso ihren Platz in den neuen, freundlichen Ausstellungsräumen wie abstrakte Arbeiten. Rheinlandpfälzischen Künstlern ist ein eigener Raum gewidmet. Hier ein Blick in die Liste der Künstler: Otmar Alt, Arno Breker, Emil Cimiotti, Otto Dix, Josef Hegenbarth, Bernd Kastenholz, Käthe Kollwitz, Max Pechstein, Karl Schmidt-

Heinz Pachen vor einem seiner Gemälde

Rottluft, Hermann Schmidt-Schmied, Max Slevogt, Heinrich Zille. Wer ein bißchen Zeit mitbringt, sollte unbedingt mit dem Sammlerehepaar ins Gespräch kommen. Denn ihre persönlichen Beziehungen zu den Künstlern und die Wege, wie manches Kunstwerk in ihre Hände kam, sind besonders interessant. **Öffnungszeiten:** Donnerstag und jeden 1. Samstag im Monat 15 - 17 Uhr. Eintritt frei. **Auskunft:** Telefon 06361 22136.

Museumsbäckerei

siehe Pfälzische Museumsbäckerei

Museum unterm Trifels

Annweiler, Quodgasse 32/Ecke Wassergasse. Das Museum be-

findet sich in einem alten Handwerkerhaus an der Quodgasse, von der Wassergasse über die Queichbrücke zu erreichen. In dem Haus wurde am 31. Juli 1876 Prof. Dr. Ing. Theodor Künkele (1876 - 1970) geboren. Er war Ministerialrat für das Forstwesen in Bayern und einer der bedeutendsten Biologen und forstwirtschaftlichen Schriftsteller der Pfalz. 1944 hatten Fliegerbomben das frühere Heimatmuseum mit den musealen Schätzen Annweilers zerstört, ein unwiederbringlicher Verlust. Nach dem Krieg trug man das wieder zusammen, was in Stuben, Speichern und Schuppen an Altertümern noch vorhanden war. Nach einer fast 10-jährigen Renovierung konnte das Museum am 30. Juni 2001 wieder eröffnet werden. **Schwerpunkte:** Gerberwerkstatt, mechanisches Werk und Ziffernblatt einer alten Turmuhr, Darstellung der Leinenherstellung in früherer Zeit, Darstellung des Wirtschaftslebens und der Gewerbe in Annweiler einst und heute, Darstellung von geologischen Formationen und Steinfunden in der Umgebung, verschiedene Trifelsmodelle, Aufbaustudien, Grabungsfunde, bedeutende Schmetterlingsammlung mit ca. 2.500 Exemplaren aus der Umgebung, Chronik der Annweiler Felsenbezwinger, Nachbildungen des Freiheitsbriefes von 1219 und der Siegel mittelalterlicher deutscher Kaiser, älteste Annweilerer Stadtgeschichte von 1767, genealogische Übersicht über das Kaisergeschlecht der Staufer, Gegenstände zum Leben, Wohnen und Arbeiten in Annweiler und Umgebung in früherer Zeit. **Auskunft:** Telefon 06346 1682 oder Büro für Tourismus, Telefon 06346 2200. **Internet:** www.trifelsland.de

Musikantenland-Museum

Thallichtenberg, Zehntscheune der Burg Lichtenberg. Dieses Museum in der Burg Lichtenberg erinnert an das Wandermusikantentum, das früher für diese Region ein sehr wichtiges

Musikantenland-Museum auf Burg Lichtenberg

Gewerbe war. Unzählige Exponate, wertvolle Musikinstrumente, Noten, Bilder, Szenen mit originalgetreuen Figuren und Original-Musik lassen das Leben der rund 2.500 Westpfälzer lebendig werden, die Ende des 19. und Anfang des 20 Jhdts. in der ganzen Welt unterwegs waren und mit Musik ihr Geld verdienten. In der Zehntscheune ist auch eine Zweigstelle des Pfalzmuseums für Naturkunde (Bad Dürkheim) untergebracht. Die Naturkundliche Dauerausstellung befasst sich mit der geologischen Vergangenheit des Pfälzer Berglandes. **Öffnungszeiten:** täglich 10 – 17 Uhr. **Auskunft:** 06381 8429 oder 424270 (Tourist-Info). **Internet:** www.kuseler-musikantenland.de

Musik in Burgen und Schlössern

Diese Konzertreihe findet jährlich im Rahmen des Kultursommers Rheinland-Pfalz statt. Die Landesstiftung Villa Musica bringt junge Musiker mit renommierten Professoren aus aller Welt zusammen. Deshalb werden in dieser Reihe keine Galas mit großen Stars organisiert. Vielmehr erhalten die Nachwuchsmusiker die Gelegenheit, mit erfahrenen Musikern zusammen zu arbeiten und mit ihnen Konzerte vorzubereiten. Die Aufführungen sollen auf unkonventionelle Weise Menschen in möglichst vielen Orten für klassische Musik begeistern. Dabei bieten die historischen Gemäuer von Burgen und Schlössern in Rheinland-Pfalz ein ansprechendes Ambiente für die Konzerte. Infos und Konzerttermine: www.villamusica.de

Mußbach

Stadtteil von Neustadt, 140 m NN, im Jahre 800 erstmals urkundlich erwähnt. **Internet:** www.mussbach.de

Mutterstadt LU

südlich von Ludwigshafen, 12.478 Einwohner, 767 erstmals urkundlich erwähnt, im 30jährigen Krieg vorübergehend entvölkert. **Sehenswertes:** barocke prot. Saalkirche (1755) mit Wehrturm (1517), Fachwerk-Rathaus (1568), Museum für Ortsgeschichte. **Info:** Gemeindeverwaltung, Telefon 06234 83-0.

Rathaus in Mutterstadt

Nanzdietschweiler (KUS)

westlich von Ramstein-Miesenbach, nördlich von Bruchmühlbach-Miesau, 1.303 Einwohner, 230 m NN. 1969 aus drei Orten gebildet. **Info:** VG Glan-Münchweiler. **Internet:** www.nanzdietschweiler.de

Nardini, Dr. theol. Paul Joseph

Geboren 1821 in Germersheim, gestorben 1862 in Pirmasens. Um die leibliche und seelische Not der Kinder zu lindern, gründete er 1852 als Pfarrer von Pirmasens einen neuen Orden. Ausgehend von dem Mutterhaus in Pirmasens folgten in den kommenden Jahrzehnten über 500 Niederlassungen in ganz Deutschland (59 in der Pfalz). Der Theologe ist in der Kapelle des Nardinihauses in Pirmasens begraben.

Nast, Thomas

Geboren am 26. September 1840 in Landau, gestorben am 7. Dezember 1902 als amerikanischer Konsul in Ecuador. Mit seiner Familie wanderte er 1846 nach Amerika aus und wurde dort als Begründer der amerikanischen politischen Karikatur sehr berühmt. Unter anderem stammen die Symbole der beiden großen Parteien, der Esel der Demokraten und der Elefant der Republikaner, aus seiner Feder. Mit seinen Zeichnungen beeinflusste er in Amerika sehr stark die politische Meinung und entschied dadurch sogar Präsidentenwahlen mit. Viele Menschen verstanden das Gezeichnete besser als das geschriebene Wort. Er wagte sich auch, Missstände bildnerisch anzuprangern. Nast erfand das heute noch gültige Dollar-Zeichen. Auch die Figur des Santa Claus soll, in Erinnerung an den pfälzischen Belzenickel, von ihm geschaffen worden sein. Er wird heute noch als bester Karikaturist der USA geehrt. Zum Beispiel gibt es in den Rocky Mountains einen „Mount Nast". In Landau ist der Weihnachtsmarkt nach ihm benannt. **Infos** über Thomas Nast findet man auf der Internetseite www.thomasnast.com.

„Naturale"

Das internationale Naturfilmfestival „Naturale", das 1985 zum ersten Mal vom Pfalzmuseum für Naturkunde organisiert wurde, hat sich zum renommiertesten im deutschsprachigen Raum entwickelt. Es bietet Profi- und Amateurnaturfilmern ein Forum zur Bewertung und Präsentation ihrer oft unter mühevollen Bedingungen entstandenen Produktionen. Höchste Auszeichnung ist die „Goldene Auerhahn-Trophäe". **Internet:** www.naturale.de

Naturfreunde

Die ersten Ortsgruppen der Wander-, Kultur-, Touristik- und Umweltschutzorganisation in Deutschland entstanden 1905. Im Landesverband Rheinland-Pfalz sind in den 48 Ortsgruppen rund 10.000 Mitglieder organisiert. In der Pfalz gibt es 28 Naturfreundehäuser. **Info:** Die Naturfreunde, Landesverband Rhld.-Pfalz, Hohenzollernstraße 14, 67063 Ludwigshafen, Telefon 0621 523191 **Internet:** www.naturfreunde-rlp.de

Naturpark Pfälzerwald

(siehe Pfälzerwald)

Neidenfels (DÜW)

zw. Neustadt und Kaiserslautern an der B 39, 976 Einwohner, 1360 erstmals urkundlich erwähnt. **Sehenswertes:** Prot.

Kirche (1933), Kath. Kirche (1939), Burgruine Neidenfels, Schimpf'sches Haus (1744, ehem. Forstmeisterei). **Info:** VG Lambrecht. **Internet:** www.neidenfels.de

Neigel, Jule

Geboren am 19. April 1966 in Barnaul (Sibirien). Mit sechs Jahren kam sie nach Ludwigshafen. In jungen Jahren spielte sie Querflöte, wechselte jedoch bald die Musikrichtung, in dem sie in einer Punkband, in einer Deutsch-Rockgruppe und in der Band „Stealers" in Mannheim mitwirkte. Danach gründete sie eine eigene Band, die „Jule Neigel Band". Ihren ersten großen Erfolg landete die Sängerin mit dem Titel „Schatten an der Wand" (1987). **Internet:** www.jule-neigel-band.de

Nerzweiler (KUS)

südlich von Lauterecken, nordwestlich von Wolfstein, 140 Einwohner, 1350 erstmals urkundlich erwähnt. **Info:** VG Lauterecken. **Internet:** www.nerzweiler.de

Neuburg a. Rhein (GER)

südlich von Wörth, 2.542 Einwohner, 108 m NN, 1086 erstmals urkundlich erwähnt. **Sehenswertes:** Ortsmuseum Neuburg, Schifffahrtsmuseum. **Info:** VG Hagenbach. **Internet:** www.neuburg-rhein.de

neuer landweg

Verein zur Förderung der Kleinkunst e.V. im Bereich Eisenberg/Grünstadt. Kontakt: Manfred Asel, Grünstadt, Telefon 06359 209291. **Internet:** www.neuer-landweg.de

Neuhemsbach (KL)

nördlich von Enkenbach-Alsenborn, 844 Einwohner, 280 m NN, im 13. Jhdt. erstmals urkundlich erwähnt. **Sehenswertes:** Die Kirche wirkt etwas eigenartig (fensterlose Südseite). Das ist damit zu erklären, dass die Kirche im 18. Jhdt. Teil eines Schlosses und die Südseite eine Innenmauer war. **Info:** VG Enkenbach-Alsenborn

Neuhofen (LU)

südlich von Ludwigshafen, ca. 7.384 Einwohner, 1194 erstmals urkundlich erwähnt, liegt am Rehbach. **Info:** Gemeindeverwaltung, Telefon 06236 4191-0. **Internet:** www.neuhofen.de

Neuleiningen (DÜW)

südwestl. von Grünstadt an der A 6, 875 Einwohner, 260 m NN, 1354 erstmals urkundlich erwähnt, Weinbau. **Sehenswertes:** Burg Neuleiningen, Kath. Kirche (ehem. Burgkapelle, 13. Jhdt/16. Jhdt). Die Reste der Burg und die Stadtmauer sowie die zahlreichen Fachwerkhäuser verleihen der mehrfach ausgezeichneten Fremdenverkehrsgemeinde ihr romantisches Ortsbild. **Info:** VG Grünstadt-Land. **Internet:** www. neuleiningen.de

Neumayer, Dr. Georg von

Geboren 1826 in Kirchheimbolanden, gestorben 1909 in Neustadt/Weinstraße. Wissenschaftler, Förderer und Initiator der Polarforschung, Gründer und erster Direktor (1876) der Deutschen Seewarte in Hamburg. Die deutsche Forschungsstation in der Antarktis ist nach ihm benannt.

Neunkirchen am Potzberg
(KUS)

südöstlich von Kusel, 466 Einwohner, 320 m NN, 1329 erstmals urkundlich erwähnt. **Info:** VG Altenglan

Neupotz (GER)

zw. Germersheim und Wörth, 1.719 Einwohner, das ehem. Fischerdorf Potz ist 1270 erstmals urkundlich erwähnt. 1532 legte man einen 500 m langen Damm zum Schutz vor den Rheinfluten an, was jedoch dazu führte, dass Potz bei einem Hochwasser überflutet wurde. Ab 1535 entstand nahe dem ursprünglichen Potz der Ort Neupotz. **Sehenswertes:** Heimatmuseum. **Info:** VG Jockgrim

Neustadt a.d. Weinstraße

Kreisfreie Stadt. 53.898 Einwohner, Fläche ca. 117 qkm, 142 m NN. Größte Weinbaugemeinde Deutschlands (2252 ha Rebfläche, ca. 7 Mio. Rebstöcke, über 1400 Winzerbetriebe). Der Ursprung der Stadt liegt in der Merowingerzeit. In der Karolingerzeit war der Ort Sitz eines

Rathaus in Neustadt

Grafen, der über den gesamten Speyergau herrschte. 1230 erstmals urkundlich erwähnt. König Rudolf von Habsburg verlieh 1275 die Stadtrechte. 1969 bzw. 1974 wurden neun traditionsreiche Weinorte eingemeindet: Diedesfeld, Duttweiler, Geinsheim, Gimmeldingen, Haardt, Hambach, Königsbach, Lachen-Speyerdorf, Mußbach. **Sehenswertes:** Burg Spangenberg, Burg Wolfsburg, Burg Winzingen, Casimirianum, Eisenbahnmuseum, Hambacher Schloß, Kulturzentrum Herrenhof, Weinbaumuseum Herrenhof, Die Reblaus, Saalbau (Kongreß-, Fest- und Theaterhalle aus dem Jahre 1873, nach einem Brand 1984 wieder aufgebaut), Stiftskirche (14. Jhdt., ursprünglich Grabstätte von zwei Pfalzgrafen, besitzt die mit 350

Zentner schwerste Stahlguss-glocke der Welt), Mithras-Denk-mal, Weinbiettturm, Stabenberg-warte, römisches Weingut im OT Ungstein, Kuby'scher Hof (1276), Heimatmuseum Villa Böhm, Deutsches Weinlesefest. **Info:** Tourist-Info, Telefon 06321 926892. **Internet:** www.neu-stadt.pfalz.com oder www.neu-stadt-weinstrasse.de

Niederalben (KUS)

nordöstlich von Kusel, nahe der B 420, 355 Einwohner, 210 m NN, im 15. Jhdt. erstmals ur-kundlich erwänt **Sehenswer-tes:** Naturschutzgebiet „Mit-tagsfels" mit seltener Flora und schroffen Felsen. **Info:** VG Altenglan

Niederhausen a.d. Appel (KIB)

nördlich von Rockenhausen, 249 Einwohner, 196 m NN, am Appelbach, 1066 erstmals ur-kundlich erwänt. Die Gemein-de mit Weinbau und einigen stattlichen Gehöften ist der nördlichste Ort der Pfalz. 1871 wurde die Brücke über den Appelbach errichtet. Seit 1894

steht am Ortseingang (Haupt-str. 35) das Gebäude des ehem. prot. Pfarrhauses. Ein Großteil der Schulstraße gehört wegen ihrer gut erhaltenen histori-schen Bausubstanz zur Denk-malzone. **Info:** VG Alsenz-Obermoschel

Niederhorbach (SÜW)

direkt nordöstlich von Bad Bergzabern, 497 Einwohner **Info:** VG Bad Bergzabern. **Internet:** www.niederhor-bach.de

Niederkirchen (KL)

nördlich von Kaiserslautern, östlich von Wolfstein, am Oden-bach, 2.109 Einwohner, im 12. Jhdt. erstmals urkundlich er-wähnt. **Info:** VG Otterberg

Niederkirchen bei Deidesheim (DÜW)

2 km östlich von Deidesheim, 2.375 Einwohner, 114 m NN, Heimatforscher gehen davon aus, dass Niederkirchen der Teil von Deidesheim ist, der 699 erstmals erwähnt wird. 1818 von Deidesheim getrennt. Be-kannt geworden ist die Gemein-

de durch die Fußballbundesliga- und Nationalspielerinnen des TuS Niederkirchen. **Sehenswertes:** Die kath. Pfarrkirche St. Martin ist eines der ältesten erhalten gebliebenen christlichen Baudenkmäler in der Pfalz (Turm 1080). **Info:** VG Deidesheim

Niedermohr (KL)

nordwestlich von Landstuhl, nahe der A 62, 1.535 Einwohner, 220 m NN, 1387 erstmals urkundlich erwähnt. **Info:** VG Ramstein-Miesenbach. **Internet:** www.niedermohr.de

Niedermoschel (KIB)

zwischen Obermoschel und Alsenz, am Moschelbach, 568 Einwohner, 155 m NN. **Sehenswertes:** Die Burgruine Lewenstein (500 m nördlich des Dorfes auf freiem Feld) ist 1173 erstmals erwähnt. Der Sitz des gleichnamigen Rittergeschlechts wurde 1689 zerstört. Ein Teil des Ritterhauses ist erhalten. Für die Ev. Kirche (1747) hat man den gotischen Turm der früheren St. Martin-Kapelle (14./15. Jhdt.) genutzt. Sie beherbergt das Grabmal des Ritters Hans von Lewenstein (1427) und eine Stumm-Orgel. Die Geschichte des örtlichen Bergbaus wird im Museum des Nord- und Westpfälzer Quecksilberbergbaus dokumentiert. **Info:** VG Alsenz-Obermoschel. **Internet:** www.niedermoschel. de

Niederotterbach (SÜW)

südöstlich von Bad Bergzabern, 304 Einwohner, 150 m NN, im Jahre 992 erstmals urkundlich erwähnt. **Info:** VG Bad Bergzabern

Niederschlettenbach (PS)

westlich von Bad Bergzabern an der Lauter, 366 Einwohner, 200 m NN, im Jahre 1068 erstmals urkundlich erwähnt. **Sehenswertes:** St. Anna-Kapelle. **Info:** VG Dahn. **Internet:** www. niederschlettenbach.de

Niederstaufenbach (KUS)

östlich von Kusel, 291 Einwohner, 240 m NN, 1323 erstmals urkundlich erwähnt. **Info:** VG Altenglan

Niefernheim (KIB)

Ortsteil von Zellertal

Nordpfälzer Bergland

(siehe Pfälzer Bergland)

Nordpfälzer Geschichtsverein

Heimatmuseum in Rockenhausen

Rockenhausen. 1904 gegründeter Verein, der sich intensiv mit der Heimatgeschichte der Nordpfalz befasst. U.a. verfügt der Verein über eine eigene Bücherei. Er gibt die "Nordpfälzer Geschichtsblätter" heraus und veranstaltet historische Symposien. **Info:** Edgar W. Fried, Am Pfingstborn 64, Telefon 06361 7335.

Nordpfälzer Heimatmuseum

Rockenhausen, Bezirksamtsstraße 8. In dem 1926 errichteten Museumsgebäude sind die Sammlungen des Nordpfälzer Geschichtsvereins zu sehen. Die einzelnen Abteilungen: "Vor- und Frühgeschichte", "Geologie und Paläontologie des Donnersbergraumes", "Bergbau und Burgen der Nordpfalz", „Geschichte der örtlichen Frw. Feuerwehr", „Imkerei", „Entwicklung der Landwirtschaft" und "Stadt und ehemaliger Landkreis Rockenhausen". Die hohe Kunstfertigkeit früherer Handwerker dokumentieren zahlreiche schöne Möbel, darunter Nordpfälzer Bauernschränke sowie ein Schrank aus dem nicht mehr existierenden Barockschloß Gaugrehweiler und Uhren von Peter Lanzer aus Bisterschied. Besonders wertvoll ist die Sammlung gusseiserner Öfen der Gienanth-Werke. Im Obergeschoß werden alte Handwerksberufe präsentiert. Eine Nordpfälzer Stube des 19. Jhdts. vermittelt einen guten Einblick in das Leben der Urgroßeltern. Im Museumsgelände werden einige Fundstücke aus der Umgebung gezeigt, darunter eine römische Brunnenanlage. **Öffnungszeiten:** Ostern bis Dezember Donnerstag und jeden 1. Samstag im Monat 15 - 17 Uhr. Eintritt: frei. **Auskunft:** Telefon 06361 1089 (Egon Busch) oder 7335 (Edgar Fried).

Nothweiler (PS)

südlich von Dahn direkt an der franz. Grenze, 175 Einwohner, 278 m NN, 1417 erstmals urkundlich erwähnt, anerkannter Erholungsort. **Sehenswertes:** Burg Wegelnburg, Besucherbergwerk "Eisenerzgrube". Der Zeppelinbrunnen erinnert daran, dass Ferdinand Graf von Zeppelin als junger Offizier während eines gefährlichen Patrouillenritts in dem Ort sein Pferd getränkt haben soll. **Info:** VG Dahn. **Internet:** www.nothweiler.de

Nünschweiler (PS)

zw. Pirmasens und Zweibrücken an der B 10, 836 Einwohner, 300 m NN, 1259 erstmals urkundlich erwähnt. **Sehenswertes:** alte Kirche. **Info:** VG Thaleischweiler-Fröschen

Nußbach (KUS)

zw. Lauterecken und Rockenhausen, 640 Einwohner, 1309 erstmals urkundlich erwähnt. **Info:** VG Wolfstein

Nußdorf

Stadtteil von Landau. In diesem Weinort begann 1525 der pfälzische Bauernkrieg. **Sehenswertes:** römischer Viergötterstein. **Internet:** www.landau-nussdorf.de

Oberalben (KUS)

nördlich von Kusel, 265 Einwohner, 308 m NN, im Jahre 1149 erstmals urkundlich erwähnt. **Sehenswertes:** Auswanderer-Museum. **Info:** VG Kusel

Oberarnbach (KL)

südwestlich von Landstuhl, 449 Einwohner, 1364 erstmals urkundlich erwähnt. **Info:** VG Landstuhl

Oberhausen (SÜW)

5 km östlich von Bad Bergzabern, 462 Einwohner, 160 m NN, 1219 erstmals urkundlich

erwähnt, Landwirtschaft und Weinbau. **Info:** VG Bad Bergzabern.

Oberhausen a.d. Appel (KIB)

nördlich von Rockenhausen, 166 Einwohner, 210 m NN, Anfang des 13. Jhdt. erstmals urkundlich erwähnt, Ehemalige unterirdische Steinbrüche im Ortsbereich erinnern daran, wie hart sich frühere Einwohner ihr tägliches Brot verdienen mussten. Die Anwesen in der Borngasse 1 – 6 bilden den historischen Ortskern. Von 1905 bis in die 1960er Jahre drückte die Dorfjugend in der Hauptstraße 10 (ehem. Schulhaus) die Schulbank. **Info:** VG Alsenz-Obermoschel

Obermoschel (KIB)

nördlich von Kaiserslautern, westlich von Alzey an der B 420. 1.202 Einwohner, um 900 erstmals urkundlich erwähnt. Frühabsolutistische Amtsstadt. Als Siedlung unterhalb der Burg Moschellandsburg entstanden. Die Fremdenverkehrsgemeinde ist die kleinste Stadt der Pfalz

(Stadtrechte seit 1349). **Sehenswertes:** Um den Marktplatz reihen sich mehrere historisch bedeutsame Gebäude. Eines davon ist das Rathaus mit spätgotischem Giebel (1512). Als eines der schönsten Fachwerkhäuser der Pfalz gilt das Schuck'sche Haus (1583) in der ehemaligen Hauptstraße. Es zeigt Schnitzereien von Bergleuten, die damals vermutlich im Quecksilberbergbau tätig gewesen sind. Durch das beeindruckende Eingangstor mussten früher die "Sünder" schreiten, wenn sie zum Amts-

Schuck'sches Haus in Obermoschel

gericht (1900) geladen waren. Das Gebäude hält die Erinnerung wach an viele Jahrhunderte, in denen in der Stadt Recht gesprochen wurde (1349 bis 1967). Weitere Sehenswürdigkeiten sind die Prot. Kirche (1789) mit ihrer Rokoko-Einrichtung, das Bet- und Zechenhaus der ehemaligen Quecksilbergruben am Schloßberg (einst das drittgrößte Quecksilberrevier Europas), das Peterstürmchen (Teil der Stadtbefestigung) bei der Kath. Kirche, die Kath. Kirche (1868) und der weithin sichtbare Kahlforsterhof (westlich über Sitters). **Info:** VG Alsenz-Obermoschel. **Internet:** www.obermoschel.de

Oberndorf (KIB)

nördl. von Rockenhausen an der Alsenz, an der B 48, ca. 160 m NN, 256 Einwohner, 1128 erstmals urkundlich erwähnt. **Sehenswertes:** Ein Stück der Hauptstraße besteht noch immer aus den Häusern des 18./19. Jhdts. Etwas außerhalb des Ortes findet man die älteste Brücke des Landkreises über

Simultankirche St. Valentin

die Alsenz. Sie wurde 1825 erbaut. Mehrere Weinberghäuser, z. T. weit über 100 Jahre alt, bezeugen, dass in dieser Gegend schon lange Weinbau betrieben wird. Bereits 1128 wird hier eine Kirche erwähnt. Nach mehrfachem Wechsel ist die Simultankirche St. Valentin seit 1697 das Gotteshaus für Katholiken und Protestanten. Der niedrige Turm, u.a. mit Schießscharten, sowie ein Teil der östlichen Chorwand stammen noch von dem Vorgängerbau, einer Wehrkirche aus dem 13. Jhdt. Der breite Chor mit einem Kreuzgewölbe wurde 1477 von den Herren von Randeck erbaut. Mehrere Grabplatten und Totenschilder weisen darauf hin, dass einige der früheren Herrschaftsfamilien hier begraben sind. Das Innere der Kirche wird geprägt von den üppigen, lebendigen Wand- und Deckenmalereien, durch die zahlreiche biblische Szenen dargestellt werden, u.a. das Jüngste Gericht, die Verkündigung an Maria, die Enthauptung Johannes des Täufers, Herodes und Salome, die klugen und törichten Jungfrauen. Weitere Kostbarkeiten in der Kirche sind eine vergoldete Madonnenfigur mit Kind (um 1742), der Taufstein (um 1600) und die barocke Empore (1728). Diese Kirche ist sicherlich einer der bedeutendsten Sakralbauten im Donnersbergkreis. **Info:** VG Alsenz-Obermoschel

Obernheim-Kirchenarnbach (PS)

südlich von Landstuhl, 1.850 Einwohner, ca. 290 m NN, 1309 (Kirchenarnbach) bzw. 1364 (Obernheim) erstmals urkundlich erwähnt. **Info:** VG Wallhalben

Oberotterbach (SÜW)

5 km südlich von Bad Bergzabern, 1.276 Einwohner, 192 m NN, im Jahre 769 erstmals urkundlich erwähnt, anerkannte Fremdenverkehrsgemeinde an der Weinstraße. **Sehenswertes:** Prot. Pfarrhaus (1732), eines der Ahnhäuser der englischen und spanischen Krone, Schlössel (ehem. Amtsgebäude), Spätbarockhaus (18. Jhdt.), Heimatstube. **Info:** Fremdenverkehrsverein, Telefon 06342 7877 oder VG Bad Bergzabern. **Internet:** www.oberotterbach. de

Westwallmahnmal in Oberotterbach

Oberrheinische Tiefebene

Das Teilstück des Rheins vor Basel bis Mainz nennt man Oberrhein, die Ebene rechts und links davon Oberrheinische Tiefebene.

Oberschlettenbach (SÜW)

östlich von Dahn, 139 Einwohner, 1303 erstmals urkundlich erwähnt. **Info:** VG Bad Bergzabern. **Internet:** www.oberschlettenbach.de

Brunnen in Oberschlettenbach

Obersimten (PS)

ca. 6 km südlich von Pirmasens, 657 Einwohner, um 1735 erstmals urkundlich erwähnt. **Info:** VG Pirmasens-Land. **Internet:** www.obersimten.de

Oberstaufenbach (KUS)

südöstlich von Kusel, 274 Einwohner, 1323 erstmals urkundlich erwähnt. **Info:** VG Altenglan

Obersülzen (DÜW)

3 km östlich von Grünstadt, 532 Einwohner, 150 m NN, 767 erstmals urkundlich erwähnt, Acker-, Wein- und Obstbau. **Sehenswertes:** Ev. Kirche (1500/1760) mit Sauer-Orgel (1896), Mennonitenkirche (1866), erste Schilfkläranlage (Wurzelraum-Kläranlage) Deutschlands (1986). **Info:** VG Grünstadt-Land

Oberweiler im Tal (KUS)

westlich von Wolfstein, am Talbach, 169 Einwohner, 1290 erstmals urkundlich erwähnt. **Info:** VG Wolfstein

Oberweiler-Tiefenbach (KUS)

südlich von Lauterecken, an der Lauter und der B 270, 319 Einwohner, 1290 erstmals urkundlich erwähnt. **Info:** VG Wolfstein

Oberwiesen (KIB

nordwestlich von Kirchheimbolanden, 501 Einwohner, ca. 250 m NN, 771 erstmals urkundlich erwähnt. **Sehenswertes:** Die prot. Kirche (1882) fällt durch ihren sehr schmalen Turm mit dem Spitzhelm auf. Das ehem. Schulhaus (1906) in der Hauptstr. 9 ist heute das Domizil des Landesjagdverbandes Rheinland-Pfalz. Auf dem Rothenkircherhof findet man bauliche Reste des früheren Klosters Rothenkirchen (1160 bis 1554). **Info:** VG Kirchheimbolanden. **Internet:** www.kirchheimbolanden.den

Obrigheim (DÜW)

nordöstlich von Grünstadt im Eistal, 2.846 Einwohner inkl. den Ortsteilen Albsheim, Colgenstein-Heidesheim, Mühlheim. 130 - 160 m NN. Funde lassen eine Besiedlung bis lange vor Christi Geburt annehmen. Nahe dem Ort wurden Gräber des 5.-7. Jhdts. gefunden. Die ersten urkundlichen Erwähnungen datieren auf die Jahre 767 (Mühlheim), 788 (Albsheim), 991 (Colgenstein), 1277 (Heidesheim) und 1287 (Obrigheim). **Sehenswertes:** Ev. Kirche in Colgenstein (Ursprung 10. Jhdt., Turm 12. Jhdt.) mit hist. Taufstein (1509), Ev. Kirche in Albsheim (um 1520, 1794 umgebaut) mit ältester Orgel der Pfalz (1730), Ev. Kirche in Mühlheim (Ursprung um 1340) mit gut erhaltener Stumm-Orgel (1738), Ev. Kirche in Obrigheim (1865, unterer Teil des Turms um 1500), Kath. Kirche (1964), drittgrößte Zuckerfabrik Deutschlands. **Info:** VG Grünstadt-Land

Odenbach (KUS)

zw. Lauterecken und Meisenheim, am Glan, 928 Einwohner, 160 m NN, 841 erstmals urkundlich erwähnt. Im 19. Jhdt. wurden hier zahlreiche keltische Goldmünzen und der "Odenbacher Merkur", eine römische Bronzegestalt, gefunden (heute Hist. Museum der Pfalz). **Sehenswertes:** Reste einer Wasserburg, ehem. Synagoge (1752) mit kostbaren spätbarocken Malereien. **Info:** VG Lauterecken

Odenbach

Der Bach entspringt bei Schnekkenhausen und fließt bei Odenbach in den Glan.

Ofenmuseum

siehe „Deutsches Ofenmuseum"

Offenbach a.d. Queich
(SÜW)

östlich von Landau, 6.010 Einwohner, im Jahre 763 erstmals urkundlich erwähnt. **Sehenswertes:** Queichtalmuseum, beheiztes Freibad, 18-Loch-Golfplatz. **Info:** VG-Verwaltung, Telefon 06348 986-0. **Internet:** www.offenbach-queich.de

Offenbach-Hundheim
(KUS)

nordöstlich von Kusel, am Glan, 1.314 Einwohner, 190 m NN, 1128 erstmals urkundlich erwähnt. Der OT Offenbach stammt aus der Karolingerzeit, hatte 1330 Stadtrechte erhalten. **Sehenswertes:** Die Ev. Kirche (frühere Propsteikirche, 12./14. Jhdt) ist eine dreischiffige Pfeilerbasilika aus der Übergangszeit zwischen Romanik und Gotik. Besonderes Kennzeichen ist der achteckige Glockenturm im Zentrum der vier Seitenteile, Hirsauer Kapelle. **Info:** VG Lauterecken. **Internet:** www.offenbach-hundheim.de

Abteikirche in Offenbach-Hundheim

Ohler, Norman

Im Juni 2003 erhielt der Schriftsteller den mit 2.500 Euro dotierten Förderpreis für junge Künstler des Landes Rheinland-Pfalz. Norman Ohler wurde 1970 in Zweibrücken geboren. 1996 erschien sein Debütroman "Die Quotenmaschine", der als New-York-Roman von der Kritik ebenso gefeiert wurde wie seine beiden nächsten bei Rowohlt verlegten Romane "Mitte" über Berlin und, als Abschluss einer Metropolentrilogie, sein 2002 erschienener Johannesburg-Roman "Stadt des Goldes".

Ohmbach (KUS)

nördlich von Waldmohr, 857

Einwohner, 252 m NN, 977 erstmals urkundlich erwähnt.
Info: VG Schönenberg-Kübelberg

Ohmbachsee

Bei Schönenberg-Kübelberg. Freizeitanlage mit einer Wasserfläche von 15 Hektar zum Baden, Angeln, Surfen und Bootfahren. Der dazugehörige Campingplatz ist mehrfach mit dem ADAC-Prädikat "Superplatz" ausgezeichnet. Wanderwege, Restaurant, Hotel uvm. **Info:** Camping-Park, Telefon 06373 4001. **Internet:** www.ohmbachsee.de

Freizeitanlage Ohmbachsee

Ölmühle

St. Julian. Dieses Kleinod der Handwerksgeschichte steht unter Denkmalschutz. Die historische Öl- und Mahlmühle im

Blick in die Ölmühle

oberen Glantal "arbeitet" seit 1730 - heute nur noch zur Demonstration des Verfahrens der Ölgewinnung aus Raps, Mohr und Leinsamen. In der Ölmühle befindet sich die letzte noch erhaltene Stempelpresse in Europa, gearbeitet aus einem Stamm, zum "Schlagen" der Ölfrüchte. Eine weitere Besonderheit stellt das Schälwerk für Dinkel dar. **Öffnungszeiten:** nur für Gruppen nach Vereinbarung. Es wird Eintritt erhoben. **Auskunft:** Telefon 06387 7252 oder 1563.

Olsbrücken (KL)

im Lautertal zwischen Kaiserslautern und Lauterecken an der B 270, 1.184 Einwohner, 215 m NN, 1252 erstmals urkundlich erwähnt. **Info:** VG Otterbach. **Internet:** www.vg-otterbach.de

Opel, Carlo von

Der Ur-Enkel des Automobilproduzenten Adam Opel wurde am 15. Mai 1941 in Mainz geboren. Warum steht sein Name im Pfalzlexikon? Weil er 1961 die Kartoffelchips erfand. Nachdem das Opelwerk in Rüsselsheim 1929 verkauft worden war, erwarben seine Eltern das Hofgut Petersau bei Frankenthal. 1956 kam Carlo von Opel nach Frankenthal. Nach dem Besuch des Gymnasiums in Mannheim arbeitete er auf dem elterlichen Gut, wo er 1961 als Idee zur Selbstvermarktung die „Chio Chips" entwickelte. Im Laufe der Jahrzehnte expandierte Chio zu einem der größten Kartoffelchipshersteller Europas.

Orbis (KIB)

nordwestl. von Kirchheimbolanden, 715 Einwohner, 330 m NN, im Jahre 1206 erstmals urkundlich erwähnt. Bis ins 18. Jhdt. prägte der Quecksilberbergbau den Ort. Heute ist es hauptsächlich die Landwirtschaft. **Sehenswertes:** Die Ev. Kirche St. Peter ist vermutlich im 13. Jhdt. errichtet, im 18. Jhdt. umgebaut und 1981 umfassend renoviert worden. Das interessante Westportal verweist auf die Wormser Romanik. **Info:** VG Kirchheimbolanden. **Internet:** www.kirchheimbolanden.de

Ortsmuseum Neuburg

Neuburg, Hauptstraße 50, im Rathaus. Das heute pfälzische und linksrheinische Dorf lag im 16. Jh. noch auf der anderen, der badischen Rheinseite und bis ins 18. Jh. sozusagen mitten im Rhein. Diese kuriose Entwicklung wird im Ortsmuseum ausführlich dokumentiert. Da-

Innenraum im Ortsmuseum Neuburg

rüber hinaus widmet es sich u.a. den Themen Fischerei, Landwirtschaft im 18./19. Jh. (z. B. Modell eines fränkischen Gehöfts), Wald, Schifffahrt sowie örtlichen Ereignissen und Personen. **Öffnungszeiten:** Mai bis September jeden 1. Sonntag im Monat 10 - 18 Uhr. Eintritt: frei. **Auskunft:** Telefon 07273 1226.

Ostdeutsche Heimatstuben

Zweibrücken, Grinsardstraße 16. Hier kann die Sammlung des Bundes der Vertriebenen, Kreisgruppe Zweibrücken, besichtigt werden. Dazu gehört u.a.: umfangreiches Buch-, Urkunden-, Dokumenten- und Kartenmaterial über die früheren ostdeutschen Provinzen, Puppen mit Originaltrachten, eine Dokumentation zur Vertreibung inkl. der „Charta der deutschen Heimatvertriebenen" von 1950, Textilien, Glas- und Töpferarbeiten, einige Alltags- und Kunstgegenstände, Bilder von Bauwerken und Landschaften aus Ost- und Westpreußen, Hinterpommern,

Ostdeutsche Heimatstube Zweibrücken

Schlesien, Oberschlesien, Sudetenland und Siebenbürgen. **Öffnungszeiten:** Sonntag 10 – 12 Uhr. Eintritt: frei. **Auskunft:** Telefon 06332 76852.

Ostereier-Schießen

Eine besondere Art, gefärbte Eier für das bevorstehende Osterfest zu erwerben, ist dieser Freizeitspaß, der vor allem in Ruppertsberg (DÜW) und in Ramsen (KIB) auf großes Interesse stößt. Man schießt mit dem Luftgewehr auf Zielscheiben und erhält pro Treffer ins Schwarze ein Ei. Im Jahre 2001 zählte die Schützengesellschaft in Ruppertsberg fast 14.000 Besucher, die insgesamt 63.720 Eier „abräumten". Der Schützenverein Ramsen verteilte im gleichen Jahr 92.006 Eier an die erfolgreichen Schützen.

Ostertag, Valentin

Geboren 1450 in Bad Dürkheim, gestorben 1519. Er arbeitete sich zum kaiserlichen Reichsfiskal in Wien hoch. 1911 setzte man ihm in Bad Dürkheim (oberer Kurgarten) u.a. wegen seiner Stiftung ein Denkmal.

Otterbach KL)

nördlich von Kaiserslautern an der B 270, 4.002 Einwohner, 220 m NN, im Jahre 1143 erstmals urkundlich erwähnt. **Sehenswertes:** Motorradmuseum, , Kath. Kirche (1887/89). **Info:** VG-Verwaltung, Telefon 06301 607-0 **Internet:** www.vg-otterbach.de

Otterberg (KL)

Stadt nördlich von Kaiserslautern, 5.228 Einwohner, 270 m NN, im 12. Jhdt. erstmals urkundlich erwähnt. 1579 siedelte die kurpfälz. Regierung protestantische Auswanderer aus Frankreich und den Niederlanden ("Wallonen") in dem Ort an. 1581 Stadtrechte, 1635 als Folge des Dreißigjährigen Krieges ausgestorben. **Sehens-** wertes: Kloster mit bekannter Abteikirche, Rathaus (1753), "Blaues Haus" (1612), Heimatmuseum. **Info:** VG-Verwaltung, Telefon 06301 603-0. **Internet:** www.otterberg.de

Abteikirche in Otterberg

Ottersheim (KIB)

südöstl. von Kirchheimbolanden, 380 Einwohner, ca. 200 m NN, 772 erstmals urkundlich erwähnt. **Sehenswertes:** Die Kath. Kirche St. Amandus wurde 1893 fertiggestellt. Sie besitzt einen spätgotischen Taufstein (ca. 1510) mit Hochreliefschmuck. Fast einer Villa mit Mansardendach gleicht das Kath. Pfarrhaus (1911). Ein Schmuckstück des Ortes ist das Anwesen in der Hauptstraße 14 (1912). **Info:** VG Göllheim

Ottersheim bei Landau
(GER)

östlich von Landau, 1.814 Einwohner, 768 erstmals urkundlich erwähnt. **Info:** VG Bellheim

Otterstadt (LU

nördlich von Speyer, 3.269 Einwohner, 1020 erstmals urkundlich erwähnt. **Sehenswertes:** Königsplatz, Remigiushaus, "Stickelspitzer"-Brunnen. **Info:** VG Waldsee. **Internet:** www. otterstadt.de

Paddelweiher

Der Weiher ist ein beliebtes Ausflugsziel im Queichtal bei Hauenstein, unter anderem mit Bootsverleih. Die Paddelweiher-Hütte ist von April bis Oktober täglich ab 10.30 Uhr geöffnet (Donnerstag Ruhetag). Von November bis März ist die Hütte mittwochs, freitags, samstags und sonntags ab 10.30 Uhr offen. **Telefon:** 06392 994518. **Internet:** www.paddelweiher.de

Pälzer Ausles

Ende der 1970er Jahre gebildete Vereinigung von Pfälzer Spitzensportlern der unterschiedlichsten Sportarten. Aufnahmebedingung: Gewinn einer Deutschen Meisterschaft oder Zugehörigkeit zur Nationalmannschaft. Das Team tritt hauptsächlich bei Fußballspielen in Erscheinung, deren Erlös sozialen Einrichtungen oder verletzten bzw. verunglückten Sportlern zugute kommt.

Palatia Jazz

Jedes Jahr von April bis Mitte August gibt es mehrere Veranstaltungen nach dem Motto „Jazz- und Weingenuss". Die Konzerte mit dem kulinarischen Programm finden an interessanten Plätzen an der Deutschen Weinstraße statt. **Info-Telefon:** 06326 967778, **Internet:** www.palatiajazz.de

Panoramabad Grünstadt

(siehe Allwetterbad)

Papiermacher- und Heimatmuseum

Frankeneck, Talstr. 47. Die örtliche Papierherstellung, die Ortsgeschichte seit der Grün-

Museum in Frankeneck

dung im Jahre 1785 und das Thema „Wald" bilden die Schwerpunkte dieses Museums. Das Besondere ist die Möglichkeit, auf Voranfrage eine Papierschöpfvorführung mitzuerleben. **Öffnungszeiten:** nach Vereinbarung, geringer Eintritt. **Auskunft:** Telefon 06325 2564.

Parseval, August von

geboren am 5.2.1861 in Frankenthal, gestorben am 22.2.1942 in Berlin. Der Professor für Luftschifffahrt war ein bedeutender Luftfahrtkonstrukteur und Erbauer von Luftschiffen. Seine Luftschiffe waren unstarr und hatten eine elastische Hülle, die durch ein Gebläse unter Druck und damit steif gehalten wurde. Diese Technik war ausgereifter als die seines bekannteren Konkurrenten Graf von Zeppelin. 1897 erhielt er zusammen mit Hans von Sigsfeld ein Patent für einen Drachenfesselballon, der u.a. in der deutschen Armee zu Erkundungsflügen eingesetzt wurde. 1906 stellte er in Berlin sein erstes motorisiertes und lenkbares Luftschiff vor. Bis 1918 wurden 27 „Parsevalle" gebaut. Die heutigen Werbe-Luftschiffe werden nach seinen Konstruktionen gebaut.

Paulskirche

Kirchheimbolanden. Der nassau-weilburgische Hofbaumeister Julius Ludwig Rothweil hat die turmlose Kirche (Prot. Pfarrkirche) in dem ihm eigenen strengen und klaren Stil als lutherische Schloß- und Stadtpfarrkirche von 1739 – 1744 erbaut. Der rechteckige Saalbau mit einem Schieferwalmdach ist 33 m breit, 24 m lang und 19 m hoch. Es gab damals eine klare Sitzordnung: Das Volk saß ebenerdig, die fürstliche Familie – gegenüber dem Altar - eine Etage höher in separaten Logen (mit direktem

Zugang zum Schloß). Die Kanzel wird von Doppelsäulen flankiert, deren verzierten Kopfstücke von Moses und Johannes dem Täufer „getragen" werden. Die Tür zur Kanzel ist gleichzeitig ein Rahmen für auswechselbare Verkündigungsbilder. Das vergoldete Gehäuse einer Sanduhr erinnert daran, dass der Pfarrer laut einer fürstlichen Verordnung höchstens 45 Minuten auf der Kanzel bleiben durfte. Trotz einer gründlichen Renovierung in den 1960er Jahren bietet das Gotteshaus heute den gleichen Anblick wie im 18. Jhdt. Beachtenswert sind auch die Deckenbemalungen, die optisch wie Stuckarbeiten aussehen, und die Fürstengruft unter dem Altar, in der u.a. Fürst Carl Christian beigesetzt ist. Die Orgel ist das letzte von Johann Michael Stumm erbaute dreimanualige Instrument. Sie wurde 1745 fertiggestellt und verfügt über 45 Register, 2.830 Pfeifen und ein Glockenspiel. Im Volksmund wird sie Mozartorgel genannt, da 1778 Wolfgang Amadeus Mozart darauf spielte.

Petersberg (PS)

nordwestlich von Pirmasens, 935 Einwohner, 340 m NN, 1714 erstmals urkundlich erwähnt. **Info:** VG Thaleischweiler-Fröschen

Peter´s Winzermuseum

Wachenheim, Burgstr. 10. Das Weingut Peter zeigt alte Geräte und Gegenstände, die der Winzer für seine Arbeit im Weinberg und im Keller benötigte und zum Teil heute noch braucht. Die Geräte stammen überwiegend aus eigenem Besitz und wurden von den Vorfahren der Winzerfamilie genutzt. **Öffnungszeiten:** Montag bis Samstag 14 – 19 Uhr. **Auskunft:** Telefon 06322 2010 oder 61236.

Pfaff, Georg Michael

Geboren 1823 und gestorben 1893 in Kaiserslautern. Unternehmer. Gründer der Pfaff-Nähmaschinen-Werke (1862).

Pfalz (Barbarossaburg)

Kaiserslautern, direkt vor dem Rathaus. Die Burg ließ Kaiser Friedrich Barbarossa zwischen

Barbarossaburg in Kaiserslautern

1152 und 1158 als Residenz für die Stauferkönige errichten. Um 1576 baute Pfalzgraf Johann Casimir neben der Barbarossaburg ein Schloß. Dieses wurde von Architekt Rochus Graf zu Lynar geplant, der auch bei der Spandauer Zitadelle mitwirkte. 1703 verwüsteten die Franzosen die Anlage. Kurfürst Karl Ludwig ließ sie nach 1714 als Jagdschloß wieder herrichten. Im 19. Jhdt. teilweise abgebrochen, wurden die Bauten 1934 - 38 sowie 1959 · 64 gesichert und als Museum zugänglich gemacht. Sichtbar sind Teile einer Ringmauer aus der Zeit um 1200 und Grundmauern des Barbarossabaus und der Kapelle, die um 1225 frühgotisch umgestaltet wurde. Das Burgmuseum in den erhaltenen Teilen des Casimirschlosses birgt

Architekturreste und Funde. Im Pfalzgrafensaal ist eine Säule (ca. 1200) wiederverwendet. Ein Renaissanceportal stammt von 1581. Ein rundbogiges Doppelfenster aus staufischer Zeit wurde 1937 eingesetzt. Die Keller zeigen Spuren der Bauten um 1100. Auf den Überresten des Schlosses wurde 1935 das heute noch existierende Gebäude errichtet. Darin befindet sich der Casimirsaal, die gute Stube der Stadt Kaiserslautern. Neben dem Eingang informieren Schautafeln über die Baugeschichte der ehemaligen Pfalz.

Pfalzakademie

Lambrecht, Franz-Hartmann-Straße 9. Das Bildungshaus des Bezirksverbands Pfalz bietet Tagungen, Workshops und Seminare im Bereich der politischen, beruflichen, personenbezogenen und allgemeinen Bildung an. Neben eigenen und Kooperationsseminaren steht das idyllisch gelegene Haus in der Nähe der Deutschen Weinstraße auch Gastveranstaltungen offen. Die Pfalzakademie verfügt über 44 modern ausgestattete Gästezimmer mit Dusche/WC und Telefonanschluss, die teilweise als Doppelzimmer genutzt werden können. Sie bieten bis zu 66 Übernachtungsgästen Platz. Bei Tagesveranstaltungen ist die Versorgung von bis zu 150 Tagungsteilnehmern möglich. Neben einem großen Vortragssaal mit 100 Plätzen, der mit Konferenztechnik und einer Simultandolmetscheranlage ausgestattet ist, können acht weitere Seminarräume unterschiedlicher Größe genutzt werden. **Auskunft:** Telefon 06325 1800-0. **Internet:** www.pfalzakademie.de

Pfakzbibliothek in Kaiserslautern

Pfalzbau

Ludwigshafen, Berliner Str. 30. Theater der Stadt Ludwigshafen mit 1400 Plätzen. Zwei Konzertsäle. Regelmäßige Gastspiele internationaler Bühnen. **Info:** Telefon 0621 504-2558 oder -2559. **Internet:** www. theater-im-pfalzbau.de

Pfalzbibliothek

Kaiserslautern, Bismarckstraße 17. Die für alle Bürger zugängliche Bibliothek ist eine Einrichtung des Bezirksverbandes Pfalz. Der Bestand umfasst ca. 75.000 Bände. Informationszentrum insbesondere für Pfalzliteratur, Kunst und Geschichte. Große Sammlung an Zeitungen und Zeitungsartikeln. Medienecke mit Internetzugang. **Öffnungszeiten:** Montag und Mittwoch 9.00 bis 12.30 Uhr und 14.00 - 16.30 Uhr, Dienstag 9.00 - 12.30 Uhr und 14.00 – 18.00 Uhr, Donnerstag 9.00 bis 16.30 Uhr, Freitag 9.00 – 15.00 Uhr. **Info:** Telefon 0631 3647111. **Internet:** www.pfalz-bibliothek.de.

Pfälzer Bergland

Berg- und Hügelland mit vulkanischen Kuppen (z. B. Donnersberg) und ausgedehnten welligen Flächen im Norden der Pfalz.

Pfälzer Brennerei-Museum

Meckenheim, Hauptstraße 36. Hier wird die Geschichte des Alkohols vom Mittelalter über die Entwicklung der Brennkessel bis hin zu der heutigen Edelbrandherstellung präsentiert. Dazu gehören Texte, Bilder sowie original Brennereigeräte und Utensilien aus verschiedenen Epochen zur Herstellung des edlen Brandes, z. B. Destillerien von damals und heute, Filtriergeräte, Geräte zur Obstverarbeitung, Messgeräte. Das Museum ist nicht besonders groß, wird aber vor allem samstags zu einem Erlebnis, wenn man an den kostenlosen Führungen teilnehmen und die angegliederte Brennerei besichtigen kann. Auf Vorbestellung wird im Museum eine Destillatenverkostung mit abwechslungsreichem Programm angeboten. **Öffnungszeit:** Montag bis Samstag 9 – 19 Uhr, Sonntag nach Vereinbarung, Führungen samstags 11.00, 15.00, 17.00 Uhr. **Eintritt:** frei, Destillatenverkostung im Museum ca. 10 Euro pro Person. **Auskunft:** Telefon 06326 989300.

Pfälzerlied

Bei einem Besuch der Klosterruine Limburg verfasste Eduard Jost einen Text, der einige Jahre später die Grundlage für das Pfälzerlied bildete. Die erste Strophe: "Am deutschen Strom, am grünen Rheine, ziehst du dich hin, o Pfälzerland. Wie lächelst du im Frühlingsschmucke. Wie winkt des Stromes Silberband. Da steh ich auf des Berges Gipfel und schau auf dich in süßer Ruh. Und jubelnd ruft's in meinem Herzen: O Pfälzerland, wie schön bist du!" Noch im gleichen Jahr wurden die Verse im "Pfälzischen Kurier" veröffentlicht. Mit einer Melodie des Komponisten Emil

Brennerei-Museum in Meckenheim

Sauvlet ist das Pfälzerlied wahrscheinlich 1878 bei einem Liederabend im Hotel Schwan in Landau erstmals erklungen.

Pfälzerwald

Deutschlands größtes zusammenhängendes Waldgebiet belegt mit 1.770 qkm etwa ein Viertel der gesamten Fläche der Pfalz. Der Naturpark erstreckt sich von Nord nach Süd über ca. 100 km, von West nach Ost zw. 30 und 40 km. Die "Grenze" verläuft ungefähr von Grünstadt · Weilerbach · Eppenbrunn · Schweigen-Rechtenbach. Mehr als 75 Prozent der Fläche ist bewaldet. Der Pfälzerwald ist ein Buntsandsteinbergland mit einem Höhenniveau von 400 m bis 600 m NN. In den Höhenlagen herrscht ein gemäßigtes Mittelgebirgsklima. In dem milden Klima der tieferen Lagen gedeihen u.a. Weintrauben, Edelkastanien, Feigen und Zitronen. Der Naturpark wird geprägt von den riesigen Waldflächen und bewaldeten Bergkegeln, auf denen man oft Buntsandsteinfelsen oder Burgruinen findet. Der Pfälzerwald ist Basis und Lebensader für Holz- und Forstwirtschaft, Landwirtschaft, Weinbau und Tourismus. Er ist ein wichtiger Wasserspeicher, ein wertvoller Frischluftspender und ein bedeutendes Naherholungsgebiet für die gesamte Pfalz und die umliegenden Ballungsräume. Die Waldlandschaft geht am Haardtrand in die Rheinebene über. 1992 wurde der Naturpark Pfälzerwald von der UNESCO als eines von 14 Biosphärenreservaten in Deutschland anerkannt. Zusammen mit dem Naturpark Vosges du Nord bildet er das erste grenzüberschreitende Biosphärenreservat der Europäischen Union. Im August 1843 traf in Johanniskreuz eine Forstkommission mit 14 bayerisch-pfälzischen Forstleuten zusammen, die für die "Waldungen auf dem bunten Sandsteingebirge der Pfalz" die seit diesem Zeitpunkt amtliche Bezeichnung "Pfälzerwald" in der in einem Wort geschriebenen Schreibweise festlegte. **Auskunft:** Telefon 06325 9552-0. **Internet:** www.pfaelzerwald.de

Pfälzerwald-Verein

Der PWV ist ein politisch und konfessionell neutraler Wander- und Heimatverein. Er hat sich die Aufgabe gestellt, das Wandern in der Pfalz zu erleichtern und in der Bevölkerung die Kenntnisse über die Heimat zu erweitern. Diese Ziele versucht der PWV zu erreichen durch regelmäßige Wanderungen, Anlage, Kennzeichnung und Verbesserung von Wanderwegen, Schaffung und Erhaltung von Wanderheimen, Schutzhütten, Aussichtspunkten und Ruheplätzen. Außerdem entwickelt der PWV zahlreiche Aktivitäten zum Schutz der Natur und von Landschaften. Den etwa 238 Ortsgruppen in der Pfalz gehören über 30.000 Familien als Mitglieder an. Insgesamt unterhält der PWV über 5.000 km markierte Wanderwege. **Internet:** www.pwv.de

"Pfälzer Weltachs"

Waldleiningen, an der B 48. Aussichtspunkt mit Blick auf Kaiserslautern. Nach Paul Münchs "Pfälz. Weltgeschichte" ist hier der Mittelpunkt der Pfalz bzw. wird hier die "Weltachse geschmiert".

Die „Weltachs" in Waldleiningen

Pfalzgalerie

Kaiserslautern, Museumsplatz 1. 1874/75 errichteten Kaiserslauterer Bürger ein Museum im „italienischen Stil". Heute zählt die Pfalzgalerie zu den ältesten, bedeutendsten und bekanntesten Kunstmuseen in Rheinland-Pfalz. Der Bogen der Exponate spannt sich von der spätmittelalterlichen Plastik bis zur zeitgenössischen Kunst, wobei der Schwerpunkt auf der Malerei und Plastik des 19. und 20. Jahrhunderts liegt. Den Grundstock der Gemäldesammlung bildete eine Stiftung des aus Landstuhl stammenden Münchner Hofrats Joseph Benzino, die 1903 in die Pfalzgalerie gelang-

Pfalzgalerie in Kaiserslautern

te. Sie umfasst hauptsächlich Gemälde der Münchner Schule, darunter so bemerkenswerte Bilder wie Anselm Feuerbachs „Märchenerzähler am Brunnen" oder Carl Spitzwegs „Zeitungsleser im Hausgärtchen", zu der sich Werke von Hans Makart, Franz von Lenbach, Franz von Defregger, Franz von Stuck, Arnold Böcklin oder Heinrich von Zügel gesellen. Die Reihe der Pfälzer Künstler reicht von Johann Heinrich Roos, der als bedeutendster deutscher Tiermaler des Barock gilt, über Heinrich Jakob Fried, Philipp Helmer oder Heinrich Bürkel bis hin zu Hans Purrmann, Otto Dill, Albert Haueisen und Albert Weisgerber. Im Mittelpunkt der Gemäldegalerie steht die Malerei des deutschen Impressionismus, die mit Max Liebermann, Lovis Corinth und vor allem Max Slevogt vertreten ist, sowie das Schaffen des deutschen Expressionismus. Eine Reihe hervorragender Porträts, darunter Werke von Lovis Corinth, Max Liebermann, Otto Dix, Alexander Kanoldt und Max Beckmann, belegt eindrucksvoll die Qualität des Bestandes. Zu ihnen treten herausragende Arbeiten jüngerer Kunst.

Die Sammlung der Plastiken weist vorzügliche Werke der klassischen Moderne, beispielsweise von Käthe Kollwitz, Ernst Barlach, Gerhard Marcks, Rudolf Belling und Fritz Klimsch, auf. Positionen zeitgenössischer Kunst werden von Bernard Schultze, Werner Pokorny, Karin Sander, Camill Leberer, Gisela Kleinlein, Martin Willing und Jochen Kitzbihler vertreten. Einen neuen Schwerpunkt sieht die Pfalzgalerie im Sammeln zeitgenössischer amerikanischer Kunst. Neben Malerei von Jerry Zeniuk, Richard Pousette-Dart und Adolph Gottlieb sowie Plastiken von Eric Levine konnten in jüngster Zeit vor allem Graphiken von Robert Motherwell, Joan Mitchell, Helen Frankenthaler und Sean Scully erworben werden. Die ausgezeichnete Graphische Sammlung umfasst insgesamt rund 12.000 Blätter, darunter auch Arbeiten von Paul Klee, Max Ernst und Pablo Picasso.

Mit zahlreichen Wechselausstellungen, Vorträgen und Führungen vermittelt die Pfalzgalerie vertiefte Kenntnisse der Künstler und ihrer Werke. Das Interesse von Kindern und Jugendlichen wird von einer Museumspädagogin unterstützt. Darüber hinaus verfügt die Pfalzgalerie über eine Kindermalschule. **Öffnungszeiten:** Dienstag bis Sonntag 10 - 17 Uhr, Dienstag zusätzlich 19 - 21 Uhr, Eintritt wird erhoben. **Auskunft:** Telefon 0631 3647201. **Internet:** www. pfalzgalerie.de

Pfalzinstitut für Hörsprachbehinderte

Frankenthal, Holzhofstraße 21. Das Pfalzinstitut für Hörsprachbehinderte (PIH) in Frankenthal gehört mit seinen über 175 Jahren zu den ältesten Hörgeschädigtenschulen Deutschlands und ist die älteste Einrichtung des Bezirksverbands Pfalz. Von der ambulanten Frühförderung von Kleinkindern bis zur nachschulischen Beratung und beruflichen Fortbildung für Erwachsene begleitet das PIH hörgeschädigte Menschen durch einen wichtigen Teil ihres Lebens. Der Gedanke der Chancengleichheit und Integration hörgeschädigter Menschen ist oberste Maxime des Pfalzinstituts. Deshalb wird hier die Entwicklung der Lautsprache gefördert, um Hörsprachbehinderten über eigenständige Verständigungsmöglichkeiten den Weg in die Gesellschaft zu ebnen. Das Pfalzinstitut betreut und fördert rund 700 hörgeschädigte Kinder und Jugendliche, davon etwa 500 in 50 Gruppen und Klassen an der Frankenthaler Einrichtung und zirka 200 ambulant, beispielsweise bei der integrierten Fördererziehung in Regelschulen. Das Einzugsgebiet des Pfalzinstituts umfasst die gesamte Region Rheinhessen-Pfalz, das heißt, dass für viele hörgeschädigte Kinder und Jugendliche der tägliche Anfahrtsweg zu weit ist. Daher gehört zum PIH ein Internat, in dem etwa 150 Schülerinnen und Schüler aller Altersstufen in familiärer Atmosphäre leben können. **Auskunft:** Telefon 06233 4909-0. **Internet:** www.pfalzinstitutfrankenthal.de

Pfälzische Landesbibliothek

Speyer, Otto-Mayer-Straße 9. Träger der 1921 gegründeten wissenschaftlichen Universalbibliothek ist heute das Land Rheinland-Pfalz. Der Bestand beträgt rund 720.000 Bände wissenschaftlicher Literatur (nebeneinandergereiht ca. 24 km!), über 4.000 laufende Zeitschriften, ca. 15.000 Nachschlagewerke, ca. 12.000 Allgemein- und Fachbibliographien. In der Landesbibliothek stehen zum Beispiel auch mittelalterliche und neuzeitliche Buchhandschriften, Briefe berühmter Persönlichkeiten, eine Sammlung künstlerisch gestalteter Buchbesitzerzeichen, Karten und Einblattdrucke zur Verfügung. Die Musikabteilung hält 2.500 Notenhandschriften, 70.000 gedruckte Noten, ca. 2.500 Tonträger und zahlreiche audiovisuelle Medien vor. Seit 1947 hat die Einrichtung das Pflichtexemplarrecht, das heißt, dass man dort alle in der Pfalz erschienenen Publikationen vorfindet. Die Bibliothek kann von jedermann unentgeltlich genutzt werden. **Öffnungszeiten:** Montag bis Donnerstag 8 - 17 Uhr, Freitag 8 - 16 Uhr, Samstag 9 - 12 Uhr. **Info:** Telefon 06232 9192-0.

Pfälzische Museumsbäckerei

Imsweiler, Imsweiler Mühle. In der Mühle, die seit dem 14. Jahrhundert besteht, haben die Eigentümer eine Bäckerei alter Prägung eingerichtet. In dem Erlebnismuseum wird samstags unter Beteiligung von Besuchern Brot im original Steinofen gebacken. Natürlich darf man gleich probieren und das frische Brot kaufen. In der historischen Mühlstube ist eine Vesperstube untergebracht. Bei

Museumsbäckerei in Imsweiler

Seminaren erfährt man Wissenswertes über die Brotherstellung. **Öffnungszeiten:** Samstags 11 – 17 Uhr (Nov. bis April nur 1. Sa. im Monat). **Eintritt:** frei. **Auskunft:** Telefon 06361 993951 oder 06352 1712.

Pfälzischer Pfarrerverein

(siehe Verein pfälzischer Pfarrerinnen und Pfarrer)

Pfälzischer Sängerbund

Am 27. November 1949 in Kaiserslautern wiedergegründet, Dachorganisation mit rund 650 Vereinen, 30.000 aktiven SängerInnen und 70.000 fördernden Mitgliedern. Literatur: Gerd Nöther: „Die Geschichte des Pfälz. Sängerbundes", 1088 Seiten, Landau 1999

Pfälzisches Bergbaumuseum

Imsbach, Ortsstraße 2. Am 18. September 1997 wurde in der ehemaligen Bergbaugemeinde im Donnersbergkreis der Verein „Pfälzisches Bergbaumuseum Imsbach e.V." gegründet. Sein wichtigstes Anliegen ist der

Betrieb des Museums, der Aufbau eines Archivs für den pfälzischen Bergbau sowie die Erhaltung und Erforschung der Relikte des ehemaligen Bergbaus in der Pfalz. Zentrum der Vereinsarbeit ist das Pfälzische Bergbaumuseum in Imsbach. Hier hat der Verein eine Dauerausstellung eingerichtet, die sich folgenden Themen rund um den Bergbau widmet: Entstehung der Lagerstätten, Rohstoffsuche, Rohstoffarten, Bergbau-Lokalitäten, Historie, künftige Chancen / Potentiale, Sekundäre Nutzung und Nutzen. Ergänzend hierzu werden zeitlich begrenzte Sonderausstellungen angeboten. Für Besucher, die sich intensiv mit dem pfälzischen Bergbau befassen möchten, steht ein Archiv u.a. mit Karten, Schriftstücken, Literatur und einer Datenbank zur Verfügung. **Öffnungszeiten:** Samstag 14 – 17 Uhr und Sonntag 11 – 17 Uhr. **Info:** Verein Pfälzisches Bergbaumuseum e.V., Ortsstraße 2, 67817 Imsbach, Telefon: 06302 3722. **Internet:** www.bergbaumuseum-pfalz.de

Pfälzisches Steinhauermuseum

Alsenz, Marktplatz 4. Das 1995 eröffnete Museum ist stilgerecht in einem restaurierten Fachwerkhaus am Marktplatz untergebracht. In einer für Rheinland-Pfalz einmaligen Art wird hier die Steinhauerei dargestellt. Von 1880 bis 1906 erlebte die Alsenzer Steinhauerei ihre Blütezeit. Es gab rund 300 bis 400 Alsenzer Steinhauer. Sie wirkten u. a. an Theaterbauten in Köln, Mainz und Wiesbaden, am Reichstagsgebäude in Berlin und natürlich an zahlreichen repräsentativen Sandsteinfassaden in der Pfalz. Ein viermonatiger Steinhauerstreik und die Tatsache, dass der Sandstein „aus der Mode kam", haben diese Epoche ländlicher Industrialisierung in der Nordpfalz Anfang des 20. Jhdts. beendet.

Schwerpunkte: Werkplatz eines Steinmetzen – Darstellung verschiedener Arbeitstechniken – Präsentation von Versteinerungen und von Sandsteinobjekten aus römischer Zeit, Mittelalter, Neuzeit und des

Steinhauermuseum in Alsenz

19./20. Jhdts. – Werkzeuge und Gerätschaften zur Bearbeitung des pfälzischen Buntsandsteins – Binokular zur Betrachtung verschiedener Steinstrukturen – Sozialgeschichte der Steinhauer – Technikerbüro eines Steinhauerbetriebes um die Jahrhundertwende – Berufsbezogene Videofilme · Galerieraum für Wechselausstellungen, Vorträge und Lesungen – Fachbibliothek über das Steinhauerhandwerk – Steinmustersammlung – Fotoarchiv über die Restaurierung des Gebäudes sowie pfälzischer Steinbrüche. **Anfahrt:** B 48 von Rockenhausen Rg. Bad Kreuznach – Abfahrt Alsenz – durch Oberndorf – in Alsenz auf der Oberndorfer Straße weiter über die Bahngleise in die Brühlstraße – am Ende der Brühlstraße links in die Brückenstraße und geradeaus über die Alsenzbrücke, am Ende der Brückenstraße links zum Marktplatz. **Öffnungszeiten:** Ostern bis Oktober jeden Donnerstag von 17 bis 19 Uhr sowie Christi Himmelfahrt, Brunnenfest (1. Juliwochenende), Kerwe (letztes August-Wochenende), Weihnachtsmarkt (2. Dezember-Wochenende). **Eintritt:** frei. **Auskunft:** VG Alsenz-Obermoschel, Telefon: 06362 993282 oder 2464. **Internet:** www.alsenz.de

Pfälzisches Turmuhrenmuseum

Rockenhausen, am Schloss, Schloßstr. 11. Diese Einrichtung zeigt die technische und geschichtliche Entwicklung der öffentlichen Zeitmessung vom 15. Jhdt. bis in die 1950er Jahre. Imposante Exponate sind die rund 30 restaurierten, bis zu 3,70 m großen Turmuhren. In

Astronomische Uhr im Turmuhren-museum

den insgesamt 12 Räumen des renovierten Fachwerkbauernhauses werden in der "Uhrenstube" weitere zahlreiche interessante Zeitmesser, darunter eine beachtliche Sammlung an (Groß-) Sonnenuhren und Sanduhren, präsentiert. Ein noch ganz junges und außerwöhnliches Ausstellungsstück ist die Astronomische Uhr von Prof. Manfred Steinbach. Die Uhr arbeitet mechanisch und wird von zehn computergesteuerten

Motoren angetrieben und von Braunschweig aus gesteuert. Mehrmals jährlich finden Ausstellungen zu den Bereichen Kunst, Volks- und Naturkunde statt. **Öffnungszeiten:** März bis Dezember Donnerstag und jeden 1. Samstag im Monat 15 - 17 Uhr. **Eintritt:** frei. **Auskunft:** Telefon 06361 3430 oder 451-214 (VG-Verwaltung). **Internet:** www.rockenhausen.de

Pfälzisches Wörterbuch

(Abkürzung: PfWb.). Umfangreiche Sammlung, in der der gesamte Bestand pfälzischer Wörter in wissenschaftlich zuverlässiger Weise gesammelt und dokumentiert ist. Der Ursprung geht auf eine Initiative der Königlichen Bayerischen Akademie der Wissenschaften in München zurück, die 1912 ein "Wörterbuch der Mundart in der Rheinpfalz" in Angriff nahm. Heute wird das Pfälzische Wörterbuch von der Mainzer Akademie der Wissenschaften und der Literatur betreut. Es umfasst derzeit ca. 80.000 Stichwörter.

Pfälzisch-Rheinische Familienkunde e. V.

Ludwigshafen. Verein, der sich mit der Familien- und Wappenkunde befasst. Er betreut die Mitglieder in Rheinhessen, der Pfalz, der ehemaligen Kurpfalz und dem Gebiet des Hochstifts Speyer. In mehreren Städten haben sich Orts- und Bezirksgruppen gebildet. Während der Sprechtage kann das große Archiv in Ludwigshafen, verbunden mit einer sachbezogenen Bibliothek mit über 6.000 Publikationen, aufgesucht werden. Kirchenbücher, Ahnen- und Nachkommentafeln, Familienchroniken, Abschriften von Steuerlisten, die „Pfälzische Familiennamenkartei", die „Pfälzische Familiennamensammlung" sowie die genealogischen Zeitschriften des gesamten deutschen Sprachraums stehen für Interessierte zur Verfügung. Öffnungszeiten: Donnerstag 14 - 18 Uhr. Adresse: Geschäftsstelle/Archiv, Rottstraße 17 (Stadtarchiv), 67061 Ludwigshafen, Telefon 0621 523857. **Internet:** www.prfk.de

Pfalzklinikum für Psychiatrie und Neurologie

Klingenmünster, Weinstraße 100. Seit 1858 finden psychisch Kranke in Klingenmünster Hilfe und Heilung. Das Pfalzklinikum für Psychiatrie und Neurologie ist heute ein modernes Kompetenzzentrum. Es beherbergt die Klinik Landeck als Erwachsenenpsychiatrie einschließlich einem Schlafzentrum, das Pfalzinstitut – Klinik für Kinder- und Jugendpsychiatrie, Psychosomatik und Psychotherapie (PI), die Einrichtung Betreuen – Fördern – Wohnen für chronisch psychisch kranke und geistig behinderte Menschen sowie die Klinik für Forensische Psychiatrie für psychisch kranke Rechtsbrecher. Im Zuge der gemeindenahen psychiatrischen Versorgung psychisch Kranker entstehen im Laufe der nächsten Jahre an verschiedenen Orten in der Pfalz Psychiatrische Kliniken (in Rockenhausen und Kaiserslautern) sowie Tageskliniken, um den Patienten die Familiennähe zu erhalten. **Auskunft:** Telefon 06349

900-0. **Internet:** www.pfalz-klinikum.de

Pfalzmuseum für Naturkunde

Bad Dürkheim, Hermann-Schäfer-Straße 17. Im Museum in der historischen Herzogmühle lässt sich so manche Entdeckung machen: vom Ameisenstaat im Vivarium bis hin zu prächtigen Achaten im Mineralienkabinett und von echten Mammutzähnen bis hin zum lebensnah präparierten Waschbär. Ziel der Präsentation ist es, die einzelnen Objekte in größeren thematischen Zusammenhängen zu zeigen, um so das Verständnis für die Natur zu fördern. Besonders wertvoll sind die zum Teil jahrhundertealten Belege, die in den Archiven lagern, sowie 3.000 Mineralien und 150.000 Pflanzen. Vogelfreunde kommen voll auf ihre Kosten, denn die Exponate bilden die größte ornithologische Sammlung Südwestdeutschlands. Eine Dependance unterhält das Pfalzmuseum auf Burg Lichtenberg bei Kusel. Dort beherbergt ein moderner Glas-Beton-Bau das „Geoskop" Urweltmuseum; eine kleinere naturkundliche Ausstellung ist in der Zehntscheune untergebracht. Das Pfalzmuseum wird von einem Zweckverband aus Bezirksverband Pfalz, Stadt und Landkreis Bad Dürkheim, Landkreis Kusel und Pollichia-Verein für Naturforschung und Landespflege getragen. **Öffnungszeiten:** Dienstag bis Sonntag 10 bis 17 Uhr, Mittwoch zusätzlich bis 20 Uhr, Eintritt wird erhoben. **Auskunft:** Telefon 06322 9413-0. **Internet:** www.pfalzmuseum.de

Pfalzpreise

Seit vielen Jahren fördert der Bezirksverband Pfalz mit seinen Pfalzpreisen hervorragende Leistungen von Kunst- und Kulturschaffenden, Heimatforschern, Journalisten und Umweltschützern der Pfalz. Seit 1953 verleiht er alle drei Jahre den Pfalzpreis für Bildende Kunst, abwechselnd in den Sparten Malerei, Graphik und Plastik. Der ausgezeichnete Künstler erhält neben dem

Preisgeld die Möglichkeit, in der Pfalzgalerie auszustellen, die außerdem ein Werk von ihm ankauft. Mit einer Fördergabe will der Bezirksverband Pfalz auf junge Künstler aufmerksam machen.

Kunsthandwerker können sich alle drei Jahre um den Pfalzpreis für das Kunsthandwerk bewerben. Für ein herausragendes literarisches Werk wird der Pfalzpreis für Literatur vergeben. Der Autor muss gebürtiger Pfälzer oder durch langjähriges Wirken der Pfalz verbunden sein. Nachwuchstalente erfahren mit der Fördergabe Unterstützung. Heimatforscher erhalten für ihre fundierten historischen Kenntnisse der Region Anerkennung durch den Pfalzpreis für Heimatforschung. Mit dem Umweltschutzpreis will der Bezirksverband Pfalz das Umweltbewusstsein der Bürger entwickeln und sie motivieren, sich aktiv für den Erhalt ihrer natürlichen Umwelt einzusetzen. Seit 1989 wird der Medienpreis Pfalz ausgeschrieben. Er will dazu anregen, die Pfalz in Wort und Bild verstärkt in der Öffentlichkeit darzustellen und so das Pfalzbewusstsein zu fördern. Mit dem Pfalzpreis Jugend und Sport, den der Bezirksverband Pfalz seit 1992 alle zwei Jahre gemeinsam mit der Sportjugend Pfalz ausschreibt, soll die Jugendarbeit der Sportvereine besonders gewürdigt werden. **Info:** Bezirksverband Pfalz, 67653 Kaiserslautern, Telefon 0631 3647-0.

Pfalztheater

Kaiserslautern, Willy-Brandt-Platz 4-5. Das Pfalztheater, 1862 gegründet, ist das einzige große Haus in der Pfalz, das über ein eigenes festes Ensemble verfügt. In den drei Sparten

Pfalztheater Kaiserslautern

„Schauspiel", „Musiktheater" (Oper, Operette, Musical) und „Tanztheater" gehen jährlich rund 400 Aufführungen über die Bühne. Hinzu kommen etwa 100 Gastspiele in der gesamten Pfalz, mit denen das Pfalztheater einen wichtigen Beitrag zur Förderung der Kultur leistet. Des öfteren gelangen auch Stücke mit starkem regionalem Bezug zur Aufführung. Ein Beispiel ist das Schauspiel "Die K'Town-Story", das am 29. Mai 1993 Premiere hatte. Ein besonderer Erfolg in der Nachkriegszeit war das Stück "Pfälzers Höllen- und Himmelfahrt", in dem der bekannte Autor Paul Münch an seinem 75. Geburtstag selbst die Hauptrolle spielte. 1948 trat Erika Köth als "Gräfin Mariza" erstmals im Pfalztheater auf.

1862 wurde das erste Kaiserslauterer Theater eingeweiht. Im deutsch-franz. Krieg (1870/71) diente der Bau als Heu- und Brotmagazin. 1873 wird es wieder als "Stadttheater" eröffnet. Durch einen Bombenangriff wird das Theater 1944 völlig zerstört. 1946 nimmt die "Pfälz. Landestheater GmbH" in einem Kino, dem "Capitol", die Arbeit wieder auf. Am 30.09.1950 beginnt mit "Fidelio" die erste Spielzeit im damals neuen Haus am Fackelrondell, einem ehemaligen Filmpalast. Im gleichen Jahr wird der Bezirksverband Pfalz Rechtsträger des Pfalztheaters. Exakt 40 Jahre später, am 30.09.1995, wird der Neubau am Willy-Brandt-Platz eingeweiht. Der 77 m x 72 m große und 27 m hohe Bau verfügt über eine gewaltige Bühne (17 m breit, 20 m tief zzgl. Seiten- und Hinterbühne, 750 qm Fläche). Im Zuschauerraum finden 723 Besucher Platz. Im 250 qm großen Orchestergraben können 100 Musiker zusammen spielen. Für kleinere Produktionen steht zusätzlich eine Werkstattbühne zur Verfügung. Das Gebäude am Fackelrondell wurde 1999 abgerissen. In der Spielzeit 2000/2001 kamen rund 104.000 Besucher zu den 206 Aufführungen des Pfalztheaters. **Telefon:** 0631 3675-0, Kasse 3675-209. **Internet:** www.pfalztheater.de

Pfalz-Touristik e.V.

Landauer Str. 66, 67434 Neustadt, Telefon 06321 39160, **Internet:** www.pfalz-touristik.de

Pfalzwein e.V.

Im Januar 1952 wurde in Bad Dürkheim die Vorläufer-Organisation Pfalzweinwerbung e. V. gegründet, mit »drei Herren« im Vorstand und dem ausdrücklichen Ziel, alle Aufgaben wahrzunehmen, »die der Förderung des pfälzischen Weinabsatzes zu dienen geeignet sind«. Von der „Werbezentrale für Pfälzer Wein" sind seither eine Fülle von attraktiven Veranstaltungen initiiert worden, wie zum Beispiel die Ausstellung »Mysterium Wein«, der Erlebnistag Deutsche Weinstraße, das Gourmet-Festival »Pfälzer Sommerzauber«, das Festival »palatia jazz« oder die Pfälzer Weinmesse in Bad Dürkheim. Der Slogan der Gebietsweinwerbung »Zum Wohl. Die Pfalz.« von der Stuttgarter Agentur Leonhardt Kern erdacht und für Pfalzwein gesetzlich geschützt, ist auf dem besten Weg, zum Slogan der gesamten Region zwischen Kusel und Speyer, zwischen Kirchheimbolanden und Kandel zu werden. Im Mittelpunkt der Aktivitäten stand in den Anfangsjahren die Weinkönigin: »Wir haben immer wieder versucht, die Pfälzer Weinkönigin bundesweit in Zusammenhang mit Prominenten zu platzieren und so den Pfälzer Wein ins Gespräch zu bringen«, berichtet der frühere Geschäftsführer Klausjürgen Müller. Mit einem bundesweiten Werbe-Einsatz sorgte die Pfalz in den siebziger Jahren für Aufsehen: Etwa hundert junge Winzerinnen und Winzer standen bereit, um überall in der Republik in Kaufhäusern und bei Weinfesten Kostproben von Pfälzer Gewächsen anzubieten oder den Sonderzug Deutsche Weinstraße zu bewirtschaften. »Pfälzer Sonntagskinder« lautete der Titel der Aktion, eine Anspielung auf den damaligen Slogan der Weinwerbung »Pfälzer Wein - der Sonne Sonntagskind«. Um wirkungsvolle Weinwerbe-Ideen war man in der Heimat des größten Weinfasses selten verlegen: 1984 beispielsweise wurde entlang der Deutschen Weinstraße die größte Weinprobe der Welt mit vier Weinen organisiert. Zu einem festgelegten Zeitpunkt schenkten Helfer überall entlang der Deutschen Weinstraße einen bestimmten Wein aus, Lautsprecher übertrugen den entsprechenden Kommentar vom Ordensmeister der Pfälzer Weinbruderschaft, Dr. Theo Becker, vom Haus der Deutschen Weinstraße aus an alle Streckenteile. 1985 wurde erstmals der »Erlebnistag Deutsche Weinstraße« veranstaltet, der von Jahr zu Jahr mehr Besucher anlockte und es inzwischen mehrfach ins Guinness-Buch der Rekorde geschafft hat: 1987 beispielsweise mit einem schwarz-rot-goldenen Streifen von Bockenheim nach Schweigen, der längsten Nationalfahne der Welt, mit dem längsten Drehorgel-Konzert der Welt 1998 und zwei Jahre später mit dem größten Sonnenblumen-Strauß, der im Neustädter Marktbrunnen zu bewundern war. **Info:** M. -Luther.Str. 69, 67433 Neustadt, Telefon 06321 912328. **Internet:** www.pfalzwein.de

Pfalzwerke

1912 gründeten der Kreis Pfalz, die Städte Ludwigshafen, Homburg, Frankenthal und die Rheinische Schuckert-Gesellschaft die Pfalzwerke. 1914 versorgten die drei damals bestehenden E-Werke über ein Leitungsnetz von 145 km ca. 210.000 Menschen mit Strom. Im Laufe der Jahrzehnte hat sich das Unternehmen auf weitere Regionen der Pfalz ausgedehnt, neue Betriebsbereiche kamen hinzu.

Das unter Denkmalschutz stehende Verwaltungsgebäude der Pfalzwerke in Ludwigshafen

Traditioneller Schwerpunkt der Pfalzwerke ist auch heute noch die Stromversorgung. Darüber hinaus engagiert sich das Unternehmen mit seinen über 1400 Mitarbeitern u.a. in der Erdgas- und Wasserversorgung, in umweltgerechter Abfall- und Abwasserentsorgung, im Kommunikationsbereich (Kabelfernsehen, Mobilfunk) sowie in der Erforschung und Nutzung regenerativer Energien wie Sonne, Wasser, Wind und Umweltwärme. Den größten Teil ihres Strombedarfs beziehen die Pfalzwerke vom Großkraftwerk Mannheim und den Kraftwerken der RWE. In der Pfalz und einem Teil des Saarlandes werden heute rund 1,5 Mio. Menschen über ein Verteilungsnetz von 14.000 km Länge mit jährlich 7 Mrd. Kilowattstunden Strom versorgt. **Internet:** www.pfalzwerke.de

Pfeffelbach (KUS)

westlich von Kusel, nahe der A 62, Abfahrt Reichweiler, 1.021 Einwohner, im Jahre 1124 erstmals urkundlich erwähnt.

Sehenswertes: Der Herzerberg (585 m) ist Startplatz für Drachenflieger. Hängegleitermuseum. **Info:** VG Kusel

Pfrimm

Der Bach entspringt beim Pfrimmerhof zwischen Sippersfeld und Ramsen und fließt bei Worms in den Rhein.

Pfrimmerhof

Die Ansiedlung gehört zu Sippersfeld (KIB). Sie ist 865 erstmals urkundlich erwähnt. Das dort enstandene Dorf „Prümen" wechselte mehrfach die Besitzer und wurde im Dreißigjährigen Krieg zerstört. Kasimir Lander erbaute ab 1702 auf dem Gelände den „Bremer Hof" und sorgte so für eine erneute Ansiedlung von Menschen. Die dort befindliche Quelle der Pfrimm und die drei nach 1861 angelegten Pfrimmweiher gaben dem Hof seinen heutigen Namen. 1851 kaufte Johannes Hetsch II die 1819 erbaute Mühle auf dem Pfrimmerhof. Seitdem sind die ehem. Mühle und der Landgasthof in Familienbesitz und tragen den

Namen „Hetschmühle". Bekannt ist der Pfrimmerhof durch den „Campingplatz Pfrimmtal".

Philou

Bei diesem Perlwein handelt es sich ein neues Erzeugnis der "Vereinigten Zellertaler Weingüter". Der Name "Philou" erinnert zum einen an den Hl. Philipp von Zell. Zum anderen soll er den Perlwein charakterisieren, denn wie ein "gewitzter Schlingel" ist das Getränk spritzig und edel.

Piff

In der Pfalz die Maßeinheit für $^1/_8$ Liter Wein. Diese Bezeichnung soll von den Kutschern herrühren, die sich früher mit einem Pfiff an der Pferdewechselstation bemerkbar machten und dann mit mit einem kleinen Schluck Wein (ca. 1/8 Liter) versorgt wurden. Aber Achtung: Weil es den Winzern in Rhodt u. R. zu unrentabel war, sparsamen Gästen einen "Piff" auszuschenken, hat man in dem Weinort den Piff als zwei Schoppen (1 Liter) definiert. Auf diesen Rhodter Piff ist schon so mancher hereingefallen.

Pirmasens

Kreisfreie Stadt. 43.774 Einwohner, Fläche ca. 62 qkm, 350 - 436 m NN, an den sechs Hügeln Blocksberg, Horeb, Husterhöhe, Imserbühl, Kirchberg, und Schachenberg erbaut. 820 als ein Hornbacher Klosterhof erstmals urkundlich erwähnt. Der Ortsname geht auf den Wandermönch Pirminius zurück, der u.a. das Kloster Hornbach gegründet hat. Der eigentliche Vater der Stadt ist Landgraf Ludwig IX. von Hessen-Darmstadt, der hier 1741 Residenz nahm und eine Garnison für ein Garde-Grenadier-Regiment errichtete. Nach dem Tod des Landgrafen (1790) und dem damit verbundenen Niedergang der Garnison geriet die Bevölkerung in Not. Viele halfen sich, in dem sie aus nicht mehr benötigten Uniformstoffen und Lederresten "Schlabbe" fertigten und diese im Um- und Ausland verkauften. Damit wurde der Grundstock für den Aufstieg der Stadt zur Deutschen Schuh

Brunnenanlage in der Fußgängerzone in Pirmasens

metropole gelegt. 1881 produzierten die 58 Pirmasenser Schuhfabriken 3,6 Mio. Paar Schuhe. **Sehenswertes:** Altes Rathaus mit Schuhmuseum und Bürkel-Galerie, Fußgängerzone, Pirmasenser Luft- und Badepark, Westwall-Museum. **Info:** Kultur- und Fremdenverkehrsamt, Telefon 06331 842355. **Internet:** www.pirmasens.de.

Pirmasenser Luft- und Badepark (Plub)

Pirmasens, Lemberger Straße 41. Das Freizeitbad bietet u.a. eine 82 m lange Rutsche, ein Planschbecken, ein sportge-

rechtes 25-Meter-Becken, ein Bewegungsbecken mit Wasserkanonen und Wasserpilz, ein Außenbecken, einen ausgiebigen Saunabereich, Massage, Solarien, Sonnenwiese, Cafeteria, Saunabar und ausreichend Parkplätze. Im Sommer kann das Freibad mitbenutzt werden. **Telefon:** 06331 876380. **Internet:** www.stw-pirmasens.de

Pirmasenser Zeitung

„Es war ein wirtschaftliches Wagnis, das der erst 26-jährige Buchdrucker Friedrich Philipp Deil einging, als er 1830 in dem Städtchen Pirmasens, in dem

5.500 Menschen mehr schlecht als recht lebten, die Druckerei Rost übernahm. Und als er ein Jahr später auch noch die erste Zeitung in dieser von wirtschaftlicher Not geprägten Kleinstadt herausbrachte, war das Risiko nicht geringer geworden: Aber das "Pirmasenser Wochenblatt" · der Vorläufer der "Pirmasenser Zeitung" · behauptete sich in den schweren Anfangsjahren gegen alle Unbilden und Bedrohungen, wie es auch später alle Krisen und Schicksalsschläge im Unternehmen und in der Verlegerfamilie überstand: In 169 Jahren wurde die Pirmasenser Zeitung wirklich zur Zeitung der Pirmasenser". So beginnt die Geschichte einer der wohl ältesten pfälzischen Tageszeitungen. Das „Pirmasenser Wochenblatt" erschien zunächst einmal wöchentlich. In den 1870er Jahren gab es bereits drei Ausgaben pro Woche und seit den 1890er Jahren können die Horebstädter täglich ihre Zeitung lesen. Im Jahre 1899 erreichte die Auflage die stattliche Zahl von 5.150 Exemplaren, die sich in den besten Jahren des 20. Jahrhunderts auf bis zu 18.000 Exemplaren steigerte und damit nicht nur die Stadt, sondern auch große Teile des Landkreises Pirmasens abdeckte. Nach 165 Jahren Familienbesitz verkaufte die Verlegerfamilie Baisch das Unternehmen zum 1. Januar 1995. Damit änderte sich zwar die Firmenstruktur, aber nicht die „PZ", die auch unter der neuen Führung die „Pirmasenser Zeitung" geblieben ist. Tipp: Die ausführliche Geschichte der „PZ", die einen ganz engen Bezug zur Regionalgeschichte darstellt, kann man im Internet nachlesen. **Internet:** www.pz. pirmasens.de

Pirminius

Der heilige Abtbischof St. Pirminius starb am 3. November 753. Der Heilige gilt als der Glaubensbote des südwestdeutschen Raumes und des Elsass. Die Herkunft Pirmins ist umstritten. Sein Name weist auf ein romanisches Land hin, die klösterliche Tradition, die er vertritt, deutet eher auf das iroschottische Mönchtum. Kennzeichnend für sein missionarisches Wirken war die Gründung von Klöstern, denen er die Ordensregel des heiligen Benedikt gab und die zu Zentren der Glaubensverkündigung in der jeweiligen Region wurden. So gehen u.a. die Klöster Mittelzell auf der Bodenseeinsel Reichenau und Murbach im Elsass auf ihn zurück. Pirmins letzte Klostergründung war Kloster Hornbach in Hornbach. Hier ist er auch gestorben und begraben worden. Schon bald nach seinem Tod 753 setzte die Wallfahrt zu seinem Grab ein. Die Pilger konnten zu dem Sarkophag hinabsteigen und durch die Fenster das Grab des Heiligen berühren. Die Wallfahrt erlosch mit der Aufhebung des Klosters in der Reformationszeit. 1587 wurden die Gebeine des Heiligen nach Innsbruck überführt. Seine Verehrung blieb im Bistum Speyer aber weiterhin lebendig. Davon zeugen die vielen Kirchen, die unter sein Patronat gestellt wurden. Auch die Stadt Pirmasens leitet ihren Namen von ihm her. (Quelle: Bistum Speyer)

Pistor, Daniel Frédéric

Der Mann setzte sich im 19. Jhdt. für die deutsche Einheit und das "europäische Denken" ein. U.a. trat er 1832 beim Hambacher Fest als Redner auf.

Pixis, Theodor

Der als Maler in seiner Zeit angesehene Pfälzer wurde am 2. Juli 1831 in Kaiserslautern geboren, siedelte 1851 nach München über und starb am 19. Juli 1907 in Pöcking am Starnberger See. Er widmete sich der Landschafts- und Historienmalerei, galt aber auch als Portrait- und Genremaler. Bekannt war Pixis für seine Szenenillustrationen von Richard-Wagner-Aufführungen. Die Pfalzgalerie Kaiserslautern besitzt vier Werke Pixis.

Planetenstraße

Landau. Auf Initiative des pensionierten Studiendirektors Walter Gröschel entstand die Planetenstraße, die am 1. Juni

2001 eingeweiht wurde. In der Markt- und Hindenburgstraße sind auf einer Strecke von 1400 Metern mehrere 24 x 34 cm große Messingtafeln eingelassen, die für die Sonne sowie die Planeten Erde, Jupiter, Mars, Merkur, Neptun, Pluto, Saturn, Uranus und Venus stehen. Das „Planetensystem" ist im Maßstab 1:4 Milliarden erstellt (1 cm = 40.000 km).

Pleisweiler-Oberhofen
(SÜW)

2 km nördlich von Bad Bergzabern, 813 Einwohner, 195 m NN, 1115 erstmals urkundlich erwähnt, Weinbau. **Sehenswertes:** Wappenschmiede (16. Jhdt.) mit Mühlrad und Hammerwerk. **Info:** VG Bad Bergzabern

POLLICHIA

Verein für Naturforschung und Landespflege, benannt nach dem Kaiserslauterer Arzt und Botaniker Johann Adam Pollich. 1840 gegründet durch den Deidesheimer Hospitalarzt Carl Heinrich Schultz. Die POLLICHIA ist u.a. Träger des Pfalz-

museums für Naturkunde in Bad Dürkheim. **Internet:** www.pollichia.de

Portugieser

Mit einer Anbaufläche von rund 2.600 Hektar ist der Portugieser die dominierende rote Rebsorte im pfälzischen Weinanbau. Für 2002 ist der Portugieser von der pfälzischen Weinwirtschaft zur Rebsorte des Jahres gekürt worden.

Potzberg

Dieser Berg wird als „König des Westrich" bezeichnet, da er mit einer Höhe von 562 m die Landschaft prägt. Rund um den Berg wurde im 18./19. Jhdt. Quecksilber abgebaut. Eine gute Aussicht bietet der Potzbergturm. **Internet:** www.potzberg.de

Potzbergturm

Föckelberg. „In 40 stürmischen Tagen erbaute die Fa. Hauz OHG von Oktober bis Dezember 1951 den 35 m hohen Turm". Nach 173 Stufen erreicht man die Aussichtsplattform, von der man 30 bis 40 km über die

Nordpfalz, das Naheland und das westliche Saarland, bei gutem Wetter sogar noch weiter sehen kann. Tafeln auf der Aussichtsplattform und auf einem Balkon (wenige Meter vor der Turmspitze von der Treppe aus zu betreten) definieren die Himmelsrichtungen und nennen zahlreiche Orte, Berge und andere Punkte, die man von hier oben sehen kann. Markante Ziele sind der Fernsehsender auf dem Schneeweiderhof (rot-weißer Antennenmast) in nordwestlicher Richtung sowie die Rammelsbacher Steinbrüche und der Remigiusberg mit der Kirche und der Klosterruine im Nordwesten. Natürlich erhält man auch einen guten Überblick über den Wildpark am Fuße des Turmes. Erkennungszeichen des Potzberges aus der Ferne sind neben dem Aussichtsturm der Radarturm der Bundeswehr und das Hotel mit den spitzen Turmdächern. Einige Tipps: Ist der Eingang zum Turm verschlossen, ist der Schlüssel im Hotel erhältlich. Wer Probleme mit Schwindel-

Potzbergturm

gefühlen hat, muss bei der Turmbesteigung etwas aufpassen. Es handelt sich nämlich um eine freitragende Holztreppe, die zwischen den Stufen den Blick in die Tiefe freigibt. Wer mit Kindern unterwegs ist, kann auf dem Potzberg auch den Wildpark besuchen. Wie erreicht man den Turm? Man fährt von der B 423 (zw. Glan-Münchweiler und Altenglan) ab über Gimbsbach, Neunkirchen und Föckelberg bis zum Parkplatz direkt vor dem Turm (der Beschilderung „Wildpark Potzberg" folgen).

Presley, Elvis

Nach den Recherchen des Amerikaners Donald W. Presley, der ein Buch über Johann Valentine Pressler (1669 – 1742) schrieb, ist Hochstadt (Kreis Südliche Weinstraße) der Herkunftsort des Elvis-Presley-Ahnen Johann Valentine Pressler. Dieser wanderte 1709/1710 nach Amerika aus und gilt als Vorfahre von Elvis Presley (1935 – 1977). Stimmen diese Nachforschungen, stammt der King of Rock'n Roll von Pfälzern ab.

Puppenstubenmuseum

Jakobsweiler, Rosenweg 3. Etwa 50 Puppenstuben und ähnliche Exponate aus den 1930er und 50er Jahren sind im ehemaligen Milchhäuschen ausgestellt. In der angrenzenden ehemaligen Viehwaage ist Platz für Wechselausstellungen zum Thema Spielzeug usw. Das Museum ist eines der kleinsten in Deutschland. Um so mehr bemühen sich die Betreiber, die Besucher mit qualitativ hochwertigen Exponaten und museumspädagogischen Texterläuterungen zum geschichtlichen Hinter-

Im Puppenstubenmuseum

grund zu überzeugen. **Öffnungszeiten:** Sonntag 14 – 18 Uhr. **Auskunft:** Telefon 06357 1295 oder 989872 (Ingeborg Michno) oder 7631 (Rosemarie Hahn). **Internet:** www.puppenstubenmuseum.de

Purrmann, Hans

Geboren 1880 in Speyer. Von dem großen Matisse beeinflusster Landschaftsmaler. Wirkte auch in Paris, Berlin und Florenz (1935 Leiter der Villa Romana). Werke von ihm sind hauptsächlich in der Pfalzgalerie zu sehen. Er starb 1966.

Purrmann-Haus

siehe Hans-Purrmann-Haus **Internet:** www.speyer.de

Purrmann-Preis

Einer der wichtigsten Kunstpreise der Pfalz. Wird von der Stadt Speyer verliehen.

Queich

Größter Bach des Pfälzerwaldes. Entspringt bei Hauenstein, fließt u.a. durch Annweiler, Landau und bei Germersheim in den Rhein.

Queichheim

Stadtteil von Landau. Interessant: im 13. Jhdt. gehörte Landau zur Pfarrei Queichheim. **Internet:** www.queichheim.de

Queichtalmuseum

Offenbach an der Queich, im Heimat- und Kulturzentrum, Hauptstraße 11. In dem modern restaurierten Museum in der Scheune eines ortstypischen landwirtschaftlichen Anwesens sind in etwa zehn Vitrinen Funde und Gegenstände aus der Geschichte des Ortes zu sehen. In erster Linie ist das Museum aber auf die Durchführung von drei bis vier umfassenden Wechselausstellungen pro Jahr ausgerichtet. Die Inhalte der Präsentationen reichen von ortsbezogenen Themen über regionale, pfälzische Bezüge bis hin zu Kunstausstellungen. Es lohnt sich, das Jahresprogramm anzufordern. **Öffnungszeiten:** Sonntag 10 – 12 und 15 – 18 Uhr, geringer Eintritt. **Auskunft:** Telefon 06348 986142.

Queidersbach (KL)

südwestlich von Kaiserslautern, 2.841 Einwohner, im Jahre 976 erstmals urkundlich erwähnt. **Sehenswert:** Heimatmuseum. **Info:** VG Kaiserslautern-Süd. **Internet:** www.queidersbach-pfalz.de

Quirnbach bei Kusel (KUS)

südlich von Kusel, nahe der A 62, 560 Einwohner, 230 m NN, im Jahre 1004 erstmals urkundlich erwähnt. **Info:** VG Glan-Münchweiler

Quirnheim (DÜW)

nordwestlich von Grünstadt, 727 Einwohner, 160 · 260 m NN, 771 erstmals urkundlich erwähnt. **Sehenswertes:** Flugsportgelände auf dem Gerstenberg östlich von Quirnheim, Motorrad- und Technikmuseum. OT: Quirnheim-Tal, Boßweiler (767 erstmals urkundlich erwähnt). **Info:** VG Grünstadt-Land

Radwanderweg "Rheinaue"

Landkreis Germersheim. Der 40 km lange Weg führt von Lingenfeld über Germersheim entlang dem Rheinhauptdeich bis nach Berg. **Info:** Kreisverwaltung Germersheim.

Rahnfels

Berg (515 m) westlich von Bad Dürkheim-Hardenberg, schöne Aussicht auf die mittlere Haardt, das Isenachtal und die Rheinebene. Hütte des Pfälzerwaldvereins.

Ramberg (SÜW)

ca. 9 km nördlich von Annweiler, 1.005 Einwohner, im Jahre 1163 erstmals urkundlich er-wähnt, früher das Dorf der Bürstenmacher. **Sehenswertes:** Heimat- und Bürsten-bindermuseum, Burg Ramburg, Burg Meistersel, Burg Neuscharfeneck. **Info:** VG Annweiler. **Internet:** www.ramberg.de

Rammelsbach (KUS)

östlich von Kusel, an der B 420, 1.790 Einwohner, 220 m NN, im Jahre 1446 erstmals urkundlich erwähnt. **Sehenswertes:** Wilhelm-Panetzky-Museum. **Info:** VG Altenglan. **Internet:** www.rammelsbach.de

Ramsen (KIB)

zw. Grünstadt und Kaiserslautern, 3 km südwestl. von Eisenberg, 1.860 Einwohner, 220 m NN, 1146 erstmals urkundlich erwähnt, anerk. Fremdenverkehrsort im Eisbachtal. **Sehenswertes:** Im Mittelalter bestand hier das 1146 von den Herren von Stauf gegründete Kloster Ramosa. Bauliche Reste des Klosters sind in Wohnhäuser einbezogen. Aus dem ehemaligen Konventsgebäude ist das heutige Forstamt hervorgegangen. Die Ev. Kirche (1907) soll an der Stelle der ehemaligen Klosterkirche erbaut worden sein. Die Kath. Kirche Mariä Himmelfahrt hat man 1912 in Dienst gestellt. Die Turmhaube der dreischiffigen Basilika ist in Zwiebelform gestaltet. Im Ort fällt einem ein steinerner Laufbrunnen mit einer besonderen Plastik auf. Es wird dargestellt, wie ein Fisch einen Menschen schluckt. Nahe dem Fremdenverkehrsort findet man das beliebte Ausflugsziel Eiswoog mit dem großen Naturweiher und dem Bahnhof der Stumpfwaldbahn. Eine beliebte Veranstaltung ist das jährliche Ostereier-Schießen. **Info:** VG Eisenberg

Ramstein-Miesenbach
(KL)

Stadt nördlich von Landstuhl, 8.242 Einwohner, Ramstein wurde 1215, Miesenbach 1255 erstmals urkundlich erwähnt. Die beiden OT wurden 1969 zu einer Gemeinde zusammengefasst. Der Ort ist die jüngste Stadt der Pfalz (1991). **Sehenswertes:** Heimatmuseum. **Info:** VG-Verwaltung, Telefon 06371 592-0. **Internet:** www.ramstein-miesenbach.de

Randeck-Museum

Mannweiler-Cölln, Böhlstraße 3 und 5. Das Gebäude (Haus Nr. 5) steht auf dem Böhl (174 m NN), einem Felshügel vulkanischen Ursprungs. Es war im 16./17. Jhdt. Schultheißenamt bzw. Gemeindehaus und ab 1748 reformierte Schule. Die herrliche Barockfassade der oberen Eingangsgewände mit dem Traubenschlussstein und der Jahreszahl 1748 sind erwähnenswert. Eine Zierde für den Ort ist das barocke Türmchen, ein sogenannter Dachreiter, dessen Glocke die Inschrift trägt: „Mich goß Benedikt Hamm und Johann Georg Schneidewind in Frank-

Schulsaal im Randeck-Museum

furt 1749". **Themenschwerpunkte:** Funde der Burgen Randeck und Stolzenberg · alte Stubenöfen · Arbeitszimmer des Lehrers Ernst Röder · komplett eingerichteter Schulsaal · Küche aus Großmutters Zeiten · Mannweilerer Wäschemangel der ehem. ortsansässigen Fabrik Chr. Gaier · funktionsfähiges Turmuhrenschlagwerk aus 1770 · Wachtstube des Kriegsgefangenenlagers (1940 · 44) · Dorf- und Bürgerstube mit Siegeln, Fossilien, Wäsche, Kaffeeservice, Büchern und Dokumente früherer Jahrhunderte. Im Museumslagerhaus (Haus Nr. 3) findet man eine Wagnerwerkstatt, zum Teil sehr alte Bienenbeute, verschiedene Geräte, die die kompletten bäuerlichen Arbeitsgänge von der Saat bis zur Ernte dokumentiert. Im Außenbereich kann u.a. eine große Obstquetsche („Beeremihl") auf einem Sandsteinsockel betrachtet werden. **Öffnungszeiten:** von April bis November jeden ersten und dritten Donnerstag im Monat von 14 bis 16 Uhr. Eintritt: frei. **Auskunft:** VG Alsenz-Obermoschel, Telefon 06362 3030, Hr. Gillmann, Telefon 8545.

Ranschbach (SÜW)

westlich von Landau an der Deutschen Weinstraße, 668 Einwohner, 240 m NN, 1225 erstmals urkundlich erwähnt. Weithin bekannt ist der Wein "Ranschbacher Seligmacher". Landwirtschaftsrat Peter Morio, der Züchter der Rebensorte Morio-Muskat, stammte aus diesem Ort. **Sehenswertes:** Pfarr- und Wallfahrtskirche (13. Jhdt.), Quelle am Kaltenbrunnen, zu der jährlich Wallfahrten durchgeführt werden. **Info:** VG Landau-Land. **Internet:** www.ranschbach.de

Ransweiler (KIB)

nordwestlich von Rockenhausen, am Ransenbach, ca. 280 m NN, 311 Einwohner, 1194 erstmals urkundlich erwähnt. **Sehenswertes:** Die Ev. Kirche, ein schlichter Barockbau aus dem Jahre 1767, bildet zusammen mit dem Pfarrhaus (1766, Am Schulberg 4) eine schöne Anlage. Die Größe des Anwesens ist damit zu erklären, dass Ransweiler früher das kirchliche Zentrum für viele umliegende Orte war. Die Orgel stammt aus 1847. **Info:** VG Rockenhausen

Rathskirchen (KIB)

zw. Rockenhausen und Wolfstein, 224 Einwohner, 1223 erstmals urkundlich erwähnt. **Sehenswertes:** Die 1899 errichtete ehemalige Schule dient heute als Dorfgemeinschaftshaus. Besonders im OT Rudolphskirchen, der seit 1969 mit Rathskirchen eine Gemeinde bildet, zeigt sich ein schönes Ortsbild. Die Prot. Kirche (Hauptstraße 27), 1999 unter Denkmalschutz gestellt, wurde 1910/12 in vom Jugendstil beeinflussten barockisierenden Heimatstilformen erbaut. Charakteristischer Bestandteil des Saalbaus ist ein mit Zwiebelhaube bekrönter Chorturm. Die Fassade wird von genischten Rundbogenfenstern gegliedert. Der Schluss-Stein der Sakristeitür ist ein wiederverwendeter Stein mit Reipoldskirchener Wappen, datiert auf 1753. Im Kircheninnern sind besonders die Westempore (Orgel) und die nördliche Seitenempore mit reichem Schnitzwerk zu beachten. Ebenso der steinerne ornamentierte Altar und die farbigen Chorfenster. Zusammen mit dem Pfarrhof bildet die Kirche eine sich burgartig auftürmende malerische Baugruppe. Die Prot. Kirche im Ortsteil Rudolphskirchen (Kirchenstraße 12) 1767 erbaut, zählt zu den besterhaltenen Beispielen des seinerzeit bevorzugten Typs der chor- und turmlosen Saalkirche. Sie liegt dominant über dem Ort. Die Innenausstattung stammt größtenteils noch aus der Erbauungszeit. Im Mittelpunkt des lichterfüllten Innenraums stehen die Kanzel und der hölzerne Altartisch. Seit 1999 steht die Kirche unter Denkmalschutz. **Info:** VG Rockenhausen

Rathsweiler (KIB)

nordöstlich von Kusel, an der B 420, 183 Einwohner, 1364

erstmals urkundlich erwähnt, 200 m NN. **Info:** VG Altenglan

Reblaus (siehe Die Reblaus)

Rebsorten

38 weiße und 16 rote Rebsorten sind in der Pfalz, dem größten geschlossenen Weinanbaugebiet Deutschlands, zugelassen. Regionale Spezialitäten wie St. Laurent oder Muskateller sind darunter, internationale Modesorten wie Chardonnay und Merlot oder Neuzüchtungen wie Regent. Sie alle sorgen mit ihrem Aromenspiel für eine Fülle von Geschmacks-Erlebnissen. So bietet die Genuss-Landschaft Pfalz für jeden etwas – und zeigt sich dennoch bestens sortiert. Denn eine Handvoll Standard-Rebsorten nimmt fast zwei Drittel der Pfälzer Rebfläche ein. An der Spitze steht der Riesling, inzwischen unbestritten die Nummer eins im Pfälzer Rebengarten. Daneben gehören vor allem Müller-Thurgau/Rivaner, Kerner und Silvaner zum Pfälzer Weinschmecker-Repertoire. Weiß- und Grauburgunder ge-

winnen jährlich an Bedeutung. Mehr als ein Viertel der Rebstöcke in der Pfalz trägt rote Trauben; Portugieser, Dornfelder und Spätburgunder schwimmen auf der Rotwein-Welle ganz oben (siehe „Rotwein in der Pfalz"). Dennoch verbleiben genug Nischen für Spezialitäten.

Regino

Der Abt Regino, der die erste Weltchronik schrieb, wurde vermutlich 840 im pfälzischen Altrip geboren. Der gebildete Geistliche war von 892 bis 899 Abt im Kloster Prüm, danach Abt im Kloster St. Martin in Trier. Dort verfasste er neben anderen Werken auch die Weltchronik (907). Regino starb 915 in Trier.

Rehbergturm

Annweiler. Nach einem ca. 30 minütigen Aufstieg, vorbei an der Rehbergquelle, erreicht man den Buntsandsteinturm auf dem Rehberg (576 m). Nach einer kurzen Verschnaufpause geht es danach über 58 Stufen hoch zur zinnengeschmückten

Aussichtsplattform. Der etwa 13 Meter hohe Turm, 1862 von einem Herrn Zoeppritz aus Darmstadt erbaut, bietet einen wunderbaren Rundblick über den Pfälzerwald, das Queichtal bis hin zur Rheinebene. Hier einige markante Punkte, die man zum Teil mit bloßem Auge erspähen kann: Die Burgen Trifels, Anebos, Münz, Madenburg, den Slevogthof, den Stäffelsbergturm und ein imposantes Buntsandsteinmassiv. In der Rheinebene erblickt man u. a. Landau und das Kernkraftwerk Philippsburg. Im Tal breitet sich Annweiler mit seinen Ortsteilen aus. Wie erreicht man den Turm? In Annweiler folgt man der Beschilderung „Trifels" und fährt auf der Trifelsstraße Richtung „Trifels". Circa 2,5 km nach dem Ortsschild befindet sich auf der rechten Seite (schräg gegenüber der Kletterhütte) der Waldparkplatz „Rehberg". Von dort erreicht man über den Rundwanderweg Nr. 18 nach ca. 2 km den Turm. Unterwegs passiert man die Rehbergquelle, die höchstgelegene Quelle der Pfalz (540 m NN), die vom Pfälzerwaldverein, Ortsgruppe Ludwigshafen, gefasst wurde. Tische und Bänke laden zum Verweilen ein.

Rehweiler (KUS)

südöstlich von Kusel, nahe der B 423, 460 Einwohner, 210 m NN, 1296 erstmals urkundlich erwähnt. **Info:** VG Glan-Münchweiler. **Internet:** www.rehweiler.de

Reichenbach-Steegen (KL)

nördlich von Landstuhl, 1.468 Einwohner, 945 erstmals urkundlich erwähnt. **Info:** VG Weilerbach

Reichsthal (KIB)

südwestlich von Rockenhausen, 111 Einwohner, ca. 330 m NN, 1375 erstmals urkundlich erwähnt. **Sehenswertes:** 1967 wurde der Ort als schönstes Dorf Deutschlands ausgezeichnet. In der Gemeinde kann man einige Fachwerkhäuser und einen Laufbrunnen in der Ortsmitte entdecken. Das Bürgerhaus ist in dem Gebäude der ehemaligen Schule (1842) untergebracht. **Info:** VG Rockenhausen

Reichweiler (KUS)
westlich von Kusel, an der A 62, 577 Einwohner, 1270 erstmals urkundlich erwähnt. **Sehenswertes:** Mithras-Denkmal. **Info:** VG Kusel

Reifenberg (PS)
nordwestlich von Pirmasens, 850 Einwohner, 340 m NN, 1448 erstmals urkundlich erwähnt. **Sehenswertes:** Kriegergedächtniskapelle auf dem Häsel. **Info:** VG Thaleischweiler-Fröschen

Krieger-Gedächtniskapelle

Reinhard-Blauth-Museum
Weilerbach, Schulstraße 6. 1964 hat der Lehrer und Heimatforscher Reinhard Blauth das Museum gegründet. Seit 1993 befindet es sich in der heutigen Ausstattung im Bürgerhaus. In hellen, modernen Räumen werden Exponate aus der wechselvollen Geschichte des Ortes gezeigt. **Schwerpunkte:** Reibsteine (bootsförmige Handmühlsteine) aus der Jungsteinzeit - Bodenfunde aus der Eisenzeit, wie z. B. Tonscherben und Feuersteinsplitter - Nachbildung der bekannten Goldringe aus dem Fürstengrab von Rodenbach - Grabbeigaben aus einem frührömischen Brandgräberfeld - historische Grenzsteine - Grabplatte des Deutschordensritters Emerich Schrais von Ulvesheim (1483) - handwerkliche und bäuerliche Geräte - komplette Schusterwerkstatt mit funktionsfähigen Maschinen - Geschirr und Möbel aus den letzten 150 Jahren - Urkunden, Karten, Dokumente, Bilder und Grafiken. **Öffnungszeiten:** Sonntag 14 - 17 Uhr. Eintritt: frei. **Auskunft:** Telefon 06374 1697 (Fr. Erbach) oder 6209 (Hr. Schuff).

Reipoltskirchen (KUS)

nordöstlich von Kusel, 404 Einwohner, 1194 erstmals urkundlich erwähnt. **Sehenswertes:** Burg Reipoltskirchen. **Info:** VG Wolfstein

Relsberg (KUS)

nordöstlich von Wolfstein, 215 Einwohner, 1432 erstmals urkundlich erwähnt. **Info:** VG Wolfstein

Remigiusberg

359 m hoher Bergrücken südöstlich von Kusel (zw. Haschberg und Theisbergstegen) mit einer Klosterkirche und der Ruine der Michelsburg. Als Schenkung eines Merowingerkönigs war das Gebiet um Kusel mit dem Berg in den Besitz des Bistums Reims (heute Frankreich) gekommen. Der Name ist vermutlich auf Remigius, einen der Bischöfe von Reims, zurückzuführen. Im Hochmittelalter fungierten die Grafen von Veldenz als Schutzvögte. Da diese jedoch ohne Erlaubnis des Bistums Reims Burgen errichteten (Michelsburg, Burg Lichtenberg), kam es immer wieder zu Streitigkeiten. Mit der Einführung der Reformation anno 1526 hob Ludwig II. von Zweibrücken das Kloster auf.

Kirche auf dem Remigiusberg

Rhein

Der Fluß mit einer Gesamtlänge von 1.320 km ist eine der wichtigsten Binnenwasserstraßen Europas. Als Oberrhein (= Teilstück von Basel bis Mainz) bildet er auf der Strecke von Maximiliansau bis Bobenheim-Roxheim die östliche Grenze der Pfalz bzw. von Rheinland-Pfalz.

Rheinebene

Die fruchtbare Landschaft zwischen Haardt und Rhein.

Der östliche Teil der Pfalz verläuft ca. 85 km am Rhein entlang. Er wird begrenzt im Süden von der Lauter, im Westen von der Haardt, im Norden von der Eis und im Osten vom Rhein.

Rheingönheim

Stadtteil von Ludwigshafen, ca. 6.000 Einwohner, 93 m NN. **Sehenswertes:** Wildpark. **Internet:** www.rheingoenheim.info.de

Rhein-Pfalz-Kreis

Siehe Landkreis Ludwigshafen

Rheinzabern (GER)

südwestlich von Germersheim, 4.643 Einwohner, 113 m NN. "Tabernae rhenanae" entstand bereits während der Römerzeit (vermutlich schon um 30 n. Chr.). Im 2./3. Jhdt. existierten zahlreiche Töpfer-Manufakturen, die aus Ton Gebrauchsgeschirr fertigten (siehe Terra-Sigillata-Museum). Nachdem der Ort am Ende der Römerzeit zerstört worden war, taucht er 746 erstmals wieder in Urkunden auf. 1366 verlieh Kaiser Karl IV. die Stadtrechte. Im 30jährigen Krieg und im pfälz. Erbfolgekrieg wird Rheinzabern erneut schwer verwüstet. **Sehenswertes:** Heimatmuseum mit röm. Funden, röm. Brennofen im Kindergarten, Fachwerkbauten, röm. Brunnen. **Info:** VG Jockgrim **Internet:** www.rheinzabern.de

Rhodt unter Rietburg (SÜW)

Anerkannte Fremdenverkehrsgemeinde an der Weinstraße südwestlich von Edenkoben, 1.091 Einwohner, 160 · 280 m NN. 1987 Bundessieger im Wettbewerb "Unser Dorf soll schöner werden". Typisches historisches Pfälzer Winzerdorf mit barocker Straßenanlage (nördliche Hauptstraße). **Sehenswertes:** Theresienstraße (Roßkastanienallee) mit alten Winzerhäusern (z.T. 17. Jhdt.), Burg Rietburg, "Schlössel" (1780), Ev. Pfarrkirche (1722), ältester Weinberg Deutschlands (gegenüber der Winzergenossenschaft), Heimat- und Blütenfest an Pfingsten. **Info:** Verkehrsverein,

Telefon 06323 980079 oder 7979 oder VG Edenkoben.
Internet: www.rhodt.de

Rhönrad
Das Sportgerät wurde von dem Pfälzer Otto Feick erfunden.

Riedelberg (PS)
südöstlich von Zweibrücken direkt an der franz. Grenze, 518 Einwohner, 310 m NN, 1295 erstmals urkundlich erwähnt.
Info: VG Zweibrücken-Land

Rieschweiler-Mühlbach (PS)
zw. Pirmasens und Zweibrücken, 2.236 Einwohner, 250 m NN, 1294 erstmals urkundlich erwähnt. **Info:** VG Thaleischweiler-Fröschen

Rietburgbahn
Edenkoben. Die erste pfälzische Sesselbahn führt über eine Länge von 560 m vom Schloß Ludwigshöhe zur Rietburg (550 m NN). Während der achtminütigen durch eine ruhige Waldschneise führenden Fahrt wird ein Höhenunterschied von 220 m überbrückt. An der

www.pfalzlexikon.de

Die aktuelle Ergänzung zu Cronauer's Pfalzlexikon

Bergstation erwartet einem die Rietburg, ein Wildgehege, eine Höhengaststätte und eine tolle Aussicht über die "Wein-und Rheinebene". Die Bahn ist von Karfreitag bis 1. November ganztägig in Betrieb. **Info:** Sesselbahn GmbH, Telefon 06323 1800 oder Verkehrsamt, Telefon 959222

Rinnthal (SÜW)
4 km nordwestlich von Annweiler an der B 10, 684 Einwohner, 817 erstmals urkundlich erwähnt. **Sehenswertes:** Die Prot. Kirche (1831 - 34 erbaut) ist einer der bekanntesten neoklassizistischen Kirchenbauten der Pfalz.

Nördlich des Ortes Richtung Johanniskreuz findet man eine restaurierte Triftanlage. **Info:** VG Annweiler, Telefon 06346 2200. **Internet:** www.rinn-thal.de

Rittersheim (KIB)

östlich von Kirchheimbolanden, 200 Einwohner, ca. 230 m NN, um 900 erstmals urkundlich erwähnt. Die alte Dorfkirche (1769), einige alte Bauerngüter und die Brunnengasse, die Ober- und Unterdorf verbindet, verleihen dem Ort ein teilweise idyllisches Gesicht. Ein sehr altes Gebäude, das im Kern noch aus der Zeit vor dem Pfälz. Erbfolgekrieg stammt, steht in der Eselstraße 3. Auf der Gemarkung liegen die Josefsmühle und die Steuerwaldmühle. **Info:** VG Kirchheimbolanden. **Internet:** www.kirchheimbolanden.de

Rockenhausen (KIB)

nördlich von Kaiserslautern an der B 48, 5.788 Einwohner, 198 m NN, 897 erstmals urkundlich erwähnt, seit 1332 Stadtrecht. 16. bis 18. Jhdt. Sitz eines

Kirche St. Sebastian Rockenhausen

kurpfälzischen Amtmanns, von 1900 bis 1968 Kreisstadt. **Sehenswertes:** Das Nordpfälzer Heimatmuseum zeigt in dem 1926 errichteten Gebäude auf zwei Etagen die Sammlungen des Nordpfälzer Geschichtsvereins. Das Pfälzische Turmuhrenmuseum präsentiert die technische und geschichtliche Entwicklung der Turmuhr. Das Kahnweiler-Haus widmet sich ganz dem Leben und Wirken des bekannten Kunsthändlers, Verlegers und Schriftstellers Daniel Henry Kahnweiler. Einen Besuch wert ist das Museum Pachen. Die barocke Randbebauung (z. B. Haus Marktplatz 1 von 1787) des Marktplatzes prägt das Bild des Stadtkerns. Das Innere der Ev. Kirche (1784) mit dem Turm von 1595 hat sich über 200 Jahre kaum verändert. Besonderheiten sind die Orgel (1780) und das Grabmal (1613 des früheren Amtmanns Philipp Camerarius. Besonders auffallend an der Kath. Kirche St. Sebastian (1917) ist der wuchtige Rundturm. Überhaupt ist die Kirche architektonisch ein außergewöhnliches Gebäude, da der Erbauer altchristliche, romanische und Jugendstil-Elemente verwandt hat. In einer Parkanlage am Rande des alten Stadtkerns ist in einem ehemaligen Schloss (16. Jhdt.) ein Hotel untergebracht. **Info:** VG-Verwaltung, Telefon 06361 451-0, Kultur- und Tourist-Info, Telefon 451214, **Internet:** www.rockenhausen.de

Marienkirche Rodalben

Rodalben (PS)

nördlich von Pirmasens, Stadt, 7.647 Einwohner, 1237 als Besitz der Grafen von Leiningen erstmals urkundlich erwähnt, 1525 von elsässischen Bauern zerstört, ab Mitte 17. Jhdt. Entwicklung zum Amtssitz für das Gräfensteiner Land. Rodalben erhielt 1963 die Stadtrechte und ist seit 1971 Sitz der Verbandsgemeinde. Die Rodalber tragen den „Utznamen" „Grünesputsche", weil Rodalber Frauen früher auf den Märkten solche Suppengrünsträuße anboten. Deshalb wird jährlich das Grünesputschefest gefeiert. **Sehenswertes:** Geburtshaus von Dr. Peter Frank, Johann-Peter-Frank-Museum, Felsenwanderweg (46 km), Bärenfels. **Info:** Tourist-Info Gräfensteiner Land , Rathaus 9, Tel. 06331 140639 oder 234180 oder VG-Verwaltung. **Internet:** www.rodalben.de

Rodenbach (KL)

nordwestl. von Kaiserslautern, 3.402 Einwohner, 230 m NN, 1300 erstmals urkundlich erwähnt. **Info:** VG Weilerbach.

Rodenbach

Entspringt bei Rosenthal, fließt bei Ebertsheim in den Eisbach.

Rödersheim-Gronau (LU)

südwestlich von Ludwigshafen, 2.939 Einwohner, 778 erstmals urkundlich erwähnt. **Info:** VG Dannstadt-Schauernheim

Rohrbach (SÜW)

südlich von Landau, 1.710 Einwohner, 693 erstmals urkundlich erwähnt. **Sehenswertes:** Dorfmuseum. **Info:** VG Herxheim. **Internet:** www.rohrbach-pfalz.de

Römerberg (LU)

südlich von Speyer, 9.140 Einwohner, 1035 erstmals urkundlich erwähnt. **Sehenswertes:** "Weiberbratenbrunnen" OT: Berghausen, Heiligenstein, Mechtersheim. **Info:** Gemeindeverwaltung, Telefon 06232 819-0. **Internet:** www.roemerberg.de

Römermuseum

Eisenberg, Friedrich-Ebert-Straße 28. Das Römermuseum des Historischen Vereins Rosenthal und Umgebung e. V. ist im Obergeschoß des „Hauses Isenburg" untergebracht, einer Villa aus der Zeit der Jahrhundertwende. Der Schwerpunkt der Sammlung liegt bei den reichen römischen Funden, denn Eisenberg war in römischer Zeit ein durch seine Eisenverarbeitung bedeutender

Römermuseum in Eisenberg

„Vicus". Unter den ausgestellten Keramiken befinden sich Spruchbecher, Terra sigillata- und Terra nigra-Geschirr, Krüge, Teller und Urnen. An Kleinfunden sind daneben Gläser und Bronzebeschläge zu sehen. In einem nachempfundenen Speisezimmer und einer Küche werden römische Gebrauchsgegenstände in ihrem ursprünglichen Umfeld gezeigt. Das bedeutendste Fundstück des römischen Eisenbergs ist ein frühchristlicher Brotstempel, mit dem Brot gezeichnet wurde. **Öffnungszeiten:** von Mai bis Oktober jeden zweiten Dienstag im Monat von 16 bis 18 Uhr. Eintritt: frei. **Auskunft:** Ruth Herz, Telefon 06351 42839 und Werner Rasp, Telefon 8453.

Römerstein

Ein 2,70 m hoher Menhir in Martinshöhe (KL). Das steinerne Mal stand früher auf dem Rösberg an einem von Landstuhl heraufziehenden Höhenweg, wo er den Grenzfrieden zwischen den Orten Martins-

höhe, Langwieden und Landstuhl sichern sollte. Bei dem Standortwechsel wurde der untere Teil des ursprünglich ca. 6 m hohen Steins entfernt. Wie viele Jahrhunderte oder Jahrtausende der Menhir schon steht kann heute nicht mehr genau nachvollzogen werden.

Roos, Axel

Der ehemalige Fußballprofi spielte 22 Jahre aktiv für den 1. FC Kaiserslautern (bis 2001). Der Pfälzer bestritt 303 Bundesligaspiele (17 Tore) und wurde 1991 und 1998 mit dem 1. FCK Deutscher Meister.

Roschbach (SÜW)

Winzerdorf 6 km südlich von Edenkoben, 822 Einwohner, 768 erstmals urkundlich erwähnt. **Info:** VG Edenkoben, **Internet:** www.roschbach.de

Rosenkopf (PS)

zw. Zweibrücken und Bruchmühlbach-Miesau, 342 Einwohner, 401 m NN, 1589 erstmals urkundlich erwähnt. **Info:** VG Zweibrücken-Land

Rosenthal

Ortsteil von Kerzenheim. **Sehenswertes:** Klosterruine Rosenthal

Rothselberg (KUS)

südwestlich von Wolfstein, 738 Einwohner, 1377 erstmals urkundlich erwähnt. **Sehenswertes:** Selbergturm. **Info:** VG Wolfstein

Rotwein in der Pfalz

Nirgendwo in Deutschland wächst so viel Rotwein wie in der Pfalz. So lautete eine Meldung der Pfalzwein-Werbung im November 2002. Eigentlich ist die Pfalz ein Weißwein-Land. Die Riesling-Anbaufläche beispielsweise ist die zweitgrößte in Deutschland nach der Mosel. Doch früher als andere haben die Pfälzer Winzer den Rotwein-Trend erkannt. So kommt es, dass jeder dritte Rebstock im Anbaugebiet entlang der Deutschen Weinstraße im Jahr 2002 rote Trauben trägt, und die Pfalz inzwischen zum größten Rotwein-Gebiet in Deutschland aufgestiegen ist. Etwa 7800 Hektar sind in Württemberg, bisher das Gebiet mit dem größten Rotweinanteil, mit roten Sorten bestockt. Die Rotwein-Fläche der Pfalz ist dagegen im Jahr 2002 auf fast 8100 Hektar gewachsen. Der Rotwein-Boom in der Pfalz ist vor allem der jungen Sorte Dornfelder zu verdanken. Allein im Frühjahr 2002 wurden in der Pfalz fast 400 Hektar Rebfläche neu mit Dornfelder bepflanzt. Mit der Trendrebsorte bestockt sind in der Pfalz inzwischen 2714 Hektar. Auch der Blaue Spätburgunder, der klassische Rotwein schlechthin, legt von Jahr zu Jahr kräftig zu. Spätburgunder-Reben stehen auf 1393 Hektar Pfälzer Rebland. Der dritte im Pfälzer Rotwein-Bund ist der Portugieser, eine Sorte, die sich beileibe nicht nur für süffige Weißherbste eignet. Mit etwa 2550 Hektar Anbaufläche ist der Portugieser die Nummer zwei unter den Rotweinen der Pfalz. Die Vielfalt im Pfälzer Rebengarten bei den roten Sorten ist indes noch größer. Der St. Laurent, eine Pfälzer Spezialität mit Ähnlichkeiten zum Spätburgunder, hat in der Pfalz eine seiner deutschen Bastionen, daneben experimentieren die Pfälzer Winzer auch mit internationalen Sorten wie Merlot, Cabernet Sauvignon und anderen. Schließlich erobern sich Neuzüchtungen wie Regent immer mehr Sympathien bei den Weinliebhabern.

Rülzheim (GER)

zw. Germersheim und Wörth, 7.884 Einwohner, 774 erstmals urkundlich erwähnt. **Sehenswertes:** Synagoge (1834), Freizeitbad Moby Dick, Streichelzoo. **Info:** VG-Verwaltung, Telefon 07272 7002-0. **Internet:** www.ruelzheim.de

Rumbach (PS)

südöstlich von Pirmasens, 501 Einwohner, 230 m NN, 1371 erstmals urkundlich erwähnt, 1988 schönstes Dorf der Pfalz, anerk. Erholungsort. **Sehenswertes:** Christuskirche (um 1000 entstandene Wehrkirche mit wertvollen Fresken). **Info:** VG Dahn. **Internet:** www.rumbach-pfalz.de

Rumpf, Gernot

Geboren 1941 in Kaiserslautern, lebt in Neustadt. Mehrfach ausgezeichneter Bildhauer, schuf in der Pfalz zahlreiche Denkmäler und Brunnenanlagen (z. B. Kaiserbrunnen in Kaiserslautern, Elwetritsche-Brunnen in Neustadt).

Runck, Gerd

Geboren 1929 in Godramstein. Pfälzer Mundartautor, mehrfacher Preisträger bei Mundartwettbewerben. Hat bereits mehrere Bücher veröffentlicht.

Rundfunkmuseum

Münchweiler/Alsenz. Telefon 06302 5100.

Ruppertsberg (DÜW)

2 km südlich von Deidesheim,

nahe der Deutschen Weinstraße, 1.408 Einwohner, 120 m NN, um 1100 erstmals urkundlich erwähnt. Wie Funde belegen, haben die Römer hier bereits Wein angebaut. Urkundlich ist der Weinbau für 1265 bezeugt. Ruppertsberger Weine wurden u.a. schon an John F. Kennedy, Königin Elisabeth II. von England und zur Winterolympiade 1994 geliefert, anerk. Fremdenverkehrsort, bekannt durch das Ostereierschießen. **Sehenswertes:** Pfarrkirche St. Martin (15. Jhdt., 1860 erweitert) mit Steinkanzel (1510), "Teehaus" (1840). **Info:** VG Deidesheim

Ruppertsecken (KIB)

nordöstlich von Rockenhausen, 382 Einwohner, 1401 erstmals urkundlich erwähnt. Die Fremdenverkehrsgemeinde ist der höchstgelegene Ort der Pfalz, 498 m NN. **Sehenswertes:** Auf dem Schloßberg (498 m) existieren noch Reste der Fundamentsmauern und eines Turmes der Burg Ruprechtseck. Diese war vermutlich im 13. Jhdt. errichtet, 1470 erobert

und ausgebrannt worden. Von hier hat man eine herrliche Fernsicht auf das Appelbachtal und das Nordpfälzer Bergland. Der dreigeschoßige, freistehende Glockenturm ist Ende des 19. Jhdts. gebaut worden. **Info:** VG Rockenhausen

Ruppertsweiler (PS)

östlich von Pirmasens, 1.459 Einwohner, 300 m NN, um 800 entstanden, 1198 erstmals urkundlich erwähnt. **Sehenswertes:** Burgruine Ruppertstein (ehem. Vorburg zur Burg Lemberg). **Info:** VG Pirmasens-Land

Rüssingen (KIB)

südöstlich von Kirchheimbolanden, 493 Einwohner, 240 m NN, 773 erstmals urkundlich

Hauptstraße mit Prot. Kirche

erwähnt. **Sehenswertes:** Die vielen, in der Hauptstraße geradezu aneinandergereihten landwirtschaftlichen Anwesen aus dem 18. und vor allem 19. Jh. gestalten das Ortsbild. Der Ursprung der Ev. Kirche ist romanisch (Ende 11. Jh.). In den Jahren 1700, 1770 und 1975 wurde das Gebäude z. T. umgebaut bzw. renoviert. Der Turm ist im Aufbau romanisch, die Haube ist barock. Einmalig in Deutschland ist der Türsturzbalken am Eingangsportal. Das Flachrelief zeigt Szenen der germanischen Mythologie. Allerdings handelt es sich nur noch um eine originalgetreue Kopie. Das Original wurde wegen Verwitterungsgefahr abgebaut und ist nun im Hist. Museum der Pfalz in Speyer zu sehen. Lohnenswert ist auch ein Rundgang durch den Alten Friedhof (südlich der Prot. Kirche). Ins Auge fallen u.a. auch das Gebäude des ehem. prot. Pfarrhofs (Göllheimer Str. 9) und das bienenkorbförmige Weinberghäuschen inmitten der Felder nördlich des Ortes. **Info:** VG Göllheim

Ruthweiler (KUS)

nordwestlich von Kusel, 526 Einwohner, 264 m NN, 1371 erstmals urkundlich erwähnt. **Info:** VG Kusel

Rutsweiler am Glan (KUS)

östlich von Kusel, an der B 423, 366 Einwohner, 207 m NN, 1303 erstmals urkundlich erwähnt. **Info:** VG Altenglan

Rutsweiler a.d. Lauter (KUS)

nordwestlich von Kaiserslautern, an der B 270, 375 Einwohner, 195 m NN, im Jahre 1257 erstmals urkundlich erwähnt. **Sehenswertes:** Zweikirche (eine der ältesten Kirchen der Pfalz). **Info:** VG Wolfstein

Saalfeld, Martha

Die pfälzische Schriftstellerin wurde 1898 in Landau geboren. Sie studierte in Heidelberg Kunstgeschichte und Philosophie. Während des Hitlerregimes durfte sie ihre Werke nicht veröffentlichen. 1948 zog sie nach Bad Bergzabern. Die Lyrikerin und Erzählerin schrieb die Romane "Die Judengasse", "Pan ging vorüber" (1954), „Anna Morgana" (1956), „Mann im Mond" (1958) und „Isi oder die Gerechtigkeit". Ausgezeichnet wurde Martha Saalfeld unter anderem mit dem Literaturpreis der Bayerischen Akademie der schönen Künste und mit dem Staatspreis von Rheinland-Pfalz (1963). Sie starb am 14. März 1976 in Bad Bergzabern.

Saalstadt (PS)

nordöstlich von Zweibrücken, 361 Einwohner, 410 m NN, 1411 erstmals urkundlich erwähnt. **Info:** VG Wallhalben

Salinarium

Bad Dürkheim, Kurbrunnenstraße 28 (am Wurstmarktplatz). Das Freizeitbad mit großem Außen- und Innenbereich bietet unter anderem Schwimmer-, Nichtschwimmer-, Kinderbecken, beheiztes Außenbecken mit Sprudelliegen, Schwallbrausen, Massagedüsen, Bodensprudler, Wasservorhang, Hot-Whirl-Pool, Saunalandschaft, Dampfbad, So-larien, Cafeteria. **Öffnungszeiten:** Montag/Dienstag 9 - 22 Uhr, Mittwoch 6.45 - 22 Uhr, Donnerstag 9 – 22 Uhr, Freitag 9 – 23 Uhr, Samstag 9 – 20 Uhr, Sonntag/Feiertag 9 - 19 Uhr. **Info:** Telefon 06322 935-865. **Internet:** www.salinarium.de

Saline

Bad Dürkheim. Seit 1387 sind in Dürkheim Salzquellen bekannt. Zunächst wurde nur in geringem Umfang Salz gewonnen. 1594 wandelte man ein Gebäude des aufgehobenen Klosters Schönfeld in eine Saline um. Im 30-jährigen Krieg und während der Kriege im 17. Jh. konnte kein Salz gewonnen werden, die Gebäude verfielen. Ab 1716, als die Saline an den Elsässer Duppert verpachtet war, ging es wieder aufwärts. Er erbaute das erste Gradierwerk. 1736 übernahm die Kurpfalz die Saline wieder. Benannt nach dem Kurfürsten Karl Phlipp bekam sie den Namen „Philippshalle". Danach erbaute man fünf weitere Gradierwerke, führte die Dornengradierung ein und legte Wasserbecken zur

Regulierung der Triebwerke an. Während der Blütezeit in der zweiten Hälfte des 18. Jh. wurden jährlich um 6.600 Malter (= frühere Gewichtseinheit) Salz erzeugt. Das Dürkheimer Salz wurde zum „Kurpfälzer Nationalsalz". 1792 beschädigte ein Orkan mehrere Gradierwerke. 1794 brandschatzten franz. Revolutionstruppen die Saline und der franz. Staat nahm sie in seinen Besitz. Als Dürkheim 1816 in bayerische Regentschaft kommt, ist die Anlage wegen der schlechten Wartung durch die Franzosen kaum noch rentabel. In Zusammenhang mit den Plänen für die Errichtung eines Solbades wird die Saline ab 1847 wieder instand gesetzt. U. a. wird das heutige Gradierwerk neu erbaut. Der Bayerische Staat betreibt die Saline bis 1868 und verkauft sie dann an die Stadt Dürkheim. 1872 wird ein Bad- und Salinenverein gegründet, der die Salzerzeugung weiter betreibt. 1905 wird Dürkheim zur Kurstadt Bad Dürkheim. 1913 stellte man die Salz-

gewinnung wegen Unrentabilität endgültig ein. Seitdem dient der Gradierbau als Freiluftinhalatorium für Asthma- und Bronchitiskranke. Als Stadtbild prägendes Bauwerk und schutzwürdiges Kulturdenkmal wird der Gradierbau 1984 unter Denkmalschutz gestellt. Nachdem der nördliche Teil 1992 durch Brandstiftung zerstört worden war, konnte der Gradierbau 1997 wieder in seiner ganzen Größe in Betrieb genommen werden.

Sankt Alban (KIB)

nördlich von Rockenhausen, am Appelbach, ca. 245 m NN, 348 Einwohner, 863 erstmals urkundlich erwähnt. **Sehenswertes:** Blickfang des gemütlichen Ortes ist die Ev. Kirche, die 1912 eingeweiht wurde, mit

Altes Rathaus St. Alban

dem naheliegenden Pfarrhaus. Das Gemeindehaus (1722 als Schulhaus errichtet) ist ein besonders schmuckes Fachwerkhaus und eines der besterhaltenen barocken Schulhäuser in Rheinland-Pfalz. Hübsch ist auch das Wohnhaus in der Kirchgasse 1. Die beiden

Hl. St. Martin-Statue vor der Kirche

Gebäude gehören zum denkmalgeschützten Ortskern. Historische Bausubstanz findet man auch auf dem zur Gemarkung gehörenden Hengstbacherhof. **Info:** VG Rockenhausen

Sankt Julian (KUS)

nordöstlich von Kusel, an der B 420, 1.286 Einwohner, 200 m NN, 1290 erstmals urkundlich erwähnt. **Sehenswertes:** Ölmühle. **Info:** VG Lauterecken

Sankt Martin (SÜW)

nordwestlich von Edenkoben, 1.884 Einwohner, 240 m NN, im 7./8. Jhdt. entstanden, 1203 erstmals urkundlich erwähnt, Luftkurort, 1978 schönstes Dorf an der südl. Weinstraße, 1991 Silbermedaille beim Bundeswettbewerb "Unser Dorf soll schöner werden", historischer Weinort mit vielen sehenswerten Denkmälern. Der Ortskern bildet eine schützenswerte Denkmalzone. **Sehenswertes:** Burg Kropsburg, Café Dalberg (1168, ältestes Haus), Rathaus (1827), Kirche (Baubeginn 1404, Turm aus 1488, Erweiterungen 1777/1785 und 1889), "Briefmarkenecke" (Winzerhaus um 1800, diente 1949 als Vorlage für eine Briefmarke), "Altes Schlößchen" (1587 - 1604 von Johann Hunt v. Saulheim errichtet). **Info:** Verkehrsamt St. Martin, Haus des Gastes, Telefon 06323 5300 oder VG Maikammer.

Sattelbergturm

Seelen. Die kleine Gemeinde südwestlich von Rockenhausen liegt in einer idyllischen Wald-, Wiesen- und Ackerlandschaft im Nordpfälzer Bergland. Und genau diese Gegend mit den vielen gemütlichen Dörfern kann man von dem Turm auf dem Sattelberg kilometerweit überblicken. Im Osten entdeckt man zum Beispiel (über der Tannenspitze) den Donnersberg mit dem Fernsehturm und der Radarstation. Im Süden erkennt man Teile der Stadt Kaisers-

Sattelbergturm

lautern (z. B. Fernsehsender Dansenberg, Burgruine Hohenecken). Eine Stahlwendeltreppe mit 75 Stufen führt hinauf auf die überdachte Aussichtsplattform des etwa 12 m hohen Steinturms, der am 2. Juni 2002 offiziell eingeweiht wurde. An dem Turm befindet sich eine Selbstversorgerhütte, die Sattelberghütte. Wie erreicht man den Turm? In der Ortsmitte von Seelen (an der Bushaltestelle an der abknickenden Vorfahrt) in die Buchenbergstraße einbiegen und dann auf der Sattelbergstraße zum Ortsrand. Von dort führt ein befestigter Weg zu der bewaldeten Anhöhe, wobei man nach ca. 300 m an der Gabelung rechts abbiegt und weiter bergan am Försterhochsitz vorbei nach etwa 600 m zum Turm gelangt.

Sausenheim

Ortsteil von Grünstadt, ca. 1.700 Einwohner, 770 erstmals urkundlich erwähnt. **Sehenswertes:** Rathaus (um 1600), Ev. Kirche (1725/ Turm 1836) mit sehenswertem Taufstein (1510), Kath. Kirche (13./14.

Jhdt./ 1888) mit Sakrament-
häuschen (15. Jhdt).

Schallodenbach (KL)

nördlich von Kaiserslautern,
927 Einwohner, 1202 erstmals
urkundlich erwähnt. **Info:** VG
Otterberg

Schami, Rafik

Der Schriftsteller erhielt im Juni
2003 den Kunstpreis Rheinland-Pfalz, die höchste Auszeichnung des Landes für Kul-
turschaffende. „Rafik Schamis
umfangreiches literarisches
Werk verbindet orientalische
fantasiereiche Erzählkunst mit
der präzisen Beschreibung
deutscher Wirklichkeit", er-
läuterte Kulturminister Zöllner
die Entscheidung der Jury für
den 1946 in Damaskus ge-
borenen und seit vielen Jahren
in der Pfalz wohnenden Autor.
"Rafik Schami bereichert die
deutsche Gegenwartsliteratur
mit dem ihm eigenen 'fremden'
Blick und inspiriert zur Auseinandersetzung mit den kul-
turellen Unterschieden wie mit
den eigenen Wertmaßstäben".
Rafik Schami wuchs mit fünf
Geschwistern in Damaskus in
einer Familie auf, die aus der
christlich-aramäischen Minder-
heit stammt. Seine Schulbil-
dung erhielt er unter anderem
in einem Kloster-Internat im
Libanon und studierte dann in
Damaskus Chemie, Mathe-
matik und Physik. Dort gründete er eine kritische literarische Wandzeitung, die 1970
verboten wurde. 1971 wan-
derte er nach Deutschland aus,
wo er sein Studium fortsetzte
und in Chemie promovierte.
Seit 1977 schreibt er seine
Erzählungen, Märchen und
Romane auf Deutsch, seit 1982
lebt er als freier Schriftsteller in
der Nähe von Kirchheimbo-
landen. Rafik Schami zählt mit
über 70 Veröffentlichungen
nicht nur zu den meistge-
lesenen Autoren in Deutschland, sondern mit Überset-
zungen in 15 Sprachen zählt er
zu den bekanntesten zeitgenössischen deutschen Au-
toren überhaupt.

Schandein, Ludwig

Geboren 1813 in Kaisers-
lautern, gestorben 1894 in

Speyer. Einer der ersten Pfälzer Mundartdichter und Mundartforscher.

Schantz, Peter

Geboren 1954 in Busenberg, wohnhaft in Erlenbach. Sozialpädagoge und Lyriker. Beschreibt mit seinen plakativen Gedichten alltägliche Situationen. Überraschende Pointen sind Kennzeichen seiner Gedichte. Erschienen sind u.a. "Stadtgedichte" und "Wieder auf dem Lande".

Schänzel

Berg südwestlich von Neustadt. 614 m, Aussichtsturm, von Edenkoben führt eine Straße durchs Edenkobener Tal in Serpentinen hinauf zum Berg.

Schänzelturm

Edenkoben. Seit Jahrhunderten wird die Gipfelfläche des Steigerkopfes im Volksmund „Schänzel" genannt. Dieser Name ist von den Befestigungsanlagen, den Schanzen, abgeleitet, die z. B. im Dreißigjährigen Krieg oder Ende des 18. Jhdts. von den Preußen angelegt wurden. Reste der Schanzen sind heute noch als Denkmäler erhalten. „Dem Andenken der tapferen preußischen Krieger, welche im Kampfe gegen das französische Invasionsheer am 13. Juli 1794 hier den Heldentod für das deutsche Vaterland starben" wurde 1874 dieser 13 m hohe, achteckige Aussichtsturm auf dem Steigerkopf (614 m) erbaut. 56 Stufen führen zur Aussichtsplattform. In den Turm ist ein Unterstellraum eingebaut, der Wanderer bei

Schänzelturm

schlechtem Wetter schützt. Konnte man Anfang des Jahrhunderts vom Schänzelturm aus noch zahlreiche Burgruinen und Berge des Pfälzerwaldes sehen, so ist die Aussicht heute durch hohen Baumwuchs weitgehend eingeschränkt. Wie erreicht man den Turm? In Edenkoben folgt man der Beschilderung „Edenkobener Tal" und später „Forsthaus Heldenstein". Etwa 7 km nach dem Ortsschild kann man am Waldparkplatz „Lolosruhe" (574 m NN) den Wagen abstellen. Die Markierung „rotes Kreuz" führt in 15 - 20 Minuten zu dem Turm.

Schauerberg (PS)

südlich von Landstuhl, 199 Einwohner, 390 m NN, 1732 erstmals urkundlich erwähnt. **Info:** VG Wallhalben

Scheibenhardt (GER)

südlich von Kandel, 721 Einwohner, 1204 erstmals urkundlich erwähnt, der Ort wird durch die Lauter in einen französischen und einen deutschen Teil getrennt. **Info:** VG

Hagenbach. **Internet:** www scheibenhardt.de

Schellweiler (KUS)

südlich von Kusel, 568 Einwohner, 280 m NN, 1277 erstmals urkundlich erwähnt. **Info** VG Kusel

Schiersfeld (KIB)

nordwestlich von Rockenhausen, 264 Einwohner, ca 200 m NN, 962 erstmals urkundlich erwähnt. **Sehenswertes:** In dem Ort an der Mündung des Sulzbachs in die Moschel stehen mehrere Laufbrunnen. Eine alte Steinbrücke führt über die Moschel. Die Prot. Kirche wurde 1760 – 62 erbaut. Der zu Schiersfeld gehörende Sulzhof, 1321 erstmals erwähnt, bildet eine malerische Denkmalzone. **Info:** VG Alsenz Obermoschel

Schifferstadt (LU)

Stadt, 19.084 Einwohner. Der Ort ging aus einem fränkischen Königshof (6. Jhdt.) hervor, 868 erstmals urkundlich erwähnt gehörte lange Zeit zur Abtei Limburg und zum Hochstift

Speyer. Bekannt als Ringer-
hochburg, insbesondere durch
den 5fachen Olympiateilneh-
mer Wilfried Dietrich. Größte
Rettichanbaufläche Deutsch-
ands. **Sehenswertes:** Goldener Hut, Altes Rathaus (1558),
Bahnsteigüberdachung im
Hauptbahnhof (19. Jhdt.), Heimatmuseum, Vogelpark. **Info:**
Stadtverwaltung, Telefon
06235 44-0. **Internet:** www.
schifferstadt.de

Schifffahrtsmuseum

Neuburg, auf dem Schiff „Lau-
termuschel". Im Bauch eines
ehemaligen Kies- und Kohlen-
potts von 1930, der „Lauter-
muschel", können Maschinen,
Schiffszubehör, Flaggen, Fahnen, Kapitänspatente und
Schiffsmodelle besichtigt werden. **Öffnungszeiten:** Mai bis
September jeden 1. Sonntag im

Schifffahrtsmuseum

Monat 10 - 18 Uhr. Eintritt: frei.
Auskunft: Telefon 07273 1226.

Schillerhaus

Ludwigshafen-Oggersheim,
Schillerstraße 6. Die Ausstel-
lung ist in den Räumen unter-
gebracht, in denen Friedrich
Schiller 1782 mit seinem
Freund Andreas Streicher - 17

Schillerhaus

wohnte. Exponate: Alle Erstaus-
gaben von Schiller in beacht-
licher Qualität, Bilder, Stiche,
Lithographien zu Schiller und
seiner Familie, Gedenkmünzen,
-marken und -medaillen,
Reproduktionen von Briefen,
die er in Oggersheim schrieb,
Modell des ehem. Kurfürst-
lichen Schlosses in Oggersheim
um 1790, Chroniktafeln, Büsten
von Schiller und Streicher.
Öffnungszeiten: Dienstag 17 -
20 Uhr, Mittwoch bis Freitag 14

Uhr, Samstag und Sonntag 10 - 12 Uhr. Eintritt: frei. **Aus-kunft:** Telefon 0621 678957 (Fr. Wagner-Schwabe) oder 5 04-3550 (Hr. Ruf).

Schindhard (PS)

südöstlich von Dahn, 618 Einwohner. **Info:** VG Dahn

Schindhübelturm

Elmstein/Iggelbach. Ein mächtiger Holzturm ragt auf dem Schindhübel (571 m) westlich von Iggelbach empor. Er wurde 1975 errichtet. 65 Stufen führen nach oben zur überdachten Aussichtsplattform. Hier sieht man „Pfälzerwald pur". Millionen Bäume und unzählige bewaldete Berge prägen die Aussicht. Zu erkennen sind im Norden der Donnersberg, etwas links davon Sembach mit dem ehemaligen US-Flughafen, der Fernsehturm von KL-Dansenberg, der Potzberg mit Aussichtsturm, der Radarturm mit den blauen Containern (gehört zum Frankfurter Flughafen) und bei guter Fernsicht der Eckkopfturm und sogar der

Schindhübelturm

Schwarzwald (Hornisgrinde mit Aussichtsturm). Wie erreicht man den Turm? An der Eschkopfstraße zwischen Iggelbach und der B 48 (Johanniskreuz Annweiler) liegt der Waldparkplatz „Mitteleiche". Über den Rundwanderweg Nr. 10 gelangt man zum Turm. Wer den Schildern „Turmrundweg" bzw. „Zum Rundwanderweg" rechts neben der „Mittelseiche" folgt, hat den kürzeren Weg. Nach der Kreuzung mit dem Hinweisschild „Zum Turm" kommt nach wenigen hundert Metern eine Gabelung (hinter Eiche mit Schild). Dort nimmt man den schmalen Pfad nach rechts bergan. Gehzeit ca. 10 Minuten.

Schlacht am Hasenbühl

Bei der Schlacht am Hasenbühl bei Göllheim am 2. Juli 1298 besiegte Albrecht von Österreich seinen Gegenkönig Adolf von Nassau. Diese Auseinandersetzung gilt als letzte gepanzerte Ritterschlacht in Europa. 1292 war Graf Adolf von Nassau durch die Kurfürsten zum deutschen König gewählt worden. Unter dem Vorwurf des mehrmaligen Landfriedensbruchs, ungerechtfertigter Streitigkeiten mit der Geistlichkeit und politischer Unfähigkeit wurde Adolf am 23. Juni 1298 abgesetzt. Zum neuen König wählten die Kurfürsten Albrecht von Österreich. Adolf wollte diese Entscheidung nicht hinnehmen. Er suchte die Entscheidung über die Königswürde in einer Schlacht. Am 2. Juli 1298 trafen die Truppen der beiden Könige auf dem Hasenbühl bei Göllheim aufeinander. Adolf v. Nassau, dessen Heer unterlag, fiel in dem Kampf.

Sein Leichnam wurde zunächst im Kloster Rosenthal beigesetzt, später in den Speyerer Dom überführt. (siehe Königskreuzdenkmal)

Schlachtenturm

Kaiserslautern-Morlautern. Der achteckige Aussichtsturm am südwestlichen Ortsende von KL-Morlautern (328 m NN) erinnert an die Schlacht bei Morlautern im Jahre 1793. Wie es auf einer Tafel heißt, wurden in der "Schlacht am 28., 29. und 30. November 1793 die Franzosen von den Preußen und Sachsen nach hart-

Schlachtenturm

näckigen blutigen Kämpfen ins Thal hinabgeworfen." Ein Gedenkstein in der kleinen Parkanlage erinnert ebenfalls an diesen Krieg. 35 Stufen führen auf die Aussichtsplattform. Von dort sieht man im Westen die Sickinger Höhe, im Norden/Nordwesten den Potzberg und den Donnersberg sowie ansonsten den Stadtwald von Kaiserslautern. Zwei (renovierungsbedürftige) Tafeln helfen bei der Orientierung. Über die Felder vor der Parkanlage hat man einen schönen Blick auf die Stadt Kaiserslautern (linker Hand das Rathaus und das Fritz-Walter-Stadion). Wie erreicht man den Turm? In dem Stadtteil KL-Morlautern an der Ampelanlage/Kirche in die Straße "An der Schanz" abbiegen. Dann nach links in die Ernst-Christmann-Straße (Beschilderung "Zur Turmstraße") und schließlich nach rechts in die Turmstraße. Der Turm steht nahe dem Haus Nr. 31 a.

Dr. Anton Schlembach

Schlembach, Dr. Anton

Geboren 1932 in Großwenkheim (Unterfranken). Er ist der 95. Bischof von Speyer. Die Priesterweihe empfing er 1956 in Rom. Zuvor Generalvikar seiner Heimatdiözese Würzburg, wurde er im August 1983 von Papst Johannes Paul II. zum Bischof ernannt. Am 16. Oktober 1983 weihte ihn sein Vorgänger, der Münchener Erzbischof Dr. Friedrich Wetter, auf dem Bischofsstuhl im Dom zu Speyer zum Bischof.

Schloss Bergzabern

Bad Bergzabern. An der Stelle einer Burg aus dem 12. Jhdt. ab 1527 errichtet, 1561-79 erweitert und nach der teilweisen Zerstörung durch die Franzosen (1676) ab 1720 im Barockstil wieder aufgebaut. Das Schloss war zeitweise Residenz der Herzöge von Pfalz-Zweibrücken. Der bemerkenswerte Bau besitzt zwei runde Ecktürme und ein schönes Renaissanceportal am Westflügel sowie ein spätgotisches Tor zum Treppenturm im Hof.

Ehemaliges Schloss in Bad Bergzabern

Schloss Deidesheim

Deidesheim. Einst eine Burg der Bischöfe von Speyer. 1292 erwähnt, im späten Mittelalter erweitert, mehrfach zerstört. Ein Teil-Neubau war 1746 vollendet. 1792-94 beschädigt, ersetzte man den Bau um 1815 durch das jetzige schlichte klassizistische Wohnhaus. Der Bering und die Verbindung mit der Stadtbefestigung sind erkennbar. Die Schlossbrücke entstand um 1730.

Schloss Fußgönheim

Fußgönheim. Der bedeutende Barockbau liegt hinter einem Wirtschaftshof und springt mit zwei Seitenflügeln in den Garten vor. Um 1730 ließ ihn der kurpfälzische Hofkanzler Jakob Tillmann von Halberg errichten. Die Kapelle (1740/41), die heute zusammen mit dem ehem. großen Saal des Herrschaftshauses als kath. Kirche dient, besitzt eine anmutige einheitliche Ausstattung aus der Erbauungszeit. Das Schloss beherbergt ein Heimatmuseum mit Sammlungen zur Vor- und Frühgeschichte sowie zahlreiche andere Exponate.

Schloss Kirchheimbolanden

Kirchheimbolanden. An Stelle einer 1390 genannten Burg wurde 1602 bis 1618 das Alte Schloss und 1738 bis 1740 durch d'Hauberat, den Erbauer des Mannheimer Schlosses, das neue Schloss errichtet. Erhalten sind der Ostflügel und der Park mit dem Ballhaus (1752) und Orangerie (1776). Die von Julius von Rothweil

Ostflügel des ehem. Schlosses in Kibo

konzipierte Schlosskirche (1739 - 44) enthält eine Fürstenloge und eine Orgel des berühmten Orgelbauers Stumm (1745), auf der Mozart 1778 spielte. Die Kirche kann nach Voranmeldung besichtigt werden.

Schloss Ludwigshöhe
(siehe Villa Ludwigshöhe)

Schloss Trippstadt

Trippstadt. Freiherr Franz Karl Joseph von Hacke ließ den fein gegliederten Sandsteinbau 1766/67 durch Sigmund Jakob Haeckher errichten. 1793 schwer beschädigt, 1888 renoviert, jetzt Forstamt und forstliche Versuchsanstalt. Übrigens: Auf dem Trippstadter Schloss wurde der erste, von dem Mannheimer Physiker Johann Jacob Hemmer erfundene, Blitzableiter installiert.

Schloss Zweibrücken

Zweibrücken. Der größte barocke Profanbau der Pfalz. Von 1720 bis 1725 von dem schwedischen Architekten Sundahl für den Herzog von Pfalz-Zweibrücken errichtet. Mäch-

Zweibrücker Schloss

tiges blockartiges Gebäude in der Stadtmitte. 1945 zerstört, 1963-65 nach Originalplänen wiederhergestellt. Heute Sitz des Oberlandesgerichts der Pfalz.

Schmalenberg (PS)

zw. Pirmasens und Kaiserslautern, 780 Einwohner, im Jahre 1369 erstmals urkundlich erwähnt. **Sehenswertes:** Kirche, Backofen, Wasserturm mit Zwiebeldach. **Info:** VG Waldfischbach-Burgalben

Schmitshausen (PS)

nordöstlich von Zweibrücken, 441 Einwohner, 368 m NN, 1426 erstmals urkundlich erwähnt. **Sehenswertes:** Heimatmuseum der VG Wallhalben. **Info:** VG Wallhalben

Schmitt, Georg Philipp

geboren 28.10.1808 in Spesbach, gestorben 1873 in Heidelberg. Seine Kindheit verbrachte er in Wolfstein, bis die Familie 1822 nach Heidelberg zog und von dort 1827 wieder zurück nach Wolfstein kam. Der als sehr talentiert, aber extrem

schüchtern beschriebene Maler und Porträtist lernte bei Johann Christian Xeller in Heidelberg, bei Peter von Cornelius an der Münchener Akademie und bei Schnorr von Carolsfeld. 1830 ließ er sich als Freier Maler in Heidelberg nieder, kam aber des öfteren in die Pfalz, um Personen aus der Oberschicht zu zeichnen. Er malte viele gelungene Landschafts- und Familienbilder, die teilweise auch von einem religiösen Anstrich geprägt waren. Werke von ihm sind u.a. im Kurpfälzischen Museum Heidelberg, im Kunstmuseum Düsseldorf und in der Kunsthalle Karlsruhe zu finden.

Schneckenhausen (KL)

nördlich von Kaiserslautern, 636 Einwohner, 1398 erstmals urkundlich erwähnt. **Info:** VG Otterberg

Schneebergerhof

Große Weilersiedlung im Donnersbergkreis mit über 100 Einwohnern, die zur Gemeinde Gerbach gehört.

Schönau (PS)

südlich von Dahn an der franz. Grenze, 472 Einwohner, 220 m NN. Das Gehöft "Schöne Aue" wurde 1129 erstmals urkundlich erwähnt. 1582 entstand bei Schönau eine Eisenhütte (siehe Besucherbergwerk Eisenerzgrube). **Sehenswertes:** Burg Blumenstein. **Info:** VG Dahn

Schönborn (KIB)

nordwestlich von Rockenhausen, 132 Einwohner, ca. 420 m NN, 1410 erstmals urkundlich erwähnt. Das alte (1740) und das "neue" Schulhaus (1876) gehören zu den schmucken Gebäuden des Reiterdorfes. **Info:** VG Rockenhausen

Schönenberg-Kübelberg (KUS)

westlich von Landstuhl, an der B 423, 5.851 Einwohner, 274 m NN, 1419 erstmals urkundlich erwähnt. **Sehenswertes:** Ohmbachsee. **Info:** VG-Verwaltung, Telefon 06373 504-0. **Internet:** www.vgsk.de

Schopp (KL)

zw. Kaiserslautern und Pirmasens an der B 270, 340 m NN, 1.533 Einwohner, 1345 erstmals urkundlich erwähnt. **Info:** VG Kaiserslautern-Süd

Schoppen

In der Pfalz Maßeinheit für 0,5 Liter. Wenn auch in Gaststätten die Getränke meist in 0,2 oder 0,4 ltr. Gläsern ausgeschenkt werden, so erhält man auf ordentlichen pfälzischen Festen noch einen echten Halben-Liter-Weinschoppen. Die Maßeinheit geht auf das frühere fürstbischöfliche Speyerer Schoppenmaß (0,564 ltr.) zurück.

Schorle

Mischgetränk aus Wein- oder Fruchtsaft mit Mineralwasser. Wer in der Pfalz z. B. bei einem Straßenfest „e Schorle" bestellt, bekommt automatisch eine Weinschorle serviert.

Schramm, Werner

Geboren 1933 in St. Ingbert, gestorben 2004 in Dudenhofen. ehem. Kirchenpräsident der Pfalz. Studium der Theologie in

Mainz und Heidelberg. Pfarrer in Morschheim. Pfarrer und Dekan in Kirchheimbolanden. 1976 Berufung zum Oberkirchenrat. Von 1988 bis 1998 Präsident der ev. Kirche der Pfalz.

Schuhfabrik

„Mein Vater und meine Mutter arbeiten in der Schuhfabrik" ist im 20. Jahrhundert insbesondere für südwestpfälzische Kinder eine ganz gewöhnliche Aussage gewesen. Um 1850 entstanden in Pirmasens und Umgebung die ersten Schuhfabriken, die Region entwickelte sich in den folgenden Jahrzehnten zur europäischen Schuhmetropole. Mitte des 20. Jhdts. gab es zwischen Pirmasens und Hauenstein über 300 Schuhfabriken, die mehr als 30.000 Personen beschäftigten. Heute produzieren noch circa 50 Schuhfabriken, die immerhin noch einige tausend Arbeitsplätze bieten. Die Bedeutung und Arbeitsweise von Schuhfabriken werden im Deutschen Museum für Schuhproduktion und Industriege-

schichte in Hauenstein eindrucksvoll dargestellt. In Pirmasens finden nach wie vor wichtige Messen für die europäische Schuhbranche statt.

Schuhmuseum, Heimatmuseum, Museum für Vor- und Frühgeschichte, Bürkel-Galerie

Pirmasens, Altes Rathaus (Fußgängerzone), Hauptstr. 26. Das Schuhmuseum zeigt ein Stück Menschheitsentwicklung am Beispiel des Schuhs. Beginnend mit dem „Wendeschuh" aus der Zeit um 1840 wird in den Vitrinen die ganze Vielfalt deutschen Schuhwerks, meist aus Pirmasenser Herstellung, gezeigt. Auch eine teilweise eingerichtete Schuhmacherwerkstatt und ein lebensgroßes Modell einer „Schuhträgerin" sind zu sehen. Unter dem Oberbegriff „Völkerkunde" sind aber auch Fußbekleidungen anderer Länder vorhanden. Einige Prunkstücke: Stiefel einer preußischen Prinzessin, Stangenreiterstiefel (6,5 kg schwer), aus

Museen im Alten Rathaus Pirmasens

Kopfhaar gewobene Schuhe australischer Ureinwohner, Indianer-Mokassins, mit Silber geschmückte Schuhe eines burmesischen Prinzen, seidene, gestickte Biedermeier-Schuhe, Hochzeitsschuhe, Brokatschuhe, Kriegs- und Nachkriegsschuhe, mexikanische Gauchostiefel und „Stelzenschuhe" chinesischer Freudenmädchen. In weiteren Räumen findet man Exponate zur Geschichte der Stadt Pirmasens, wobei das Wirken des Landgrafen Ludwig IX. von Hessen-Darmstadt im Mittelpunkt steht. Eine Galerie mit Ölbildern und Skizzen ist dem in Pirmasens geborenen Landschaftsmaler Heinrich Bürkel (1802 – 1869) gewidmet. Beeindruckende Werke einer besonderen Kunstgattung

kann man im Scherenschnittkabinett der ebenfalls aus Pirmasens stammenden Künstlerin Elisabeth Emmler (1921 – 1998) bewundern. **Öffnungszeiten:** Donnerstag 15 – 18 Uhr, Sonntag 10 – 13 Uhr. **Auskunft:** Telefon 06331 842223 oder 842363. **Internet:** www.pirmasens.de

Schulmuseum Rheingönheim

Ludwigshafen, Mozartschule, in der Ortsmitte neben der kath. Kirche (Zwiebelturm weithin sichtbar), Hilgundstr. 21. In der Mozartschule von 1907 (heute Grundschule) befindet sich seit 1982 ein Schulmuseum. Mittelpunkt ist die kleine Schulstube mit 20 Sitzplätzen, eingerichtet nach einer Inventarliste von

1886. So steht am Pult neben seinem Spucknapf der Herr Lehrer mit Vatermörder, dem damals üblichen weißen steifen Kragen. Hier gibt es auch vieles zu sehen über die Gesundheitserziehung und den Religionsunterricht in der damaligen Zeit. In einem Nebenraum sind verschiedene Puppenstuben ausgestellt. Der dritte Raum, das „Heimatmuseum", zeigt alles, was das Leben im Dorf früher ausmachte: die Arbeit (z. B. Landwirtschaft und Handwerk), das Wohnen und das Feiern. Ergänzt wird die Sammlung durch Exponate aus dem Römerkastell. **Öffnungszeiten:** jeden 2. Schuldonnerstag 10 – 12 Uhr. **Eintritt:** frei. **Auskunft:** Telefon 0621 504-423110, Rektor Th. Berger

Schwanheim (PS)

zwischen Dahn und Annweiler, 618 Einwohner, 260 m NN, im Jahre 1135 erstmals urkundlich erwähnt. **Info:** VG Hauenstein. **Internet:** www.schwanheimpfalz.de

Schwarzbach

Der Bach entspringt in der Nähe von Johanniskreuz. Nach dem ersten Ort auf seinem Lauf wird der Bach im Oberlauf auch als „Burgalb" bezeichnet. Er fließt unter anderem durch den Clausensee, vorbei an der Hundsweiher Sägemühle und dem Schloßberg (Heidelsburg) und „vereint sich" in Waldfischbach-Burgalben mit der Moosalb. Hinter Zweibrücken mündet der Schwarzbach in die Blies.

Schwedelbach (KL)

nördlich von Landstuhl, 1.084 Einwohner, 1342 erstmals urkundlich erwähnt. **Info:** VG Weilerbach. **Internet:** www.schwedelbach.de

Schwegenheim (GER)

zw. Speyer und Landau, 2.957 Einwohner, 985 erstmals urkundlich erwähnt. **Info:** VG Lingenfeld

Schweigen-Rechtenbach (SÜW)

südlich von Bad Bergzabern an der deutsch-französischen

Grenze, 1.453 Einw, 220 m NN, 688 erstmals urkundlich erwähnt (Rechtenbach) bzw. 802 (Schweigen), Winzerort. **Sehenswertes:** Deutsches Weintor, Erster deutscher Weinlehrpfad, Deutsch-Französisches Puppen- und Spielzeugmuseum, Dorfplatz mit St. Urbans-Brunnen. **Info:** VG Bad Bergzabern. **Internet:** www. schweigen-rechtenbach.de

„Deutscher Weinfreund" in Schweigen-Rechtenbach

Schweighofen (SÜW)

südlich von Bad Bergzabern nahe der franz. Grenze, 557 Einwohner, 150 m NN, 1311 erstmals urkundlich erwähnt. Landwirtschaft und Weinbau. Bekannt ist der Ort durch den Flugplatz mit Motorseglern und einer Fallschirmsportgruppe, **Sehenswertes:** Ortskern mit Fachwerkhäusern und kath. Pfarrkirche. **Info:** VG Bad Bergzabern.

Schweisweiler (KIB)

zw. Kaiserslautern und Rockenhausen an der Alsenz, an der B 48, 357 Einwohner, ca. 220 m NN, 1399 erstmals urkundlich erwähnt. **Sehenswertes:** Die 1752 errichtete Kath. Kirche St. Ägidius und Unbefleckte Empfängnis Mariens gilt wegen ihrer anspruchsvollen Gestaltung als eine der schönsten Dorfkirchen der Nordpfalz. Insbesondere die geschwungene Turmfront mit der verschieferten Schweifhaube erinnert an den mainfränkischen bzw. böhmischen Stil. Der Saalbau orientiert sich am Rokoko. Ausgefallen sind die herausgewölbten Fensternischen auf den Seiten des Langhauses. Die ansprechende Inneneinrichtung mit dem vier-

Katholische Kirche Schweisweiler

säuligen Hochaltar stammt im wesentlichen aus der Erbauungszeit. Zu sehen sind einige stark restaurierte Malereien. Die Orgelempore wurde 1929, die Orgel 1961 eingebaut. Die beiden Glocken datieren auf das Jahr 1867. Viele Besucher kommen auch wegen des örtlichen Museums Leo´s Tenne in den Ort. In Schweisweiler stehen mehrere sehenswerte Fachwerkhäuser, u.a. das ehemalige Zollhaus (1729). Die Statue des Hl. Nepomuk auf der Alsenzbrücke (18. Jhdt.) zählt ebenfalls zu den Sehenswürdigkeiten. **Info:** VG Winnweiler

Schweix (PS)

südwestlich von Pirmasens an der franz. Grenze, 368 Einwohner, 380 m NN, um 1660 erstmals urkundlich erwähnt. **Info:** VG Pirmasens-Land

Sea-Life

Speyer. An Ostern 2003 eröffnete in der Domstadt das vierte deutsche Sea-Life. Bei einem Rundgang folgt der Besucher dem Verlauf des Rheins von seiner Quelle bis in die Tiefen des Meeres. Dabei lernt man zahlreiche natürliche Lebensräume kennen, wie zum Beispiel Gebirgsbäche, Wildwasser oder den typischen Rhein, und folgt dem Gewässer weiter über die Mündung in die Nordsee hinaus in den Atlantik und durchquert in einem begehbaren Unterwassertunnel den Lebensraum der offenen See. Neben der Besichtigung werden Vorträge, Präsentationen, eine Ausstellung von Greenpeace angeboten, in denen Wissenswertes über das Leben unter Wasser und dessen Bedrohungen vermittelt wird. **Öffnungszeiten:** täglich ab 10

Uhr. Eintritt: zw. 10,00 und 4,50 Euro. **Infotelefon:** 06232 69780. **Internet:** www.sea-life.de

Seekatz, Johann Conrad

Der von Goethe sehr geachtete Maler wurde 1719 in Grünstadt geboren. Besonders hervorzuheben sind seine ländlichen Szenen, mit den naturalistischen Darstellungen von Personen. Werke von ihm sind in der Kirche St. Gallus in Alsheim und im Wilhelm-Hack-Museum in Ludwigshafen zu finden.

Seelen (KIB)

südwestlich von Rockenhausen, 167 Einwohner, ca. 390 m NN, 1375 erstmals urkundlich erwähnt. Früher wurde hier Kohlebergbau betrieben. **Sehenswert:** Das Gemeinschaftshaus ist in einem ehemaligen Schulhaus mit Dachreiter aus dem Jahre 1900 untergebracht. Sattelbergturm. **Info:** VG Rockenhausen

Selbergturm

Rothselberg. Die Gemeinde Rothselberg liegt auf der Höhe zwischen dem Eßweiler Tal und dem Lautertal. Von der Hauptstraße aus sind es etwa 3 km bis zum Gipfel des Selberges (546 m), einem südlichen Ausläufer des großen Königsbergmassivs. Bereits 1914 errichtete man dort einen Holzturm und eine Blockhütte. Nach dem Zweiten Weltkrieg wurde 1962 erneut ein Holzturm erbaut, der jedoch 1967 wegen Einsturzgefahr abgerissen werden musste. Aber bereits 1969 konnte der Selbergverein den heutigen, aus Stahl errichteten Turm ein-

Selbergturm

weihen. Die Hütte wurde umgebaut und erweitert. Sie ist das ganze Jahr über sonn- und feiertags bewirtschaftet. Daneben hat man einen Kinderspielplatz gebaut. Somit hat der Verein ein lohnendes Ziel auf dem Selberg geschaffen. Beim Besteigen des 17 m hohen Turms (80 Stufen) heißt es: Augen zu und rauf! Denn die Turmkonstruktion verlangt eine gewisse Schwindelfestigkeit. Doch oben genießt man einen schönen Panoramablick. Dieser reicht zum nordpfälzischen Bergland, Hunsrück, Soonwald, Donnersberg, Pfälzerwald, Sickinger Höhe und bei klarem Wetter sogar bis zum Taunus, Odenwald und Wasgau. Vorsicht: Das Geländer an der Aussichtsplattform kann von Kindern leicht bestiegen werden! Wie erreicht man den Turm? Auf der B 270 von Kaiserslautern Richtung Lauterecken. Etwa 4 km vor Wolfstein links ab nach Rothselberg. Kurz hinter dem Ortseingang findet man ein Hinweisschild „Selberghütte". In dieser Straße folgt nach wenigen hundert Metern der Parkplatz „Leitzenborn". Von dort kann man auf dem Rundwanderweg Nr. 1 bzw. der Beschilderung „Selbergturm" folgend zum Turm wandern (ca. 2,5 km).

Selchenbach (KUS)

südwestlich von Kusel, 385 Einwohner, 1262 erstmals urkundlich erwähnt. **Info:** VG Kusel

Sembach (KL)

nordöstlich von Kaiserslautern an der B 40, 1.193 Einwohner, 1260 erstmals urkundlich erwähnt. **Info:** VG Enkenbach-Alsenborn

Separatistenbewegung

Am 5. November 1923 übernahmen bewaffnete Separatisten in Speyer die Macht. Speyer gehörte damals wie die übrige Pfalz zu Bayern und war Sitz der Kreisregierung. Die Putschisten proklamierten die "Autonome Pfalz". Ihr Ziel war die Abtrennung der Pfalz vom Deutschen Reich. Einer der Separatistenführer und Präsident der Putschregierung war

Franz Josef Heinz aus Orbis (Nordpfalz). Der Separatistenaufstand fand Mitte Februar 1924 sein Ende.

Sickingen, Franz von

Geboren 1481 auf der Ebernburg. Der gelehrte Reichsritter und kaiserliche Feldhauptmann, oft auch als "letzter deutscher Ritter" bezeichnet, fand am 7. Mai 1523 auf der Burg Nanstein über Landstuhl unter dem Geschützfeuer des Landgrafen von Hessen, des Kurfürsten der Pfalz und des Erzbischofs von Trier den Tod. Ein Standbild des Ritters findet

Sickingen-Standbild im Hof der Burg Nanstein

man in der St. Andreas-Kirche zu Landstuhl. Er galt als Anhänger der Reformation. Er bot Martin Luther an, auf dessen Weg nach Worms (Wormser Edikt, 1521) auf seinen Burgen zu übernachten.

Sickingen-Museum

Landstuhl, Zehntenscheune, Hauptstr. 3. In dieser Sammlung zur Stadtgeschichte spielt natürlich das Geschlecht der Sickinger eine bedeutende Rolle, allen voran der „letzte Ritter Deutschlands", Franz von Sickingen, der 1523 auf der Burg Nanstein während einer Belagerung tödlich verletzt wurde. Es wird versucht, die politische und geistige Entwicklung Sickingens, den geschichtlichen Hintergrund und seine Wirkung auf die Nachwelt dazustellen. U. a. gibt es die Abteilungen „Der Ritter und seine Zeit", „Sickingen in der Geschichtsschreibung", „Sickingen in der Literatur". Belegt werden die geschichtlichen Ereignisse mit Funden aus der Burg, Karten, Dokumenten, Bildern, Stichen und weiteren

Exponaten. Ein Rarität ist ein Originalbrief Sickingens aus dem Jahre 1523. **Öffnungszeiten:** bei besonderen Anlässen. Eintritt: frei. **Auskunft:** VG-Verwaltung, Telefon 06371 83-0.

Sickinger Höhe

Breites Höhenland zwischen Schwarzbach und Landstuhler Bruch. Die Moosalb, der Wallhalbe und der Auerbach zerschneiden die Hochfläche in drei Teile. Das Bild des fruchtbaren Landes wird geprägt von zahllosen Getreidefeldern sowie von Rüben- und Kartoffeläckern, die Dörfer von zahlreichen landwirtschaftlichen Betrieben. Der Name rührt von dem Herrschergeschlecht her, das im Mittelalter hier regierte.

Siebeldingen (SÜW)

zw. Annweiler und Landau, 1.058 Einwohner, 160 m NN, 1219 erstmals urkundlich erwähnt, anerk. Fremdenverkehrsgemeinde an der Queich. **Sehenswertes:** Geilweilerhof, Fachwerkhäuser, Simultankirche St. Quintinius. **Info:** VG Landau-Land. **Internet:** www.siebeldingen.de

Siebenpfeiffer, Philipp Jakob

Geboren 1789, gestorben 1845. Siebenpfeiffer war zusammen mit seinem Mitstreiter Georg August Wirth einer der wichtigsten Wegbereiter der großen Kundgebung für Freiheit und Demokratie auf dem Hambacher Schloss im Jahre 1832 (Hambacher Fest). Der Rebell kämpfte als Staatsdiener und oppositioneller Journalist für Freiheit und Grundrechte sowie gegen Armut und Unterdrückung des Volkes.

Siegelbach

Stadtteil von Kaiserslautern. **Sehenswertes:** Tierpark Siegelbach

Sieges- und Friedens-Denkmal

Edenkoben (nordwestlich, Richtung St. Martin). Die Gedenkstätte auf dem Werderberg wurde am 3. Sept. 1899 eingeweiht. Die Anlage, nach den Plänen des Bildhauers August

Drumm erbaut, umfasst ein tempelhaftes, turmartiges Gebäude, einen halbkreisförmigen Vorplatz, eine Freitreppenanlage und ein Reiterstandbild. Anders als bei sonstigen Monumentalbauten dieser Art haben "Sieg" und "Friede" bei diesem Denkmal den gleichen Stellenwert erhalten.

Sieges- und Friedensdenkmal

Silz (SÜW)

ca. 10 km südlich von Annweiler, 830 Einwohner, anerk. Erholungsort. **Sehenswertes:** Wild- und Wanderpark Südliche Weinstraße. **Info:** VG Annweiler. **Internet:** www.silz.de

Simon, Hugo

Der international sehr erfolgreiche Springreiter aus Österreich wohnt seit Jahren in Weisenheim am Sand.

Sinsheimer, Hermann

Geboren 1883 in Freinsheim, Haintorstr. 6 (Gedenktafel), gestorben 1950 in London. Rechtsanwalt, Theaterkritiker, Schriftsteller, Regisseur, Direktor der Kammerspiele München, Chefredakteur des "Simplicissimus" (1923 - 1929). 1938 wanderte Sinsheimer, ein Jude, nach England aus.

Sippersfeld (KIB)

zw. Kaiserslautern und Kirchheimbolanden, südwestl. von Winnweiler, 1.181 Einwohner, 300 m NN, 1019 erstmals urkundlich erwähnt. **Sehenswertes:** Die "alte Schule" von 1836 ist heute das Domizil für den Kindergarten. Überhaupt sind in der Haupt- und Amtsstraße noch einige sehr alte Gebäude erhalten. Zu der Ev. Kirche (1768) gehört ein gotischer Chorturm mit Barockhaube. Die Orgel und die Emporengemälde stammen ebenfalls aus dem Erbauungsjahr 1768. Noch recht jung ist die Kath. Kirche St. Sebastian (1967). Im Tal der Pfrimm befindet sich ein Natur-Campingplatz mit eigenem Badeweiher. **Info:** VG Winnweiler

Sitters (KIB)

südlich von Obermoschel, 117 Einwohner, ca. 180 m NN, 1278 erstmals urkundlich erwähnt. **Sehenswertes:** Die Prot. Kirche stammt aus dem Jahre 1848, wobei der Turm erst 1888 dazu kam. An der Kirche stehen mehrere aufwändig gestaltete Grabsteine aus der Jahrhundertwende. Die Denkmalzone in der Hauptstraße zeigt weitgehend noch die Bebauung aus dem 18./19. Jhdt. Die ehem. Mühle (Mühlweg 4) kann auf eine mehr als 250-jährige Geschichte zurückblicken. Als Bürgerhaus wird die ehemalige Schule aus dem Jahre 1841 genutzt. **Info:** VG Alsenz-Obermoschel

Slevogt, Max

Geboren am 8.Oktober 1868 in Landshut, gestorben am 20. September 1932 auf dem Gut Neukastel. Vielleicht der bedeutendste Maler und Grafiker der Pfalz. Um die Jahrhundertwende war er ein bekannter pfälzischer Landschaftsmaler. Herausragend war er auch als Buchillustrator (u.a. Lederstrumpf, Die Zauberflöte) und Bühnenbildner. Schließlich entwickelte er sich zu einem der führenden Impressionisten Deutschlands. Zur Ehre Slevogts hat das Land Rheinland-Pfalz auf Schloß Villa Ludwigshöhe eine Dauerausstellung eingerichtet, in der der größte Teil seiner Werke zu sehen ist. Auch in der Pfalzgalerie sind Bilder von ihm zu besichtigen.

Slevogthof Gut Neukastel

Leinsweiler. Die ehemalige Reichsburg Neukastell wurde im 12. Jhdt. erbaut (1132 erstmals erwähnt), ging 1330 als Pfand an die Kurpfalz über und wurde 1689 zerstört. König Gustav Adolf von Schweden war 1620 hier zu Gast. Das unterhalb liegende Hofgut

Slevogthof, Gut Neukastel

(1558 erstmals erwähnt) war einst Wirtschaftshof der Burg. Der jetzige Bau entstand zwischen 1828 und 1831. Der Maler Max Slevogt erwarb 1912 das Anwesen als Sommersitz. 1922/23 ließ er einen neuen Ostflügel errichten. 1924 schuf der Meister des deutschen Impressionismus die Wandmalereien im Musikzimmer (Opernmotive) und 1929 die Deckenbilder in der Bibliothek (literarische Motive), die zu den bedeutendsten Werken der Monumentalmalerei dieser Zeit in Deutschland gehören. Darüber hinaus entstanden auf dem Hofgut etwa 150 Gemälde. Ein Dokumentationszentrum unterrichtet über das Werk Slevogts, der hier 1932 starb. Die Räume sind mit persönlichen Gegenständen des Künstlers ausgestattet (Porzellan, Glas, Grafik). Im Rahmen regelmäßiger Führungen (ca. 30 – 40 Min.) können vier Räume, in denen auch viele persönliche Gegenstände des Künstlers untergebracht sind, besichtigt werden. Mit einem Schild wird darauf hingewiesen, dass die Führung für Kinder unter 5 Jahren nicht geeignet ist. Filmen und Fotografieren ist nicht gestattet. **Öffnungszeiten:** Die Gaststätte ist geöffnet von 10.30 bis 18 Uhr. Donnerstag und Freitag Ruhetag. Die Besichtigung der Slevogträume ist nur im Rahmen der Führungen möglich. **Führungen:** Von Ostern bis Ende Oktober täglich außer Donnerstag und Freitag um 11.15 Uhr, 13.30 Uhr. Samstag und Sonntag zusätzlich um 16 Uhr. **Auskunft:** Fam. Emanuel-Slevogt, Telefon 06345 3685.

Slevogt-Medaille

1972 vom Land Rheinland-Pfalz gestifteter Preis für besondere Verdienste auf dem Gebiet der Bildenden Kunst.

Sommer, Lina

Geboren 1862 in Speyer, gestorben 1932 in Karlsruhe, bestattet in Jockgrim, wo sie seit etwa 1920 lebte. Dichterin und Erzählerin, die zahlreiche Gedichte, Kinderbücher, Prosa- und Theaterstücke schrieb. Sie wird auch als erste große pfälzische Mundartdichterin gesehen.

Gedächtniskirche in Speyer

Speyer

Kreisfreie Stadt. 50.280 Einwohner, Fläche ca. 43 qkm, 104 m NN. Nachweislich bestand hier eine keltische Siedlung. Um 10 v. Chr. existierte zw. bischöflichem Palais und Rathaus ein römisches Militärlager. Die sich entwickelnde Zivilsiedlung, zuerst Noviomagus, dann Civitas Nemetum genannt, wuchs trotz einiger Zerstörungen zu einem regionalen Verwaltungsmittelpunkt, der seit dem 6. Jhdt. als "Spira" in Urkunden erwähnt ist. Unter den salischen Kaisern (1024 - 1125) stieg Speyer zu einem herrschaftlichen Zentrum des Deutschen Reiches auf. Seit 1294 ist Speyer "Freie Reichsstadt". Von den 50 hier abgehaltenen Reichstagen sind die von 1526 und 1529 besonders bedeutsam, da sich hier die Spaltung der römischen Kirche vollzog. Auf Befehl Ludwig XIV. wurde Speyer 1689 niedergebrannt. 10 Jahre später begannen zurückgekehrte Bürger mit dem

Wiederaufbau. Während der Zugehörigkeit der Pfalz zu Bayern (1816 - 1945) war Speyer Regierungssitz für die Bayerische Pfalz. **Sehenswertes:** Kaiserdom, Altpörtel, *Technik-Museum*, Judenbad, Historisches Museum der Pfalz, Dreifaltigkeitskirche (1717), Gedächtniskirche (1904), Hans-Purrmann-Haus, Feuerbach-Haus, Haus der Badisch-Pfälzischen Fasnacht, Brezelfest. **Info:** Verkehrsamt, Telefon 06232 14-392. **Internet:** www.speyer.de

Speyerbach

Das Flüßchen entspringt bei Speyerbrunn und fließt bei Speyer in den Rhein.

Speyerbrunn

Kleine Ansiedlung zwischen Elmstein und Johanniskreuz. **Internet:** www.elmsteinertal.de

Speyerer Dom

(siehe Kaiserdom)

Spielbank Bad Dürkheim

Bad Dürkheim. Die Einrichtung, die seit 1949 besteht, ist eine Dependance der Spielbank Bad Neuenahr. Das Bruttospielergebnis liegt bei jährlich etwa 23 Mio. Euro. Täglich von 14 - 2 Uhr Roulette, American Roulette, Black Jack, Puncto Banco, eine Variante des bekannteren Baccara. Von 16 - 23 Uhr Automatenspiele. **Info:** Am Schloßplatz 6 - 7, 67098 Bad Dürkheim, Telefon 06322 94249, **Internet:** www.casino-badduerkheim.de

Spirkelbach (PS)

östl. von Hauenstein, 699 Einwohner, 250 m NN, 1303 erstmals urkundlich erwähnt. **Sehenswertes:** Von alten Fachwerkhäusern geprägtes Dorfbild, Röhrenbrunnen am Ortsausgang an der Straßenabzweigung nach Schwanheim. **Info:** VG Hauenstein. **Internet:** www.spirkelbach.de

Sportbund Pfalz

Barbarossaring 56, 67655 Kaiserslautern, Telefon 0631 341120. **Internet:** www.sportbund-pfalz.de

Staatsbäder

Mit Bad Bergzabern und Bad Dürkheim verfügt die Pfalz über zwei traditionsreiche Staatsbäder an der Weinstraße. Hauptanziehungspunkt des Kneippkurortes Bad Bergzabern ist das Thermalbad mit vielseitigen therapeutischen Angeboten. Eine spezielle Rückenschule nimmt sich der Heilgymnastik gegen Rückenschmerzen an. Anerkannt sind auch die Kartoffel- und Reisdiäten. Mit der Traubenkur begann bereits um 1820 in Bad Dürkheim eine Therapie, die alljährlich im Herbst angewendet wird und die der Entschlackung dient. Seit 1847 erzeugt die Saline Meeresklima im Binnenland, das wohltuend auf Atmungsorgane und Schleimhäute wirkt. Von der mineralhaltigen "Fronmühlquelle" wird auch das Thermalbad gespeist. **Info:** www.staatsbad.bad-duerkheim.de

Staab, Lina

Geboren 1901 in Neustadt, gestorben 1987 in Kaiserslautern. Die Schriftstellerin verfasste u.a. Gedichte, Erzählungen und Theaterstücke.

Stabenbergwarte

Neustadt-Gimmeldingen. Die Aussichtswarte auf dem Stabenberg (494 m) wurde 1903/04 vom Pfälzerwaldverein, Ortsgruppe Ludwigshafen, erbaut. Sie ist 9 Meter hoch und über 22 schmale Stufen zu begehen. Die Stabenbergwarte gehört noch zu der Generation der „schlichten Aussichtsbauwerke", bei denen nicht die Mittel und die Helfer zur Verfügung standen, um einen hohen Turm zu bauen. Im Turm befindet sich ein Unterstell-

Stabenbergwarte

raum mit Bänken, der die Wanderer bei schlechtem Wetter schützt. Die Aussicht ist durch hohen Baumwuchs stark eingeschränkt. Zu sehen sind noch (von Osten/links nach Westen/rechts): die Rheinebene zwischen Speyer und Germersheim mit dem Kernkraftwerk Philippsburg im Hintergrund, ein Teil der Stadt Neustadt mit der sie umgebenden Weinanbauregion und dem Weinbiet mit Turm und Sendeanlange der Post. Mehrere Tische und Bänke sind vorhanden. Wie erreicht man den Turm? Von Neustadt-Stadtmitte kommend biegt man in Gimmeldingen 200 m hinter dem Ortsschild nach links in die Hainstraße (Schild „Gimmeldinger Tal") ab. Auf dieser schmalen Straße fährt man etwa 2 km bis zum Parkplatz „Looganlage"/Forsthaus Benjental". Eine Karte am Straßenrand hilft, sich zu orientieren. Man nimmt zuerst den Weg „weißer Punkt". Dieser führt über die Mußbachbrücke geradeaus, einige Steinstufen hoch und dann nach rechts

bergan. Nach etwa 10 Minuten stößt man auf den Weg „rotweißer Balken", der, gut markiert, auf den Gipfel des Stabenbergs führt. Nach ca. 25 Minuten kommt man an der Königsbacher Sängerklause, einer kleinen Schutzhütte, vorbei. Gehzeit insgesamt ca. 40 Minuten.

Städtisches Museum Bad Bergzabern

Bad Bergzabern, Königsstr. 45. Das Museum der Stadt ist im historischen Gasthaus „Zum Engel" untergebracht. Dies ist einer der schönsten Renaissancebauten der Stadt. Das Museum dokumentiert die Geschichte der Siedlung „Zabern", die 1286 das Stadtrecht erhielt. Schwerpunkte bilden das 18. Jhdt., als im Schloss die Herzogin Karoline von Pfalz-Zweibrücken residierte, und die Zeit des Vormärz, in der Bergzabener Politiker wie Culmann, Pistor und Schüler eine Rolle spielten. Das Museum erinnert an eine Reihe von bedeutenden Persönlichkeiten, die hier lebten und wirkten.

Dazu gehören u.a. der Naturforscher Jakob Theodor, genannt Tabernaemontanus, der Historiker Georg Weber, die Schriftstellerin Martha Saalfeld und der Grafiker Werner von Scheidt. Desweiteren findet man im Museum Exponate über Brauchtum (z. B. die Böhämmerjagd), Handwerk und Gewerbe. Zum Museum gehört auch das Kabinett des Bergzabener Kunstsammlers Willibald Gänger (Gemälde und Grafiken). **Öffnungszeiten:** während des Sommerhalbjahrs Mittwoch und Samstag 16 - 18 Uhr, Eintritt frei. **Info:** Telefon 06343 701-18 oder Kurverwaltung.

Stadtmuseum Ludwigshafen

Ludwigshafen, Im Rathaus-Center (1. OG), Rathausplatz 20. Das Museum bietet zahlreiche wertvolle und interessante Funde und Exponate, die professionell in Vitrinen oder Szenarien ausgestellt und prima beschriftet sind. Wenn in dem modernen Großraum auch etwas die Atmosphäre der

Stadtmuseum Ludwigshafen

Museen, die in historischen Gebäuden untergebracht sind, fehlt, so erhält man dafür einen abwechslungsreichen und umfassenden Blick in die Geschichte der vorderpfälzischen Großstadt. **Themenschwerpunkte:** Vor- und Frühgeschichte im Raum Ludwigshafen, u.a. Urnenfeldergrab, röm. Kindersarg – Geschichte der Stadtteile · Nationalsozialismus und Weltkrieg – Ludwigshafen im 20. Jhdt. mit typischen Zimmereinrichtungen – Dokumente über den Philosophen Ernst Bloch – Bildwand „100 Jahre Ludwigshafen" – Gründung und Industrialisierung Ludwigshafens – Kurpfälzische und bayerische Regenten – Hist. Waffen – Die Rheinschanze – mehrere Modelle von Ludwigshafen (1909), den Stadtteilen, Oggersheimer Schloss und Rheinschanze – Frankenthaler Porzellan – Empirezimmer (Anfang 19. Jh.) – originelles Münzkabinett mit umfangreicher Sammlung – Pfälz. Marionettenbühne. **Öffnungszeiten:** Dienstag, Mittwoch, Freitag bis Sonntag 10 – 17.30 Uhr, Donnerstag 14 – 20 Uhr. Eintritt: frei. **Auskunft:** Telefon 0621 504-2574.

Stadtmuseum Zweibrücken

Zweibrücken, Herzogstraße 8. In dieser Dauerausstellung, in dem historischen Mannlichhaus in der sog. Neuen Vorstadt untergebracht, sind zahlreiche Zeugnisse zur Geschichte der Stadt und des ehem. Herzog-

Stadtmuseum Zweibrücken

tums Zweibrücken zusammengetragen. **Schwerpunkte:** Vor- und Frühgeschichte – Römerzeit – alte Stadtansichten und Planzeichnungen von Zweibrücken – das barocke Zweibrücken mit Erinnerungen an die bekannten Architekten, Maler und Gärtner der Herzöge von Pfalz-Zweibrücken – das höfische Leben im barocken Zweibrücken u.a. mit besonderen Werken der damaligen Handwerkerschaft – Zweibrücker Porzellan – die Tradition des Druckerei-, Zeitungs- und Verlagswesens – das Herzogtum Pfalz-Zweibrücken, u.a. mit Bildern, Münzen und Landkarten – die Zerstörung der Stadt im Zweiten Weltkrieg – Ansichtskarten aus der Zeit vor 1945 – Zweibrücken als Garnisonsstadt. **Öffnungszeiten:** Freitag und Samstag 15 – 18 Uhr, Sonntag 11 – 12 Uhr und 15 – 17 Uhr. Eintritt: frei. **Auskunft:** Stadtarchiv, Telefon 06332 871-380.

Stadt- und Festungsmuseum Germersheim

Germersheim, Im Ludwigstor,

Stadt- und Festungsmuseum

Ludwigsring. In den 40 Räumen wird vor allem die Geschichte der Stadt dokumentiert. Dass Germersheim lange Zeit Festungs- und Militärstadt war, spiegelt sich auch bei den Exponaten wider: Waffen, Uniformen, Karten, militärische Geräte. Beeindruckend ist das Modell der ehemaligen Festung. Ferner gibt das Museum Einblicke in altes Handwerk wie das Zigarettendrehen, das Schnapsbrennen, die Schuhmacherei, das Buchbinden oder die lange Zeit in Germersheim bedeutende Emailschilder-Produktion. **Öffnungszeiten:** April bis Dezember jeden 1. Sonntag im Monat 10 - 12 Uhr und 14 - 17 Uhr. **Auskunft:** Telefon 07274 960220.

Stäffelsbergturm

Dörrenbach. Der 1867 vom Verschönerungsverein Bergzabern erbaute 14 m hohe Turm auf dem Stäffelsberg (481 m) wurde 1947 von den Franzosen gesprengt, weil er während des 2. Weltkriegs zu militärischen Zwecken genutzt worden war. An seiner Stelle steht jetzt der 21 m hohe Beton-Neubau, den die Gemeinde Dörrenbach und der „Heimatbund" im Jahre 1964 erbauen ließen. Dieser wurde 1985 gründlich renoviert und ist mittlerweile mit Antennen- und Funkanlagen „verziert". 120 Stufen führen hinauf zur

Stäffelsbergturm

Aussichtsplattform. Dort geben vier Orientierungstafeln (in jede Windrichtung eine) Auskunft darüber, welche Orte, Berge und sonstige markanten Punkte (bei klarem Wetter) zu sehen sind. Im Norden reicht der Blick bis zum Luitpoldturm auf dem Weissenberg, zur Kalmit und zum 62 km entfernten Donnersberg. Der Trifels, der Wasgau, Weißenburg, Straßburg, Philippsburg mit dem Kraftwerk, Speyer und natürlich die Rheinebene mit der Weinstraße kann man in den anderen Himmelsrichtungen ausmachen. Am Fuße des Turmes stehen eine kleine Schutzhütte sowie mehrere Bänke und Tische. Wie erreicht man den Turm? Von der B 38 kommend durchquert man Dörrenbach auf der Hauptstraße. An deren Ende biegt man links in die Talstraße ein und fährt geradeaus bergan in den Heideweg. Am Ende des Heidewegs folgt man der Beschilderung „Stäffelsbergturm". Nach 600 Metern gelangt man zum Waldparkplatz „Stäffelsberg". Auf dem gut

gekennzeichneten, teilweise steilen Rundwanderweg Nr. 17 erreicht man nach etwa 20 Minuten den Turm. Am Ortseingang ist eine Orientierungstafel errichtet. Wer genügend Zeit hat, sollte dort parken und auf seiner Wanderung zum Turm den sehenswerten Ort in aller Ruhe „mitbesichtigen".

Stahlberg (KIB)

nord(west)lich von Rockenhausen, 199 Einwohner, 400 m NN, 1545 erstmals urkundlich erwähnt. In diesem Ort gibt es keinen Durchgangsverkehr. Der Stahlberg (489 m) ist eine markante Erhebung. Dort steht der mit 3,40 m Höhe größte pfälzische Menhir, der "Lange Stein". Wie eine Tafel am Ortseingang informiert, betrieb man hier früher Quecksilber- und Silberbergbau. Zum Ortsbild gehört der freistehende Glockenturm (1911). **Info:** VG Rockenhausen

Standenbühl (KIB)

südl. von Kirchheimbolanden an der B 40, 219 Einwohner, ca.

230 m NN, 1263 erstmals urkundlich erwähnt. **Sehenswertes:** Die Gemeinde an der B 40 („Kaiserstraße") ist weithin bekannt durch das Pferdezentrum, den Verkaufs- und Ausbildungsstall des Pferdezuchtverbandes Rheinland-Pfalz-Saar. Wahrzeichen des Orts ist das Rathaus mit dem Glockentürmchen, das in einem renovierten Gebäude von 1827 untergebracht ist. **Info:** VG Göllheim.

Pferdezentrum Standenbühl

Stauf

OT von Eisenberg **Sehenswertes:** Burg Stauf

Steinalben (PS)

Zwischen Pirmasens und Kaiserslautern an der B 270, 463 Einwohner, 1272 erstmals ur-

kundlich erwähnt. **Info:** VG Waldfischbach-Burgalben

Steinbach am Donnersberg (KIB)

zw. Kaiserslautern und Kirchheimbolanden, nordwestlich von Winnweiler, 796 Einwohner, 260 m NN, 1194 erstmals urkundlich erwähnt. **Sehenswertes:** Keltendorf. Viele Gäste kommen in die Jugendherberge nach Steinbach. Das Quartier ist Ausgangspunkt für vielfältige Unternehmungen in der Donnersbergregion. Die Prot. Kirche, im Ursprung 1450/1452 erbaut und nach Zerstörungen in 1632 und 1698 im 18. Jhdt. wiedererrichtet, gilt als eine der schönsten gotischen Kirchen der Nordpfalz. Es handelt sich um einen ansehnlichen Saalbau mit einem vierachsigen Langhaus, einem fünfseitigen Chor und einer barocken Turmhaube (1720). Noch erhaltene Rippenansätze zeugen davon, dass das Langhaus früher gewölbt gewesen sein muss. Aus der Gotik stammen die Maßwerkfenster und das

Prot. Kirche in Steinbach

Sakramentshäuschen mit Christuskopf in der Nordwand des Chores. Die Brüstungen der umlaufenden Emporen und die Kanzel sind mit Malereien aus dem 18. Jhdt. verziert, die früher wohl der Glaubensunterweisung dienten. Die Orgel wird ungefähr auf das Jahr 1730 datiert. Das dreistimmige Geläut stammt ebenfalls aus dem 18. Jahrh. Auf dem jüdischen Friedhof sind noch rund 50 Grabsteine aus dem 19./20. Jhdt. erhalten. **Info:** VG Winnweiler

Steinbach am Glan (KUS)

südlich von Kusel, an der B 423, 965 Einwohner, im Jahre 1355 erstmals urkundlich erwähnt. **Sehenswertes:** Heimatmuseum. **Info:** VG Glan-Münchweiler

Steinbruch-Museum

Rammelsbach. Die Gemeinde Rammelsbach hat hier der mühseligen Gewinnung des Hartsteins ein Denkmal gesetzt. Es veranschaulicht die 120 jährige Geschichte des "Dimpel", wie der frühindustrielle Betrieb heute noch genannt wird. Schaubilder und Dokumente führen die Schwerstarbeit vor Augen, die von

Szene im Steinbruch-Museum

Männern und Frauen am "Rammelsbacher Kopf" geleistet wurde. Um die Jahrhundertwende waren im Steinbruch 700 Männer und 200 Frauen beschäftigt, wobei die

Frauen "Schotter" zu klopfen hatten. (Siehe Wilhelm-Panetzky-Museum)

Steinemuseum

Dörrmoschel, Hauptstraße 55. In seinem kleinen Museum in einem alten Stallgebäude zeigt Georg Kattler einen Querschnitt seiner Steinesammlung, die er in rund 30 Jahren zusammengetragen hat. In mehreren Vitrinen und Regalen kann man Mineralien und Fossilien bestaunen, so z. B. eine Sandrose aus der Sahara, einen Mammut-Backenzahn, versteinerte Dachschädellurche, Muscheln, Schnecken, Blätter, Tannenzapfen und Hölzer sowie verschiedene glitzernde Drusen (Anm.:mit Kristallen gefüllte Gesteinshohlräume), Achate

Steinemuseum

und Lavagestein. Abgerundet wird die Sammlung durch einige Funde aus der Stein- und Römerzeit sowie Teile von den Battenbergern Blitzröhren. **Öffnungszeiten:** 1. und 3. Sonntag im Monat 10 – 16 Uhr (wenn Museumstür geschlossen, einfach an der Haustür fest klopfen). Eintritt: frei. **Auskunft:** Telefon 06361 22190, Georg Kattler.

Steinenschloß

siehe Burg Steinenschloß

Steinfeld (SÜW)

7 km südöstlich von Bad Bergzabern im Bienwald, 1.950 Einwohner, 150 m NN, 982 erstmals urkundlich erwähnt. **Sehenswertes:** Kakteenland. **Info:** VG Bad Bergzabern. **Internet:** www.steinfeld-pfalz.de

Steinweiler (GER)

nordwestlich von Kandel, 1.806 Einwohner, 968 erstmals urkundlich erwähnt. **Info:** VG Kandel. **Internet:** www.stein-weiler.de

Steinwenden (KL)

westlich von Ramstein-Miesenbach, 2.545 Einwohner, 230 m NN, 1194 erstmals urkundlich erwähnt. **Info:** VG Ramstein-Miesenbach. **Internet:** www.ramstein-miesenbach.de

Stelzenberg (KL)

südlich von Kaiserslautern, 1.277 Einwohner, 1293 erstmals urkundlich erwähnt. **Info:** VG Kaiserslautern-Süd

Katholische Kirche Stetten

Stetten (KIB)

östlich von Kirchheimbolanden, 629 Einwohner, 250 m NN, 835 erstmals urkundlich erwähnt. **Sehenswertes:** Die Gemeinde hat in den vergangenen Jahren sehr viel unternommen, um den ursprünglichen dörflichen Charakter des alten Ortskernes zu bewahren. Ein vielbeachteter romanischer Sakralbau ist die Kath. Kirche Hl. Dreifaltigkeit. Die Kirche lässt drei Bauepochen erkennen: den wuchtigen, dreigeschossigen romanischen Turm (11. Jhdt.), das barocke Kirchenschiff (1631/18. Jhdt) mit einer Stuckdecke und den gotischen Chor (14. Jhdt). Den Turm zieren zahlreiche Reliefs. In dieser Form in der Pfalz einzigartig ist das rundbogige Portal mit zwei kleineren rundbogigen Portalen als Verbindung zwischen Turm und Langhaus. Zur Ausstattung gehören zahlreiche kunsthistorisch interessante Teile, wie z. B. ein beachtenswertes 35-teiliges Wandbild an der Nordseite des Chores, ein pokalähnlicher Taufstein (ca. 1350) oder eine barocke Christusfigur. Auf dem Gelände um die Kirche stehen noch einige bemerkenswerte Grabsteine und Kreuze, so ein römischer

Steinsarkophag (4. Jhdt.) und das spätbarocke Friedhofskreuz (ca. 1750). Ein typischer Alltagsbau aus der Mitte des 19. Jhdts. ist das ehem. Wirtschaftsgebäude in der Straße „Backesberg 3". Die Häuser in der Hauptstraße 15 und 17 sind aus dem früheren Schloss hervorgegangen, das der örtliche Adel im 17./18. Jhdt. hier errichtet hatte. **Info:** VG Kirchheimbolanden

St. Julian, St. Martin

Siehe unter „Sankt"

Stockinger, Georg Jakob

Am 9. September 1798 in Odernheim am Glan geboren, gestorben am 10. Januar 1869 in Frankenthal, Rechtsanwalt, von 1857 bis 1863 Oberstaatsanwalt am Bezirksgericht Frankenthal. Als angesehener liberaler Politiker bestimmte er in den 1830er/40er Jahren das politische Geschehen in der Pfalz maßgeblich mit. Er gehörte von 1845 bis 1849 zu den führenden Politikern der Opposition im Bayerischen Landtag und war Mitglied des ersten deutschen Parlaments von 1848/49 in der Frankfurter Paulskirche.

Stöckle, Joachim

1936 geboren. Der "Pfälzer von Geburt und Lebensart" ist aufgewachsen in Wolfstein, machte sein Abitur in Landau, studierte in München und lebt seit vielen Jahren in Kandel. Der Verwaltungsjurist und Volkswirt Stöckle hat als Landrat im Kreis Germersheim von 1976 bis 1991 maßgeblich den Auf- und Ausbau der Zusammenarbeit zwischen der Pfalz und dem Elsass, aber auch mit Baden und der Schweiz in verschiedenen Funktionen mitgestaltet. Von 1999 bis 2004 war er Vorsitzender des Bezirkstages.

Streichelzoo Rülzheim

Rülzheim, Am See. **Öffnungszeiten:** täglich 9.30 bis 22 Uhr, dienstags bis 13 Uhr. Telefon: 07272 75740.

Striefflerhaus

Landau, Löhlstraße 3. Das Haus (Art Deco, Jugendstil) wurde

1924/25 nach Plänen von Fritz Kindler für Heinrich Strieffler als Wohnhaus mit Atelier erbaut. Zu sehen ist der Nachlass des bedeutenden pfälzischen Landschaftsmalers Heinrich Strieffler (1872 - 1949) und seiner Tochter Marie Strieffler (1917 - 1987). Im mittleren Stockwerk finden ganzjährig wechselnde Ausstellungen, vorwiegend „Altpfälzer Malerei", statt. **Öffnungszeiten:** während der Ausstellungen freitags bis sonntags 14 - 17 Uhr. **Auskunft:** Telefon 06341 86204 oder Büro für Tourismus, Telefon 13181.

Striefflerhaus

Strieffler, Heinrich

Am 8. Juli 1872 in Neustadt geboren, am 26. Dezember 1949 in Landau gestorben. Maler, sein Haus in Landau, Löhlstraße 3, wo er seit 1904 wohnte, ist heute Museum und Galerie (siehe Striefflerhaus). Ab 1891 besuchte er die Kunstgewerbeschule, danach die Akademie in München. Ein Stipendium führte ihn nach Italien. Seine Postkartenserie mit pfälzischen Motiven erreichte eine Millionenauflage.

Stumpfwald

Das Waldgebiet nördlich der A 6 zwischen Eisenberg und Enkenbach-Alsenborn nennt man Stumpfwald. Obwohl die Herkunft des Namens umstritten ist, belegen zahlreiche Funde seine wirtschaftliche Bedeutung in früheren Jahrhunderten.

Stumpfwaldbahn

Ramsen (KIB). Von Mai bis Mitte Oktober lädt der Verein Stumpfwaldbahn e. V. zu einer gemütlichen Fahrt auf einer landschaftlich reizvollen Strecke zwischen Kleehof und Eiswoog ein. Als Transportmittel wurden ehemalige Grubenloks umfunktioniert, die mit ca. 15 km/h auf der ca. 2 km langen Strecke zwischen dem Eiswoog und dem Bahnhof „Bockbachtal" (am Kleehof) auf den Schmalspurschienen verkehren. Die Gleise stammen aus dem früheren Ton- und Klebsandabbau in der Region. Der Verein verfügt über 15 Lokomotiven, u.a. eine Feldbahndampflok von 1912. **Anfahrt:** A 6 Mannheim – Kaiserslautern, Abfahrt Wattenheim, nach Hettenleidelheim, Ramsen, durch den Ort Rg. Kaisers-

lautern, nach ca. 3,5 km links. Mit dem Zug: Bahnhof Ramsen, von dort ca. 45 Min. Fußweg. Fahrtage: normalerweise von Pfingsten bis 3. Oktober jeden Sonntag (nicht an Fronleichnam!). Dampfbetrieb mit der 5-PS-Dampflok findet jeweils am 2. Sonntag im Monat und am 3. Oktober zum Autofreien Eistal statt. Den genauen Fahrplan findet man im Internet. Telefon: 06356/8035. **Internet:** www. stumpfwaldbahn.de

Südwestpfälzische Hochfläche

Die Sickinger Höhe und das Zweibrücker Hügelland bilden

Stumpfwaldbahn

zusammen die Südwestpfälz. Hochfläche. Zentrale Wasserader ist der Schwarzbach. Die meisten Straßen der Südwestpfälz. Hochfläche treffen in Zweibrücken zusammen.

Sulzbachtal (KL)

nordwestlich von Kaiserslautern nahe der B 270, 485 Einwohner, 1379 erstmals urkundlich erwähnt. **Info:** VG Otterbach. **Internet:** www.vg-otterbach.de

Tabak

Ein Drittel des deutschen Tabaks stammt aus der klimatisch verwöhnten Rheinebene zwischen Ludwigshafen und dem Elsass. Ob als Zigarette, Zigarre, Zigarillo oder Pfeifentabak – die Pfälzer Tabaksorten Geudertheimer, Burley und Virgin erfreuen sich wegen ihrer hohen Qualität und ihres niedrigen Nikotingehalts großer Beliebtheit. Es war der Pfarrer von Hatzenbühl, der 1573 aus botanischem Interesse die empfindliche tropische Pflanze zum ersten Mal anbaute und einen Hauch von Havanna in die Region brachte. Zu Anfang des 17. Jahrhunderts wurden die ersten Tabakbauvereine in der Kurpfalz gegründet und die ersten Vorschriften über eine Qualitätserzeugung durch die Obrigkeit erlassen. 1913 bestellte der Landrath der Pfalz, der Vorgänger des Bezirkstags Pfalz, einen unabhängigen und sachverständigen Ökonomierat als Tabakfachberater. Als seine Aufgabe wurde festgeschrieben, „nach Kräften auf die Hebung des Tabakanbaues hinzuwirken". Im Laufe der Jahrhunderte hat sich so der Tabakanbau als fester Bestandteil der Landwirtschaft in der Pfalz etabliert. Auf einer Anbaufläche von rund 1.300 Hektar werden jährlich von rund 250 landwirtschaftlichen Betrieben, in denen nahezu 1.000 ständige sowie 3.000 Saisonarbeitskräfte beschäftigt sind, etwa 3.500 Tonnen Tabak erzeugt. Auch heute noch gibt es beim Bezirksverband Pfalz den Tabakbausachverständigen für die Pfalz, der den Tabakbauern mit Rat und Tat zur Seite steht. **Info:** Landesverband Rheinland-Pfälzischer Tabakpflanzer e.V., Gottfried-Renn-Weg 2, 67346 Speyer, Telefon 06232 60390.

Technik-Museum

Speyer. In dem hist. Gebäude von 1913 kann man auf 8.000 qm Hallenfläche und 50.000 qm Freifläche einen interessanten Streifzug durch die Welt der „Fortbewegungs-Technik" unternehmen. Schwerpunkte: ein

Oldtimer im Technik Museum

46 m langes U-Boot mit Originalausstattung, mehrere begehbare Flugzeuge, Lokomotiven und Feuerwehrfahrzeuge, Dampfmaschinen, Oldtimer, Marinemuseum mit maßstabsgetreuen Schiffsmodellen, Musiksalon mit mechanischen Instrumenten und das IMAX-

Filmtheater. **Öffnungszeiten:** täglich 9 – 18 Uhr. Auskunft: (06232) 67 08-0 **Internet:** www.technik-museum.de

Terra-Sigillata-Museum

Rheinzabern, Hauptstr. 33. Besonders interessant sind die mittlerweile über tausend Teile (Münzen, Waffen, Werkzeuge, Geschirrteile, Wagenzubehör) aus der Römerzeit, die seit 1967 im alten Strombett bei Neupotz gefunden wurden. Weitere Objekte erinnern daran, dass „Tabernae" die größte römische Maufaktursiedlung für Töpfer- und Ziegelwaren nördlich der Alpen war. Daher der Name „Terra Sigillata", die Bezeichnung für ein besonderes, rötlich glänzendes Tonge-

Terra-Sigillata-Museum

schirr. In der Außenstelle des Museums am Kindergarten in

der Faustinastraße werden (nach Vereinbarung) Brennöfen gezeigt und es wird die antike Tonwarenherstellung erläutert. **Öffnungszeiten:** Sonn- und Feiertag 13.30 - 17 Uhr. **Auskunft:** Telefon 07272 955893. **Internet:** www.rhein-zabern.de

Teschenmoschel (KIB)

westlich von Rockenhausen, 109 Einwohner, ca. 325 m NN, 1456 erstmals urkundlich erwähnt. Das Gebäude der ehemaligen Schule (1831) ist ein interessantes Beispiel für die früheren Zwergschulen in der Pfalz, in denen ein Schulraum für alle Klassen und eine Lehrerwohnung sowie ein Türmchen mit der Schulglocke vorhanden waren. So wie zwischen den Häusern Hauptstraße 17 und 25 hat der Ort vermutlich im 19. Jhdt. ausgesehen. **Info:** VG Rockenhausen

Teufelstisch

Bei Hinterweidenthal. Die Kräfte der Natur formten hier einen beeindruckenden und unverwechselbaren Tischfelsen.

Teufelstisch - Wahrzeichen der Ferienregion Hauenstein

Die steinerne Sehenswürdigkeit ist Anziehungspunkt für viele Kletterer und Naturliebhaber. Das Gebilde aus zwei mächtigen aufrecht stehenden Felspfeilern, über die horizontal eine gewaltige Steinplatte gelegt ist, hat eine Höhe von ca. 12 m. Wie das Volk erzählt, habe sich der Teufel an dieser Stelle einen Tisch aus Felsen gebaut, um seine Mahlzeiten abzuhalten.

Thaleischweiler-Fröschen (PS)

nördlich von Pirmasens, am Schwarzbach, 3.553 Einwohner, 240 m NN, 1237 als "Eiswilre" erstmals urkundlich er-wähnt. **Sehenswertes:** Burg Steinenschloss. **Info:** VG-Verwaltung, Telefon 06334 441-0. **Internet:** www.vg-thaleischweiler-froeschen.de

Thallichtenberg (KUS)

nordwestlich von Kusel, 607Einwohner, 300 m NN, im 12. Jhdt. erstmals urkundlich er-wähnt. **Sehenswertes:** Burg Lichtenberg, Musikantenland-Museum, Geoskop-Urweltmuseum. **Info:** VG Kusel

Theater Blaues Haus e. V.

Bolanden-Weierhof, Parkallee 7. Verein, der 1998 gegründet wurde, um die Kleinkunst zu fördern. Das Motto heißt „Kunst aus der Region für die Region". Die Veranstaltungen des Vereins finden im Theater „Blaues Haus" statt, einem ehemaligen Kinogebäude der US Army auf dem Weierhof. **Telefon:** 06355 989413, **Internet:** www.blaues-haus-ev.de

Theisbergstegen (KUS)

südöstlich von Kusel, an der B 423, 716 Einwohner, 220 m NN,

im Jahre 992 erstmals urkundlich erwähnt. **Info:** VG Kusel

Theodor, Jacob

1525 in Bad Bergzabern gebo-ren, bekannter Arzt und Bota-niker, nannte sich nach seiner Heimatstadt „tabernae monta-nus". Seine Werke „Das Kräuter-buch" und „Der Wasserschatz" sind noch heute von Bedeu-tung.

Theodor-Zink-Museum

Kaiserslautern, Steinstraße 48. Das Gebäude des Heimatmuse-ums wurde 1818 als „Gasthof zum Rheinkreis" erbaut. Rund um den malerischen Innenhof findet man das passende Ambiente für diese kulturhisto-rische Einrichtung. Die Samm-lung umfasst zahlreiche Doku-

Ausstellungszimmer im Theodor Zink-Museum

mente, Funde, Karten, Pläne, Alltags- und Kunstgegenstände, Fotos und Mobiliar, das die Geschichte der Stadt und ihrer Bewohner widerspiegelt. Dazu gehören u.a. die Entwicklung zur Universitätsstadt, der Fussball mit den Weltmeistern von 1954, die Revolution 1848/49, der Separatismus, Portraits besonderer Bürger, ein Stadtmodell und wichtige Unternehmen wie die Fa. Pfaff. **Öffnungszeiten:** Dienstag bis Freitag 9 - 17 Uhr, Samstag und Sonntag 10 - 18 Uhr. **Eintritt:** frei, nur für Sonderausstellungen wird Eintritt erhoben. **Auskunft:** Telefon 0631 3652327.

Thermalbad Bad Bergzabern

Bad Bergzabern, Kurtalstr. 25. Ein Hallen- und zwei Freibecken zw. 29 und 32 Grad, Sauna, Kneipp-Therapie, Massagen, Inhalationen, mediz. Bäder, Kurgymnastik u.v.m. **Öffnungszeiten:** Montag bis Freitag 9 - 21 Uhr, Samstag/Sonn- und Feiertag 9 - 17 Uhr. **Info:** Telefon 06343 8811. **Internet:** www.bad-bergzabern.de

Tiefenthal (DÜW)

südwestl. von Grünstadt, nahe der A 6, 872 Einwohner, 255 m NN, 1330 erstmals urkundlich erwähnt. Im Mittelalter vielbesuchter Wallfahrtsort. **Sehenswertes:** Ev. Kirche (1767), Kath. Kirche (1931) mit Zwiebelturm. **Info:** VG Hettenleidelheim

Tierpark Siegelbach

Kaiserslautern-Siegelbach, Zum Tierpark 10. **Öffnungszeiten:** April bis August 8.30 - 18.30 Uhr, September bis März 9 - 17 Uhr. **Info:** Telefon 06301 71690 oder Tourist-Info Kaiserslautern, Telefon 0631 365-2317.

Im Tierpark Siegelbach

Tier- und Vogelpark Birkenheide

Maxdorf, Kranichstr. 1 (Ortsausgang Rg. Weisenheim). Auf dem

12.000 qm großen Gelände sind neben den 250 Vögeln auch Esel, Ponys, Damhirsche und ein Kleinzoo zu sehen. Ein Spielplatz und eine Gaststätte sind ebenfalls vorhanden. **Öffnungszeiten:** täglich 9.00 bis 17.30 Uhr. **Eintritt:** frei. **Telefon:** 06237 5265.

Tremmel, Paul

Geboren 1929 in Theisbergstegen, wohnt in Forst. Vielseitiger und populärer Mundartdichter. Er hat rund 30 Bücher herausgegeben und mit seinen Veröffentlichungen beachtliche Auflagen erreicht. Tremmel ist auch Mitarbeiter von "Sonntag aktuell" ("Reim druff", "Pälzer Sprich zum Sunndag"). Werke u.a. "Die Weihnachtsg'schicht uff pälzisch", "Bubbes", "Frog net" (1994), "Nibelungesag" (Pfälzische Übersetzung; 1994).

Trippstadt (KL)

südlich von Kaiserslautern. 3.120 Einwohner, 1293 erstmals urkundlich erwähnt, Luftkurort. **Sehenswertes:**

Burg Wilenstein, Schloss, Brunnenstollen, Karlstal, Eisenhüttenmuseum, Kath. Kirche (1752). **Info:** Telefon 06306 341 oder VG Kaiserslautern-Süd. **Internet:** www.trippstadt.de

Trippstadter Schloss

Trulben (PS)

südwestlich von Pirmasens, 1.379 Einwohner, 300 m NN, um 700 erstmals urkundlich erwähnt. OT: Hochstellerhof, Felsenbrunnerhof, Imsbacherhof, Trulbermühle. **Sehenswertes:** Wendelinuskapelle, Pfarrkirche (17. Jhdt.), Landgrafenhaus im OT Felsenbrunnerhof. **Info:** VG Pirmasens-Land. **Internet:** www.trulben.de

Türkisches Badehaus

(siehe Hamam)

Turm am Dicken Stein

Lambrecht. Dieser Holzturm auf einem Felsvorsprung oberhalb der Stadt wurde in jüngster Zeit komplett renoviert. Er bietet eine Unterstellmöglichkeit mit Sitzgelegenheit. Über 26 Holzstufen erklimmt man den Turm. Lambrecht liegt einem in seiner ganzen Ausbreitung zu Füßen - umgeben vom satten Grün des Pfälzerwaldes. Man sieht auch den Weinbietturm mit dem rot-weißen Funkturm. Wie erreicht man den Turm? Am Ortsausgang Richtung Neidenfels folgt man der Beschilderung „Tennisanlagen". Hinter den Tennisplätzen von der Beerentalstraße in die Straße „Am Dicken Stein" einbiegen. Am Ende der Sackgasse ist ein großzügiger Wendeplatz, wo man den Wagen stehen lassen kann. Man wandert ca. 60 m in den Wald hinein und nimmt ab dort den schmalen Weg nach rechts (Nr. 2) und bleibt immer auf dem Serpentinenweg. Ein Stück läuft der Weg auf der Markierung blauer Strich/gelber Strich. Wer an dem Wegweiser „Zur Heimbachtalhütte" ankommt, ist schon zu weit. Wieder zurückgehen und den unbeschilderten, schmalen Zickzackpfad zum Turm suchen. Gehzeit ca. 20 Minuten.

Turm Kleinfrankreich

Bei Erlenbach. Der Kurpfälzische Marschall Hans von Trott errichtete 1484 auf dem der Burg Berwartstein gegenüberliegenden Berg diesen Turm. Der starke Bau diente als südliches Vorwerk für den Berwartstein. Der Turm besitzt im Erd-

Turm am Dicken Stein

geschoß ein Kuppelgewölbe sowie Geschützscharten. Von der Ringmauer sind geringe Reste erhalten. Westlich des Turms liegt ein Brunnen.

Turmschreiber

Deidesheim. Alle zwei Jahre wird ein bekannter Literat nach Deidesheim eingeladen, um seine Eindrücke und Erlebnisse mit der Stadt und ihren Einwohnern in einem Buch zu beschreiben. Als Lohn für seine Mühen erhält er jeden Tag zwei Liter Deputa(t)wein. Turmschreiber waren bisher u.a. Prof. Herbert Heckmann, Rudolf Hagelstange, Wolfgang Altendorf, Helmut Walter Fritz und Prof. Hans-Martin Gauger. Der Literat wohnt im Mauerturm im mittelalterlichen Burggraben, an dem zum Zeichen seiner Anwesenheit eine Stadtfahne gehisst wird.

Uhl´sches Haus

Göllheim, Hauptstraße 7. Schon der Anblick des Museumsgebäudes, ein repräsentativer Wohnbau (1898) des damaligen Gutsbesitzers Wilhelm Uhl, mit einer außergewöhnlichen Sandsteinfassade und der teilweise noch erhaltenen Innenausstattung (z. B. Deckengemälde, Ledertapete und Kachelöfen), ist interessant. Im Innern zeigt das Heimatmuseum vor- und frühgeschichtliche Funde sowie zahlreiche Do-

Uhl'sches Haus Göllheim

kumente und Gegenstände zur Geschichte von Göllheim. Einen Schwerpunkt der Sammlung bildet die Schlacht am Hasenbühl, in der 1298 Adolf von Nassau und Albrecht von Habsburg vor Göllheim um die deutsche Königskrone kämpften. In einem Diorama ist das Aufeinandertreffen der beiden Heere mit Hunderten von bemalten Zinnfiguren dargestellt.

Rekonstruktionen von Trachten, Waffen, eine Ritterrüstung (um 1300) und bildnerische Darstellungen aus dieser Zeit runden das Thema ab. **Öffnungszeiten:** nach Vereinbarung. Eintritt: frei. **Auskunft:** VG-Verwaltung, Telefon 06351 49090 oder 5272. **Internet:** www.vg-goellheim.de

Uhrenstube Rockenhausen

(siehe Pfälzisches Turmuhrenmuseum)

Ulmet (KUS)

nordöstlich von Kusel, nahe der B 420, 781 Einwohner, 200 m NN, 1387 erstmals urkundlich erwähnt. **Sehenswertes:** Die Flurskapelle auf dem Friedhof besteht aus einem romanischen Chorturm und einem barocken Langhaus. Die Kirche besitzt eine wertvolle Stummorgel. Die nahe gelegene „Kappeler Brücke" über den Glan stammt aus dem 18. Jhdt. **Info:** VG Altenglan

Unkenbach (KIB)

südwestlich von Obermoschel an der B 420, 247 Einwohner, 1350 erstmals urkundlich erwähnt. 1432 wird hier erstmals eine Kirche urkundlich erwähnt. Der heutige Bau der Ev. Kirche stammt aus dem Jahre 1863. Zwei sehenswerte Häuser mit Fachwerkobergeschoß kann man in der Hauptstraße 22 bzw. 24 entdecken. **Info:** VG Alsenz-Obermoschel

Unterjeckenbach (KUS)

westlich von Lauterecken, 105Einwohner, 1319 erstmals ur-kundlich erwähnt. **Info:** VG Lauterecken

Venningen (SÜW)

3 km östlich von Edenkoben, 965 Einwohner, 859 erstmals urkundlich erwähnt, Weinbau. **Info:** VG Edenkoben. **Internet:** www.venningen.de

Vereinigung Badisch-Pfälzischer Karnevalsvereine

Zusammenschluss von 123 pfälzischen und 183 nord- und mittelbadischen Karnevalsvereinen und –gesellschaften (Stand: 2000) mit rund 62.000

Mitgliedern. Davon sind über 19.000 Erwachsene und über 8.000 Jugendliche aktive Fastnachter. Die höchste Auszeichnung der Vereinigung ist der „Goldene Löwe", der 1958 gestiftet und 1959 in Neustadt erstmals an sechs verdiente Fastnachter verliehen wurde.

Verein pfälzischer Pfarrerinnen und Pfarrer

Der „Pfälzische Pfarrerverein" wurde 1899 von 33 evangelischen Pfarrern in Neustadt als Standesvertretung gegründet, um die materielle Lage der Geistlichen zu verbessern, sie in Rechtsfragen zu unterstützen, theologische Arbeit zu leisten

und ein Vereinsblatt herauszugeben.

Villa Ludwigshöhe

Edenkoben. Der ehem. Sommersitz des Königs Ludwig I. von Bayern wurde 1846/52 in der „schönsten Quadratmeile seines Königreiches" nach dem Vorbild italienischer Villen im spätklassizistischen Stil errichtet. Beim Rundgang durch die Räume erlebt man das außergewöhnliche Ambiente der Zimmer mit auffälligen Dekorationen, den Mosaikfußböden aus verschiedenen Edelhölzern sowie Wand- und Deckenmalereien nach pompejanischen Vorbildern. Portraits der Wit-

Villa Ludwigshöhe

telsbacher und wertvolles Mobiliar aus dem Leuchtenberg-Palais in München ergänzen die prächtige Ausstattung. Eine besondere Attraktion ist die historische, noch funktionsfähige Schlossküche aus dem Jahre 1852. Im Obergeschoß ist eine wertvolle Ausstellung des Impressionisten Max Slevogt untergebracht. In den ansprechenden Räumen werden über 120 Bilder gezeigt. Das Anziehende an der Villa Ludwigshöhe ist, dass hier Historie, Architektur, Kultur und die reizvolle landschaftliche Lage in einer einmaligen Weise zusammentreffen. Die Slevogt-Galerie und die Wechselausstellungen können ohne Führung besichtigt werden. Durch die historischen Räume werden zu jeder vollen Stunde (10/11/12/14/15/16 Uhr, bei Bedarf auch 17 Uhr, Fr. bis So zusätzlich auch 13 Uhr) Führungen angeboten. **Öffnungszeiten:** täglich 10 – 17.40 Uhr, im Dezember und am ersten Werktag der Woche geschlossen. Oktober bis März Schließung bereits um 16.40 Uhr. Eintritt wird erhoben.

Auskunft: Tel. 06323 93016, Anmeldung von Gruppen unter 01805 221360. **Internet:** www.edenkoben.de/Touristik

Villard, Henry

Der spätere amerikanische Eisenbahnkönig wurde 1835 als Heinrich Hilgard in Speyer geboren. Vier Jahre später zog er mit seiner Familie nach Zweibrücken. 1853 wanderte er aus Geldnot und um dem bayerischen Militärdienst zu entgehen aus in die USA, wo er eine imponierende Karriere startete. Villard ist Ehrenbürger von Zweibrücken.

Villinger, Dieter

Geboren 1947 in Bad Bergzabern. Von 1971 bis 1977 künstlerische Ausbildung an der Akademie der Bildenden Künste in München, 1978/79 Aufenthalt an der Brooklyn Museum Art School in New York. Neben verschiedenen anderen Preisen hat er 1992 den vom Bezirksverband Pfalz ausgeschriebenen Pfalzpreis für Malerei erhalten. Der Künstler lebt und arbeitet in München.

Vinningen (PS)

südwestlich von Pirmasens, 1.727 Einwohner, 398 m NN, um 1295 erstmals urkundlich erwähnt. Ortsteile: Eichelsbachermühle, Luthersbrunn, Schelermühle, Hanauer Hof. **Sehenswertes:** Der Turm der „Alten Kirche" stammt zum Teil aus der Zeit um 1220. Wichtige Erweiterungs- und Renovierungsarbeiten fanden am Turm im Jahre 1737, am Kirchenschiff 1768 statt. Seit der Einweihung einer neuen kath. Kirche im Jahre 1908 ist das Gotteshaus profanisiert. Heute wird die „Alte Kirche" als Kulturzentrum genutzt (www.kulturzentrum-vinningen.de). **Info:** VG Pirmasens-Land

Vogelpark Schifferstadt

Schifferstadt, Speyerer Straße 106. **Öffnungszeiten:** täglich 8.30 bis 20 Uhr.

Vogelweh

Kaiserslautern. Der Name des ehemaligen Gehöfts „Vogelweh" leitet sich von „Vogelwöge" ab. Denn bis zum Ende des 18. Jhdts. gab es im Vogel-bachtal fünf staatliche Fischweiher (Wöge) und eine Vogelschutzanlage.

Voit, August von

Wichtigster Klassizismus-Architekt in der Pfalz. Er schuf u.a. die Fruchthalle in Kaiserslautern, das Königskreuzdenkmal in Göllheim und die Prot. Kirche in Lautersheim (1837 - 1846). Schüler von Friedrich Gärtner, dem bekannten Hofarchitekten Ludwig I. von Bayern. Voit wurde 1854 geadelt.

Völkersweiler (SÜW)

7 km südwestlich von Annweiler, 655 Einwohner, 300 m NN. **Info:** VG Annweiler.

Vollmersweiler (GER)

südwestlich von Kandel, 232 Einwohner, 1269 erstmals urkundlich erwähnt. **Info:** VG Kandel

Vorderweidenthal (SÜW)

zw. Dahn und Bad Bergzabern, 671 Einwohner, 1313 erstmals urkundlich erwähnt. **Info:** VG Bad Bergzabern. **Internet:** www.vorderweidenthal.de

Waagenmuseum

Wachenheim, Waldstr. 34. Etwa 500, zum Teil sehr ausgefallene Waagen und mehr als 1.000 Gewichte von der Antike bis zur Gegenwart aus vielen Ländern veranschaulichen die Geschichte des Wiegens. Es ist interessant zu erfahren, wie viele verschiedene Arten von Waagen in der Arbeitswelt, in Apotheken, im Haushalt, im Sport, in der Forschung usw. benötigt werden und wie diese sich im Laufe der Jahrhunderte entwickelt haben. Man erfährt auch, dass Waagen, die zum Gewicht gleichzeitig den Preis anzeigten, damals eine bahnbrechende Neuheit für den Handel darstellten. In dem ersten und einzigen Waagenmuseum Deutschlands hat Fam. Hofmann mit einem alltäglichen Gerät eine wirklich nicht alltägliche Sammlung zusammengetragen und für die Nachwelt erhalten. **Öffnungszeiten:** Sonntag 10 bis 18 Uhr. **Eintritt:** frei. **Auskunft:** Telefon 06322 63675, Fam. Hofmann.

Wachenheim/Weinstraße (DÜW)

südl. von Bad Dürkheim, Wein- und Sektstadt, 4.783 Einwohner, 766 erstmals urkundlich erwähnt, anerkannter Erholungsort, 1974 schönste Weinbaugemeinde an der Deutschen Weinstraße. **Sehenswertes:** Dalbergerhof (einst Sitz eines bekannten Rittergeschlechts, 1689 niedergebrannt, Anfang des 18. Jh. wieder aufgebaut), Steinhausserscher Hof (das im Mittelalter von den Rittern von Steinhausen erbaute Anwesen ist heute im Besitz der Sektkellerei Schloss Wachenheim AG, ei-

Ausstellungsstück im Waagenmuseum

Villa Rustica bei Wachenheim

baut, 1674 zerstört, 1710 wieder aufgebaut, einst chemische Experimentierschule), die mittelalterliche Stadtmauer ist im Ortskern teilweise noch erhalten. **Info:** Verkehrsamt, Telefon 06322 60832 oder VG-Verwaltung, Telefon 06322 608-0. **Internet:** www.wachenheim.de

nem der größten Sekthersteller der Welt), Simultankirche St. Georg, Ludwigskapelle (1443), Alte Münze (Münzprägestelle von 1436 bis 1471), Diebsturm (ehem. Gefängnis aus dem 14. Jhdt.), Judenfriedhof (einer der ältesten in der Region, vermutlich aus dem 16. Jhdt.), Kurpfalzpark, Burg Wachtenburg, Waagenmuseum, Peter´s Winzermuseum, Holzlöffelsammlung, Bauern- und Handwerkmuseum, Kellereimuseum, Villa Rustica (Ausgrabung eines römischen Hofgutes mit verschiedenen Gebäudeteilen aus dem ersten bis fünften Jahrhundert), ehem. Lutherische Kirche (1745 - 1945, heute Kulturstätte), Wachenheimer Hof (1542 er-

Wadgasserhof

Kaiserslautern, Steinstraße 55 (direkt gegenüber dem Th.-Zink-Museum). Das Wirtschaftsgut des ehem. Klosters Wadgassen gelangte Anfang des 17. Jhdts. in den Besitz des Pfalzgrafen. Später war es Witwensitz der Fürstin von Lautern und Gemahlin des Pfalzgrafen. Sehenswert sind u.a. eine Stuckdecke des 18. Jhdts., Reste mittelalterlicher Wandmalereien und der früheren Wallfahrtskapelle, die Sammlungen von Schränken, Kommoden, Stühlen und Wiegen, Gläsern, Porzellan und Öfen. **Öffnungszeiten:** Dienstag bis Freitag 9 - 17 Uhr, Samstag/Sonntag 10 - 18 Uhr.

Wadgasserhof

Eintritt: frei **Auskunft:** Telefon 0631 3652327.

Wahnwegen (KUS)

südlich von Kusel, 744 Einwohner, 320 m NN, 1446 erstmals urkundlich erwähnt. **Info:** VG Glan-Münchweiler. **Internet:** www.wahnwegen.de

Waldarbeitermuseum

Elmstein, Möllbachstraße 7. In vier Räumen haben erfahrene Forstmänner eine Reihe Original-Werkzeuge und –geräte (z. B. Fällgeräte, Handsägen, Motorsägen, Holztransportmittel) sowie Bilder und Dokumente zusammengetragen. So erhält man einen umfassenden Einblick in alle Facetten der Waldarbeit von den Jahrtausenden vor Christus bis in die heutige Zeit. Zu dem Museum gehört

die ehemalige Schmiede. Sie war bis 1979 noch in Betrieb. Heute ist sie die einzige durch Wasserkraft betriebene und noch funktionsfähige historische Schmiede der Pfalz. **Öffnungszeiten:** Mai bis Oktober sonntags an den Fahrtagen des Kuckucksbähnls von 14 – 16 Uhr. **Auskunft:** Telefon 06328 234 (Verkehrsverein).

Waldfischbach-Burgalben (PS)

nördlich von Pirmasens an der B 270, 5.151 Einwohner, 260 m NN, 1152 (Burgalben) bzw. 1182 (Wfb.) erstmals urkundlich erwähnt. **Sehenswertes:** Maria Rosenberg, Heimatmuseum, Burg Heidelsburg, Hallenbad. **Info:** VG-Verwaltung, Tel. 06333 925-0 **Internet:** www.waldfischbach-burgalben.de

Waldgeisterweg

Oberotterbach. Auf dem von Volker Dahl gestalteten zwei Kilometer langen Weg begegnen einem „Waldgeister", Eulen, Riesenschnecken, Menschen und einige andere Gestalten. Sind sie aus Holz oder nicht? Das ist die spannende Frage. Der Weg beginnt am Schützenhaus und ist jederzeit zugänglich. **Infos:** Telefon 06343 934015.

„Pfälzer Weltachs", Waldleiningen

Waldgrehweiler (KIB)

nordwestlich von Rockenhausen, 243 Einwohner, ca. 235 m NN, 1236 erstmals urkundlich erwähnt. Den Ort findet man an der Mündung des Ransenbaches in die Moschel. In der Ortsmitte steht ein Glockentürmchen aus dem Jahre 1927. **Info:** VG Alsenz-Obermoschel

Waldhambach (SÜW)

ca. 7 km südlich von Annweiler, 362 Einwohner, 240 m NN, 1343 erstmals urkundlich erwähnt. **Info:** VG Annweiler

Waldleiningen (KL)

südlich von Hochspeyer, 448 Einwohner, als eigentlicher Gründer des Ortes (1785) gilt der Forstmeister des Hauses Leiningen, Herr Eberstein. **Sehenswertes:** "Pfälzer Weltachs". **Info:** VG Hochspeyer

Waldmohr (KUS)

westlich von Landstuhl, nahe der A 6, 5.468 Einwohner, 260 m NN, 830 erstmals urkundlich erwähnt. **Sehenswertes:** Warmfreibad. **Info:** VG-Verwaltung **Internet:** www.waldmohr.de

Waldmuseum

Herschberg, Thaleischweiler Str. 29. Das erste Waldmuseum in Rheinland-Pfalz verdeutlicht in anschaulicher Weise die Nutz-, Schutz- und Erholungsfunktion des Waldes. In drei Räumen werden entsprechende Exponate, präparierte Tiere und Pflanzen, Forstgeräte, verschiedene Holzarten, Texte, Bilder und Grafiken gezeigt. Im Außenbereich findet man Holzstöße, einen Holzwagen, Vogelhäuser und Futterkrippe. Das Waldmuseum ist im Untergeschoß des alten Schulhauses (heute Kindergarten) untergebracht. **Öffnungszeiten:** April bis Okt. Montag bis Freitag 14 – 21Uhr, Sonntag 10 – 21 Uhr, Schlüssel am Kiosk der Freizeitanlage. **Info:** Telefon 06375 5236 oder Verkehrsamt in Wallhalben 06375 921-0.

Holztransportschlitten im Waldmuseum in Herschberg

Waldrohrbach (SÜW)

6 km südlich von Annweiler, 402 Einwohner, 240 m NN, 1189 erstmals urkundlich erwähnt. **Info:** VG Annweiler

Waldsee (LU)

zw. Ludwigshafen und Speyer, 5.374 Einwohner, um 1300 erstmals urkundlich erwähnt. **Sehenswertes:** Kath. Kirche (1843) mit Figur Johannes des Täufers (1460), Fachwerkhäuser, Heimatmuseum. **Info:** VG-Verwaltung, Telefon 06236 4182-0. **Internet:** www.waldsee.de

Wallhalben (PS)

nordwestlich von Pirmasens, 895 Einwohner, 270 m NN, 1270 erstmals urkundlich erwähnt. **Sehenswertes:** Heimatmuseum der Verbandsgemeinde, Ev. Kirche (1906) mit gotischem Chorturm. **Info:** VG-Verwaltung, Telefon 06375 921-0.**Internet:** www.wallhalben.de

Evangelische Kirche Wallhalben

Walshausen (PS)

westlich von Pirmasens, 368 Einwohner, 260 m NN, 1443 erstmals urkundlich erwähnt.
Info: VG Zweibrücken-Land

Walsheim (SÜW)

zw. Landau und Edenkoben, 524 Einwohner, 170 m NN, 768 erstmals urkundlich erwähnt, Winzerdorf. **Sehenswertes:** fränkisches Plattengrab. **Info:** VG Landau-Land

Walter, Fritz

am 31.10.1920 in Kaiserslautern als eines von fünf Kindern von Gastwirt Ludwig und Ehefrau Dorothea Walter geboren. Er starb am 17. Juni 2002 in seinem Haus in Alsenborn. Er gilt als einer der besten Fußballspieler aller Zeiten. Seit seiner Jugendzeit (1930) bis 1959 (unterbrochen durch den 2. Weltkrieg) spielte er für den 1. FC Kaiserslautern. Als Aktiver absolvierte er 379 Spiele und schoss 306 Tore. Er war Ehrenspielführer der deutschen Fußball-Nationalmannschaft, mit der er am 4. Juli 1954 durch den legendären 3:2-Endspielsieg ge-

Fritz Walter

gen Ungarn Weltmeister wurde. Zwischen seinem ersten Einsatz am 14. Juli 1940 gegen Rumänien und 1959 absolvierte er 61 Länderspiele und schoss dabei 33 Tore. Mit dem 1.FC Kaiserslautern errang Fritz Walter 1951 (2:1 gegen Preußen Münster) und 1953 (4:1 gegen VfB Stuttgart) den deutschen Meistertitel. 1953 war er mit 35 Toren deutscher Torschützenkönig. Er war Träger des Bundesverdienstkreuzes (31.10.1970), einziger Ehrenbürger von Rheinland-Pfalz, Ehrenbürger der Stadt Kaiserslautern, Träger des Verdienstordens der FIFA und Namensgeber u.a. für das Stadion des 1. FC Kaiserslautern (seit 2. November 1985). Er wohnte mit seiner Ehefrau Italia (verheiratet seit 1948, sie starb im Dezember 2001) in Enkenbach-Alsenborn. Auch nach seiner aktiven Karriere galt Fritz Walter wegen seines ehrlichen Charakters, seiner Bescheidenheit, seines untadeligen Auftretens, seines sozialen Engagements (vor allem für jugendliche Strafgefangene), seiner Volksnähe und seiner engen Verbundenheit mit dem 1. FCK und der Pfalz als ein Vorbild für Generationen von Sportlern und Pfälzern. Er gründete u.a. die Fritz-Walter-Stiftung. **Internet:** www.fritz-walter-stiftung.de

Walter, Ottmar

am 6.2.1924 in Kaiserslautern geboren, machte als aktiver Fußballer von 1941 bis 1959 (mit Kriegsunterbrechung) 321 Spiele und 336 Tore für den 1. FC Kaiserslautern. 1951 und 1953 gehörte er zur Meistermannschaft, 1954 war er einer von fünf FCK-Spielern in den Reihen der Weltmeisterschaftself.

Wanderhütten

Die Pfalz-Tourist-Information (Martin-Luther-Str. 69, 67433 Neustadt, Telefon 06321 2466) gibt eine umfangreiche Broschüre "Wandern und Radwandern" heraus. Darin findet man Informationen über Wander und Radwanderwege, Pauschalangebote, Wanderheime Rasthäuser, Schutzhütten, Naturfreundehäuser und Jugendherbergen in der Pfalz.

Wandermusikanten

Das Westpfälzer Musikantenland ("Kuseler Musikantenland") gehört zu den wenigen Regionen des deutschsprachigen Kulturraums mit einer Wandermusikanten-Tradition. Nachdem die Pfalz während der französischen Herrschaft (1797 - 1815) Gewerbefreiheit erlangt hatte, tauchte in Westpfälzer Urkunden immer häufiger die Berufsbezeichnung Musiker auf. Die Befreiung von dem Zunftzwang erlaubte es nunmehr den zahlreichen hier ansässigen Volksmusikanten, aus ihrer natürlichen Begabung einen Beruf werden zu lassen.

Wirtschaftliche Gründe (Über-bevölkerung, Hungersnot, Miss-ernten etc.) veranlassten die er-sten Musikanten um das Jahr 1830 auf Wanderschaft zu ge-hen. War es zunächst nur das benachbarte Ausland, so zogen die Westpfälzer Musikanten um 1850 bereits durch die gesamte Welt. Um die Jahrhundertwen-de waren schätzungsweise 2500 Wandermusikanten un-terwegs. Sie erspielten jährlich mehrere Mio. Goldmark und stellten somit für die Westpfalz einen erheblichen Wirtschafts-faktor dar (siehe Musikanten-land-Museum).

Prot. Kirche Rohrbach

Wartenberg-Rohrbach
(KIB)

nordöstlich von Kaiserslautern an der B 40, 552 Einwohner, ca. 260 m NN, 1185 erstmals ur-kundlich erwähnt. Wahrschein-lich bereits seit 1798 zu einer Gemeinde zusammen geschlos-sen. **Sehenswertes:** Von der B 40 aus gut sichtbar steht auf einer Anhöhe im OT Rohrbach die Ev. Kirche. 1135 wurde erstmal eine Kirche „St. Katha-rina" an dieser Stelle erwähnt.

Teile dieser früheren Kapelle sind heute noch in der Mitte des Gebäudes zu erkennen, obwohl die Kiche im Laufe der Jahrhunderte mehrmals reno-viert wurde. Die Prot. Kirche ist eine der ältesten Kirchen im Donnersbergkreis. Seit 1548 ist sie calvinistisch. Als Folge der ständig steigenden Einwohner-zahl vergrößerte die Gemeinde die Kirche Mitte des 18. Jhdts. in erheblichem Umfang (heute ca. 280 Sitzplätze). Aus dieser Zeit stammt auch die ursprüngliche Empore. Um 1857 und 1968/

72 erfolgten weitere umfassende Renovierungen. Die Orgel erbaute Louis Voit im Jahre 1846. Markantes Erkennungsmerkmal ist der Dachreiter mit der Zwiebelhaube. Die Glocken wurden 1515 bzw. 1900 gegossen. Die Fenster sind rundbogig, das rundbogige Nordportal trägt die Jahreszahl 1745. Unter dem neuen Ostteil befindet sich ein gewölbter Keller. 1972 legten Experten Wandmalereien frei, die aus der Romanik und Gotik stammen. Sie gehören zu den ältesten Werken dieser Art in der Pfalz. An der Stelle, wo einst die Stammburg der Kolbe von Wartenberg (ein bedeutendes Geschlecht früherer Zeiten) stand, hat man einen Gedenkstein errichtet. Noch gut erhalten ist die ehem. Mühle (Schloßberg 16, OT Wartenberg), die ihren Ursprung im Mittelalter hat. **Info:** VG Winnweiler

Wart(e)turm

Albisheim. Wer auf der B 47 von Marnheim Richtung Worms unterwegs ist, dem ist bestimmt schon der Warteturm

Wart(e(turm Albisheim

auf der Anhöhe über Albisheim aufgefallen. Seit dem 13. Jahrhundert, als Albisheim von einer Ortsbefestigung umgeben war, steht auf dem Wartberg ein Wart(e)turm („Wachtturm bzw. Beobachtungswarte"). Ein Blitzschlag zerstörte im Dezember 1977 den ursprünglichen Turm. Aber die Frw. Feuerwehr und zahlreiche freiwillige Helfer haben den ca. 8 m hohen Turm wieder hergestellt. Der Wart(e)turm ist leider die meiste Zeit verschlossen. Aber auch vom umliegenden Gelände hat man einen wunderbaren Rundblick über das Nordpfälzer Bergland und das Zellertal mit Albisheim, Einselthum und Zellertal. Natürlich ist auch der Donnersberg in Sichtweite. Wie erreicht man den Turm? Von Marnheim kommend kann man auf der Höhe von Albisheim von der B 47 etwa 400 m vor der Abzweigung nach Gaersheim/Stetten auf einen befestigten Landwirtschaftsweg einbiegen. Dieser verläuft zunächst parallel zur B 47 und führt dann hoch in die Weinberge. Da man den Turm vor Augen hat, kann man „querfeldein" zum Turm gelangen. Auch von der Straße nach Gaersheim (etwa auf der Höhe des Fernsehumsetzers) führen Landwirtschaftswege auf den Wartberg.

Wartturm

Kirchheimbolanden. Auf dem 360 m hohen Wartberg über Kirchheimbolanden steht der 11,5 Meter hohe Wartturm. Er wurde im 15. Jahrhundert als Wachtturm/Beobachtungspunkt errichtet. 51 Stufen führen auf die Aussichtsplattform. Man sieht im Südwesten den Donnersberg mit dem Fernsehturm und der Funkstation, im Osten die Orte jenseits der A 63 (z. B. Rittersheim, Gaersheim) und das Alzeyer Hügelland sowie ein Stück der Stadt Kirchheimbolanden. Ansonsten ist die Aussicht durch die hohen Bäume verdeckt. Von der „Schneckennudel" in unmittelbarer Nähe des Turms ist die

Wartturm Kirchheimbolanden

Aussicht genauso gut wie vom Wartturm. Wie erreicht man den Turm? Von der A 63 nimmt man die Abfahrt Kirchheimbolanden. Ab dort folgt man der Beschilderung „Hotel Schillerhain". Außerhalb der Stadt, ca. 400 m hinter dem Ortsschild, biegt man vor dem Wasserturm links in den Waldparkplatz ein und steht direkt vor dem Turm.

Wasgau

Südlicher Teil des Pfälzerwaldes, der im Norden etwa von der B 10 und dem Queichtal, im Westen von der Linie Pirmasens - Eppenbrunn, im Süden von der franz. Grenze und im Osten von der Haardt eingegrenzt wird. Abwechslungsreiches Gebiet mit sehr viel Wald sowie zahlreichen Burgen und Felsen.

Immer wieder begegnet man im Wasgau und im Dahner Felsenland bizarren Felsen, die aus dem dichten Wald emporragen

Wasserburg Reipoltskirchen

(siehe Burg Reipoltskirchen)

Wasserschaupfad

Herschberg. Bizarre und farbenprächtige Felsgebilde führen im Odenbachtal auf die Spuren der Erdgeschichte. Die Kraft des Wassers mit Quellen, kleinen Seen und Moorpflanzen haben in diesem Tal ein eindrucksvolles Landschaftsbild geschaffen. Geologen beschreiben es als „Kugelfelshorizont". Der Wasserschaupfad beginnt an der Weihermühle und führt auf etwa 5,5 Kilometern durch das Tal. Mehrere Schautafeln informieren über den Zusammenhang von Natur und Wasserhaushalt, geben Hinweise zu den Fischweihern, Wasserfällen und Felsformationen. **Auskünfte:** Tourist-Info der VG Wallhalben, Telefon 06375 921-150.

Wattenheim (DÜW)

zw. Kaiserslautern und Grünstadt, südlich von Eisenberg, nahe der A 6. 1.633 Einwohner, 310 m NN, im Jahre 1221 erstmals urkundlich erwähnt, anerkannte Fremdenverkehrsgemeinde. **Sehenswertes:** Ev. Kirche (13. Jhdt/1729/1772, Kanzel und Gestühl sind von

1772, die Wandbemalung von 1895), ehem. Haus des Freiherrn von Blumencron (1731), Kath. Kirche (1893, neugotischer Stil), "Wahrzeichen" Wasserturm, Burgmuseum. **Info:** VG Hettenleidelheim

Weidenthal (DÜW)

östlich von Kaiserslautern an der B 39, 2.035 Einwohner, 240 m NN, 1251 erstmals urkundlich erwähnt als Eigentum des Klosters Limburg. **Sehenswertes:** Ev. Kirche (1864), Kath. Kirche (1876), Friedhofshalle mit Glasbilder-Zyklus von Erich Schug. **Info:** VG Lambrecht. **Internet:** www.weidenthal.de

Weilerbach (KL)

Prot. Kirche Weilerbach

nordwestlich von Kaiserslautern, 4.442 Einwohner, 250 m NN, im Jahre 1214 erstmals urkundlich erwähnt, Sitz der Verbandsgemeinde. **Sehenswertes:** Reinhard-Blauth-Museum. **Info:** Touristikbüro, Telefon 06374 922-131 **Internet:** www.weilerbach.de

Weinanbau in der Pfalz

Die Pfalz (bis 1992 Rheinpfalz) ist Deutschlands zweitgrößtes Weinbaugebiet. Man unterscheidet die Weinbaubereiche „Mittelhaardt-Deutsche Weinstraße" und „Südliche Weinstraße". Die bestockte Rebfläche beträgt ca. 23.600 Hektar mit mehr als 100 Millionen Rebstöcken in 25 Großlagen und 322 Einzellagen. In 144 Weinbaugemeinden bestehen rund 7000 Weinbaubetriebe, davon ca. 3000 im Haupterwerb. Die Pfalz zählt ca. 1800 Selbstvermarkter (Weingüter) und 27 Winzergenossenschaften. Der durchschnittliche Jahresertrag liegt bei 2,4 Millionen Hektoliter. Somit kommt jede vierte Flasche deutschen Weins aus der Pfalz. Der Exportanteil liegt bei 25%, mit Abstand wichtigstes Exportland für die Pfälzer ist Großbritannien. Die Erntemenge lag im Jahr 2002 mit etwa 2,6 Millionen Hektoliter etwas über dem langjährigen Mittel (siehe auch Eiswein in der Pfalz, Rotwein in der Pfalz)

Weinbaumuseum Herrenhof

Neustadt-Mußbach. Herrenhofstr. 6. Im Zehntkeller und in der Hochparterre des Getreidespeichers im historischen Herrenhof sind Exponate aus den Bereichen Rebenanbau, Rebenveredelung, Weinausbau und Weinvermarktung der letzten beiden Jahrhunderte ausgestellt. Für alle Arbeitsvorgänge im Weinberg und im Keller werden die früher verwendeten Handarbeitsgeräte und die Maschinen der beginnenden Mechanisierung gezeigt und ausführlich beschrieben. Ergänzt wird die Sammlung durch die Fuhrwerke für Weinbaubetriebe, die in der Remise untergestellt sind, und durch die historischen, früher in der Pfalz üblichen Rebenerziehungs- und unterstützungsarten, die im Johannitergarten zu sehen sind. Auf dem Rundgang können die aus der Gotik, der Renaissance und dem Barock stammenden Gebäude des historischen Kulturzentrums Herrenhof besichtigt werden. **Öffnungszeiten:** nach Vereinbarung. **Auskunft:** Telefon 06321 66772 (Fördergemeinschaft Herrenhof).

Weinbiet

Berg nordwestlich von Neustadt, 555 m, Aussichtsturm aus dem Jahre 1877 (siehe „Weinbietturm").

Weinbietturm

Neustadt. Auf dem Weinbiet (555 m) nordwestlich von Neustadt erhebt sich der 21,5 m hohe, achteckige Aussichtsturm. Nach fünfjähriger Bauzeit wurde er 1877 fertiggestellt und 1952/53 umfassend renoviert. 20 Stufen führen zum Eingang, im Turm 80 Stufen zur Aussichtsplattform. Imposant ist natürlich der Blick über Neustadt hinweg in die Rheinebene sowie die Sicht auf den Pfälzerwald bis hin zum Don-

Weinbietturm

nersberg. Im Weinbietturm ist seit 1952 der Wetterdienst untergebracht. Daneben steht der weiß-rote Sendemast, den man z. B. auch von der Weinstraße bzw. der A 65 erkennen kann. Durch das Weinbiethaus des PWV Gimmeldingen (Freitag Ruhetag) wird dieser Aussichtsturm zu einem besonders lohnenswerten Ziel. Hier kann man gemütlich und gut essen. Kinder können sich auf dem Spielplatz die Zeit vertreiben. Wie erreicht man den Turm? Von der A 65 nimmt man die Ausfahrt Neustadt/Lambrecht nach Neustadt. Zuerst Rg. Lambrecht

und dann in den Stadtteil Haardt. Hinter der Winzergenossenschaft links Rg. Sportplatz. Etwas weiter oben kommt man in die Straße "Im Meisental", die man bis zum Ende durchfährt. Gegenüber dem Haus Nr. 84 ist ein Parkplatz. Zwischen dem Haus und dem Parkplatz verläuft ein asphaltierter Weg in den Wald. Darauf kommt man nach einigen hundert Metern in der Kurve an eine Kneippanlage. Von dort wandert man der Markierung "blauer Punkt" folgend ca. 70 - 80 Minuten bergauf.

Weingarten (GER)

zw. Speyer und Landau, 1.534 Einwohner, 771 erstmals urkundlich erwähnt. **Info:** VG Lingenfeld

Weingut Weilberg

Bad Dürkheim. Ehemaliges römisches Weingut mit Herrenhaus und Kelteranlage, größtes römisches Weingut der Pfalz.

Weinkönigin

1931 wählte man in Neustadt erstmals eine Weinkönigin.

Andere Weinbaugebiete übernahmen diese pfälzische Idee, so dass 1947 aus den jeweiligen Gebietsweinköniginnen die erste Deutsche Weinkönigin gewählt wurde. Die Wahl der Deutschen Weinkönigin findet traditionsgemäß jedes Jahr im Rahmen des Deutschen Weinlesefestes im Oktober in Neustadt statt.

Weinland Pfalz

In der Pfalz gibt es mehr als 100 Mio. Rebstöcke, die Jahresernte beträgt durchschnittlich 2,4 Mio. Hektoliter. 1999 wurden in der Pfalz 4.753 Betriebe mit 30 Ar und mehr bestockter Reb-

An der Deutschen Weinstraße

fläche gezählt, die Rebfläche lag insgesamt bei 23.600 Hektar. Zum Vergleich: 20 Jahre davor gab es noch 8.178 Weinanbaubetriebe mit einer Fläche von 21.403 Hektar. Seit der Römerzeit werden in der Pfalz systematisch Reben angebaut (ca. 1. Jhdt. n. Chr.). Der älteste schriftliche Beleg des pfälzischen Weinbaus aus dem Jahre 708 führt ins Zellertal. **Info:** Pfalzwein e.V., Neustadt, Telefon 06321 912328.

Weiße Grube

Imsbach. Bereits seit der Römerzeit wurde im hiesigen Erzrevier Eisen und Kupfer abgebaut. Von den ehemaligen Stollen kann nur noch die Weiße Grube auf einer Länge von 300 m besichtigt werden. Die Führung dauert etwa eine Stunde und vermittelt auf den im Jahre 1921 noch befahrenen Abschnitten Eindrücke, wie die Bergleute seit dem Mittelalter mit einfachen Werkzeugen, wie z. B. dem Schlägel, das Gestein aus den Wänden schlugen. Ein kleines mit Wasser betriebenes Pochwerk demonstriert, wie

Am Eingang der Weißen Grube bei Imsbach

das erzhaltige Gestein zermalmt wurde. Das Zechenhaus lädt nach der Besichtigung zu einer Rast ein. In der Ortsmitte von Imsbach beginnt ein Gruben-Rundwanderweg (zwei gekreuzte Hämmer in gelber Farbe), an dessen Wegesrand zahlreiche Tafeln über den Bergbau in dem Revier informieren. **Öffnungszeiten:** April bis Oktober an Wochenenden und Feiertagen 10 - 17 Uhr **Info:** Telefon 06302 2304 oder Donnersberg-Touristik-Verband, Telefon 06352 1712 **Internet:** www.weisse-grube.de

Weisenheim a. Berg (DÜW) südlich von Grünstadt, 1.723 Einwohner, 203 m NN, 771 erstmals urkundlich erwähnt, Winzerdorf, im Gasthaus "Zum Admiral" hatte Georg Neumayer seinen Alterssitz. In Weisenheim geht der Pfarrer des öfteren "mit de Peif in die Kerch", um dort seine Mundartpredigt zu halten. **Sehenswertes:** ehem. Synagoge, Naturschutzgebiet "Krummbachtal" mit "Ungeheuersee", Winzerhäuser (16.-18. Jhdt.). **Info:** VG Freinsheim. **Internet:** www. freinsheim.de

Weisenheim am Sand
(DÜW)

zwischen Grünstadt und Ludwigshafen, 4.379 Einwohner, 107 m NN, 771 erstmals urkundlich erwähnt. Die Bezeichnung „Weißheim uffm Sand" taucht erstmals 1522 auf, seit 1828 wird der Ort als „Weißenheim" bezeichnet. Der Namenszusatz „am Sand" hilft, die Gemeinde von dem ebenfalls in der Verbandsgemeinde Freinsheim liegenden Ort „Weisenheim am Berg" zu unterscheiden. Die Gemarkung umfasst ca. 1.500 Hektar. Bedeutend sind der Weinanbau (ca. 370 Hektar Reben), der Obstanbau (340 Hektar Kern-, Beeren- und Steinobst) und der Spargelanbau. Weisenheim hat auch einen Namen als Reiterdorf und das nicht nur seit der international bekannte Springreiter Hugo Simon dort wohnt. **Sehenswertes:** Ev. Kirche (Ursprung 12. Jhdt., im 18. Jhdt. verändert), Kath. Kirche (1866), Naturschutzgebiet "Ludwigshain", Obstmarkt, der „Portugieser Wettstreit" (ein seit 1994 durchgeführter Weinwettbewerb). **Info:** VG Freinsheim **Internet:** www.freinsheim.de

Weitersweiler (KIB)

südlich von Kirchheimbolanden, nahe der A 63, am Häferbach, 485 Einwohner, ca. 230 m NN, 1120 erstmals urkundlich erwähnt. **Sehenswertes:** Mehrere stattliche Fachwerkhäuser aus dem 18./19. Jh. (z. B. Hauptstr. 19 und 28, Bolander Str. 21) prägen das Ortsbild. 1880 wurde die Kath. Kirche St. Bartholomäus eingeweiht. Sie ist Wahrzeichen und Dorfmittelpunkt. Der Rokokoaltar (um 1760) stammt noch aus der Kapelle am Häferbach, von der noch ein Teil des Chores erhalten ist (Lindenstraße). Die

Kath. Kirche Weitersweiler

428

St. Bartholomäus-Kapelle wird bereits 1317 erstmals erwähnt und diente nach entsprechenden Erweiterungsbauten von 1707 bis 1856 (Zerstörung durch Blitzschlag) als Pfarrkirche. Ein schöner Blickfang ist das frühere Schulhaus (Hauptstr. 8) von 1825, das sich seit 1991 in Privatbesitz befindet. Der Judenfriedhof erinnert an die jüdischen Bürger, die von ca. 1800 bis ca. 1907 hier wohnten. Zu dem Ort gehört auch ein Campingplatz mit Campingklause (ca. 15 Min. Gehweg Richtung Jakobsweiler). **Info:** VG Göllheim

Weitzel, Cläre

geboren 1889 in Lauterecken, gestorben 1945 in Bad Dürkheim, Schriftstellerin.

Welchweiler (KUS)

nordöstlich von Kusel, westlich von Wolfstein, 210 Einwohner, 1320 erstmals urkundlich erwähnt. **Info:** VG Altenglan

Wellbach

Kleiner Bach. Entspringt am Eschkopf und mündet bei Rinn-

thal in die Queich. Wenn die Pfälzer die "Wellbach" hochfahren, dann meinen sie damit das sehr kurvenreiche Stück der B 48 zwischen Rinnthal und Johanniskreuz, das fast parallel zum Wellbach verläuft und sehr gern von Motorradfahrern genutzt wird.

Wernersberg (SÜW)

3 km südwestlich von Annweiler, 1.129 Einwohner, 1130 erstmals urkundlich erwähnt. **Info:** VG Annweiler. **Internet:** www. wernersberg.de

Weselberg (PS)

nördlich von Pirmasens, 1.423 Einwohner, 435 m NN, 1547 erstmals urkundlich erwähnt. **Info:** VG Wallhalben

Westheim (GER)

südwestlich von Speyer, 1.735 Einwohner, im Jahre 976 erstmals urkundlich erwähnt. **Sehenswertes:** Heimatmuseum. **Info:** VG Lingenfeld

Westpfälzer Wandermusikantenmuseum

Mackenbach, Schulstraße 34.

Das Westpfälzer Musikantenland gehört zu den wenigen Regionen im deutschsprachigen Kulturraum mit einer Wandermusikanten-Tradition. Wirtschaftliche Gründe wie z. B. Überbevölkerung, Hungersnot und Missernten veranlassten um das Jahr 1830 die ersten Musikanten auf Wanderschaft zu gehen. War es zunächst nur das benachbarte Ausland, so zogen um 1850 rund 2.500 Westpfälzer Musikanten bereits durch die gesamte Welt. Im Jahre 1913 beispielsweise ernährten sich in dieser Gegend insgesamt 1.054 Familien vom „Musikantengeld". In Mackenbach und auch in anderen Orten lebten bis zu zwei Drittel

Ausstellungsstück der umfangreichen Instrumentensammlung

aller Familien vom Verdiens ihrer Musikanten. Im Museum wird die wirtschaftliche und kulturelle Bedeutung der Wan dermusikanten ausführlich er läutert. Gezeigt werden zahlrei che weitgereiste Instrumente Fahnen, umfangreiches Noten material, Reiseutensilien und Fotos. **Themenschwerpunkte** Beginn und geschichtliche Ent wicklung des Westpfälzer Musi kantengewerbes · die Arbeits stätten der Musikanten (u.a das weltgrößte Modell einer ori ginalgetreu nachgebauten Zir kusanlage) · das Umfeld des Musikantentums (Familie Image, Musikverbände, Ein kommen und Vermögen de Musiker, Musikvereine) · Musik instrumentenmacher (u.a. die Fa. Pfaff) · besondere Persön lichkeiten und Orte des West pfälzer Musikantentums · die Reisen und Stationen der Wan dermusikanten (u.a. Weltkarte auf der Routen mit Lämpchen dargestellt werden) · Auswan derer aus der Westpfalz · De Mackenbacher Verein in New York · Sonderausstellung „Na mibia". **Öffnungszeiten:** Sonn tag 14 – 17 Uhr. Eintritt: frei. **Auskunft:** Telefon 06374 6475 (Herr Held) oder 4637. **Internet:** www.musikantenmuseum.de

Westpfälzische Moorniederung

Ehem. Moor- und Sumpfgebiet zwischen der Sickinger Höhe und dem Pfälz. Bergland. Das "Landstuhler Bruch" war ca. 40 km lang und 5 km breit, ehe es durch Entwässerung, Torfstich und weitere Kultivierungsarbeiten nutzbar gemacht wurde. Nach dem 2. Weltkrieg bauten die Amerikaner bei Ramstein einen Flugplatz. Außerdem verlaufen die Kaiserstraße und die Autobahn A 6 durch dieses Gebiet.

Westpfalz-Radwanderweg

Angebot des Vereins zur Förderung des Tourismus in der Westpfalz. Auf drei verschiedenen Touren (Gr. Westpfalz-Tour, Pfälzer Bergland-Tour, Wasgau-Westrich-Tour) mit Tagesetappen zwischen 38 km und 52 km kann die Westpfalz in 5, 6 oder 7 Tagen erradelt werden. Unterkünfte und Gepäcktransport werden vom Veranstalter besorgt. **Info und Buchung:** Verein zur Förderung ...., Rathausplatz, 67653 Kaiserslautern, Telefon 0631 365-2316.

Westpfalz-Wanderweg

In Zusammenarbeit zwischen dem Pfälzerwald-Verein, den touristischen Einrichtungen und der Gastronomie ist der große Westpfalz-Wanderweg entstanden. Er erschließt mit über 400 km markierten Wegen die gesamte Westpfalz vom Wasgau bis zum Nordpfälzer Bergland. Dazu kann ein Pauschalarrangement gebucht werden, bei dem Übernachtung, Gepäcktransport usw. durch den Anbieter organisiert werden. Natürlich kann der Weg (und auch das Arrangement) in kleinere Teilabschnitte aufgeteilt werden. **Info:** Verein zur Förderung des Tourismus in der Westpfalz, Rathausplatz, 67653 Kaiserslautern, Telefon 0631 365-2316. **Internet:** www.westpfalz-wanderweg. de

Westrich
(Westricher Hochfläche)

Geologisch handelt es sich um eine Muschelkalk- und Buntsandsteinfläche um 400 m NN mit wasserarmen, teils lehmigen, teils sandigen Böden und mit mäßig feuchtem, mildem ozeanischem Klima. Schon im Mittelalter taucht die Bezeichnung Westrich für den westlichen Teil des Deutschen Reiches ("Westreich") auf. Damals rechnete man Teile der heutigen Pfalz, Lothringens, des Saarlandes und der Gegend bis hin zum Trierer Raum dazu. Sogar bis ins letzte Jahrhundert benutzte man für alles, was jenseits der Haardt Richtung Westen lag, den Allgemeinbegriff "Westrich". Heute begrenzt man den Westrich hauptsächlich auf die westliche Pfalz mit dem Nordpfälzer Bergland, der Südwestpfälzischen Hochfläche und dem Landstuhler Bruch.

Westwall

Von 1936 - 1939 erbaute Verteidigungsanlage, die sich über 650 km vom Niederrhein bis nach Basel erstreckte und damit auch die Pfalz tangierte.

Westwall-Museum

Pirmasens-Niedersimten, In der Litzelbach. Unter dem Motto „Einst Werkzeug des Krieges, heute Mahnmal zum Frieden" ist die ehemals militärisch genutzte Stollenanlage, ein sog. Hohlgangsystem, als Museum zur Darstellung der Geschichte des Westwalls eingerichtet wor-

Blick ins Westwall-Museum

den. Sie ist mit Gegenständen und Schautafeln ausgestattet, die die militärische und zivile Verwendung veranschaulichen. Der Rundgang führt durch 1.000 m unterirdische zum Teil voll ausgebaute, zum Teil noch im Fels stehende Hohlgänge. Die Gerstfeldhöhe sollte im 2. Weltkrieg – als Gegenstück zur Maginotlinie auf franz. Seite – eine tragende Rolle im Verteidigungskonzept des Westwalls einnehmen. Geplant waren auf zwei Ebenen insgesamt 9 km Stollen und eine Kasernenanlage mit rund 4 km Hohlgängen. Die beiden Ebenen sind mit einem 68 m hohen Aufzugsschacht miteinander verbunden. Die untere, heute zugängliche Ebene diente zum beschusssicheren Mannschafts- und Munitionstransport für die obere Ebene bzw. als Unterkunft für Soldaten und Bedienungspersonal. Beim Besuch warme Bekleidung nicht vergessen! **Öffnungszeiten:** April bis Oktober Samstag und Sonntag 13 – 17.00 Uhr. **Auskunft:** Telefon 06331 46147. **Internet:** www.westwall-museum.de

Wetter, Dr. Friedrich

Geboren 1928 in Landau. Theologe. 94. Bischof des Bistums Speyer. Erzbischof der Diözese München und Freising. 1985 von Papst Johannes Paul II. zum Kardinal ernannt.

Weyher (SÜW)

4 km südwestlich von Edenko-ben, 567 Einwohner, 260 m NN, 777 erstmals urkundlich erwähnt, anerkannte Fremdenverkehrsgemeinde, Weinbau. **Sehenswertes:** Altes Rathaus (1608), Ludwigsturm. **Info:** VG Edenkoben. **Internet:** www.weyher.de

Wiesbach (PS)

nordöstlich von Zweibrücken, 591 Einwohner, 270 m NN, 1269 erstmals urkundlich erwähnt. **Info:** VG Zweibrücken-Land

Wiesweiler (KUS)

südwestlich von Lauterecken an der B 420, 486 Einwohner, 1336 erstmals urkundlich erwähnt. **Info:** VG Lauterecken

Wildkatze

Nach einer vom Landesamt für Umweltschutz und Gewerbeaufsicht in Auftrag gegebenen Untersuchung ist Rheinland-Pfalz mit rund 1.000 bis 3.000 Tieren das Hauptverbreitungsgebiet der Wildkatze. Schätzungsweise 220 bis 590 davon leben im Pfälzerwald. Da die Wildkatze Anfang des 20. Jhdts.

vom Aussterben bedroht war, ist sie seit 1934 gesetzlich geschützt und darf nicht gejagt werden.

Wildpark Betzenberg

Kaiserslautern (erreichbar über Betzenberg oder Entersweiler Straße). Der kleine Wildpark ist ständig geöffnet. Telefon 0631 70779.

Wildpark Potzberg

(an der B 423 zw. Mühlbach und Gimsbach, südöstlich von Kusel). Auf dem 562 m hohen Potzberg erstreckt sich das Gelände dieses Wildparks. Auf rund 25 ha Wald-, Feld- und Wiesenflächen können Wildtiere aus nächster Nähe erlebt und von der zentralen Besuchertribüne bei der Fütterung beobachtet werden. Eine Streichelwiese bietet Gelegenheit zu hautnahem Kontakt mit Kleintieren. Hauptattraktion ist die Falknerei. Dort finden regelmäßig (meist 15 Uhr) Flugvorführungen mit Adlern, Geiern, Falken, Milanen und Bussarden statt. **Öffnungszeiten:** täglich 10 – 18 Uhr. **Info:** Wildpark-Falknerei Potzberg, Telefon 06385 6228 oder Tourist-Info in Kusel. **Internet:** www.wildpark potzberg.de

Vorführung der Falkner im Wildpark Potzberg

Wildpark Rheingönheim

Ludwigshafen-Rheingönheim, Neuhöfer Straße. Der Park ist auf europäische Wildtiere spezialisiert. Auf dem über 35 Hektar großen Gelände sind u.a. Auerochsen, Waldbisons, Tarpane, Wildkatzen, Wasservögel, Graureiher sowie frei laufendes Muffel-, Sita- und Damwild zu Hause. Die Anlage ist naturnah gestaltet, um auch wild lebenden Tieren Unterschlupf zu geben. **Öffnungszeiten:** Der Wildpark ist täglich ab 10 Uhr (Juni bis August ab 9 Uhr) geöffnet und schließt · je nach Jahreszeit · zwischen 17 und 19 Uhr. Eintritt: 2,10 Euro, Kinder 1,30 Euro bzw. 0,60 Euro, Familien 3,30 Euro. Telefon 0621 5043370. **Internet:** www. rheingoenheim.de

Wild- und Wanderpark Südliche Weinstraße

Zwei Kilometer südwestlich von Silz. Erster Wild- und Wanderpark Deutschlands, 1973 eröffnet. Über 400 Tiere leben hier, darunter Mufflons, Wisente, Rot- und Damwild, Pferde, Esel, Ziegen, Wölfe, Uhus, Wildschweine. Viele Tiere kann man nicht nur sehen, sondern auch streicheln. Großer Abenteuerspielplatz. Ab Ostern regelmäßige Natur-Erlebnis-Tage. Fütterung der Wölfe von April bis Oktober täglich um 11 Uhr. **Öffnungszeiten:** Ganzjährig ab 9 Uhr bis zum Einbruch der Dunkelheit (von 16.11. bis 14.03. erst ab 10 Uhr geöffnet). **Info:** Telefon 06346 5588 **Internet:** www.wildpark-silz.de

Wilgartswiesen (PS)

an der B 10 zw. Hauenstein und Annweiler, 1.161 Einwohner, 220 m NN, 828 erstmals urkundlich erwähnt, anerk. Erholungsort. Die Geschichte dieser ältesten Gemeinde im Queichtal lässt sich über tausend Jahre urkundlich zurückverfolgen. **Sehenswertes:** Burg Falkenburg, Wilgartaburg. Der Ort beherbergt ein Ferienzentrum für Behinderte. **Info:** VG Hauenstein. **Internet:** www.wilgartswiesen.de

Wilhelm-Hack-Museum

Ludwigshafen, Berliner Straße 23. Die Stiftung des Kölner Kunstsammlers Wilhelm Hack (1899 – 1985) bildet den Grundstock für dieses Museum. Die Sammlung besteht aus drei Abteilungen: die erste umfasst fränkisch-römisches Kunsthandwerk aus der Zeit zwischen 450 v. Chr. bis 770 n. Chr., wie z. B. Schmuck, Geräte, Waffen, Gläser und Urnen, die in einem Grab bei Gondorf (Mosel) gefunden wurden. In der zweiten Abteilung „Mittelalter" sind sakrale Kunstwerke, Kunst-

handwerk, Buchmalerei, Tafel-
bilder und Plastiken zu sehen
(ca. 1200 – 1550). Ein Höhepunkt ist ein Elsässer Passions-
triptychon, das auf fünf Tafeln
die Leidensgeschichte darstellt.
Der dritte Teil der Stiftung
„Klassische Moderne" widmet
sich der ungegenständlichen
Kunst aus der ersten Hälfte des
20. Jahrhunderts. Ein Schwerpunkt liegt hier im historischen
Konstruktivismus Rußlands
und Hollands der 1910er/20er
Jahre, der in einer für deutsche
Museen seltenen Dichte und
Qualität vorhanden ist. Darüber
hinaus sind aus der Frühphase
der ungegenständlichen Kunst
zw. 1910 und 1930 Gemälde z.

*Innen - und Außenansicht des Hack-
Museums*

B. von Kandinsky, Delaunay,
Gleizes, Herbin, und Macke zu
sehen. Der „abstrakte Expressionismus" der 50er/60er Jahre
ist mit einigen Werken vertreten. Ergänzt wird die Hack-
Sammlung durch Werke des
deutschen Expressionismus
und der Kunst nach 1945 aus
städtischem Kunstbesitz sowie
durch eine reichhaltige grafi-
sche Sammlung des 20. Jahrhunderts mit ca. 5000 Blättern.
Das Museum bietet zusätzlich
jährlich mehrere hochwertige
Sonderausstellungen an. Markantes Wahrzeichen des Museumsgebäudes ist eine große
Keramikwand (10 m x 55 m)
des spanischen Künstlers Joan
Miró. **Öffnungszeiten:** Dienstag bis Sonntag 10 – 17.30 Uhr,
Donnerstag bis 20 Uhr.
Auskunft: Telefon 0621 504-
3411. **Internet:** www.wilhelm-
hack-museum.de

Wilhelm-Panetzky-
Museum

Rammelsbach, Haschbacher
Str. 14. In diesem Steinbruch-
museum dreht sich alles um die
Gewinnung des Hartsteins. Das

Museum veranschaulicht die 120-jährige Geschichte des „Dimpel". Schaubilder, Szenen, Arbeitsgeräte und zahlreiche Dokumente geben dem Besucher einen Einblick in diesen wichtigen, aber sehr beschwerlichen Erwerbszweig (siehe auch Steinbruchmuseum). **Öffnungszeiten:** Sonntag 14 – 17 Uhr. **Eintritt:** frei. **Auskunft:** Telefon 06381 7123 oder 424270.

Das Wilhelm-Panetzky-Museum in Rammelsbach

Winden (GER)

zwischen Kandel und Bad Bergzabern, 1.048 Einwohner, im Jahre 1194 erstmals urkundlich erwähnt. **Sehenswertes:** Heimatmuseum. **Info:** VG Kandel

Winnweiler (KIB)

zw. Kaiserslautern und Kirchheimbolanden an der B 48, 4.806 Einwohner, 250 m NN, 891 erstmals urkundlich erwähnt. Die Fremdenverkehrsgemeinde liegt an der Alsenz und ist Sitz einer VG-Verwaltung. **Sehenswertes:** Bereits im 17. Jhdt. wurde die Grafschaft Falkenstein von Winnweiler aus verwaltet. 1604 ließ Sebastian von Dhaun-Falkenstein das gräflich-falkensteinische Schloss erbauen. Das Gebäude war im 18. Jhdt. Sitz des K. u. K. österreichischen Oberamtes. Es stand in der heutigen Schloßstraße (Anwesen Baus). Ende des 18. Jhdts. von den Franzosen beschlagnahmt, wurde das Schloss 1804 versteigert und danach größtenteils abgerissen. An die österreichische Herrschaft erinnern noch einige alte Häuser im Ortskern sowie die Hl. Nepomuk-Statue auf der Lohnsbachbrücke (1761). Sehenswerte Gebäude sind u. a. die unter Denkmalschutz stehende "Victoria-Apotheke" (1851) in der Schloßstraße 23 und das ehemalige prot. Pfarrhaus (1707) am Marktplatz/Ecke Gymnasiumstraße. Am Lorenz-

Steinbrückner-Weg liegt das "Kaffeemühlchen", ein Häuschen mit barockem Mansardendach aus dem frühen 18. Jhdt. In der Jakobstraße stehen zwei typische ehemals königlich-bayerische Amtsgebäude aus der Jahrhundertwende, in denen das Katasteramt und die VG-Verwaltung untergebracht sind. Ein guter Aussichtspunkt ist das Kriegerdenkmal auf dem Leisbühl (304 m). Die ehem. Wallfahrtskapelle Zum Hl. Kreuz, siehe „Kreuzkapelle", (1764, Turm 1840) auf dem Kapellenberg hatte ihren Ursprung in einer kleineren Kapelle, die 1728 von dem lothringischen Oberamtmann Freiherr von Langen gestiftet worden war. Obwohl andere Vorgängerkirchen urkundlich erwähnt werden, wurde die Ev. Kirche in der heutigen Form erst 1749 erbaut. Der Turmbau folgte fünf Jahre später. Die Kath. Kirche Herz Jesu wurde 1913 eingeweiht.

Im OT Hochstein liegt der Ursprung für das Eisenhüttenimperium der Familie Gienanth. Hier wurden die im benachbar-

Nepomukstatue auf der Alsenzbrücke in Winnweiler

ten Imsbach geförderten Erze verhüttet. Das Gienanth'sche Herrenhaus (18. Jhdt.) mit Türmchen steht noch. Hoch über dem Ort ragt das Hochsteiner Kreuz (1769) auf einem 80 m hohen Felsen. **Info:** VG-Verwaltung, Telefon 06302 602-0. **Internet:** www.winnweiler-vg.de

Winterbach (PS)

nordöstlich von Zweibrücken, 529 Einwohner, 260 m NN, 1269 erstmals urkundlich erwähnt. **Info:** VG Wallhalben

Winterborn (KIB)

nördlich von Rockenhausen, 196 Einwohner, ca. 295 m NN, Anfang des 13. Jhdt. erstmals urkundlich erwähnt. **Sehenswertes:** Über 150 Jahre alt ist das Gebäude der ehem. Schule (1841) in der Ortsmitte, das man am Glockenturm mit der Uhr erkennt. Der ursprüngliche Kern des Ortes liegt in der heutigen Steinstraße 1 und 3, einem ehemaligen Kloster-Hofgut. Das Anwesen gehörte von 1749 bis 1872 der Familie Brunck. Hier wurde 1847 Heinrich Brunck geboren, der als Chemiker und Direktor der BASF weltbekannt war. Ein sehenswertes Anwesen ist auch der Hakenhof (1880) in der Steinstraße 6. **Info:** VG Alsenz-Obermoschel

Winterkirchel

Bei Erfweiler. Erfweiler blieb von stärkeren Einflüssen des 2. Weltkriegs verschont. Das war für die Bürger ein guter Grund, in den ersten Nachkriegsjahren den sichtbaren Beweis ihrer christlichen Dankbarkeit und Demut zu schaffen: das heutige Wahrzeichen Erfweilers, das Winterkirchel. Auf dem Winterberg gaben von alters her vermooste und verwitterte Mauerreste und ein fast unkenntliches Muttergottesbild, in einem steinernen Fensterbogen gefasst, Zeugnis, dass hier einmal eine Gnadenstätte gestanden haben musste. Es ist kaum etwas über Erbauung und Aussehen der einstigen Heimat der "Muttergottes zur Himmelspforte" bekannt. Sie ist lediglich 1741 und 1789 in der Dahner Pfarrchronik als Restaurations- bzw. Abrissobjekt benannt.

Genau am Platz der historischen Stätte wurde von 1948 bis 1949 das Winterkirchel erstellt. Am 14. August 1949 konnte der damalige Speyerer Bischof Josef Wendel das Winterkirchel "Maria Himmelspforte" einweihen. Noch heute findet monatlich am 13. von Erfweiler aus ein Bittgang dorthin statt. Am 1. Mai wird alljährlich eine feierliche Maiandacht abgehalten. Am 15. August treffen sich die Marienverehrer aus nah und fern hier inmitten des Waldes zur Wallfahrt. (Bild siehe Erfweiler)

Wirth, Johann Georg August

Geboren 1798, gestorben 1848. Maßgeblicher Anführer beim Hambacher Fest.

Wohlgemuth, Daniel

Geboren 1876 in Albisheim, bekannter Maler, 1967 gestorben.

Wolfskirche

Bosenbach. Historische Kirche auf dem alten Friedhof mit romanisch-gotischem Turm, sehenswerte Wand- und Gewölbemalereien (14. Jhdt.). Die Glocken stammen aus dem Jahre 1375.

Wolfskirche

Wolfstein (KUS)

Stadt nordwestlich von Kaiserslautern an der Lauter, an der B 270, 2.028 Einwohner, 190 m NN, im Jahre 1274 erstmals urkundlich erwähnt. **Sehenswertes:** Burg Altwolfstein, Burg Neuwolfstein, Kalkbergwerk Königsberg, Heimatmuseum der VG Wolfstein, Druckereimuseum. **Info:** VG-Verwaltung, Telefon 06304 651. **Internet:** www.wolfstein.de

Wörth a. Rhein (GER)

Stadt westlich von Karlsruhe, 17.402 Einwohner, 104 m NN, 1380 erstmals urkundlich erwähnt. **Sehenswertes:** Kunstgalerie im Rathaus (mit Heinrich-Zügel-Ausstellung), Badepark. OT: Büchelberg, Maximiliansau, Schaidt. **Info:** Stadtverwaltung. **Internet:** www.woerth.de

Wunderlich, Fritz

Geboren 1930 in Kusel. Opern- und Liedersänger. Stationen der kurzen Karriere des Tenors: Freiburg i.Br. (1950), Staatsoper Stuttgart (1955), Salzburger Festspiele (1959), Bayer. Staatsoper München (1959), Wiener Staatsoper (1962). 1966 an den Folgen eines Treppensturzes verstorben. Als "eine der glänzendsten Persönlichkeiten der Gesangskunst" bezeichnete die "Opernwelt" den begnadeten Tenor, der trotz seiner jungen Jahre schon sehr berühmt geworden war (siehe Fritz-Wunderlich-Gedenkzimmer).

Fritz Wunderlich

Würzweiler (KIB)

nordwestlich von Rockenhausen, am Appelbach, 209 Einwohner, 290 m NN, 1194 erstmals urkundlich erwähnt. Besondere Gebäude sind das ehem. prot. Schulhaus (ca. 1850, Hauptstr. 9), das ehem. kath. Schulhaus (1852, Hauptstr. 51) und der Glockenturm (1883, Hauptstr. 38). **Info:** VG Rockenhausen. **Internet:** www.wuerzweiler.de

Zehnthaus Jockgrimm

Jockgrim, Ludwigstraße 26-28. Jährlich mehrere Ausstellungen in den Bereichen Malerei, Plastik, Graphik. **Internet:** www.zehnthaus.de

Zeiskam (GER)

westlich von Germersheim, 2.261 Einwohner, 774 erstmals urkundlich erwähnt. **Info:** VG Bellheim

Zell

Ortsteil von Zellertal.

Zellertal (KIB)

zw. Kirchheimbolanden und Worms an der B 47, an der Pfrimm, 1.254 Einwohner Zusammenschluss der Orte und heutigen Ortsteile Zell, Harxheim und Niefernheim. Das Wirken des Priesters Philipp (um 760) und dessen Erhebung zum Heiligen machten Zell zu einem bedeutenden Wallfahrtsort. Die Gründung der geistl. Niederlassung (Cellula) im OT Zell ist in einer Urkunde von 850 belegt. 975 erhielt Zell eine Stiftskirche und 1135 das Marktrecht. Das Stift wurde 1553 aufgelöst. Im

Frühjahr 1996 wurde der Ortskern des OT Zell zur Denkmalzone erklärt. Innerhalb der Denkmalzone befinden sich mehrere Einzeldenkmäler: Die Prot. Kirche wurde zwischen 1607 und 1615 erbaut, im 30jährigen Krieg zerstört und zu Beginn des 18. Jhdts. wieder aufgebaut. Die Kath. Kirche St. Philipp entstand Mitte des 18. Jhdts. Ihre Ausstattung ist zum Teil noch aus dieser Zeit. An der Nordseite befindet sich ein Votivbild mit der Legende des Hl. Philipp. Die ehemalige Bäckerei ist eine geschlossene Hofanlage, die 1750 erbaut wurde. Markant sind die rundbogige Haustür und die originalen Klappläden. Die "Golsen-Stiftung" ist die größte Hofanlage am Ort. Das straßenbildprägende Wohnhaus wurde um 1883 als verschindeltes Fachwerk für den Weingutsbesitzer August Golsen errichtet. Zum Haus gehören Nebengebäude und der gegenüberliegende Park. Hier fanden 1947 Sitzungen des Verfassungsausschusses statt, der über die Neugründung des Landes Rheinland-Pfalz beriet. Das Anwesen Hauptstraße 19, die ehemalige Kollektur, war einst Domizil für den Kollektor der Universität Heidelberg. Später wurde es als Gasthaus genutzt. Zum Laufbrunnen in der Hauptstraße, der die Inschrift "Gemeinde Zell 1877" trägt, gehört ein aus

Ortsteil Zell (v.l. ehemaliges kath. Pfarrhaus, ev. Kirche, kath. Kirche)

Gusseisen montierter Trog. Ebenfalls in der Hauptstraße befindet sich ein gusseiserner Brunnen, in den mit gotisierenden Ornamenten die Inschrift "Gemeinde Zell 1882" eingeprägt ist. Das Wegkreuz aus Sandstein, das 1756 errichtet und 1907 renoviert wurde, gehört ebenfalls zu den Einzeldenkmälern innerhalb der Denkmalzone.

Durch die urkundl. Erwähnung des Weinbaus in 708 gilt Zell als älteste weinbautreibende Gemeinde in der Pfalz. Das Anbaugebiet Zellertal umfasst das mittlere Pfrimmtal und das Leiselsbachtal mit einer Rebfläche von 550 ha und 15 Weinlagen. Die Geschichte des Ortes spiegelt sich im Museum für Ortsgeschichte und Weinbau wider. **Info:** VG Göllheim. **Internet:** www.zellertal.de

Zellertal

Tal entlang der mittleren Pfrimm, ungefähr von Albisheim bis Wachenheim. Die gleichnamige Weinlandschaft umfasst das mittlere Pfrimmtal und das Leiselsbachtal mit einer Rebfläche von 550 ha und 15 Weinlagen.

Zellertaler Kriegerdenkmal

Seit 1928 erhebt sich mitten in einer der besten Weinlagen des Zellertals ein Ehrenmal. Als Denkmal ehrt es die Gefallenen der beiden Weltkriege, als Wahrzeichen prägt es maßgeblich das Landschaftsbild. Experten beschreiben es als eine in expressionistischer, gotisierender Formensprache errichtete sechsseitige, turmartige Halle mit hohen Spitzbogenarkaden. Sie ist erbaut aus Kalksteinquadern, die, der Natur und Landschaft angepasst, aus Albisheim stammen. Abgeschlossen wird das Bauwerk mit einer

Kriegerdenkmal

polygonalen, abgestuften Bekrönung, die aus drei sechseckigen Aufsätzen besteht, die zueinander versetzt angeordnet sind. In dem obersten Aufsatz befindet sich eine mit Schamottesteinen ausgekleidete Flammenschale. Der „in zeittypischer Weise heroisierende Monumentalbau" ist 15 m hoch. Er stellt einen offenen Raum dar und hebt sich durch seine Durchbrochenheit gut von der Bergsilhouette ab. An den Innenseiten der sechs Pfeiler sind Tafeln mit den Namen der Gefallenen und Vermissten von sechs Zellertaler Gemeinden angebracht. Im Innenraum hängt an einer langen Bronzekette ein Eisernes Kreuz. Zwei Treppen führen zu dem Ehrenmal. Der Vorplatz ist mit steinernen Ruhebänken ausgestattet.

Zeppelinturm

Bad. Dürkheim. Bereits 1854 war auf dem Ebersberg (342 m) ein Turm errichtet worden, der zur Erinnerung an den Krimkrieg den Namen „Malakoffturm" trug. Um 1909 benannte man ihn um in „Zeppelinturm", um an den Flug eines Zeppelins über Bad Dürkheim zu erinnern. Nachdem der „Zahn der Zeit" genagt und ein Waldbrand 1971 den Turm noch mehr beschädigt hatte, wurde er 1974 durch den Pfälzerwaldverein Seebach wieder hergestellt. Wegen seiner originellen Form wird der Turm von den Einheimischen „Schneckenudel" genannt. Wer die Serpentinen erklommen hat, blickt zuerst auf die Stadt Bad Dürkheim und die sie umgebende Weinregion. Sehr gut zu sehen sind im Norden der Bismarckturm, die Klosterruine Limburg sowie im Osten die Chemiestadt Ludwigshafen mit dem BASF-Gelände. Mit dem Fernglas erkennt man im Südosten Speyer mit dem Kaiserdom. Natürlich

Zeppelinturm in Bad Dürkheim

liegen auch zahlreiche Berge des Pfälzerwaldes im Blickfeld. Bei schönem Wetter kann man es sich auf zwei Bänken auf dem Turm gemütlich machen. Wie erreicht man den Turm? Auf der B 271 Richtung Neustadt fahren und vor dem Stadtausgang der Beschilderung Seebach folgen. Man kommt zunächst auf die Seebacher Straße, die in die Hammeltalstraße übergeht. Diese Straße führt bergan und nach mehreren Kilometern (z. T. durch den Wald) zu dem Pfälzerwald-Parkplatz „An den drei Eichen". Mit dem Rundwanderweg Nr. 5 (siehe Orientierungskarte) gelangt man zum Ebersberg. Strecke insgesamt 3,5 km. Tipp: Die Hammeltalstraße führt an der Siedlung „Im Burgfrieden" vorbei. Gegenüber dem Haus Nr. 90 beginnt ein Wanderweg, der auf den Weg Nr. 5 und schneller zum Turm führt. Parken in der Nähe der Waldschenke. Gehzeit ca. 20 Minuten.

Ziegeleimuseum

Jockgrim, Untere Buchstraße

26. Das Museumsgebäude dokumentiert die rund 100-jährige Geschichte der Herstellung von Ziegeln und anderen Tonerzeugnissen der ehem. Falzziegelfabrik Carl Ludovici. Die Besucher können u.a. den Werdegang eines Ziegels vom Entwurf bis zum Endprodukt nachvollziehen und einen inte-

Ziegeleimuseum in Jockgrim

ressanten Rundgang durch den teilweise erhaltenen Ringofen (ca. 90 m lang) unternehmen. Im Foyer werden Dokumente zur Firmen- und Ortsgeschichte gezeigt. **Öffnungszeiten:** Sonntag 14 - 16 Uhr. **Auskunft:** Telefon 07271 52895. **Internet:** www.jockgrim.de

Zinnfiguren im Winzerhaus

Freinsheim, Breite Straße 9. Im Gewölbekeller des 1754 erstmals erwähnten Winzerhauses lassen ca. 2.500 Zinnfiguren in 35 Dioramen Geschichte lebendig werden. Werner Klersy hat jahrelang gesammelt und recherchiert, um wichtige Ereignisse aus der Vergangenheit Freinsheims nach historischen Stichen, Zeichnungen usw. naturgetreu darstellen zu können. Von der vorgeschichtlichen Besiedlung über die Römer, den Bau der Stadtmauern, das Mittelalter, die deutsch-französischen Kriege, dem zweiten Weltkrieg bis zur Neuzeit spannt sich der Bogen der dargestellten Szenen. Von der 1831 gebildeten französischen Fremdenlegion zeigen Einzelfiguren und Dio-ramen die Uniformen bis in die Neuzeit. Märchen und antiquarische Spielzeug-figuren runden die Sammlung ab. **Öffnungszeiten:** tägl-ich 14 – 17.30 Uhr. **Auskunft:** Telefon 06353 1686.

Zinnfigurenmuseum

Bad Bergzabern, Buchhandlung Wilms am Marktplatz, Markt-str. 14. In dem historischen Kreuzgewölbe (13. Jhdt.) eines alten Weinkellers präsentier Buchhändler Kurt Wilms di größte und bedeutendste Zinn figurensammlung in Rheinland Pfalz. Mit viel Liebe zum Detai fassen 20.000 Zinnfiguren i 140 historischen Bildern 6.00C Jahre Menschheitsgeschicht zusammen. Kurt Wilms do kumentiert mit seiner Sammlung Leben, Kultur und Gesellschaft, aber auch die technische Entwicklung und das Schlachtgetöse der Jahrhunderte. In den Vitrinen werden nicht nur Kriegs- und Schlachtszenen, sondern auch Kulturhistorisches von fürstlichen Höfen und von „Land und Leuten" gezeigt. **Öffnungszeiten:** Montag bis Freitag 9 – 12.30 Uhr und 14 – 18.30 Uhr, Samstag 9 - 13 Uhr. Telefon 06343 939172.

Über 20000 Zinnfiguren zeigt das Musem in Bad Bergzabern

446

Zoo Landau

Landau, Hindenburgstr. 12 · 14. Auf einer Fläche von 4 Hektar leben hier rund 500 Tiere aus 85 Arten, z. B. Dromedars, Flamingos, Luchse, Panther, Pinguine, Seelöwen. Weitere Angebote: 7000 qm große Natur-Bärenanlage, Affenhaus, Streichelgehege, Kinderspielplatz, Zoo-Schule für Schüler aller Altersstufen, Gaststätte. **Öffnungszeiten:** täglich von 9 · 18.00 Uhr (Nov. bis Februar bis 16 Uhr). **Eintritt:** 4,00 Euro, Rentner 3,50 Euro, Jugendliche 3,00 Euro, Kinder (4 – 12 Jahre) 1,50 Euro. **Info:** Telefon 06341 898229. **Internet:** www.zoo-landau.de

Zügel, Heinrich von (1850 - 1941)

Leidenschaftlicher Tiermaler. 1889 wurde er zum königlich-bayerischen Professor, 1894 zum Leiter der Tiermalerklasse an der Akademie in Karlsruhe berufen. In Wörth schuf er rund 300 Tierzeichnungen. Dort gründete er auch die Wörther Malerschule. Werke von ihm sind in der Galerie am alten Rathaus in Wörth und in der Pfalzgalerie zu sehen.

Zweibrücken

Kreisfreie Stadt. 35.490 Einwohner, 225 m NN, im Jahre 1170 erstmals urkundlich erwähnt, Stadtrechte seit 1352. **Sehenswertes:** Schloß, Europas Rosengarten, Badeparadies, Bibliotheka Bipontina, Prot. Karlskirche, Stadtmuseum, Alexanderkirche, Landgestüt, Ostdeutsche Heimatstuben, Mannlichhaus, Eisstadion, **Info:** Kultur- und Verkehrsamt, Herzogstr. 1, Telefon 06332 871-451. **Internet:** www.zweibruecken.de

Zweibrücker Hügelland

Land südlich des Schwarzbach mit Rodalb, Felsalb und Hornbach. Namensgeber ist die Stadt Zweibrücken.

Zweibrücker Schloss

(siehe Schloss Zweibrücken)

Zweikirche

Rutsweiler a.d. Lauter. Die evangelische Pfarrkirche gehört zu den ältesten Kirchen der Pfalz. Sie war die gemeinsame

Pfarrkirche des bereits im 14. Jh. untergegangenen Dorfes Allweiler, des Dorfes Rutsweiler, der verschwundenen Siedlungen Oberhausen und Lauthausen und des Hofes Zweikirchen. Die Zweikirche weist eine besonders reizvolle Silhouette auf. Sie bildet einen Dreiklang von schlankem spätgotischem Chor mit hohem, steilem Walmdach, niedrigem romanischem Kirchenschiff mit breitem Satteldach und hoch aufragendem frühgotischem Westturm mit abschließendem Satteldach.

Zweikirche bei Rutsweiler

Das Schiff, ein rechtwinkliger Saalbau, ist im wesentlichen in der Zeit um 1300 erbaut worden. Es weist an seiner Nordseite ein frühgotisches Maßwerkfenster auf, das dem frühen 14. Jh. zugeordnet werden kann. Die Fenster der Südseite und ein Fenster in der Nordseite sind später verändert worden. An der Südwestseite des Kirchenschiffes befand sich ein romanisches Portal, das mit dem Westteil des Kirchenschiffes zum ältesten Bauteil der Kirche gehört. Zu diesem Bau mag der quadratische ro-

manische Chor gehört haben, dessen Fundamente 1964 bei Grabungen im Chor festgestellt wurden.

Das Kirchenschiff besaß in seiner Nordseite ursprünglich eine mit einem Baldachin überwölbte Kapelle, in der sich ein Altar befand. Zu ihm gehörte das in der flachen Nische an der Ostwand dargestellte Gemälde, in dem eine gekrönte Heilige einem Bischof ein Kirchenmodell überreicht.

Das flach gedeckte Kirchenschiff war unsprünglich wohl mit einer Holzdecke ausgestattet, die später durch eine Stuckdecke ersetzt wurde. Die Decke wurde von zwei hölzernen in Längsrichtung angebrachten Unterzugbalken getragen, die sich selbst auf zwei starke

Holzpfeiler stützen. An der Westseite des Langhauses wurde im 18. Jh. zum Aufstellen einer Orgel eine hölzerne Empore eingebaut.

Ebenfalls aus der Zeit um 1300 stammt der monumentale Turm mit den Schallluken auf allen vier Seiten. Die beiden Glocken sind aus den Jahren 1453 und 1465 und wurden in der Glockengießerei auf dem Disibodenberg gegossen. Der eingezogene Chor, bestehend aus einem Vorchorjoch mit einem Kreuzrippengewölbe sowie einem 5/8 Chorschluss mit unregelmäßigem Sterngewölbe, dürfte zu Anfang des 15. Jh. erbaut worden sein. Die 1964 beginnende Renovierung brachte nicht nur wichtige Aufschlüsse über die Baugeschichte der Kirche, sondern führte auch zur Entdeckung von kunsthistorisch sehr bedeutenden Malereien, die seit Einführung der Reformation unter einer dicken Kalkschicht verborgen waren. Die oft nur spärlichen Reste wurden durch den Restaurator stark ergänzt und übermalt. Die Rankenmalereien an den Wänden des Langhauses und im Gewölbe des Chores sind nach aufgefundenen Resten neu gemalt. Die Malereien im Chor entstanden um 1500. Im Gewölbe ist eine Marienkrönung dargestellt. Außerdem finden sich die Symbole und die Gestalten der vier Evangelisten. Die Bilder an Nord- und Südwand sind weitgehend neu gemalt. Sie stellen die Geburt und den Tod der Maria dar. Die Malereien an der Nordwand des Langhauses stammen aus dem 15. Jh. Ein großes Bildfeld zeigt den Hl. Christopherus mit dem Jesukind auf den Schultern, wie er, auf einen Baumstamm gestützt, durch einen Fluß watet. Daneben ist die sehr stark verstärkte Gestalt einer weiteren Heiligenfigur zu sehen. Im Gewände des westlichen Fensters sind zwei weibliche Heilige dargestellt. Älter ist das bereits beschriebene Stiftungsbild in der Nische der Ostwand. Es stammt aus dem 14. Jh. Die Malereien stellen einen besonderen Schmuck der Zweikirche dar. (Quelle: Info-Tafel vor der Zweikirche)

In dieser Ausarbeitung wird die deutsche Geschichte unter besonderer Berücksichtigung der Pfalz etwas ausführlicher erläutert. Dadurch sollen einige Erklärungen im Lexikon verständlicher gemacht werden.

Um **1800 v. Chr.** wird das Bronzegießen zur Herstellung von Werkzeugen und Waffen in Europa bekannt (= Beginn der Bronzezeit). Im westlichen Ostseebereich vermischt sich das Bauernvolk mit Eindringlingen aus Vorderasien. In diesem Volk wird der Ursprung der Germanen gesehen. Eine ihrer Sitten ist es, die Toten in ausgehöhlten Eichenstämmen beizusetzen und einen gewaltigen Erdhügel darüberzuwölben (= Hügelgräber).

In dieser Bronzezeit bildet sich dort, wo heute Süddeutschland, die Nordschweiz und Ostfrankreich liegen, ein Volk mit bäuerlicher Kultur, die Ur-Kelten. Auch sie bedecken ihre Gräber mit Hügeln.

1200 v. Chr. Stämme aus dem Gebiet des heutigen Tschechien, Polen und Ost-Deutschland dringen in das Gebiet der Ur-Kelten ein. Aus der Verbindung der Eindringlinge mit den Ur-Kelten entsteht das Volk der Kelten.

800 v. Chr. Lange vor den Germanen kennen die Kelten die Verwendung des Eisens. Mit Beginn der Eisenzeit, die auf die Bronzezeit folgt, nehmen die Kelten eine führende Rolle in Mitteleuropa ein. Sie erbauen

Keltenwall auf dem Donnersberg

mächtige Befestigungen. Oft umschließt ein gewaltiger Wall aus zwei Palisadenwänden, deren Zwischenraum mit Steinen ausgefüllt ist, die Keltenstätten. Reste eines solchen Keltenwalls findet man auf dem Donnersberg (Keltenweg).

Die Germanen breiten sich im Osten bis an die Oder und Weichsel, im Westen bis an den Rhein und im Süden bis zu den deutschen Mittelgebirgen aus. Um 500 v. Chr. sind Germanen und Kelten unmittelbare Nachbarn.
Überbevölkerung, Abenteuerlust und der Wille, Reichtümer zu erwerben, treiben die Kelten auf Wanderungen. Sie breiten sich nach allen Richtungen aus. Zwischen 300 und 100 v. Chr. herrschen Kelten zwischen dem Schwarzen Meer und dem Atlantischen Ozean, von den deutschen Mittelgebirgen bis nach Oberitalien.

200 v. Chr. Weil das Klima im Norden kühler und rauher geworden ist und die Sturmfluten Teile des Küstenlandes verschlingen, setzt auch bei einzelnen Stämmen der Germanen eine Völkerwanderung ein.

Diese Stämme dringen bis zu den Ostalpen vor. Obwohl sie sich dort in friedlicher Absicht niederlassen wollen, werden sie von einem römischen Heer angegriffen. Aus dem erstmaligen Aufeinandertreffen von Germanen und Römern (**113 v. Chr.**) gehen die Germanen als Sieger hervor. Zwölf Jahre später werden die germanischen Stämme in Oberitalien dann doch noch vernichtet.

55 v. Chr. Ganz Gallien, das Land zwischen Atlantischem Ozean und Rhein, steht unter römischer Herrschaft. Somit herrschen die Römer auch über das Gebiet der heutigen Pfalz.

83 n. Chr. Im Rahmen einer römischen Verwaltungsreform wird die Provinz Germania Superior gebildet. Bis auf den westlichen Teil des heutigen Landkreises Südwestpfalz gehört die gesamte Pfalz zu dieser Provinz.

90. n. Chr. Das römische Reich erstreckt sich auf die Lande links des Rheins und südlich der Donau. Um einen einheitlichen Grenzverlauf zu haben, erobern die Römer das Gebiet zwischen den Strömen und beginnen mit dem Bau eines befestigten Grenzwalles, dem Limes. Die Grenzanlage (z.T. aus Pfählen, z.T. aus Steinen), die das röm. Reich gegen die Germanen schützen soll, zieht sich von Neuwied bis zum Main und weiter bis nach Regensburg. Im Abstand von ca. 2 Wegestunden entstehen entlang der Grenze Kastelle (Steinfestungen mit Kasernen, Stallungen und Vorratsräumen).

260 n. Chr. Durch ständige Kämpfe gegen germanische Stämme geschwächt, geben die Römer das Land zwischen Rhein und Donau auf und ziehen sich wieder an den Rhein zurück. Dadurch entstehen u.a. bei Speyer und Germersheim "Limes-Kastelle".

Innerhalb des germanischen Reiches gibt es eine Vielzahl von Stämmen bzw. Völkern. Da die Bevölkerung ständig wächst, rücken die Stämme immer enger zusammen. Mit der Zeit entwickeln sich sechs bedeutende germanische Stammesverbände: die Franken (ungefähr auf dem Gebiet der Niederlanden), die Sachsen (Norddeutschland), Bayern, Friesen, Thüringer und die Alemannen. Die Alemannen werden erstmals 212 am oberen Main genannt. Sie durchdringen um 260 den ursprünglichen Limes und dehnen sich bis zum 5. Jhdt. über die heutige Pfalz, das Elsass und die Nordschweiz aus.

Das Mittelalter beginnt. Darunter ist in Westeuropa ungefähr die Zeit zwischen dem Ende der Herrschaft der Römer (486) und der Entdeckung Amerikas (1492) bzw. dem Beginn der Reformation (1517) zu verstehen. Das Mittelalter wird in drei Epochen eingeteilt:
486 - 1000 Frühmittelalter,
1000 - 1250 Hochmittelalter,
1250 - 1492 Spätmittelalter.

482. Chlodwig, aus dem Geschlecht der Merowinger, macht sich zum König aller Franken, einem westgermanischen Stamm auf dem Gebiet der heutigen Niederlanden. Mit seinem großen Machtwillen dehnt er sein Reich weiter aus.

486 erobert er Gallien, die letzte Provinz des weströmischen Reiches.

Ein Stück Mittelalter:Ritterrüstung im Dahner Burgenmuseum

496. Chlodwig schlägt die Alemannen und drängt sie bis ins Elsass und an die Alpen zurück. Somit kommen die Franken in die Pfalz.

498. Als erster Germanenfürst nimmt Chlodwig den römisch-katholischen Glauben an. Dadurch sichert er sich die Unterstützung der katholischen Bischöfe.

Die Söhne Chlodwigs vergrößern das Frankenreich in den folgenden Jahrzehnten, so dass das heutige Frankreich, die Be-Ne-Lux-Länder, die Schweiz sowie Teile von Deutschland, Österreich und Bayern dazugehören. Aufgrund zunehmender Streitigkeiten teilen die Nachfolger Chlodwigs das Frankenreich in drei selbständige Teilbereiche:
- Austrien (Hauptort Metz),
- Neustrien,
- Burgund.
Die Pfalz gehört zu Austrien.

Da sich die fränkischen Teilkönige durch ständige Kämpfe gegenseitig schwächen, gewinnen die Hausmeier (Verwalter der Königsgüter) an Macht. In Austrien (und später auch in Neustrien) hat die Familie der Karolinger das Amt des Hausmeiers inne und vererbt es innerhalb der Familie weiter. Aus diesem Geschlecht geht Karl Martell hervor, der das Frankenreich (732) und damit das westliche Europa vor den Arabern rettet. Somit ist der Hausmeier Martell der wahre Herrscher des Frankenreiches.

7./8. Jhdt. Mönche von den britischen Inseln kommen in das Frankenreich, um das seit Chlodwig verbreitete Christentum zu erneuern. Der bekannteste von ihnen ist der Benediktinermönch Bonifatius (672 · 754), der als Beauftragter des Papstes durch die Lande zieht. Er gründet mehrere Klöster. Karl Martell schützt Bonifatius und auch die anderen Glaubensboten, weil diese durch die Verbreitung des Evangeliums und die straffe Ordnung der Kirche (Gründung von Bistümern) zur Einheit des Frankenreichs beitragen.

742. Ein weiterer Mönch namens Pirminius kommt in die Gegend der heutigen Pfalz, wo er bei Zweibrücken das Kloster Hornbach gründet. Von dort erfolgt die Christianisierung der Pfalz. Der Hl. Pirminius gilt als der Gründer der Stadt Pirmasens.

751. "Wer soll König sein: Der, der den Namen trägt oder der die Macht hat?" Diese Frage trägt Pippin, der Sohn Karl Martells, an den Papst heran. Als dieser bestätigt "der, der tatsächlich die Macht hat", wird der Karolinger Pippin von der fränkischen Heeresversammlung offiziell zum König gewählt. Damit findet die Zeit der Merowinger ihr Ende.

768. Nachfolger Pippins als Frankenkönig wird dessen Sohn Karl. Er unterwirft die Sachsen und zwingt sie, den christlichen Glauben anzunehmen.

788 gliedert Karl auch noch den letzten freien Teil Bayerns seinem Reich an. Dadurch sind im Frankenreich erstmals alle Stämme vereint, die später das deutsche Volk bilden sollten.

Karl der Große teilt das Reich in Grafschaften ein. Als Vertreter des Königs ernennt er für jede Grafschaft einen Grafen.

König Karl residiert nicht in einer festen Hauptstadt. Er zieht mit seinem Gefolge von Pfalz zu Pfalz (lat. "palatium" = Palast), um die innere Ordnung in seinem Reich zu sichern und um Reichstage (Gerichtsverhandlungen) abzuhalten. Diese Pfalzen sind keine Schlösser, sondern große Güter und Getreidesammelhöfe. Karl fördert in besonderem Maße Kultur, Bildung und Wissenschaft.

800. Karl zieht nach Rom, um Papst Leo III. (wie schon sein Vater Pippin) vor dem römischen Adel zu schützen. Als Dank überrascht der Papst Karl damit, dass er ihn an Weihnachten zum Kaiser krönt. Mit Karl dem Großen gibt es nach einigen hundert Jahren wieder einen Kaiser in Westeuropa.

Zur Zeit Karls des Großen entwickelt sich eine neue Gesellschaftsordnung: der Lehnstaat (Feudalismus). Weil der König in dieser Zeit der Naturalwirtschaft wenig Geld besitzt, belohnt er seine Gefolgsleute für ihre Treue und für geleistete (Kriegs-) Dienste mit Land aus erobertem Besitz. Der Grundbesitz wird jedoch nicht Eigentum des Gefolgsmannes, sondern ist diesem nur geliehen (Lehen). Grafen und andere große Lehensmänner umgeben sich ihrerseits mit Gefolgsleuten. Dadurch entsteht eine ganze Abfolge von Lehensabhängigkeiten (Lehenspyramide), die für die politische und soziale Ordnung des Mittelalters kennzeichnend ist.

843. Die Enkel Karls des Großen teilen das Frankenreich im Vertrag von Verdun in Nord-Süd-Richtung in drei Teile:
- Lothar erhält die Kaiserkrone, Italien und den mittleren Teil des Reiches (Lotharingen / Lothringen),
- Karl (der Kahle) bekommt Westfranken,
- Ludwig (der Deutsche) erhält Ostfranken.

Durch weitere Teilungen (870 in Meersen, 880 in Ribemont) kommen Lothringen sowie weitere Gebiete des Mittelreiches zu dem ostfränkischen Reich hinzu. Nach der Teilung von Verdun gehörte vermutlich schon ein Stück der jetzigen Pfalz zu Ostfranken. Nach der letzten Teilung ist das pfälzische Gebiet komplett ins ostfränkische Reich integriert.

Da in Ostfranken hauptsächlich deutsch (theodiscus = volkstümlich, Bezeichnung für die fränkisch-germanische Volkssprache) gesprochen wird, kommt für das Ostreich allmählich der Name Deutschland auf.

911. Mit dem Tod Ludwig IV. (das Kind) stirbt der letzte Herrscher aus dem Geschlecht der Karolinger. Da er, ebenso wie seine Vorgänger, ein schwacher König war, übernehmen im Laufe der Zeit in einigen Stammesgebieten die Grafen die Macht. Als Stammesherzöge versuchen sie, vom König unabhängig zu werden. Als Nachfolger von Ludwig IV. wählen die Herzöge Konrad, den Herzog der Franken, zum König.

919. Obwohl nicht alle Stämme hinter ihm stehen, wird der Sachsenherzog Heinrich I. zum ostfränkischen-deutschen König gewählt. Er ist sozusagen der erste deutsche König. Mit Waffengewalt hält er Lothringen im ostfränkischen Reich. In dieser Zeit spricht man erstmals vom Deutschen Reich.

936. Nach dem Tod Heinrichs I. folgt dessen Sohn Otto I., der 939 in Aachen gekrönt wird. Im Geiste Karls des Großen festigt er das deutsche Reich. Dazu macht er geistliche Würdenträger (Bischöfe, Äbte usw.) durch die Vergabe von Herrschaftsrechten (Richteramt, Münzen prägen, Zölle erheben etc.) zu treuen Stützen des deutschen Königtums. Hieraus entwickeln sich die Fürstbischöfe. Die Einheit und das Recht versucht er zu sichern, indem er in jedem Herzogtum einen ihm ergebenen Pfalzgrafen einsetzt, der dem Gericht vor-

Kaiserdom zu Speyer

steht und die Königsgüter beaufsichtigt.

962. Otto I. schützt ebenfalls Oberitalien und den Kirchenstaat. Als Gegenleistung krönt ihn Papst Johannes zum Kaiser.

Anmerkung: Da nur dem Papst das Recht der Kaiserkrönung vorbehalten ist, ist es für die deutschen Könige wichtig, die Herrschaft über Oberitalien und Rom zu haben bzw. als Beschützer des Kirchenstaates angesehen zu werden.

973. Otto II. (bis 983) und Otto III. sind die vorerst letzten Sachsenkaiser des Deutschen Reiches.

1002. Da bei Otto III. kein männlicher Nachfolger vorhanden ist, wird der Bayernherzog Heinrich II., ein Urenkel Heinrichs I., zum deutschen König gewählt.

1024. Heinrich II. stirbt kinderlos. Die Fürsten wählen den Salier Konrad II. zum König. Damit beginnt die Herrschaft der Salier, einem fränkischen Adelsge-

schlecht, deren Macht bis dahin auf die Regionen Nahe, Speyer und Worms beschränkt war. Als Neuerung macht Konrad II. die kleinen Lehen erblich, nachdem die großen Lehen (Herzogtümer, Grafschaften) durch Gewohnheit längst erblich geworden waren. Er vergibt Lehen auch an kleine und unfreie Dienstmänner (Ministerialien).

1029. Konrad II. beginnt mit dem Bau des Kaiserdomes in Speyer, der später von Heinrich IV. (ca. 1061) vollendet wird. Der Dom ist die Grabkirche der salischen Kaiser.

1039. Konrads Sohn, Heinrich III., festigt nicht nur die Machtstellung als König und späterer Kaiser. Er hilft auch einer vom Kloster Cluny ausgehenden Reformbewegung, die die Geistlichen wieder zu mehr Zucht und Frömmigkeit zurückführen will (Cluniazensische Reform), sich innerhalb der Kirche durchzusetzen. Als Folge davon läßt er drei Päpste absetzen und den Bischof von Bamberg, einen Anhänger der Reform, zum Papst wählen. Dieser krönt ihn 1046 zum Kaiser. Heinrich III. ist im Dom zu Speyer beigesetzt.

1056. Als sein Vater stirbt, ist Heinrich IV. noch ein Kind. Mit 15 Jahren übernimmt er später die Regierung. Ein Aufstand bringt ihn in starke Bedrängnis. Doch er kann seine Herrschaft festigen.

Dann folgt die Auseinandersetzung mit dem Papst wegen der Einsetzung von Geistlichen in ihre Ämter (Investitur). Nach dem Willen des Papstes sollen Bischöfe und Äbte nicht mehr von kirchlichen Laien (dazu zählt auch der König) eingesetzt werden, sondern nur noch allein vom Papst. Diese neue Regelung trifft besonders den deutschen König, da die Geistlichen als weltliche Amtsinhaber bei der Verwaltung des Reiches eine wichtige Stütze sind. Zudem ist zu befürchten, dass der König nicht mehr über die von ihm an Geistliche verliehenen Besitztümer bestimmen kann.

1076. Bedrängt durch Heinrich IV. beschließen die deutschen Bischöfe auf einer Synode in Worms, Gregor VII. nicht mehr als Papst anzuerkennen. Heinrich IV. fordert den Papst schriftlich zum Rücktritt auf. Daraufhin belegt Gregor VII. den deutschen König mit dem Bann, d.h. der König ist aus der Kirche ausgeschlossen, alle ihm gegenüber geleisteten Treue-Eide sind nichtig. Eine Schar deutscher Fürsten nutzt die Gelegenheit und stellt mit Rudolf von Rheinfelden einen Gegenkönig auf.

1077. Um die Lösung vom Bann zu erlangen, zieht Heinrich IV. nach Canossa. Dort durch den Papst vom Bann befreit, kehrt der König nach Deutschland zurück. Im Kampf gegen die treuelosen Fürsten und den Gegenkönig stellt er seine Macht wieder her.

1106. Heinrich V. erschleicht sich von seinem Vater Heinrich IV. die Königswürde. Nachdem der Streit um die Investitur auch nach dem Tod Heinrichs IV. und Gregor VII. fortdauert, erzielt Heinrich V. 1122 im Wormser Konkordat mit dem Papst einen vorläufigen Kompromiss über die künftige

Vorgehensweise bei der Einsetzung von Geistlichen.

1125. Nach dem Tode Heinrich V., des letzten Saliers, wählen die deutschen Fürsten Lothar von Supplinburg, Herzog von Sachsen, zum König.

1138. Als Nachfolger des verstorbenen Lothar von Supplinburg wird Konrad III. aus dem Hause der Staufer zum König gewählt. Damit beginnt die Zeit der Staufer, einem schwäbischen Fürstengeschlecht, deren Stammburg Hohenstaufen ist.

1150. Mönche legen den Grundstein für eine Kapelle, die heute Bestandteil der Wallfahrtsstätte Maria Rosenberg bei Waldfischbach-Burgalben ist.

1152. Der Staufer Friedrich I. wird in Frankfurt gewählt und in Aachen auf dem Thron Kaiser Karls zum König gekrönt. Unter Friedrich I., der wegen seines roten Bartes den Beinamen Barbarossa erhält, wird das Deutsche Reich wieder mächtig. Er tritt unerschütterlich für Recht und Gerechtigkeit ein. 1155 erhält er in Rom die Kaiserkrone. Auch dem Papst gegenüber will Friedrich I. seine Stellung stärken, indem er Bischöfe und Äbte - entgegen der Vereinbarungen des Wormser Konkordats - in Ämter einsetzt. Dadurch entbrennt eine erneute Auseinandersetzung zwischen dem Kaiser und Papst Alexander III., die im Frieden von Venedig (1177) ihr vorläufiges Ende findet.

1156. Friedrich I. überträgt seinem Halbbruder Konrad die "Pfalzgrafschaft bei Rhein" als Lehen.

1158. Kaiser Friedrich Barbarossa läßt im heutigen Kaiserslautern eine Kaiserpfalz errichten.

1180. Während Friedrich I. Barbarossa häufig in Italien kämpft, baut der Bayernherzog Heinrich der Löwe seine Macht im deutschen Reich aus. Da Heinrich den Kaiser bei seinen Kämpfen in Italien nicht unterstützt und nachdem Heinrich wiederholten Vorladungen bei dem kaiserlichen Gericht nicht

Folge leistet, entzieht ihm Barbarossa die Reichslehen, nämlich die Herzogtümer Bayern und Sachsen. Bayern fällt an Otto von Wittelsbach. Von da an regieren die Wittelsbacher bis 1918 in Bayern.

1189. Friedrich I. bricht mit einem Ritterheer zum 3. Kreuzzug auf. Dabei ertrinkt Barbarossa 1190 in dem Fluß Saleph.

1190. Barbarossas Sohn, Heinrich VI. von Hohenstaufen, ist König von Deutschland, Italien und Burgund. Durch seine Heirat mit Konstanze von Sizilien wird er erblicher König von Unteritalien und Sizilien. Damit ist seine Macht noch größer als die Barbarossas. Bei der Vorbereitung eines erneuten Kreuzzuges stirbt Heinrich VI. 1197 im Alter von 32 Jahren in Messina. Dieser plötzliche Tod Heinrich VI. führt zu einem völligen Zusammenbruch der kaiserlichen Machtstellung.

Da Heinrichs Sohn Friedrich erst drei Jahre alt ist, entbrennt in Deutschland ein Machtkampf zwischen den Geschlechtern der Staufer und der Welfen. Papst Innozenz III. nutzt diese politische Lage und baut seine weltliche Macht aus.

Als Folge dieser Entwicklung erlebt der Burgenbau in der Pfalz seine wichtigste Zeit. Als äußeres Zeichen ihrer Herrschaft errichten zahlreiche Adelsgeschlechter eigene Burgen.

In dieser Zeit entsteht um Franz von Assisi ein neuer Mönchsorden, die Franziskaner, die in Armut und Bedürfnislosigkeit leben und sich in selbstloser Hingabe um Arme kümmern. Weiterhin entwickelt sich um den Spanier Dominikus der Orden der Dominikaner, die versuchen, Menschen in ihrem Glauben zu bestärken und sie zur religiösen Besinnung zurückzuführen.

1212. Als Friedrich mit 14 Jahren mündig wird, ist er zunächst nur noch König von Sizilien. Doch mit Durchsetzungsvermögen sowie der Hilfe des Königs von Frankreich und des Papstes gewinnt er die Herrschaft über das Deutsche Reich zurück. 1215 wird Friedrich II. zum deutschen König gekrönt.

Sandstein-Statue „Friedrich II." in Annweiler

1214. Friedrich II. überträgt dem Wittelsbacher Herzog Ludwig I. von Bayern die Pfalzgrafschaft bei Rhein. Damit entstehen die ersten Verknüpfungen zwischen Bayern und der heutigen Pfalz.

Da er in Palermo groß geworden ist, kümmert sich Friedrich II. nach seiner Kaiserkrönung (1220) hauptsächlich um das geliebte Sizilien und Unteritalien. In Deutschland läßt er sich zu-nächst durch einen Kanzler, dann durch den Herzog von Bayern und schließlich durch seinen Sohn Heinrich vertreten. Um sich die Gefolgschaft der deutschen Fürsten zu erhalten, tritt ihnen der Kaiser Hoheitsrechte ab, z. B das Recht, Münzen zu prägen, Zölle zu erheben, Gerichtsbeamte zu ernennen, Burgen zu bauen und Städte zu gründen. Erstmals werden die Fürsten auch Landes-herren (domini terrae) genannt. Damit wird die Zersplitterung des Reiches in Territorien eingeleitet.

1237. Durch eine Teilung gehen aus dem Hause Leiningen die Linien Altleiningen und Lei-ningen-Dagsburg (im östlichen Pfälzerwald) hervor. Zu ihren eigenen Burgen nehmen sie wei-tere Festen zu Lehen. Graf Fried-rich III. von Leiningen beginnt 1238 mit dem Bau der Burg Neuleiningen, die 1242 fertig-gestellt wird.

1250. Friedrich II. stirbt am Sumpffieber.

1268. Als letzter Staufer zieht Friedrichs Enkel Konradin nach

Italien, um sein Erbe anzutreten. Dort unterliegt er dem französischen Ritter Karls von Anjou, der ihn wegen Landesverrats zum Tode verurteilt und auf dem Marktplatz von Neapel enthaupten lässt.

Nach dem Niedergang der Staufer gibt es in Deutschland keine starken Könige mehr. Das Reich löst sich in zahlreiche selbständige Herrschaftsgebiete auf. Grafen, Bischöfe und andere Herren regieren in ihrem Territorium wie Könige.

Ursprünglich wurde der König von vielen weltlichen und geistlichen Fürsten gewählt. Nach dem Sturz der Staufer verringert sich die Zahl der Wahlfürsten (Kurfürsten, von Chur = Wahl) auf sechs (später sieben) bedeutende Herrscher:
- Erzbischöfe von Köln, Mainz und Trier
- Pfalzgraf bei Rhein (Kurpfalz)
- Herzog von Sachsen
- Markgraf von Brandenburg
- König von Böhmen (ab Ende 13. Jhdt.).

Die Pfalzgrafschaft bei Rhein umfasst in dieser Zeit ungefähr die Gebiete links und rechts des Rheins (zw. Bacharach im Norden und der Lauter im Süden) und der Oberpfalz (nördlich von Regensburg).

1273. Die Kurfürsten versammeln sich in Frankfurt/Main, um der kaiserlosen Zeit (Interregnum) ein Ende zu setzen. Sie wählen Rudolf von Habsburg zum deutschen König. Die Habsburger, deren Stammburg in der heutigen Schweiz lag, verfügen über erheblichen Landbesitz in Elsass und Schwarzwald. Seinen Widersacher Ottokar von Böhmen bezwingt Rudolf bei der Schlacht auf dem Marchfeld. Mit harten Maßnahmen sorgt der König für Sicherheit und Ordnung im Reich. 1291 stirbt er und wird im Dom zu Speyer beigesetzt.

1291. Da der Habsburger den selbstsüchtigen Kurfürsten zu mächtig geworden war, wählen sie nicht dessen Sohn Albrecht, sondern den eher unbedeutenden Grafen Adolf von Nassau zum König.

1298. Da Adolf jedoch eine unglückliche Politik betreibt, wird er abgesetzt und die Kurfürsten ernennen den Habsburger Albrecht zum König. Um seine Stellung als König zu verteidigen, zieht Adolf gegen Albrecht in den Kampf. Bei der Schlacht am Hasenbühl beim pfälzischen Göllheim unterliegt Adolf von Nassau. Der gefallene Ex-König wird zunächst im Kloster Rosenthal beigesetzt und einige Jahre später in den Speyerer Dom überführt.

Königskreuzdenkmal in Göllheim

In der Folgezeit werden noch verschiedene machtlose Grafen zum König gewählt. Gleichzeitig stärken die Kurfürsten ihre Macht.

1338. Die Kurfürsten treten in dem Kurverein zu Rhense zusammen und erklären, dass die von ihnen gewählten Könige nicht mehr der Bestätigung durch den Papst bedürfen. Damit weisen sie jegliche Einflußnahme des Papstes auf die Königswahl zurück.

Wegen der zahlreichen Machtwechsel in Deutschland fällt Italien immer mehr vom deutschen Reich ab.

1347. Mit Kaiser Karl IV. aus dem Hause Luxemburg erhält das Reich wieder einen starken Herrscher. Als König von Böhmen hatte er sich schon einen guten Namen gemacht.

1348. Karl IV. gründet in Prag die erste deutsche Universität und lässt den Hradschin (Königsburg) bauen. Die "Schwarze Pest" und die damit einhergehende Judenverfolgung (ihnen wird fälschlicherweise angehängt, sie hätten die Brunnen vergiftet) führen zu einem schweren wirtschaftlichen Rückschlag im Deutschen Reich.

1356. In der "Goldenen Bulle" regelt Karl IV. die Wahl des Königs durch die Kurfürsten auch gesetzlich. Mit diesem ersten Reichsgrundgesetz werden den Kurfürsten weitgehende Rechte übertragen (z. B. Bergwerke anlegen, Münzen mit eigenem Bildnis prägen). Die Bewohner kurfürstlicher Gebiete unterstehen nicht mehr dem königlichen Gericht, sondern der Kurfürst wird oberster Richter. Es wird auch festgelegt, dass die weltlichen Kurlande ungeteilt an die ältesten Söhne vererbt werden müssen.

1390. Anfänge der Papierfertigung in Deutschland. Da die Rohstoffe Wasser und Holz im Übermaß vorhanden sind, entstehen später auch in der Pfalz Papierfabriken (z. B. am Speyerbach zw. Neustadt und Kaiserslautern).

Die Städte mit ihren Selbstverwaltungen und Zünften sind auf der Höhe ihrer Blüte. Langsam vollzieht sich ein Wandel von der durch das Rittertum geprägten Gesellschaft hin zu einer vom Bürgertum geprägten Gesellschaftsstruktur.

Die Hanse, ein Bund von Handelsstädten, verhilft dem deutschen Handel zu einer starken Stellung. U.a. führt die Hanse in Nord- und Mitteleuropa die moderne Geldwirtschaft und den bargeldlosen Zahlungsverkehr ein.

1400. Bei einer Versammlung in Rhense am Rhein setzen die Kurfürsten König Wenzel aus dem Hause Luxemburg als deutschen König ab. Als dessen Nachfolger wird der Pfalzgraf bei Rhein, Kurfürst Ruprecht III., zum deutschen König gewählt. Als König Ruprecht I. regiert der Wittelsbacher bis 1410, wo er auf seiner Burg Landeskron bei Oppenheim stirbt.

1410. Nach dem Tod Ruprechts werden bei der Teilung des Territoriums u.a. das Herzogtum Pfalz-Zweibrücken und die Kurpfalz gebildet.

1414. Im Konzil zu Konstanz versucht König Sigismund, der Sohn Karls IV., die Spaltung der Kirche zu verhindern und die innere Ordnung der Kirche wieder herzustellen.

Allmählich beginnt der Verfall des Rittertums. Städte und Fürsten sind bei Kämpfen nicht mehr auf Ritter angewiesen, sie mieten sich Söldner und Landsknechte ("deutsche Miet-Soldaten"). Die Landsknechte sind mit ihren langen Spießen und später mit Musketen, den ersten Feuerwaffen, den in Rüstungen auf Pferden agierenden Rittern überlegen. Gerade durch den zunehmenden Gebrauch von Feuerwaffen zu Beginn dieses Jahrhunderts hat sich die Waffentechnik der Ritter überlebt. Hinzu kommt, dass mit Hilfe von Kanonen Ritterburgen um ein Vielfaches leichter einzunehmen sind als vorher. Viele Ritter verarmen.

1438. Nach dem Tode Sigismunds beginnt mit Albrecht II. eine rund 300jährige Herrschaftszeit der Habsburger. 1440 folgt Friedrich III. und 1493 dessen Sohn Maximilian I. Weil die Burgen der Habsburger so weit auseinander liegen, richtet Maximilian I. einen regelmäßigen Postverkehr ein. Berittene Postboten der Adelsfamilie von Taxis befördern die Briefe.

1450. Johannes Gutenberg entwickelt in Mainz und Straßburg die ersten beweglichen Lettern (Einzel-Buchstaben). Die Verbreitung des Buchdrucks macht das gedruckte Wort zu einer Macht im öffentlichen Leben.

1492. Christoph Kolumbus entdeckt Amerika. Das Weltbild wird allmählich erweitert. In dieser Phase der Entdeckung und Eroberung fremder Welten sieht man den Übergang vom Mittelalter zur Neuzeit.

1512. Maximilian I. teilt das Reich in 10 Reichskreise ein (u.a. Kurrhein, Oberrhein).

Obwohl in Deutschland eine gesteigerte Volksfrömmigkeit erkennbar ist, wird vielerorts Kritik an den Missständen in den

Kirchen geübt. Die Geistlichen führen einen anstößigen Lebenswandel, die Kirche verlangt für ihre Dienste und die Vergabe von Ämtern hohe Abgaben.

1517. Um den Bau der Peterskirche zu finanzieren, schreibt der Papst einen Ablass aus, d.h. als Zeichen ihrer Reue erwartet die Kirche von den Gläubigen nach der Beichte eine Geldspende. Um diesen Geldablass in seiner Gemeinde zu unterbinden, schlägt der Kirchenlehrer und Pfarrer Martin Luther 95 Thesen an die Tür der Schloßkirche in Wittenberg. Darin versucht er darzulegen, dass nach den Worten der Bibel die Menschen nicht durch Geldopfer, sondern allein durch ihren Glauben die Gnade Gottes erlangen können. Obwohl Luther damit kein Aufsehen erregen will, verbreiten die mittlerweile entstandenen Druckereien die Thesen im ganzen Land. Dadurch findet Luthers Meinung schnell viele Anhänger.

Nachdem Luther später behauptet, dass auch Päpste und Konzilien sich irren könnten und dass an den Aussagen des 1414 im Konzil zu Konstanz verurteilten Johannes Hus einiges Wahres dran gewesen sei, bricht er endgültig mit der Kirche. Mit der Verbrennung der Bannandrohung sagt er sich von der römischen Kirche los.

1519. Die Kurfürsten wählen Karl V., den Enkel Maximilians und König von Spanien, Neapel und Sizilien, zum deutschen König.

1521. Zwei Jahre nach seiner Wahl kommt Karl V. nach Deutschland. Zu seinem ersten Reichstag, der in Worms abgehalten wird, lädt er Martin Luther ein. Als Luther nicht bereit ist, seine Behauptungen zu widerrufen, erlässt Karl V. wenige Tage später das Wormser Edikt. Darin wird der Pfarrer mit der Acht belegt und es wird jedermann verboten, Luthers Schriften zu lesen oder zu verbreiten.

Nur wenige Fürsten führen das Wormser Edikt in ihren Ländern aus. Somit verbreitet sich Luthers Lehre sehr schnell. Luther selbst wird von seinem Landesherrn auf der Wartburg bei Eisenach in Sicherheit gebracht. Dort beginnt er, die Bibel ins Deutsche zu übersetzen.

1522. Ermutigt durch den kirchlichen Umbruch fassen einige z. T. verarmte Ritter den Plan, die geistlichen Fürstentümer unter sich aufzuteilen, um so wieder eine Vormachtstellung im Lande zu gewinnen. Zu ihrem Anführer machen sie Franz von Sickingen, der über einige Burgen und ein schlagkräftiges Heer verfügt. Von der Lehre Luthers überzeugt, widersetzt sich Sickingen der Herrschaft der Fürstbischöfe. 1522 versucht er, den Erzbischof von Trier mit Gewalt aus dem Land zu vertreiben. Doch der Landgraf von Hessen und der Kurfürst bei Rhein kommen dem Erzbischof zu Hilfe. Sickingen wird auf seine Burg Nanstein bei Landstuhl zurückgetrieben und bei der Belagerung seiner Feste tödlich verwundet (1523). Die Mauern der Burg halten dem "modernen" Artilleriebeschuss nicht stand. Das Rittertum ist damit endgültig erloschen.

1525. Die Bauern sind zu dieser Zeit fast ausnahmslos Leibeigene oder Hörige ihrer Landesherren. Um neue Kanonen bauen und Landsknechte anmieten zu können, verlangen die Fürsten immer höhere Abgaben. Zudem haben die Bauern keinerlei persönlichen Rechte mehr. Beeinflusst durch die Lehre Luthers, wonach vor Gott alle Menschen gleich sind, kommt es deshalb vermehrt zu Aufständen der Bauern. Vielerorts versuchen die Bauern, durch Vereinbarungen mit den Fürsten mehr Rechte zu erhalten. Doch als die Herren kein Entgegenkommen zeigen, bricht mit dem Bauernaufstand die erste große Massenerhebung der deutschen Geschichte aus. Jedoch werden die Aufstände durch die Heere der Landesfürsten rasch niedergeschlagen. Aufständische Dörfer werden niedergebrannt, unzählige Bauern hingerichtet.

Ausgangspunkt für den Bauernaufstand in der Pfalz ist der Weinort Nußdorf (heute Stadtteil von Landau). Gestärkt durch einige Schoppen Wein anlässlich der Kirchweih brechen die Bauern am 23. April 1525 auf, um Burgen und Klöster niederzubrennen.

Die Lehre Luthers verbreitet sich recht schnell. Jedoch sind die Anhänger Luthers durch das Wormser Edikt mit der Acht bedroht. Deshalb wird bei fast allen Reichstagen über diese Glaubenssache verhandelt.

1529. Bei einem Reichstag in Speyer spricht sich die Mehrheit der anwesenden Fürsten dafür aus, Luthers Lehre nicht anzuerkennen und das Wormser Edikt umzusetzen. Die Anhänger Luthers protestieren gegen diese Entscheidung, weil sie in Gewissensfragen keinen Mehrheitsbeschluss anerkennen wollen. Seitdem heißen sie Protestanten.

Da Kaiser Karl V. im Kampf gegen die Franzosen und die Türken auf Unterstützung der Landesfürsten angewiesen ist, lenkt er ein und gibt den neuen Glauben schrittweise frei. Da sich der Kaiser dieser Kirchensache kaum annimmt, wird die Reformation Sache der Landesherren (Evangelische Landeskirche).

1533. Als einer der ersten Landesfürsten führt Graf Ruprecht in Pfalz-Zweibrücken die lutherische Kirchenordnung ein.

1546/47. Nachdem Karl V. mit den Franzosen Frieden und mit den Türken einen Waffenstillstand vereinbart hat, wendet er sich der Glaubensfrage zu. Dabei kommt es zu kriegerischen Auseinandersetzungen zwischen dem Kaiser und den lutherischen Landesfürsten.

1555. Karls Sohn Ferdinand schließt den Augsburger Religionsfrieden. Danach sind die lutherische und die römisch-katholische Konfession gleichberechtigt. Der Landesherr darf bestimmen, welche Konfession seine Untertanen anzunehmen haben. Das Abrücken von einem einheitlichen Bekenntnis verhärtet die konfessionelle Spaltung Deutschlands. In Scharen laufen die Gläubigen zur protestantischen Lehre über. Durch diese Verluste ringt sich die katholische Kirche zu einer inneren Erneuerung durch. Hierbei wirkt der neu gegründete

Jesuitenorden entscheidend mit. Das Konzil von Trient (1545 - 1563) kann ebenfalls keine Einigung der beiden Konfessionen erreichen. Dafür wird die katholische Glaubenslehre scharf gegen die reformatorische abgegrenzt. Die Inhalte der katholischen Glaubenslehre werden klar und verbindlich festgelegt. Nach der wieder gefundenen Geschlossenheit geht die römisch-katholische Kirche daran, die an die Lutheraner verlorenen Gebiete zurückzugewinnen (Gegenreformation).

1556. Krank und erschöpft dankt Kaiser Karl V. ab. Von seinem Imperium übergibt er u.a. Spanien, große Teile Italiens, Burgund und die Niederlande an seinen Sohn Philipp (II.). Sein Sohn Ferdinand (I.) erhält Böhmen, die österreichischen Stammlande und die Kaiserwürde. Von da an ist Habsburg in eine spanische und eine deutsche Linie gespalten.

1562. Die Frankenthaler Malerschule wird ins Leben gerufen.

Während in anderen westeuropäischen Ländern am Ende des 16. Jhdts. bereits fürchterliche Glaubenskriege toben, ist es im deutschen Reich noch relativ ruhig. Doch durch die Gegenreformation nehmen Mißtrauen und Kampfbereitschaft zwischen den Glaubensparteien zu. Um sich gegenseitig zu schützen, schließen sich die evangelischen Fürsten 1608 zu einer "Union" zusammen, an deren Spitze der reformierte Kurfürst Friedrich von der Pfalz steht. Im Folgejahr vereinigen sich die katholischen Fürsten unter der Führung von Herzog Maximilian von Bayern zur "Liga".

Zu dieser Zeit ist Rudolf II. an der Macht. Als König von Böhmen gewährt der deutsche Kaiser den Adligen und Städten in Böhmen freie Religionsausübung.

1619. besteigt Kaiser Ferdinand II. den Thron. Durch seine Ausbildung in Jesuitenschulen ist er ein fester Anhänger des katholischen Glaubens. Da Ferdinand II. in seinen Kernlanden die Protestanten verfolgt, fürchten die protestantischen Fürsten in Böhmen, dass er die Zugeständnisse von Rudolf II. widerrufen würde. Noch bevor Ferdinand II. die Herrschaft in Böhmen antritt, wählen deshalb die böhmischen Fürsten den Kurfürsten Friedrich V. von der Pfalz zum König von Böhmen. Dieser nimmt die Wahl an und zieht in Prag ein.

Doch schon im nächsten Jahr kommen die kaiserliche Truppe und Armeen der Liga nach Böhmen und vernichten das Heer Friedrich V. in der Schlacht am Weißen Berg. Damit verliert der Pfälzer Friedrich V. auch die Kurpfalz. Als Dank für seine Unterstützung im Kampf gegen den Böhmenkönig überträgt der Kaiser die pfälzische Kurwürde an Maximilian von Bayern.

Der Konflikt zwischen Ferdinand II. und Friedrich V. zieht bis 1648 weitere Kriege in Niedersachsen, Dänemark, Schweden, Frankreich nach sich. Diese Glaubenskriege, die später in reine Machtkämpfe ausarten, werden als **Dreißigjähriger Krieg** (1618 - 1648)

bezeichnet. Die Pfalz ist mehrfach Kriegsschauplatz, weite Landstriche, über 10.000 Orte und zahlreiche Burgen werden zerstört. Ca. 90 % der Bevölkerung wird getötet oder vertrieben.

1648. Mit dem Westfälischen Frieden endet der Dreißigjährige Krieg. Die Folgen: Katholiken und Protestanten sind gleichberechtigt. Die Schweiz und die Niederlanden scheiden aus dem deutschen Reich aus, Frankreich erhält einen Zugang zum Rhein. Die Befugnisse des Kaisers werden weiter eingeengt. Da die Pfalz zu Bayern gehörte, behält Bayern die pfälz. Kurwürde. Für die Pfalz wird eine achte Kurwürde eingeführt.

Deutschland ist glaubensmäßig ein unheitliches Land. Da das Reich aus fast 2000 selbständigen Territorien besteht, ist Deutschland auf lange Zeit in Europa keine politische und wirtschaftliche Macht mehr. Mit Ferdinand III. (1637 - 1657), Leopold I. (bis 1705), Joseph I. (bis 1711) und Karl VI. stellen die Habsburger bis 1740 den deutschen Kaiser.

1671. Durch den Westfälischen Frieden dehnte sich Frankreich in Richtung Rhein weiter aus. Um zu verhindern, dass die Franzosen weiter in die Pfalz eindringen, vermählt Kurfürst Karl Ludwig seine Tochter Elisabeth Charlotte („Liselotte von der Pfalz") mit Herzog Philipp von Orléans, dem Bruder des französischen Königs Ludwig XIV.

1685. Nachdem Karl II. kinderlos stirbt, erbt Philipp Wilhelm von Pfalz-Neuburg die Kurpfalz. Dadurch setzt ein Erbstreit ein.

1688 · 1697. Unter dem Vorwand, seiner Schwägerin Liselotte ihre Erbansprüche zu sichern, erhebt Ludwig XIV. Anspruch auf pfälzische Gebiete. Dadurch kommt es zu dem fürchterlichen pfälzischen Erbfolgekrieg, bei dem ein Großteil der Pfalz schwer verwüstet wird.

1697. Im Frieden von Rijswijk verzichtet Frankreich auf die Pfalz. Lediglich Landau bleibt französisch.

1709. Die ersten Pfälzer wandern nach Amerika aus (Auswanderer)

1742. Der Wittelsbacher Karl VII., Kurfürst von Bayern und König von Böhmen, übernimmt die deutsche Kaiserkrone.

1745. Nach dem Tod Karl VII. geht die Kaisermacht wieder an das Haus Habsburg-Lothringen über. Regent ist Franz I., der Gemahl von Maria Theresia.

1755. Der Landesherr der Pfalz, Kurfürst Karl Theodor, gründet die Frankenthaler Porzellanmanufaktur.

1765. James Watt leitet mit der Erfindung einer leistungsfähigen Dampfmaschine das Industriezeitalter ein.

1767. Im Eisenberger Becken wird nachweislich Ton abgebaut. Hieraus entwickelt sich für diese Gegend ein wichtiger Industriezweig.

1777. Kurfürst Karl Theodor erbt das Herzogtum Bayern und die bayerische Kurwürde.

1789. Französische Revolution. Rechtlosigkeit, hohe Steuern und

Hungersnot führen in Paris zu einem Aufstand des Volkes gegen den Adel und die hohen Geistlichen. Als sich die Bürger zur Nationalversammlung erklären, beginnt die Revolution. Die Nationalversammlung verkündet die Menschenrechte, ruft die Republik aus und teilt das Land neu ein. Der Adel verliert seine Sonderrechte, 1793 wird der König hingerichtet.

Obwohl (durch die politischen Wirren begünstigt) Napoleon einige Zeit die gesamte Macht in Frankreich an sich ziehen kann, bleiben die Ideale Freiheit, Gleichheit und Brüderlichkeit erhalten. Die Französische Revolution wirkt sich u.a. auch auf die Pfalz sowie auf zahlreiche europäische Staaten aus.

1792. Franz II. aus dem Hause Habsburg-Lothringen wird deutscher Kaiser.

Aus Frankreich geflüchtete Royalisten stellen u.a. in den Bistümern Speyer und Worms Armeen auf. Dies veranlasst die Pariser Nationalversammlung, Franz II.

den Krieg zu erklären. Kurze Zeit später besetzen französische Truppen die linksrheinischen Gebiete.

1798. Die Franzosen gründen das Departement Donnersberg mit 37 Kantonen. Teile der Südpfalz gehören zum elsässischen Departement Bas-Rhin.

1801. Im Frieden von Lunéville werden die linksrheinischen Gebiete an Frankreich abgetreten.

1804. Napoleon Bonaparte erklärt sich zum Kaiser aller Franzosen.

Napoleonhut, Teil des Kaiserbrunnens in Kaiserslautern

1806. Unter dem Schutz Napoleons sagen sich 16 süd- und westdeutsche Fürsten vom Hl. Röm. Reich deutscher Nation los und bilden den Rheinbund. Als Folge davon legt Franz II. die deutsche Kaiserkrone nieder und löst das alte Heilige Römische Reich Deutscher Nation auf.

1813. In der Völkerschlacht bei Leipzig wird Napoleon von den Verbündeten Österreich, Preußen und Russen geschlagen. Der Rheinbund zerfällt.

1814 - 1815. Beim Wiener Kongress treffen sich europäische Herrscher und Staatsmänner unter der Leitung Fürst Metternichs, um nach dem Sturz Napoleons Europa neu zu ordnen. Der Deutsche Bund, ein Zusammenschluss der 35 Fürstenstaaten und 4 freien Städte, wird geschaffen (er existiert bis 1866). Die linksrheinischen pfälzischen Gebiete fallen ab 1816 an das Königreich Bayern. Der "Bayerische Rheinkreis" wird von Speyer aus verwaltet.

1818. Der Bayerische Rheinkreis wird in 12 Landkommissariate aufgeteilt (Bergzabern, Frankenthal, Germersheim, Homburg, Kaiserslautern, Kirchheimbolanden, Kusel, Landau, Neustadt, Pirmasens, Speyer, Zweibrücken).

Im August 1818 trefen sich Vertreter der Lutheraner und der Reformierten in Kaiserslautern. Nach zweiwöchigen Beratungen gründen sie eine gemeinsame "Vereinigte Protestantisch-Evangelisch-Christliche Kirche der Pfalz".

1832. Hambacher Fest (siehe Lexikon)

1838. Prinzregent Ludwig I. von Bayern gibt dem „Rheinkreis" die Bezeichnung „Pfalz".

1848. Als Auswirkung einer bürgerlichen Revolution im März 1848 ("Märzrevolution") tritt am 18. Mai in der Frankfurter Paulskirche erstmals ein gesamtdeutsches Parlament zusammen (Frankfurter Nationalversammlung) mit dem Ziel, einen demokratischen deutschen Nationalstaat zu schaffen. Dieses Vorhaben lässt sich jedoch nicht umsetzen.

1849. Am 14. Juni kommt es in Kirchheimbolanden zu einem Gefecht zwischen preußischen Truppen und rheinhessischen Freischaren. Die Niederlage der Aufständler führt zum Ende der pfälzischen Revolution. Die erste Eisenbahnlinie der Pfalz (Ludwigshafen · Neustadt · Kaiserslautern · Homburg/Saar) ist fertiggestellt.

1862. In Kaiserslautern öffnet das Pfalztheater.

1865. Die BASF wird gegründet. Auf dem Donnersberg wird der Ludwigsturm eingeweiht.

1866. Die beiden deutschen Großmächte Preußen und Österreich führen einen Krieg um die Vorherrschaft in Deutschland. Preußen siegt und verdrängt damit Österreich aus Deutschland. Dies führt zur Auflösung des Deutschen Bundes. Preußen bildet mit 17 weiteren Kleinstaaten den Norddeutschen Bund.

1871. In Erweiterung des Norddeutschen Bundes wird ein deutscher Staat ("Deutsches Reich") begründet. Der preußische König Wilhelm I. wird zum Deutschen Kaiser proklamiert. Dieser beruft Otto von Bismarck zum Reichskanzler, der die deutsche Innen- und Außenpolitik stark beeinflußt.

1888. Nachdem der Nachfolger von Wilhelm I., Friedrich III., nur wenige Monate regieren konnte, wird nach dessen Tod Wilhelm II. Deutscher Kaiser. Durch sein unausgeglichenes politisches Handeln und sein betont kriegerisches Auftreten trägt er zu einer für Deutschland verhängnisvollen Entwicklung bei. 1890 wird Bismarck von ihm entlassen.

1902. In Ludwigshafen wird der Pfälzerwaldverein gegründet.

1904. In Speyer kann die Gedächtniskirche eingeweiht werden. Sie trägt den Namen zur Erinnerung an die Protestation der evangelischen Reichsstände auf dem Speyerer Reichstag im Jahre 1529. Seit diesem Ereignis ist die Bezeichnung „Protestanten" gebräuchlich.

1906. Mit dem „Kinematographen-Theater" öffnet in Ludwigshafen das erste Kino der Pfalz seine Türen.

1909. Zwischen Landau und Eschbach verkehrt die erste Kraftpostlinie in der Pfalz.

1910. In der Pfalz leben rund 937.000 Menschen, so das Ergebnis einer Volkszählung.

1912. In München stirbt der Prinzregent Luitpold. In Ludwigshafen wird die Pfalzwerke AG gegründet.

1913. Die Rhein-Haardt-Bahn verkehrt erstmals zwischen Bad Dürkheim und Mannheim.

1914. Prinzessin Hildegard von Bayern weiht in Zweibrücken den Rosengarten ein (Europas Rosengarten).

1914 - 1918. Erster Weltkrieg. Luftangriffe über der Pfalz fordern zahlreiche Tote. Die Lebensmittelversorgung ist zeitweise katastrophal. Mehr als die Hälfte der über 2.200 pfälzischen Kirchenglocken werden zu Kriegszwecken eingeschmolzen. Mit Ludwig III. kommt 1917 letztmals ein bayerischer König in die Villa Ludwigshöhe. Theodor von Winterstein wird 1918 neuer Regierungspräsident der Pfalz. Nach dem militärischen Zusammenbruch des Deutschen Reiches kommt es zu Aufständen, deren Anhänger das Ziel verfolgen, die Monarchie zu stürzen und eine parlamentarische Republik zu gründen. Bei Ausbruch dieser Novemberrevolution (1918) dankt Kaiser Wilhelm II. ab und geht in die Niederlanden ins Exil.

1919. Johannes Hoffmann (SPD) aus Kaiserslautern wird Nachfolger des ermordeten Bayerischen Ministerpräsidenten Kurt Eisner. Der Versailler Vertrag trennt die bayerische Pfalz und die Saarpfalz.

1921. Eine Explosion im Stickstoffwerk Oppau der BASF fordert 561 Tote, rund 2.000 Verletzte und zerstört den Stadtteil Oppau weitgehend.

1922. Erstmals gibt es in der Pfalz eine Großstadt: Ludwigshafen überschreitet die 100.000-Einwohner-Grenze.

1923. Mit französischer Unterstützung versuchen Separatisten, die Pfalz vom Deutschen Reich zu trennen und daraus eine unabhängige Republik Pfalz zu bilden. Dieses Vorhaben scheitert am Widerstand der Bevölkerung. Am 9. Januar 1924 wird der Anführer der Separatisten in Speyer erschossen, am 12. Februar 1924 wird das von Separatisten besetzte Landratsamt in Pirmasens in Brand gelegt.

1925. Anlässlich der Süddeutschen Gartenbauausstellung wird in Ludwigshafen der Ebertpark errichtet.

1926. Josef Bürckel, dem in den folgenden Jahren im Hitler-Regime wichtige Funktionen übertragen wurden, wird Gauleiter der NSDAP Rheinland.

1929. Im Februar dieses Jahres ist das Wasser im Rhein so stark gefroren, dass die Menschen den Fluß zu Fuß überqueren können.

1930. Zum 30. Juni wird die seit dem Ende des 1. Weltkriegs während französische Besatzungszeit beendet.

1931. In Neustadt wird erstmals eine pfälzische Weinkönigin gewählt. Die Krone erhält Ruth Bachrodt aus Pirmasens.

1933. Adolf Hitler wird zum Reichskanzler gewählt. Wilhelm Frick aus Alsenz gehört als Innenminister der Regierung an. Am 1. April wird zu einem Boykott jüdischer Geschäfte aufgerufen.

1935. Das Saargebiet entscheidet sich mit 90 % der Stimmen für eine Wiederangliederung an das Deutsche Reich. Die Deutsche Weinstraße wird als erste Touristikroute Deutschlands ins Leben gerufen. Ein Jahr später wird das Deutsche Weintor in Schweigen eingeweiht.

1937. Die erste Autobahn der Pfalz wird gebaut, sie verläuft von Wattenheim bis Kaiserslautern-Ost. Mit Beginn des Schuljahres 1937/38 müssen die konfessionellen Volksschulen den

„Christlichen Gemeinschafts-schulen" mit nationalsozialistischer Kontrolle weichen.

1938. Im Juli beginnt der Bau des Westwalls, der Teil einer Befestigungsanlage war, die von Aachen bis zur Schweizer Grenze verlief. Allein in der Pfalz waren damit rund 40.000 Personen beschäftigt. In der „Reichskristallnacht (vom 9. zum 10. November) werden auch in der Pfalz zahllose Synagogen, Geschäfte und Wohnungen jüdischer Bürger zerstört.

1939. Laut einer Volkszählung wohnen in der Pfalz 1,05 Mio. Menschen.

1939 - 1945. Zweiter Weltkrieg. Teile der pfälzischen Bevölkerung werden mehrmals evakuiert, bereits in den ersten Kriegstagen müssen in über 80 Dörfern und Städten entlang der französischen Grenze mehr als 400.000 Menschen ihre Häuser und Wohnungen verlassen. Der Krieg fordert unzählige Menschenleben, vor allem die Städte wie Ludwigshafen, Zweibrücken, Pirmasens und Landau werden zu einem Großteil zerstört. Fast alle Juden in der Pfalz, von denen nur die wenigsten fliehen konnten, werden deportiert oder vertrieben. Amerikanische und französische Truppen besetzen im März 1945 die Pfalz. Im Mai 1945 kapitulieren die deutschen Streitkräfte.

1945. Die amerikanische Militärregierung bildet am 10. Mai das Oberpräsidium Saarland-Pfalz-Südhessen, das aus dem Saarland, der Pfalz (ohne die franz. besetzten Gebiete) sowie Rheinhessen besteht. Diese Provinzialregierung mit Sitz in Neustadt ist die erste deutsche Behörde im besetzten Deutschland. Am 25. Mai werden die Regierungsbezirke Koblenz und Trier angegliedert und die Verwaltung in „Mittelrhein-Saar" umbenannt. Im Juli kommt die Pfalz unter französische Macht. Zur französischen Besatzungszone gehören neben der Pfalz das Saargebiet, der südliche Teil der Rheinprovinz, Hessen-Nassau, Südbaden und Südwürttemberg. Am 29. September erscheint die erste Ausgabe der Tageszeitung „DIE RHEINPFALZ".

1946. Durch eine Verordnung des franz. Generalgouverneurs Pierre Koenig vom 30. August wird das Land "Rheinland-Pfalz" geschaffen. Mainz wird als Landeshauptstadt festgelegt. Am 15. September finden die ersten Kommunalwahlen nach dem 2. Weltkrieg statt. Am 17. November wählen die Gemeinderäte und Kreistagsabgeordneten die 127 Mitglieder der Beratenden Landesversammlung, die unter anderem eine neue Verfassung für das Land Rheinland-Pfalz ausarbeiten soll. Am 29. November wird eine vorläufige Landesregierung gebildet mit Dr. Wilhelm Boden (CDU) als Ministerpräsident. Die Pfälzer leiden weiterhin unter erheblicher Lebensmittelknappheit.

1947. Bei einer Volksabstimmung am 18. Mai stimmen 53 % der Wähler der neuen Verfassung von Rheinland-Pfalz zu. Damit ist „Rheinland-Pfalz" offiziell „geboren". Im Regierungsbezirk Pfalz votieren nur 40,3 % der Abstimmenden für die Verfassung. Die Pfalz behält das bis dahin bestehende eigene Bezirksparlament, den Bezirkstag. Am gleichen Tag wird auch der erste Landtag für Rheinland-Pfalz gewählt. Die CDU erhält 47,2 %, die SPD 34,6 %, die KPD 8,7 %, die Liberale Partei 6,1 % und der Soziale Volksbund 3,6 % der Stimmen. Die Wahlbeteiligung liegt bei 77,8 %. Peter Altmeier wird Ministerpräsident (und bleibt es bis 1969).

1949. Der erste Bundeskanzler der Bundesrepublik Deutschland heißt Konrad Adenauer, der Bundespräsident Theodor Heuss. In Neustadt wird zum ersten Mal eine Deutsche Weinkönigin gewählt, es ist Elisabeth Kuhn aus Diedesfeld.

1950. Der pfälzische Bezirkstag tritt erstmals wieder zusammen.

1951. Angeführt von Fritz Walter schlägt der 1. FC Kaiserslautern im Endspiel Preußen Münster mit 2:1 und ist deutscher Fußballmeister.

1952. Der weltbekannte Nähmaschinenhersteller PFAFF in Kaiserslautern feiert mit seinen 5.000 Mitarbeitern das 90-jährige Firmenjubiläum. Ab dem Jahresende strahlt das erste deutsche Fernsehen ein regelmäßiges Programm aus.

1953. Der 1. FC Kaiserslautern wird durch einen 4:1-Sieg über den VfB Stuttgart zum zweiten Mal deutscher Fußballmeister.

1954. Die Pfalz im Freudentaumel: Mit fünf Spielern des 1. FCK wird die deutsche Fußballnationalmannschaft Weltmeister.

1956. Ein Volksbegehren mit dem Ziel, die Pfalz an Baden-Württemberg oder an Bayern anzugliedern, scheitert.

1961. Der Bau der Berliner Mauer trennt auch zahlreiche pfälzische Familien von ihren Verwandten und Freunden im Osten Deutschlands.

1963. In Wörth beginnt das Mercedes-Benz-Werk mit der Produktion von LKWs und schafft damit mehrere tausend Arbeitsplätze. Nach dem Rücktritt Adenauers wird Ludwig Erhard Bundeskanzler der BRD. Mit dem ZDF können die Pfälzer nun ein zweites Fernsehprogramm empfangen.

1966. Das OPEL-Werk in Kaiserslautern nimmt mit über 2.000 Arbeitnehmern die Produktion auf. Der amtierende Europameister Karl Mildenberger aus Kaiserslautern boxt in Frankfurt gegen Muhammad Ali um den Titel des Boxweltmeisters im Schwergewicht.

1968. Die Regierungsbezirke Rheinhessen und Pfalz werden ab 1. Oktober zum Regierungsbezirk Rheinhessen-Pfalz mit Sitz in Neustadt zusammengelegt. In Kaiserslautern ragt Europas höchstes Rathaus in den Himmel.

1969. Im Rahmen einer Verwaltungsreform werden die Landkreise in der Pfalz neu strukturiert. Unter anderem entstehen die Landkreise Landau – Bad Bergzabern und der Donnersbergkreis (Kirchheimbolanden und Rockenhausen), die Kreise Frankenthal, Neustadt, Speyer und Zweibrücken werden in andere Kreise integriert. Bei einigen Städten werden umliegende Orte eingemeindet, zahlreiche Orte werden „zwangsvereinigt", so auch die südpfälzischen Gemeinden Bundenthal und Bruchweiler-Bärenbach zur Gemeinde Wieslautern. Bisher selbständige Orte werden verwaltungsmäßig in Verbandsgemeinden zusammengefasst. Helmut Kohl (CDU) wird Nachfolger Altmeiers im Amt des rheinland-pfälzischen Ministerpräsidenten. Die Koalition aus SPD und FDP bestimmt Willy Brandt zum Bundeskanzler.

1970. In Kaiserslautern entsteht die erste pfälzische Universität.

1971. Bei den Landtagswahlen in Rheinland-Pfalz schafft die CDU mit Helmut Kohl die absolute Mehrheit. Der Terrorismus der 1970er Jahre macht auch vor der Pfalz nicht Halt. Ende 1971 wird in Kaiserslautern eine Bank überfallen, ein Polizist wird erschossen. Ein halbes Jahr später überfallen Anhänger der Baader-Meinhof-Bande eine Bank in Ludwigshafen.

1973. Ein Spiel, das Geschichte schreibt: Am 20. Oktober gewinnt der 1. FCK gegen den FC Bayern München nach einem 1:4 Rückstand noch mit 7:4 Toren. Die Ölkrise sorgt dafür, dass die pfälzischen Straßen an mehreren autofreien Sonntagen gespenstisch leer sind.

1974. Helmut Schmidt übernimmt die Nachfolge des zurückgetretenen Willy Brandt (Guillaume-Affäre) im Amt des Bundeskanzlers.

1975. In Deutschland ist man nun bereits mit 18 Jahren volljährig.

1976. Zum neuen Ministerpräsidenten von Rheinland-Pfalz wird der Speyerer Bernhard Vogel (CDU) gewählt.

1978. Der Landkreis Landau-Bad Bergzabern erhält den neuen Namen "Südliche Weinstraße".

1982. Der neue Bundeskanzler ist ein echter Pfälzer: Dr. Helmut Kohl (CDU) wird am 1. Oktober vereidigt.

1984. In Ludwigshafen startet als bundesweites Pilotprojekt das erste deutsche Privatfernsehen.

1985. Der amerikanische Präsident Ronald Reagan besucht das Hambacher Schloß.

1986. Die Amerikaner sagen zu, ihre chemischen Waffen aus dem Lager bei Clausen zu entfernen.

1987. Papst Johannes Paul II. besucht am 4. Mai Speyer. Die CDU verliert bei den Landtagswahlen die absolute Mehrheit, regiert jedoch in einer Koalition mit der FDP weiter.

1988. Carl-Ludwig Wagner (CDU) übernimmt von dem zurückgetretenen Bernhard Vogel das Amt des rheinland-pfälzischen Ministerpräsidenten. In Ramstein-Miesenbach verlieren bei der Flugtag-Katastrophe 70 Menschen ihr Leben, mehrere hundert Besucher werden verletzt.

1989. Aufgrund eines Landtagsbeschlusses werden Bundenthal und Bruchweiler-Bärenbach (Kreis Südwestpfalz) wieder eigenständige Gemeinden (siehe auch 1969).

1990. Das sowjetische Staatsoberhaupt Michael Gorbatschow, der Mit-Wegbereiter der deutschen Einheit, wird bei seinem Besuch in der Pfalz frenetisch gefeiert. Unter starkem Polizeischutz setzen sich bei Clausen die Giftgas-Transporte in Bewegung.

1991. Mit Rudolf Scharping wird erstmals ein SPD-Politiker Ministerpräsident von Rheinland-Pfalz. Der 1. FC Kaiserslautern holt mit Trainer Karl-Heinz Feldkamp zum dritten Mal den Titel des Deutschen Fußballmeisters in die Barbarossastadt.

1994. Der Pfälzer Kurt Beck (SPD) aus Steinfeld übernimmt das Amt des Ministerpräsidenten von Rheinland-Pfalz. Seit diesem Jahr werden die Bürgermeister und Landräte von den Bürgern direkt gewählt.

1997. Der Landkreis Pirmasens wird in Landkreis Südwestpfalz umbenannt. In der Pfalz leben 1,4 Millionen Menschen.

1998. Nach den Tief der Triumph: Der 1. FCK erringt als Aufsteiger in die erste Bundesliga mit Trainer Otto Rehagel den Meistertitel. Die gesamte Pfalz feiert.

2000. Durch eine Reform und Neuorganisation der Landesverwaltung endet die Ära der Bezirksregierung Rheinhessen-Pfalz. In Neustadt wird ab 1. Januar die Struktur- und Genehmigungsdirektion Süd (SGD Süd) geschaffen.

2004: Der Landkreis Ludwigshafen erhält die Bezeichnung Rhein-Pfalz-Kreis

www.pfalzlexikon.de

Die aktuelle Ergänzung zu Cronauer's Pfalzlexikon

Absolutismus
Staatsform, in der ein Monarch als oberster Gesetzgeber, Militärbefehlshaber und Richter alleine herrscht.

Acht
Bestrafung im Mittelalter, meist für Verbrecher. Wer mit der Acht belegt war, galt als „vogelfrei" und hatte keinerlei Rechte.

Apsis
Gewölbter, meist kreisförmiger Schlussteil eines Kirchenschiffs. Die Apsis bildet oft eine kleine Kapelle oder einen Teil des Chors.

Barock
Bau- und Kunststil zwischen ca. 1580 und 1725. Er drückte die Lebensfreude des Adels, des aufstrebenden Bürgertums und den Erneuerungswillen der katholischen Kirche (Gegenreformation) aus. Hauptkennzeichen: geschwungene Formen, leidenschaftliche Bewegung, üppige Pracht, reiche Verzierung. In dieser Zeit entstanden prunkvolle Schlösser und Paläste, zum Teil mit großen Parkanlagen.

Basilika
Kirche mit hohem, durch Fenster belichtetem Mittelschiff und niedrigen, ebenfalls belichteten Seitenschiffen.

Benediktiner
Benedikt von Nursia (480 - 547) gründete bei Neapel sein erstes Kloster. Er gilt damit als Begründer des abendländischen Mönchtums. Die Benediktiner streben die Einheit von Gebet, Arbeit, Wissenschaft und Kunst an.

Bergfried
Hoher und stark befestigter Wehrturm innerhalb einer Burg. Diente zur Beobachtung des die Burg umgebenden Geländes. Letzte Fluchtstätte für die Burgbewohner.

Bettelorden
Mönchsorden, bei denen alle Angehörige auf Besitz verzichten. Der Unterhalt wird durch Betteln und Arbeiten

sichergestellt. Die Bettelorden prägten durch ihre Tätigkeit im Schulwesen und in der Seelsorge das kirchliche Leben des späten Mittelalters.

Bronzezeit

Vorgeschichtliches Zeitalter, das in Europa um 1800 vor Christus beginnt.

Buckelquader

Rechteckig gehauene Steinquader mit einer buckelförmigen Frontseite.

Calvinismus

Von Jean Calvin (1509 – 1564) geprägte reformatorische Richtung des Christentums. Kennzeichen: einfaches Leben, strenge Moralvorstellungen, Auserwähltheitslehre (weltlicher Erfolg ist ein Zeichen göttlicher Gnade).

Chor

In der (mittelalterlichen) Architektur der das Kirchenhauptschiff abschließende, oftmals den Geistlichen vorbehaltener Teil des Kirchenraums (meist Standort des Hochaltars und des Chorgestühls).

Dachreiter

Kleiner Turm auf einem Dach, meist bei Kirchen, wo er manchmal als Glockentürmchen genutzt wird.

Dominikaner

Ein von Dominikus im Jahre 1216 gegründeter Bettelorden. Die Ordensangehörigen bemühten sich, Menschen, die mit der Lehrmeinung der kath. Kirche nicht in Einklang standen, zu bekehren.

Dreißigjähriger Krieg

siehe im Anhang „Die Geschichte der Pfalz" ab der Jahreszahl 1619.

Eisenhütte

Industrielle Anlage, in der Eisen gewonnen und weiter verarbeitet wird.

Empore

Eine Art Galerie in Kirchen, ein zum Innenraum der Kirche hin offenes Obergeschoß.

Epitaph

An der Wand aufgestelltes oder aufgehängtes Denkmal eines Verstorbenen.

Fachwerkhaus

Insbesondere im 16./17. Jahrhundert wurden viele Häuser in dieser Bauweise errichtet. Das Grundgerüst bestand aus stabilen Balken, die Zwischenräume („Fächer") füllte man mit Lehm oder Ziegeln aus.

Fauna

Die Tierwelt einer bestimmten Region

Flora

Die Pflanzenwelt. Meist als Oberbegriff verwendet für die Bäume, Sträucher und Blumen, die in einem bestimmten Gebiet zu finden sind.

Fossil

versteinerter Rest eines urzeitlichen Lebewesens

Franziskaner

Ein von Franz von Assisi gegründeter Bettelorden, der sich vor allem um die Seelsorge und die Unterstützung Bedürftiger kümmert. Die Franziskaner sind der Armut besonders verpflichtet. Ihre Bekleidung besteht aus einer einfachen braunen Kutte.

Freskogemälde

Wandgemälde, ein auf eine frische Kalkwand gemaltes Bild

Ganerbenburg

Burg, an der durch Vererbung gleichzeitig mehrere Familien beteiligt sind.

Gau

Während der Frankenzeit entstand eine neue Raumordnung, in der das Reich in Gaue (Landschaftsgebiete) eingeteilt wurde (z. B. Speyergau, Bliesgau). Der Gau ist oftmals auch Amtsbezirk eines königlichen Beamten (Grafen).

Genischt

Ein mit einer Nische (Vertiefung in der Mauer) versehener Teil eines Gebäudes.

Gerber

Handwerker, der Häute zu Leder gerbt.

Germanen

In der Antike und im Mittelalter Bezeichnung für die Stämme in Nord- und Mitteleuropa, die in Sprache, Religion und Sitten Gemeinsamkeiten aufwiesen.

Gotik

Baustil zwischen ca. 1250 und ca. 1450, hauptsächlich bei kirchlichen Bauten angewandt. Haupt-kennzeichen: Spitzbogen, hohe, aufwärtsstrebende Türme, lang-gezogene oder kreuzförmige Grundrisse, schlanke, hohe Fens-ter. Die Mauern sind oftmals außen durch ein Strebewerk gestützt.

Graf(schaft)

In der Zeit der fränkischen Herr-schaft Bezeichnung für den Amtsbezirk eines königlichen Verwaltungsbeamten (Graf). Der Graf war gegenüber dem König weisungsgebunden.

Grundherrschaft

Mittelalterliches Abhängigkeits-verhältnis, bei dem der Grund-herr über das Land (Grund und Boden) und dessen Bewohner Herrschaft und Schutz ausübte. Meistens mussten die Bauern für ihren Grundherrn Frondienste ausüben.

Habsburger

siehe Anhang „Die Geschichte der Pfalz" ab der Jahreszahl 1273.

Hallenkirche

Dreischiffige Kirche mit gleich hohen Mittel- und Seitenschiffen.

Folglich Fenster nur in den Seitenschiffen. Das Licht fällt nur durch die Fenster in den Seiten-schiffen ein.

Halsgraben

Künstlich angelegter Graben, der den Teil eines Berges, auf dem eine Burg erbaut wurde, von dem übrigen Berggelände bzw. –gipfel trennte.

Herzog

Ursprünglich war der Herzog ein mehreren Grafen übergeordneter königlicher Beamter. Im Mittel-alter hat sich der Titel von der eigentlichen Funktion losgelöst und wurde zum höchsten deut-schen Adelstitel.

Hochstift

Als Stift bezeichnet man eine kirchliche Einrichtung (z. B. Klos-ter, Altenheim), die durch ge-stiftetes Geld oder auf gestif-tetem Land entstanden ist. Ein Hochstift ist ein zu einer Bi-schofskirche gehörendes Stift.

Kanzel

separat platzierter, meist er-höhter Predigerstand in einer Kirche.

Karbonzeit
frühes Zeitalter der Erdgeschichte
(„Steinkohlezeit")

Kastell
römische Befestigungsanlage

Karolingisch-ottonischer Baustil
Baustil von etwa 700 bis 1030. In dieser Zeit übernahmen die Germanen den Steinbau.

Kelter
Obstpresse, wird vor allem in der Weinherstellung für das Pressen der Trauben verwendet.

Kirchenschiff
Der (größte) Raum der Kirche, der für die Gemeinde Sitz- und Stehplätze bietet.

Klassizismus
Baustil der Zeit von ca. 1770 bis ca. 1830. Die Baumeister nahmen die klassische griechische und römische Architektur zum Vorbild und schufen daraus einen neuen Stil mit klaren, einfachen und trotzdem edlen Formen.

Kurfürsten
Die Reichsfürsten, die im Mittelalter den deutschen König wählen durften (siehe Erläuterung zur Jahreszahl 1268).

Laterne(nhaube)
Türmchen auf einer Kuppel, in der Regel mit mehreren Fenstern.

Lehen
Von einem Lehnsherren an einen Lehnsmann ausgeliehene Besitztümer oder Rechte. Als Gegenleistung musste sich der Lehnsmann in ein besonderes Abhängigkeits- und Treueverhältnis begeben (siehe Erläuterungen zur Jahreszahl 800).

Lutherische Kirchen
Evangelische Glaubensgemeinschaften, die auf der Lehre Luthers basieren. (siehe auch Reformierte Kirchen).

Marktrecht / Stadtrecht
Im frühen Mittelalter fanden sich die wandernden Kaufleute ein- bis zweimal im Jahr in bestimmten Orten ein, um ihre Waren anzubieten. Da der Verkauf erst nach dem Gottesdienst, der Messe, beginnen durfte, erhielten die regelmäßig stattfindenden Märkte auch die Bezeichnung

„Messe". Einen Markt abhalten durfte nur, wer vom König das Sonderrecht (Privileg) dazu erhielt. Die Kaufleute mussten an den König Abgaben entrichten. Dafür stand der Markt unter einem besonderen Schutz (Marktfriede). Das Marktrecht war vielfach mit dem Stadtrecht gleichzusetzen. Das Recht einen Markt (eine Stadt) zu gründen, hatte ursprünglich nur der König. Aber dieser verlieh dieses Privileg z. B. auch an Grafen, Herzöge, Bischöfe und Äbte. So war anfangs jede Stadt Eigentum ihres Stadtherrn und demnach königlich, fürstlich oder bischöflich. Ab ca. 1100 kämpften die Bürger in vielen Städten für eine Selbstverwaltung. Dort, wo sich die Bürger durchsetzen konnten, verwaltete ein aus ehrbaren Bürgern bestehender (Stadt-)Rat die Stadt.

Mennoniten
siehe Lexikon „Mennoniten in der Pfalz"

Ministeriale
Ursprünglich unfreie Diener und niedere Verwaltungsleute der Könige und Fürsten. Aus diesem Stand gingen im Mittelalter die Ritter hervor, die im Spätmittelalter teilweise sogar zum niederen Adel gehörten.

Mittelalter
siehe Anhang „Die Geschichte der Pfalz" ab Jahreszahl 482.

Münze
Einrichtung, die Geldmünzen prägt.

Oppidum
In der Keltenzeit Bezeichnung für den Sitz des Gebietsherrn, der zugleich Handelsplatz, Wirtschafts- und Militärzentrum und Mittelpunkt des religiösen Lebens war.

Orgelprospekt
Schauseite der Orgel

Palas
Haupt(wohn)gebäude einer Ritterburg, das oftmals einen Rittersaal beherbergte. Oft erkennbar an den aufwändig gestalteten Fenstern und Verzierungen.

Passionszyklus
Darstellung der Passionszeit (Fastenzeit) in mehreren Bildern.

Pfalz

abgeleitet von palatium = Palast. Im Mittelalter Wohnsitz bzw. Aufenthaltsort der reisenden Kaiser und Könige und Tagungsort für das Königliche Hofgericht. Eine Pfalz war weniger ein Palast, sondern vielmehr ein Wirtschaftshof. Die Pfalzen wurden von einem Vertrauensmann des Königs verwaltet. Dieser trieb z. B. auch die Steuern/Abgaben ein und war für den zur Pfalz gehörenden königlichen Forst verantwortlich.

Pfalzgraf

Im Mittelalter ein mit Verwaltungs- und Richtertätigkeit betrauter königlicher Würdenträger, der ursprünglich in einer Pfalz residierte und dort den König während dessen Abwesenheit vertrat.

Pfalzgraf bei Rhein

Wie in den anderen Gebieten des Reiches auch wurden die königlichen Güter beiderseits des Rheins von einem Pfalzgrafen verwaltet. Als 1156 Kaiser Friedrich Barbarossa seinem Halbbruder Konrad die „Pfalzgrafschaft bei Rhein" übertrug, kamen zu der Würde erstmals auch eigene Besitzungen des Würdenträgers Konrad hinzu. Damit entwickelte sich die Pfalzgrafschaft bei Rhein zu einem eigenständigen Territorum. Seit dem 14. Jhdt. war der Pfalzgraf bei Rhein sogar einer der wichtigsten weltlichen Kurfürsten. Aus dem Titel Pfalzgraf bei Rhein entstand später die Gebietsbezeichnung für die Pfalz.

Pfälzischer Erbfolgekrieg

siehe im Anhang „Die Geschichte der Pfalz" ab der Jahreszahl 1688.

Putzbau

Gebäude, dessen Wände mit Mörtel oder Kalk verputzt sind.

Quaderstein

An allen Seiten regelmäßig behauener rechteckiger Stein.

Refektorium

Speisesaal der Mönche in einem Kloster.

Reformation

Durch die Bekanntgabe seiner Thesen im Jahre 1517 strebte Martin Luther zunächst lediglich eine Erneuerung der katholischen

Kirche an. Letztendlich hat er jedoch eine religiöse Bewegung ausgelöst (Reformation), die zur Spaltung der bis dahin einheitlichen Kirche Westeuropas führte.

Reformierte Kirchen

Sammelname für die auf die Reformatoren Calvin (Calvinismus) und Zwingli zurückgehenden evangelischen Glaubensgemeinschaften. Die Reformierten unterschieden sich in bestimmten Auffassungen von der lutherischen Kirche.

Reichsfeste

Festung bzw. Burg, die dem Reich gehörte, also unmittelbar dem König unterstellt war.

Reichsgut

Gebäude und Ländereien, die dem Reich, also dem jeweils herrschenden König/Kaiser gehörten und zu dessen Unterhalt beitrugen.

Reichsstadt

Stadt, die auf königlichem Land (Reichsgut) entstanden ist. Im 13./14. Jahrhundert erstritten einige Reichsstädte ihre Unabhängigkeit (Freie Reichsstadt) und

verwalteten sich danach selbst (Stadtrat, Selbstverwaltung).

Reichstag

Versammlung aller reichsunmittelbaren Mitglieder des Reiches (z. B. Kürfürsten, Herzöge, Grafen, Bischöfe, freie Reichsstädte). Während der Reichstage wurden Beschlüsse über Gesetze, Steuern usw. gefasst. Ursprünglich trafen sich die Angehörigen des Reichtags in unregelmäßigen Abständen in verschiedenen Orten (siehe z. B. Jahreszahlen 1521, 1529). Ab 1663 gab es einen ständig tagenden Reichstag in Regensburg.

Renaissance

Baustil von etwa 1500 bis 1600. Die Architekten nahmen die Antike zum Vorbild. Während die vorangegangene Gotik in die Höhe strebte, wurden in der Renaissance die Gebäude breit angelegt und die waagrechten Linien betont. Dazu verwendete man antiken Gebäudeschmuck (Säulen, Gesimse, Kapitelle).

Ritter

Ritter nannte man im Mittelalter die Männer, die dem König oder anderen Herren zu Pferde und voll gerüstet in den Kampf folgten („Berufskrieger"). Die Ritter, zu denen anfangs auch Hörige und kleine Dienstmannen gehörten, entwickelten sich zu einer führenden und angesehenen Bevölkerungsschicht (z.T. sogar niederer Adel), die sich durch eigene Lebensformen von anderen Schichten abhob.

Die Kinder der Ritter wurden zum ritterlichen Leben erzogen. Mit 15 Jahren wurden sie Knappe. Sie mussten Sprachen, Benehmen, Tanzen und natürlich den Umgang mit den Waffen lernen. Nach der Ausbildung erhielten sie bei der Schwertleite feierlich Gürtel und Schwert sowie Speer und Schild. Sie mussten geloben, sich für den König und das Reich einzusetzen. Danach wurden sie zum Ritter geschlagen.

Rokoko

Bau- und Kunststil im 18. Jahrhundert. Pflanzen, Muscheln und Korallen erscheinen immer wieder als Grundmotiv. Alles erscheint zierlich, spielerisch und vorwiegend in hellen und zarten Pastellfarben.

Romanik

Baustil von etwa 1000 bis 1250, der auf den Bauformen des alten Roms basiert. Kennzeichen: auf Vierecken aufbauender Grundriß, Rundbogen. Die Gebäude haben dicke Mauern, sind schwer und wuchtig und haben eine schlichte Form.

Rondell

Aus der Befestigungsmauer einer Burg vorstehender Halbturm, oftmals an den Ecken.

Rundbogen

In der Architektur halbkreisförmiger Bogen, zum Beispiel bei Fenstern.

Saalbau

Gebäude mit einem sehr großen Innenraum (Saal).

Salier

siehe Anhang „Die Geschichte der Pfalz" ab der Jahreszahl 1024.

Satteldach

Dach mit zwei am First zusammen stoßenden geraden Dachflächen.

Schildmauer

Besonders stark befestigter Teil

der Burgmauer an der Stelle, wo die Feste am ehesten gefährdet war. Oftmals direkte Verbindung mit dem Bergfried.

Schutzvogtei
siehe „Vogt"

Schweifhaube
Gebogenes, gewölbtes Dach auf einem Turm.

Simultankirche
Kirche, in der mehrere Konfessionen gleichzeitig beheimatet sind. Meistens nutzen die unterschiedlichen Glaubensgemeinschaften die kirchliche Einrichtung gemeinsam. In früherer Zeit gab es auch Kirchen, die durch feste Mauern entsprechend unterteilt waren.

Stadtrechte
(siehe Marktrecht)

Staufer
siehe Anhang „Die Geschichte der Pfalz" ab der Jahreszahl 1138.

Steinzeit
Epoche der Urgeschichte, in der die Menschen vorwiegend Steine als Werkzeug verwendeten.

Synagoge
jüdisches Gotteshaus

Territorien
kleine Herrschaftsgebiete (Territorialisierung = Zergliederung in kleine Herrschaftsgebiete).

Triptychon
Dreiseitiger Flügelaltar (Mitteltafel und zwei Seitenflügel)

Villa rustica
Einzelhofsiedlung in der Römerzeit (Gegensatz: Gruppen(Dorf)siedlung).

Vogt
Im Mittelalter Inhaber einer Schutzherrschaft, d. h. der Vogt herrschte über ein ihm anvertrautes fremdes Gebiet. Er war damit oberster Verwalter und Richter. Oftmals übertrugen kirchliche Einrichtungen weltlichen Herrschern das Patronat über ihren Grundbesitz.

Vorwerk
Vorgezogener Teil einer Befestigungsanlage, der z. B. die Zufahrt zu einer Burg beobachten und schützen sollte.

Walmdach
Dach mit schrägen Flächen an allen vier Seiten.

Zehnt(e)
Bezeichnung für den (zehnten) Teil des Ertrags, den Untergebene – hauptsächlich Bauern – im Mittelalter an die Kirche oder den Landesherren abzugeben hatten („Steuer").

Zisterne
Gemauerter Behälter zum Sammeln von Regenwasser, meist unterirdisch.

Zisterzienserorden
Benediktinischer Mönchsorden, 1098 gegründet, wirkte besonders in der Seelsorge und im Unterrichtswesen.

Zunft
Vereinigung der selbständigen Handwerker einer Branche (z. B. Bäckerzunft). Vom Mittelalter bis ca. 1810 mussten alle Meister ihrer Zunft angehören. Diese erließ Regelungen zu Qualität der Ware, Preisen, Ausbildung, Arbeitszeit usw. Zünfte hatten auch starken politischen Einfluß.

Zwinger
Raum zwischen der eigentlichen Stadt- oder Burgmauer und einer zusätzlich errichteten Schutzmauer.

Die aktuelle Ergänzung zu Cronauer's Pfalzlexikon

www.pfalzlexikon.de

In dieser Übersicht sind die im Buch genannten Sehenswürdigkeiten nach Landkreisen geordnet. In Klammern steht der Ort.

Landkreis Bad Dürkheim (inkl. Neustadt)

Allwetterbad (Grünstadt)	7
Badepark (Haßloch)	18
Bismarckturm (Bad Dürkheim)	35
Blitzröhren (Battenberg)	38
Burg Altleiningen (Altleiningen)	48
Burg Breitenstein (Elmstein)	50
Burg Emichsburg (Bockenheim)	52
Burg Erfenstein (Lambrecht)	52
Burg Hardenburg (Bad Dürkheim)	55
Burg Neuleiningen (Neuleiningen)	66
Burg Schlosseck (DÜW-Hardenburg)	70
Burg Spangenberg (Neustadt)	71
Burg Wachtenburg (Wachenheim)	74
Burg Winzingen (Neustadt)	77
Burg Wolfsburg (Neustadt)	77
Burgmuseum (Wattenheim)	78
Dekanatsmuseum (Grünstadt)	90
Deutsches Schaustellermuseum (Lambrecht)	93
Dürkheimer Fass (Bad Dürkheim)	108
Eckkopfturm (Deidesheim)	110
Eisenbahnmuseum (Neustadt)	113
Flaggenturm (Bad Dürkheim)	132
Freilichtbühne Kloster-ruine Limburg (Bad Dürkheim)	138
Gradierwerk (Bad Dürkheim)	155
Hamam (Bad Dürkheim)	162
Hambacher Schloss (Neustadt)	163
Handwerker-Museum (Freinsheim)	164
Haus der Deutschen Weinstraße (Bockenheim)	170
Heidenlöcher (Deidesheim)	171
Heimatmuseum (Bad Dürkheim)	172
Heimatmuseum (Grünstadt)	176
Heimatmuseum (Haßloch)	176
Heimatmuseum (Hettenleidelheim)	178
Heimatmuseum Villa Böhm (Neustadt)	186
Holiday-Park (Haßloch)	199
Holzlöffelsammlung (Wachenheim)	199
Isenachweiher (Bad Dürkheim)	206
Kloster Limburg (Bad Dürkheim)	229
Kloster Seebach (Bad Dürkheim)	231
Krimhildenstuhl (Bad Dürkheim)	238
Kuckucksbähnel (Neustadt)	239
Kulturzentrum Herrenhof (Neustadt)	240
Kurpfalz-Park (Wachenheim)	240
Mithras-Denkmal (Neustadt)	276
Motorrad- und Technik-museum (Quirnheim)	278

Museum für Film- und 283
Fototechnik (Deidesheim)
Museum für moderne 285
Keramik (Deidesheim)
Museum für Weinkultur 287
(Deidesheim)
Papiermacher- und 310
Heimatmuseum (Frankeneck)
Peter's Winzermuseum 312
(Wachenheim)
Pfalzmuseum für Natur- 326
kunde (Bad Dürkheim)
Pfälzer Brennerei- 315
Museum (Meckenheim)
Salinarium (Bad Dürkheim) 358
Saline (Bad Dürkheim) 358
Schindhübelturm (Elmstein) 366
Schloss Deidesheim 369
Spielbank (Bad Dürkheim) 386
Stabenbergwarte (Neustadt) 387
Turm am Dicken Stein 406
(Lambrecht)
Waagenmuseum 412
(Wachenheim)
Waldarbeitermuseum 414
(Elmstein)
Weinbaumuseum 424
Herrenhof (Neustadt)
Weinbietturm (Neustadt) 424
Zeppelinturm (Bad Dürkheim) 444
Zinnfiguren im 445
Winzerhaus (Freinsheim)

Donnersbergkreis (Kirchheimbolanden)

Adlerbogen (Donnersberg) 5
Börrstadter Gartenbahn 42

Burg Falkenstein (Falkenstein) 52
Burg Landsberg (Obermoschel) 60
Burg Lewenstein 61
(Niedermoschel)
Burg Randeck (Mannweiler-Cölln) 68
Burg Stauf (Eisenberg) 71
Burg Tannenfels (Dannenfels) 73
Burg Wildenstein (Imsbach) 76
Donnersberg 99
Donnersberghaus 100
(Dannenfels)
Dorfmuseum (Dannenfels) 101
Eiswoog (Ramsen) 117
Freischarenrundweg 139
(Kirchheimbolanden)
Frühindustriepark 142
Gienanth (Winnweiler)
Hallen- und Freizeitbad 161
(Kirchheimbolanden)
Heimatmuseum Berg- 179
mannshaus (Imsbach)
Heimatmuseum 180
(Kirchheimbolanden)
Kahnweilerhaus 211
(Rockenhausen)
Keltendorf (Steinbach) 219
Keltenwall (Dannenfels) 220
Kloster Hane (Bolanden) 226
Kloster Rosenthal 230
(Kerzenheim)
Königskreuzdenkmal 234
(Göllheim)
Kreuzkapelle (Winnweiler) 236
Langer Stein (Stahlberg) 248
Leo's Tenne (Schweisweiler) 253
Lohnsfelder Kunst- und 256
Werkhof (Lohnsfeld)

Ludwigsturm 258
(Dannenfels/Donnersberg)
Museum des Nord- und 282
Westpfälzer Quecksilber-
bergbaus (Niedermoschel)
Museum für Heimat- 284
geschichte (Alsenz)
Museum für Ortsgeschichte 286
und Weinbau (Zellertal)
Museum Pachen 288
(Rockenhausen)
Nordpfälzer Heimat- 298
museum (Rockenhausen)
Paulskirche 311
(Kirchheimbolanden)
Pfälzische Museums- 321
bäckerei (Imsweiler)
Pfälzisches Bergbau- 321
museum (Imsbach)
Pfälzisches Steinhauer- 322
museum (Alsenz)
Pfälzisches Turmuhren- 323
museum (Rockenhausen)
Puppenstubenmuseum 338
(Jakobsweiler)
Randeck-Museum 341
(Mannweiler-Cölln)
Römermuseum (Eisenberg) 352
Sattelbergturm (Seelen) 361
Schloss Kirchheim- 369
bolanden
Steinemuseum (Dörrmoschel) 395
Stumpfwaldbahn (Ramsen) 398
Theater Blaues Haus 403
(Bolanden)
Uhl´sches Haus (Göllheim) 407
Wart(e)turm (Albisheim) 420

Wartturm 421
(Kirchheimbolanden)
Weiße Grube (Imsbach) 426
Zellertaler Krieger- 443
denkmal (Zellertal)

Landkreis Germersheim

Badepark (Wörth) 8
Bienwald 29
Deutsches Straßenbau- 94
museum (Germersheim)
Festung Germersheim 128
Freizeitbad Moby Dick 139
(Rülzheim)
Heimatmuseum (Freckenfeld) 175
Heimatmuseum (Kuhardt) 181
Heimatmuseum Fischer- 182
haus (Leimersheim)
Heimatmuseum (Neupotz) 183
Heimatmuseum (Westheim) 186
Heimatmuseum (Winden) 187
Ortsmuseum (Neuburg) 307
Schifffahrtsmuseum 365
(Neuburg)
Stadt- und Festungs- 390
museum (Germersheim)
Streichelzoo (Rülzheim) 397
Terra-Sigillata-Museum 401
(Rheinzabern)
Zehnthaus (Jockgrim) 441
Ziegeleimuseum (Jockgrim) 445

Landkreis Kaiserslautern (inkl. Kaiserslautern)

Bajasseum 19
(Enkenbach-Alsenborn)

Beerewei(n)museum 24
(Eulenbis)

Bierkrugmuseum 30
(Kaiserslautern)

Brunnenstollen (Trippstadt) 45

Burg Diemerstein (Frankenstein) 51

Burg Frankenstein 53
(Frankenstein)

Burg Hohenecken 57
(Kaiserslautern)

Burg Nanstein (Landstuhl) 65

Burg Wilenstein (Trippstadt) 76

Eisenhüttenmuseum 115
(Trippstadt)

Eulenkopfwarte (Eulenbis) 123

Freilichtspiele (Katzweiler) 138

Fritz-Walter-Stadion 140
(Kaiserslautern)

Gartenschau (Kaiserslautern) 144

Gelterswoog (Kaiserslautern) 148

Heimatmuseum (Otterberg) 183

Heimatmuseum (Queidersbach) 184

Heimatmuseum 185
(Ramstein-Miesenbach)

Humbergturm (Kaiserslautern) 201

Japanischer Garten 207
(Kaiserslautern)

Karlstal (Trippstadt) 218

Kloster Otterberg mit 229
Abteikirche (Otterberg)

Kulturzentrum Kammgarn 240
(Kaiserslautern)

Ludwigsturm (Johanniskreuz) 259

Motorradmuseum (Otterbach) 278

Pfalz Barbarossaburg
(Kaiserslautern) 312

Pfalzbibliothek (Kaiserslautern) 314

Pfalzgalerie (Kaiserslautern) 317

Pfälzer Weltachs (Waldleiningen) 317

Pfalztheater (Kaiserslautern) 327

Reinhard-Blauth-Museum 346
(Weilerbach)

Römerstein (Martinshöhe) 353

Schlachtenturm (Kaiserslautern) 367

Schloss Trippstadt 370

Sickingen-Museum (Landstuhl) 380

Theodor-Zink-Museum 403
(Kaiserslautern)

Tierpark Siegelbach 404
(Kaiserslautern)

Wadgasserhof (Kaiserslautern) 413

Westpfälzer 429
Wandermusikantenmuseum
(Mackenbach)

Landkreis Kusel

Alte Schmiede (Bedeshach) 10

Auswanderer-Museum 16
(Oberalben)

Bade- und Freizeitpark (Kusel) 19

Bergmannsbauernmuseum 25
(Breitenbach)

Burg Altwolfstein (Wolfstein) 49

Burg Lichtenberg 62
(Thallichtenberg)

Burg Madenburg (Eschbach) 63

Burg Michelsburg (Haschbach) 64

Burg Neuwolfstein (Wolfstein) 68

Burg Reipoltskirchen 69
(Reipoltskirchen)

Diamantschleifermuseum 96
(Brücken)

Draisinen-Tour 104

Druckereimuseum (Kusel) 107

Fritz-Wunderlich-Gedenk-
zimmer (Kusel) 141

Geoskop-Urweltmuseum 148
(Thallichtenberg)
Heimatmuseum (Altenkirchen) 171
Heimatmuseum der
VG Wolfstein (Wolfstein) 174
Heimatmuseum (Kusel) 182
Heimatmuseum 185
(Steinbach am Glan)
Hirsauer Kapelle 193
(Offenbach-Hundheim)
Kalkbergwerk Königsberg 216
(Wolfstein)
Mithras-Denkmal (Reichweiler) 276
Musikantenland-Museum 290
(Thallichtenberg)
Ohmbachsee (Schönenberg- 306
Kübelberg)
Ölmühle (Sankt Julian) 306
Potzberg 336
Potzbergturm (Föckelberg) 336
Remigiusberg 347
Selbergturm (Rothselberg) 378
Steinbruch-Museum 394
(Rammelsbach)
Wildpark Potzberg 434
Wolfskirche (Bosenbach) 440
Zweikirche 447
(Rutsweiler a. d. Lauter)

**Landkreis Südliche
Weinstraße (inkl. Landau)**

Alsterweiler Kapelle 9
(Maikammer)
August-Becker-Museum 14
(Klingenmünster)
Bachlehrpfad (Göcklingen) 16
Bismarckturm (Bad Bergzabern) 34

Bismarckturm (Landau) 36
Burg Guttenberg (Dörrenbach) 55
Burg Kropsburg (Sankt Martin) 58
Burg Landeck (Klingenmünster) 58
Burg Meistersel (Ramberg) 64
Burg Neuscharfeneck (Ramberg) 67
Burg Ramberg (Ramberg) 68
Burg Rietburg (Rhodt u. R.) 69
Burg Schlössl (Klingenmünster) 70
Burg Trifels (Annweiler) 73
Bürstenbindermuseum 79
(Ramberg)
Chawwerusch-Theater 82
(Herxheim bei Landau)
Deutsches Ofenmuseum 92
(Burrweiler)
Deutsches Weintor 95
(Schweigen-Rechtenbach)
Deutsch-Französisches 95
Puppen- und Spielzeugmuseum
(Schweigen-Rechtenbach)
Dorfmuseum (Rohrbach) 102
Frank-Loebsches-Haus (Landau) 136
Haus der Südostdeutschen 170
(Böchingen)
Heimatstube (Oberotterbach) 187
Historisches Stadtmuseum 194
(Landau)
Kakteenland (Steinfeld) 216
Kloster Eußerthal (Eußerthal) 226
Landauer Kutschenkabinett 244
(Landau)
La Ola (Landau) 248
Ludwigsturm (Weyher) 260
Martinsturm (Klingenmünster) 268
Museum für Weinbau und 286
Stadtgeschichte (Edenkoben) 286

Museum unterm Trifels (Annweiler)	289
Planetenstraße (Landau)	335
Queichtalmuseum (Offenbach)	339
Rehbergturm (Annweiler)	344
Rietburgbahn (Edenkoben)	349
Schänzelturm (Edenkoben)	363
Schloss Bergzabern (Bad Bergzabern)	368
Sieges- und Friedensdenkmal (Edenkoben)	381
Slevogthof Gut Neukastel (Leinsweiler)	383
Städtisches Museum (Bad Bergzabern)	388
Stäffelsbergturm (Dörrenbach)	391
Striefflerhaus (Landau)	397
Thermalbad (Bad Bergzabern)	404
Villa Ludwigshöhe (Edenkoben)	409
Waldgeisterweg (Oberotterbach)	414
Wild- und Wanderpark Südliche Weinstraße (Silz)	435
Zinnfigurenmuseum (Bad Bergzabern)	446
Zoo (Landau)	447

Rhein-Pfalz-Kreis (inkl. Ludwigshafen, Speyer, Frankenthal)

Altpörtel (Speyer)	11
Ausstellung „Frankenthaler Porzellan"	15
Deutsches Kartoffelmuseum (Fußgönheim)	91
Dreifaltigkeitskirche (Speyer)	106
Erkenbert-Museum (Frankenthal)	120
Ernst-Bloch-Zentrum (Ludwigshafen)	121
Feuerbachhaus (Speyer)	129
Hans-Purrmann-Haus (Speyer)	166
Haus der Badisch-Pfälzischen Fasnacht (Speyer)	169
Heimatmuseum (Bobenheim-Roxheim)	173
Heimatmuseum (Böhl-Iggelheim)	173
Heimatmuseum (Fußgönheim)	175
Historisches Museum der Pfalz (Speyer)	195
Hochseilgarten (Dudenhofen)	196
Judenbad (Speyer)	209
Kaiserdom (Speyer)	213
K.-O.-Braun-Museum (Ludwigshafen)	232
Museum Friesenheim (Ludwigshafen)	283
Museum für Ortsgeschichte (Mutterstadt)	285
Pfälzische Landesbibliothek (Speyer)	320
Schillerhaus (Ludwigshafen)	365
Schloss Fußgönheim	369
Schulmuseum Rheingönheim (Ludwigshafen)	374
Sea-Life (Speyer)	377
Stadtmuseum (Ludwigshafen)	389
Technik-Museum (Speyer)	401
Tier- und Vogelpark Birkenheide (Maxdorf)	404
Vogelpark (Schifferstadt)	411
Wildpark Rheingönheim (Ludwigshafen)	434
Wilhelm-Hack-Museum (Ludwigshafen)	435

Landkreis Südwestpfalz (inkl. Pirmasens, Zweibrücken)

Altschloßfelsen (Eppenbrunn) 13
Badeparadies (Zweibrücken) 18
Bärenfelsen (Rodalben) 20
Besucherbergwerk Eisenerz- 26
grube St.-Anna-Stollen
(Nothweiler)
Biosphärenhaus (Fischbach) 31
Braut und Bräutigam (Dahn) 43
Brunnenstollen (Lemberg) 45
Burg Altdahn (Dahn) 47
Burg Berwartstein (Erlenbach) 49
Burg Blumenstein (Schönau) 50
Burg Drachenfels (Busenberg) 51
Burg Falkenburg (Wilgartswiesen) 52
Burg Grafendahn (Dahn) 54
Burg Gräfenstein (Merzalben) 54
Burg Heidelsburg 56
(Waldfischbach-Burgalben)
Burg Lemberg (Lemberg) 61
Burg Neudahn (Dahn) 66
Burg Steinenschloss 72
(Thaleischweiler-Fröschen)
Burg Tanstein (Dahn) 73
Burg Wegelnburg (Nothweiler) 75
Burgenmuseum (Dahn) 78
Clausensee (Waldfischbach- 85
Burgalben)
Deutsches Museum für Schuh- 91
produktion und Industrie-
geschichte (Hauenstein)
Eissporthalle (Zweibrücken) 116
Europas Rosengarten 124
(Zweibrücken)
Eybergturm (Dahn) 125
Felsland Badeparadies (Dahn) 128

Flößerei (Lemberg)
Heimatmuseum der VG Wall- 174
halben (Schmitshausen)
Heimat- und Waldmuseum 174
(Eppenbrunn)
Heimatmuseum (Heltersberg) 177
Heimatmuseum (Waldfischbach- 186
Burgalben)
Hohenbergturm (Birkweiler) 197
Johann-Peter-Frank-Museum 209
(Rodalben)
Kloster Hornbach (Hornbach) 228
Luitpoldturm 262
(Hermersbergerhof/Wilgartswiesen)
Mannlichhaus (Zweibrücken) 265
Maria Rosenberg (Waldfisch- 266
bach (Burgalben)
Mühlenwanderweg (Wallhalben) 279
Museum für Naturkunde, Hand- 285
werk und Waffentechnik (Dahn)
Ostdeutsche Heimatstuben 308
(Zweibrücken)
Paddelweiher (Hauenstein) 310
Pirmasenser Luft- und 333
Badepark
Schloss Zweibrücken 370
Schuhmuseum, Heimat- 373
museum, Museum für Vor-
und Frühgeschichte, Bürkel-
Galerie (Pirmasens)
Stadtmuseum (Zweibrücken) 390
Teufelstisch (Hinterweidenthal) 402
Turm Klein Frankreich 406
(Erlenbach)
Waldmuseum (Herschberg) 415
Wasserschaupfad (Herschberg) 422
Westwall-Museum (Pirmasens) 432
Winterkirchel (Erfweiler) 439

QUELLENVERZEICHNIS

Backes, Dr. Magnus: Kunsthistorischer Wanderführer Rheinland-Pfalz und Saarland; Stuttgart-Zürich 1971

Bezirksverband Pfalz: Wir stellen uns vor; Landau 1990

Bezirksverband Pfalz: PfalzCard 1993/94; Neustadt 1993

Bischoff, O./Heinz, K./Rapp, A.: Das Große Pfalzbuch; Landau 1980

Braus, Edition Braus: Burgen in der Pfalz; Heidelberg 1991

„Burgen in der Pfalz", Hrsg. Alexander Thon, Verlag Schnell & Steiner, Regensburg 2003

„DIE PFALZ im 20. Jahrhundert", Hrsg. Theo Schwarzmüller und Michael Garthe, ein RHEIN-PFALZ-Buch, Landau 1999, ISBN 3-87629-320-0.

„DIE PFALZ im 20. Jahrhundert", Hrsg. Theo Schwarzmüller und Michael Garthe, ein RHEIN-PFALZ-Buch, Landau 1999, ISBN 3-87629-320-0.

"DIE RHEINPFALZ", diverse Ausgaben

Feldmann, Georg: Die ehem. Kurpfälzische Saline Philippshalle zu Bad Dürkheim. Eine Kurzinformation in Stichworten.

Fremdenverkehrs- und Heilbäderverband Rheinland-Pfalz -Pfalz-Tourist-Information: Die Pfalz. Ihr Gastgeber 1994; Neustadt 1993

Gümbel, Ernst: Der Donnersberg; Kirchheimbolanden 1993

Heiss, Wolfgang: Obrigheim/Pfalz; Obrigheim 1991

Heuser, Emil: Pfalzführer; Ludwigshafen 1969

Heyen, Franz-Josef (Hrsg.): Geschichte des Landes Rheinland-Pfalz; Freiburg 1981.

Hoffmann, Markus: Die Verbandsgemeinde Göllheim. Ein kulturhistorischer Reiseführer. Göllheim 1997

Kaier, Dr. Eugen: Grundzüge der Geschichte. Band I + II; Frankfurt 1972/73

Kreisverwaltung Kaiserslautern: Museen im Landkreis Kaiserslautern. Kaiserslautern 1994

Kremb, Klaus: Der Donnersbergkreis; Kirchheimbolanden 1992

Kremb, Klaus und Lautzas, Peter: Landesgeschichtlicher Exkursionsführer Rheinland-Pfalz, Band 1; Otterbach 1990

Krienke, Dieter: Donnersbergkreis. Kulturdenkmäler in Rheinland-Pfalz, herausgegeben im Auftrag des Ministeriums für Kultur, Jugend, Familie und Frauen vom Landesamt für Denkmalpflege, Band 15, 1998

Landkreis Kusel: Burgführer Burg Lichtenberg; Waldmohr 1988

Landtag Rheinland-Pfalz: 12. Wahlperiode; Neue Darmstädter Verlagsanstalt, Rheinbreitbach 1992

Kreisverwaltung Bad Dürkheim (Letzelter, Manfred, Schmeckenbecher, Karlheinz und Unverzagt, Karl): Lebendige Tradition. Der Landkreis Bad Dürkheim; Haßloch 1994

Meyers Naturführer: Pfälzerwald und Weinstraße. Mannheim 1990

Nordpfälzer Geschichtsverein Rockenhausen: Entlang der Alsenz; Otterbach 1990

Pfälzische Verlagsanstalt: Der Pfalzführer; Landau 1988

Post, Rudolf: Pfälzisch. Einführung in eine Sprachlandschaft; Landau 1990

Rüttger, Joseph und Schmitt, Wolfgang M.: Unterwegs im Leiningerland; Hamm 1990

Schmidt, Prof. Dr. K.L. und andere: Rheinhessen-Pfalz. Ein

Arbeitsbuch für den Sachunterricht des 3./4. Schuljahres. Otterbach 1979

Stadt Speyer: Speyer; Speyer 1990

Statistisches Jahrbuch für Rheinland-Pfalz 1992/93 (Stand 31.12.1993)

Statistisches Landesamt: Statistischer Bericht „Bevölkerung der Gemeinden am 30.06. 2004", Stat. Landesamt, Bad Ems

Verbandsgemeinde Bad Bergzabern: Reiseführer. Feriengebiet Bad Bergzabern und Nordelsaß; Neustadt 1991

Verbandsgemeinde Wallhalben: Heimatbuch der VG Wallhalben; Zweibrücken 1994

Wadle, Theo: Burg Berwartstein; Wannweil 1980

Wittner, Heinz R.: Großer Pfalz-Führer, Deutscher Wanderverlag, Stuttgart 1994

Wochenblatt/Geschäftsanzeiger für Kirchheimbolanden, Eisenberg und Göllheim, diverse Ausgaben

Wollenberg, Britta: Göllheim. Ein kleiner Reiseführer; Göllheim 1989

Zink, Albert und Schworm, Ernst: Meine Heimat Rheinhessen-Pfalz; Neustadt 1969

Kusel

Kaiserslautern

Kaiserslau

Saarland

Südwestpfalz

Zweibrücken

Pirmasens

Frankreich

D

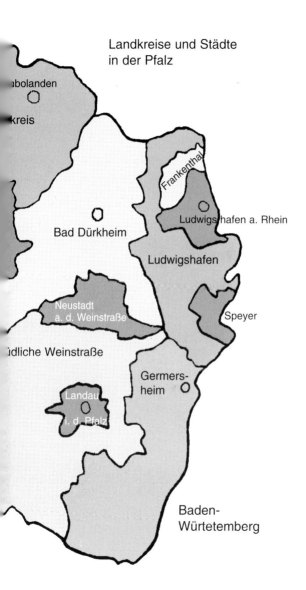

Landkreise und Städte
in der Pfalz

...bolanden

...kreis

Frankenthal

Ludwigs/hafen a. Rhein

Bad Dürkheim

Ludwigshafen

Neustadt
a. d. Weinstraße

Speyer

...dliche Weinstraße

Germers-
heim

Landau
i. d. Pfalz

Baden-
Würtetemberg

Die Pfalz in Schlagworten

In der Pfalz leben auf 5.450 qkm rund 1,3 Millionen Menschen. Die größte Stadt ist Ludwigshafen mit rund 163.000 Einwohnern.

Ca. 40 % der Landfläche sind Wald. Der von der UNESCO als Biosphärenreservat anerkannte Naturpark Pfälzerwald ist mit 142.000 Hektar Baumbestand das größte zusammenhängende Waldgebiet Deutschlands.

Die mit 560 m NN höchstgelegene Siedlung ist der Hermersbergerhof. Die höchste Erhebung ist der Donnersberg mit 687 m.

Die Pfalz ist das ertragreichste Weinbaugebiet Deutschlands. Auf rund 21.000 Hektar Weinbaufläche stehen ca. 160 Mio. Rebstöcke. Fast jede dritte Flasche Deutschen Weins kommt aus der Pfalz. Der älteste heute noch bewirtschaftete Weinberg der Welt wurde vor über 400 Jahren in Rhodt unter Rietburg angelegt. Das größte Weinfass der Welt (1,7 Mio. Liter) findet man in Bad Dürkheim.

Mit jährlich 1.800 Sonnenstunden ist die Pfalz eine der wärmsten Regionen Deutschlands. Mehr als 30.000 Gästebetten beherbergen jährlich über eine Million Ferien- und Tagungsgäste. Übers Jahr besuchen rund 30 Mio. Tagesgäste die Pfalz.

119 Burgen und Burgruinen sind heute noch zu finden. Die mächtigste davon ist die Burg Lichtenberg, die mit 425 m Länge zu den größten Burgenanlagen Deutschlands gerechnet wird.

IMPRESSUM

Herausgeber
Verlag Franz Arbogast, 67731 Otterbach

Bilder
Jürgen Cronauer, Michael Stephan, Peter Zimmermann, Kuno Müller, Ingeborg Michno, Elfriede Burgey, Tourist-Informationen in Kusel, Dahn, Edenkoben und Trippstadt, BASF, Bezirksverband Pfalz, Rainer Himmelspach, Staatskanzlei Mainz, Bundespresseamt, Verkehrsamt Hauenstein, Bischöfliches Ordinariat, Daimler-Chrysler Wörth, Holidaypark Haßloch, Fritz-Walter-Stiftung Kaiserslautern.

Zeichnungen
Karl Daub, Breunigweiler,
Alfons Rohner, Hauenstein,
Gerhard Korzenski, Rockenhausen

Druck: Arbogast, Otterbach
Erscheinung: November 2004

ISBN 3-87022-315-4

Alle Erläuterungen sind gewissenhaft zusammengetragen und sorgfältig recherchiert. Trotzdem wird kein Anspruch auf Vollständigkeit erhoben. Der Autor bittet um Nachsicht, wenn sich das eine oder andere Stichwort nicht in dem Buch wiederfindet. Für die Angaben in dem Buch wird keine Gewähr übernommen.

Jürgen Cronauer, geboren 1960 in Leimen/Pfalz, wohnt in Weitersweiler am Donnersberg, von Beruf ist er Referent für Presse und Kommunikation in der Direktion der AOK Rheinland-Pfalz. Er war/ist unter anderem tätig als Freier Mitarbeiter der „Pirmasenser Zeitung", der „RHEINPFALZ" und des Senders „Radio Studio 1" in Bitsch (F). Von ihm erschienen bisher „Der Pfälzer", „In der Pfalz unterwegs – Band 1 „Aussichtstürme" und Band 2 „Museen" sowie „Unterwegs im Donnersbergkreis".

Weiterhin vom gleichen Autor lieferbar

In der Pfalz unterwegs

Heft 1, Aussichtstürme
Alle Türme in der Pfalz mit genauer
Wegbeschreibung und Öffnungszeiten,
140 Bilder, 66 Seiten, drahtgeheftet
Euro 3,30
ISBN 3-87022-240-9

In der Pfalz unterwegs

Heft 2, Museen
Alle Museen in der Pfalz mit genauer
Wegbeschreibung und Öffnungszeiten,
140 Bilder, 100 Seiten, drahtgeheftet
Euro 4,90
ISBN 3-87022-226-2

Unterwegs im Donnersbergkreis

Alle Sehenswürdigkeiten im
Donnersbergkreis, 100 Bilder,
96 Seiten, drahtgeheftet
Euro 4,90
ISBN 3-87022-282-4